跨国公司
经营与管理

Operation and Management of
Multinational Corporations

谭 亮 / 主编
李兆洋 王 旭 鲜京宸 / 副主编

重庆大学出版社

内 容 提 要

目前,经济全球化程度日渐加深,跨国公司在世界经济的舞台上扮演着越来越重要的角色,为顺应时代的要求,有必要了解跨国公司的前世今生,学习跨国公司的经营管理实务。

本教材分为三个部分,共十一章。第一部分介绍跨国公司基本知识,主要讲述跨国公司概述和跨国公司基本理论;第二部分分析跨国公司经营,主要讲述跨国公司经营战略、跨国公司环境分析和跨国公司经营方式;第三部分研究跨国公司管理,主要讲述跨国公司研发、采购及生产管理、跨国公司市场营销管理、跨国公司财务管理、跨国公司人力资源管理、跨国公司质量管理和中国跨国公司的崛起。

本书可作为大专院校经济管理、国际商务和企业管理等相关专业的跨国公司经营与管理课程的教材使用,也可作为对跨国公司经营与管理有兴趣的相关人员的学习用书。

图书在版编目(CIP)数据

跨国公司经营与管理／谭亮主编. --重庆:重庆
大学出版社,2023.9
(四川外国语大学新文科建设系列丛书)
ISBN 978-7-5689-4029-0

Ⅰ.①跨… Ⅱ.①谭… Ⅲ.①跨国公司—企业管理—
高等学校—教材 Ⅳ.①F276.7

中国国家版本馆 CIP 数据核字(2023)第 122163 号

跨国公司经营与管理
KUAGUO GONGSI JINGYING YU GUANLI
主 编 谭 亮
副主编 李兆洋 王 旭 鲜京宸
责任编辑:夏 宇 版式设计:顾丽萍
责任校对:刘志刚 责任印制:张 策
＊
重庆大学出版社出版发行
出版人:陈晓阳
社址:重庆市沙坪坝区大学城西路 21 号
邮编:401331
电话:(023)88617190 88617185(中小学)
传真:(023)88617186 88617166
网址:http://www.cqup.com.cn
邮箱:fxk@ cqup.com.cn(营销中心)
全国新华书店经销
中雅(重庆)彩色印刷有限公司印刷
＊
开本:787mm×1092mm 1/16 印张:17.75 字数:423 千
2023 年 9 月第 1 版 2023 年 9 月第 1 次印刷
印数:1—1 500
ISBN 978-7-5689-4029-0 定价:49.00 元

交叉融合，创新发展

——四川外国语大学新文科建设系列丛书总序

四川外国语大学校长 董洪川

四川外国语大学（Sichuan International Studies University，SISU）简称"川外"，位于歌乐山麓、嘉陵江畔，是我国设立的首批外语专业院校之一。古朴、幽深的歌乐山和清澈、灵动的嘉陵江涵养了川外独特的品格。学校在邓小平、刘伯承、贺龙等老一辈无产阶级革命家的关怀和指导下创建，从最初的中国人民解放军西南军政大学俄文训练团，到中国人民解放军第二高级步兵学校俄文大队，到西南人民革命大学俄文系、西南俄文专科学校，再到四川外语学院，至2013年更名为四川外国语大学。学校从1979年开始招收硕士研究生，2013年被国务院学位委员会批准为博士学位授予单位，2019年经人社部批准设置外国语言文学博士后科研流动站。学校在办学历程中秉承"团结、勤奋、严谨、求实"的优良校风，弘扬"海纳百川，学贯中外"的校训精神，形成了"国际导向、外语共核、多元发展"的办学特色，探索出一条"内涵发展，质量为先，中外合作，分类培养"的办学路径，精耕细作，砥砺前行，培养了一大批外语专业人才和复合型人才。他们活跃在各条战线，为我国的外交事务、国际商贸、教学科研等各项建设作出了应有的贡献。

经过七十三年的发展，学校现已发展成为一所以外国语言文学学科为主，文学、经济学、管理学、法学、教育学、艺术学、哲学等协调发展的多科型外国语大学，具备了博士研究生教育、硕士研究生教育、本科教育、留学生教育等多形式、多层次的完备办学体系，主办了《外国语文》《英语研究》等有较高声誉的学术期刊。学校已成为西南地区外语和涉外人才培养以及外国语言文化、对外经济贸易、国际问题研究的重要基地。

进入新时代，"一带一路"倡议、"构建人类命运共同体"和"中华文化'走出去'"等国家战略赋予了外国语大学新使命、新要求和新任务。随着

"六卓越一拔尖"计划 2.0(指卓越工程师、卓越医生、卓越农林人才、卓越教师、卓越法治人才、卓越新闻传播人才教育培养计划 2.0 和基础学科拔尖学生培养计划 2.0)和"双万"计划(指实施一流专业建设,建设一万个国家级一流本科专业点和一万个省级一流本科专业点)的实施,"新工科、新农科、新医科、新文科"建设(简称"四新"建设)成为国家高等教育的发展战略。2021 年,教育部发布《新文科研究与改革实践项目指南》,设置了 6 个选题领域、22 个选题方向,全面推进新文科建设研究和实践,着力构建具有世界水平、中国特色的文科人才培养体系。为全面贯彻教育部等部委系列文件精神和全国新文科建设工作会议精神,加快文科教育创新发展,构建以育人育才为中心的文科发展新格局,重庆市率先在全国设立了"高水平新文科建设高校"项目。而四川外国语大学有幸成为重庆市首批"高水平新文科建设高校"项目三个入选高校之一。这就历史性地赋予了我校探索新文科建设的责任与使命。

2020 年 11 月 3 日,全国有关高校和专家齐聚中华文化重要发祥地山东,共商新时代文科教育发展大计,共话新时代文科人才培养,共同发布《新文科建设宣言》。这里,我想引用该宣言公示的五条共识来说明新文科建设的重要意义。一是提升综合国力需要新文科。哲学社会科学发展水平反映着一个民族的思维能力、精神品格和文明素质,关系到社会的繁荣与和谐。二是坚定文化自信需要新文科。新时代,把握中华民族伟大复兴的战略全局,提升国家文化软实力,促进文化大繁荣,增强国家综合国力,新文科建设责无旁贷。为中华民族伟大复兴注入强大的精神动力,新文科建设大有可为。三是培养时代新人需要新文科。面对世界百年未有之大变局,要在大国博弈竞争中赢得优势与主动,实现中华民族复兴大业,关键在人。为党育人、为国育才是高校的职责所系。四是建设高等教育强国需要新文科。高等教育是兴国强国的"战略重器",服务国家经济社会高质量发展,根本上要求高等教育率先实现创新发展。文科占学科门类的三分之二,文科教育的振兴关乎高等教育的振兴,做强文科教育推动高教强国建设,加快实现教育现代化,新文科建设刻不容缓。五是文科教育融合发展需要新文科。新科技和产业革命浪潮奔腾而至，社会问题日益综合化复杂化，应对新变化、解决复杂问题亟须跨学科专业的知识整合，推动融合发展是新文科建设的必然选择。进一步打破学科专业壁垒，推动文科专业之间深度融通、文科与理工农医交叉融合，融入现代信息技术赋能文科教育，实现自我的革故鼎新，新文科建设势在必行。

新文科建设是文科的创新发展，目的是培养能适应新时代需要、能承担新时代历史使命的文科新人。川外作为重庆市首批"高水平新文科建设高校"项目三个入选高校之一，需要立足"两个一百年"奋斗目标的历史交汇点，准确把握新时代发展大势、高等教育发展大势和人才培养大势，超前识变，积极应变，主动求变，以新文科理念为指引，谋划新战略，探索新路径，深入思考学校发展的战略定位、模式创新和条件保障，构建外国语大学创新发展新格局，努力培养一大批信仰坚定、外语综合能力强，具有中国情怀、国际视野和国际治理能力的高素质复合型国际化人才。

基于上述认识，我们启动了"四川外国语大学新文科建设系列"丛书编写计划。这套丛书将收录文史哲、经管法、教育学和艺术学等多个学科专业领域的教材，以新文科理念为指导，严格筛选程序，严把质量关。在选择出版书目的标准把握上，我们既注重能体现新文科的学科交叉融合精神的学术研究成果，又注重能反映新文科背景下外语专业院校特色人才培养的教材研发成果。我们希望通过丛书出版，积极推进学校新文科建设，积极提升学校学科内涵建设，同时也为学界同仁提供一个相互学习、沟通交流的平台。

新文科教育教学改革是中国高等教育现代化的重要内容，是一项系统复杂的工作。客观地讲，这个系列目前还只是一个阶段性的成果。尽管作者们已尽心尽力，但成果转化的空间还很大。提出的一些路径和结论是否完全可靠，还需要时间和实践验证。但无论如何，这是一个良好的开始，我相信以后我们会做得越来越好。

　　新文科建设系列丛书的出版计划得到学校师生的积极响应,也得到了出版社领导的大力支持。在此,我谨向他们表示衷心的感谢和崇高的敬意!当然,由于时间仓促,也囿于我们自身的学识和水平,书中肯定还有诸多不足之处,恳请方家批评指正。

2023 年 5 月 30 日
写于歌乐山下

作者简介

谭亮,四川外国语大学国际工商管理学院副教授,硕士生导师。1997年赴日本国际大学及美国布兰代斯大学留学,1999年获经济学硕士学位;2010年获重庆大学管理学博士学位。

1999—2011年,曾先后担任美国通用电气(GE)公司重庆代表处首席代表、GE Capital中国区战略负责人;重庆市金融办重庆企业改制上市促进会副秘书长;在兴业证券、开源证券、华金证券等从事投资银行工作多年,有丰富的企业管理经验。2011年至今,在四川外国语大学国际工商管理学院任教;同时担任中国软科学研究会第五届理事会理事、全国经济管理院校工业技术学研究会委员、重庆市价值工程学会理事,以及跨国公司评论(TNCR)、*Asia Pacific Journal of Marketing and Logistics*、重庆理工大学学报等期刊匿名审稿人。

出版了三本专著:《金融资本促进产业结构转型升级的理论与实践》《基于企业核心竞争力理论视角的企业战略管理研究》《企业核心竞争力的形成、度量及评价:兼GE逾百年持续发展案例研究》;两本教材:*Principles of Economics*和《跨国公司经营与管理》。在*Sustainability*、*Social Behavior and Personality*、*International Journal of Environmental Research and Public Health*等SSCI期刊及《软科学》《学术论坛》等CSSCI期刊发表论文30余篇。

前 言 PREFACE

跨国公司经营与管理作为我国经济管理类专业的核心主干课程，目前使用的教材主要分为两大类：一类是原版或翻译教材，其中用得比较多的原版教材有 *International Management*（Mic Arind V. Phatak，Rabi S. Bhagat and Roger J. Kashlak），*Strategic Management*（Graham Hubbard and Paul Bearmish），*Strategic Management：An Integrated Approach，Theory and Cases*（Hill Schilling Jones）；翻译教材有《国际企业管理：文化、战略与行为》（弗雷德·卢森斯，乔纳森·P. 多著，周路路等译，机械工业出版社），《国际企业管理》（约翰·卡伦，普拉文·帕博蒂阿著，崔新健等译，中国人民大学出版社）。另一类是由机械工业出版社、清华大学出版社、上海财经大学出版社等国内各大出版社出版的《跨国公司经营与管理》《国际企业管理》教材。

本教材与以上教材相比有几大不同之处。首先，结构不同。本教材在结构上分为跨国公司基本知识、跨国公司经营和跨国公司管理三大部分，其他教材没有类似的划分。其次，内容不同。在"跨国公司基本知识"部分，除了介绍跨国公司的定义、类型和特征以及跨国公司基本理论外，还增加了其他教材没有的"全球500强与跨国公司"等内容；在"跨国公司经营"部分，增加了介绍战略、跨国公司经营战略以及环境分析等与经营有关的内容；在"跨国公司管理"部分，增加了介绍研发管理、采购管理、生产管理等与管理有关的内容。最后，知识不同。本教材中不仅加入了在其他同类教材中没有的"中国跨国公司的崛起""跨国公司的质量管理""兼并收购中的文化整合"等章节，而且每章后都附有我国跨国公司的经典案例分析，使学生在学习跨国公司经营与管理基本知识的同时，对中国跨国公司以及中国经济有了更深的了解,为培养知中国、爱中国、堪当民族复兴大任的新时代文科人才提供了重要的基础与保障。

本教材分为三个部分,共十一章,由谭亮负责统稿、审阅、校核及修改工作,具体编写分工如下:第一部分介绍跨国公司基本知识,包括第一章跨国公司概述(谭亮)和第二章跨国公司基本理论(李兆洋);第二部分分析跨国公司经营,包括第三章跨国公司经营战略(谭亮),第四章跨国公司环境分析(谭亮)和第五章跨国公司经营方式(李兆洋);第三部分研究跨国公司管理,包括第六章跨国公司研发、采购及生产管理(王旭),第七章跨国公司市场营销管理(谭亮),第八章跨国公司财务管理(王旭),第九章跨国公司人力资源管理(鲜京宸),第十章跨国公司质量管理(李兆洋)和第十一章中国跨国公司的崛起(鲜京宸)。四川外国语大学商务英语学院李佩瑾老师、国际金融与贸易学院2022级研究生梁博林同学、国际工商管理学院2019级胡晓青同学和余爱玲同学也参与了教材编撰的部分工作,在此表示感谢。本教材的编写参考了相关的文献资料,吸取了众多国内外同行的相关著作和教材中的精华,在此谨向这些专家和作者表示感谢。

鉴于编者水平有限,时间仓促,教材中不足之处在所难免,恳请广大读者在阅读和使用过程中提出宝贵意见,谢谢!

编　者

2023 年 2 月

目 录 CONTENTS

第一部分 跨国公司基本知识

第一章 跨国公司概述 ·· 2
  第一节 跨国公司与世界 500 强 ·························· 2
  第二节 跨国公司的定义和特征 ·························· 7
  第三节 跨国公司的构成和类型 ·························· 11
  第四节 跨国公司的起源、兴起和发展 ·················· 13
  第五节 跨国公司在世界经济中的作用 ·················· 19

第二章 跨国公司基本理论 ······························ 25
  第一节 跨国公司理论的演变 ·························· 25
  第二节 垄断优势理论 ································ 28
  第三节 产品生命周期理论 ···························· 31
  第四节 边际产业扩张理论 ···························· 34
  第五节 内部化理论 ·································· 35
  第六节 国际生产折衷理论 ···························· 37

第二部分 跨国公司经营

第三章 跨国公司经营战略 ······························ 44
  第一节 跨国公司经营战略的演变 ······················ 44
  第二节 公司层战略 ·································· 48
  第三节 事业层战略 ·································· 51
  第四节 职能层战略 ·································· 58

第四章 跨国公司环境分析 ······························ 63
  第一节 跨国公司环境分析的意义 ······················ 63

第一部分

跨国公司基本知识

第一章　跨国公司概述

【本章提要】

跨国经营是一种以对外直接投资、就地生产、就地销售为主要形式,以全球资源和世界市场为基础的大规模经营方式。跨国经营中对外直接投资数额巨大、多国生产经营活动组织管理复杂,决定了其主体必须是跨国公司。第二次世界大战结束后,随着西方发达国家垄断资本的大规模对外扩张和生产经营的进一步国际化,跨国公司得到了迅速的发展。不仅西方发达国家增加了大量的跨国公司,发展中国家也正在扶持、发展本国的跨国公司,借以促进本国经济的发展。跨国公司在数量上的增多和规模上的扩大,使其对世界经济的影响越来越大,在世界经济中的地位也日益突出。

要讨论跨国公司的经营管理问题,必须从了解跨国公司的基本概念入手。为此,本章介绍跨国公司的概念、特征、类型、形成与发展的过程及其对世界经济发展的影响。

第一节　跨国公司与世界 500 强

据相关数据统计,截至 2021 年底,全球跨国公司已超过 8 万家,而世界 500 强是指以收入、利润、市值等评价企业规模的指标为主要依据,对全球大型跨国公司进行评选和排序,得出结果并在世界知名商业杂志上进行公布的企业名单,通常每年发布一次,主要有《财富》世界 500 强、《福布斯》世界 500 强、《商业周刊》世界 500 强等。其中,《财富》世界 500 强排行榜是各大榜单中最著名和最权威的榜单,被誉为"终极榜单"。

一、《财富》世界 500 强

1929 年,美国人亨利·卢斯在经济萧条的背景下创办了《财富》杂志。1955 年,第一份《财富》世界 500 强排行榜诞生,当时上榜的仅限于美国公司。1995 年 8 月 7 日,《财富》杂志第一次发布同时涵盖工业企业和服务性企业的世界 500 强排行榜,依据这个榜单的数据,人们可以了解全球最大企业的最新发展趋势。

(一)《财富》世界 500 强入选标准

1. 销售收入

《财富》除将利润、资产、股东权益、雇用人数等作为参考指标外,最通用、最主要的标准是企业的销售收入。如果按销售收入排序,企业的位次在 500 名以外,即使是知名公司也不能上榜。

2. 企业统计数据必须具有较高的透明度

《财富》要求所有参选企业的数据必须公开。只有外界了解公司的资产状况，《财富》才有可能将其排进世界 500 强，这也是许多一流企业不能入围世界 500 强的原因之一。

3. 独立的公司治理

就其特征而言，参选企业必须独立而健全，建立起现代企业制度。这种独立既指独立于控股的国家，也指独立于控股的家族。

4. 统一按美元进行排序

《财富》一直采用当地货币与美元的全年平均汇率，将企业的销售收入统一换算为美元再进行最终排序。这与《福布斯》不同，《福布斯》采用的是统计截止时刻企业所在国货币与美元的汇率。

5. 必须在规定的时间内申报相关资料

按惯例，《财富》世界 500 强的统计、评估和排序工作始于每年 5 月，截至 6 月的最末一天，公布于 7 月。因此，《财富》要求企业必须在每年 5 月前完成申报。

此外，还有《福布斯》和《商业周刊》的跨国公司排名榜单。

《福布斯》榜单综合考虑销售收入、利润、总资产和市值。先分别评选这四项指标的前 500 名公司，在此基础上赋予四项指标相同的权重，计算每家公司的总点数，再得出公司的综合排名。福布斯另一个重要的发布是全球富豪榜。

《商业周刊》把市值作为排名依据。每年 6 月发布当年 1 000 强公司排行榜，该项排名以当年 5 月最后一个交易日全球各大股票交易市场的股票收市价为基准，计算出全球发达国家市场市值最高的 1 000 家上市公司。

值得注意的是，《福布斯》世界 500 强排名不包括美国本土公司。《商业周刊》的排名仅限于发达国家，对于包括中国在内的发展中国家，《商业周刊》另有新兴市场排名（表 1.1）。

表 1.1　世界 500 强榜单比较

名称	主要依据	参选范围	其他
《财富》世界 500 强	销售收入	全球企业	重视企业规模
《福布斯》世界 500 强	销售收入、利润、总资产、市值	不包括美国本土公司	依照四项指标的权重和点数进行综合排名
《商业周刊》世界 1 000 强	市值	仅限于发达国家	以当年 5 月最后一个交易日全球各大股票交易市场的股票收市价为基准

（二）《财富》世界 500 强的三角现象

三角现象是指世界 500 或 500 强以外的跨国公司在几乎每一个细分行业中都形成了寡头垄断式（一般有 3 家公司）的市场形态。

1. 矿产开采型行业

巴西的淡水河谷（Vale）、澳大利亚的必和必拓（BHP）、英国的力拓（Rio Tinto）。

2. 飞机发动机行业

美国的通用电气（GE）、美国的普拉特·惠特尼（Pratt & Whitney Group）和英国的罗尔斯·罗伊斯公司（Rolls-Royce）。

3. 美国汽车行业

福特（Ford）、通用（GM）和克莱斯勒（Chrysler）。

4. 日本汽车行业

丰田（Toyota）、本田（Honda）和日产（Nissan）。

5. 中国汽车行业

中国一汽（FAW）、上汽集团（SAIC）和东风汽车（DMC）。

6. 中国石化行业

中国石化（SINOPEC）、中国石油（CNPC）和中国海油（CNOOC）。

7. 中国通信行业

中国移动（China Mobile）、中国联通（China Unicom）和中国电信（China Telecom）。

二、《财富》世界 500 强与中国企业

《财富》世界 500 强榜单首次公布于 1995 年，那时我国内地上榜企业仅中国银行、中国石化和中粮集团 3 家，且都是国有企业。此后数年间，随着市场经济的不断发展，我国本土的一些优秀民营企业（如京东、阿里、华为等）快速崭露头角并走向国际舞台，逐渐成为国际 500 强榜单上的常客。

2019 年，中国上榜企业数量第一次领跑全球，达到 129 家，在数量上首次超过多年雄居榜首的美国（121 家）。2022 年，145 家中国企业上榜，继续稳居全球第一，且营收占 500 家上榜企业总营收的 31%，在规模上首次超过美国。中国企业在世界 500 强排行榜中数量和规模的迅速提升壮大，让我们看到了改革开放以来，特别是 2001 年加入世贸组织，融入经济全球化以来，中国企业所付出的巨大努力和取得的历史性进步（图 1.1）。

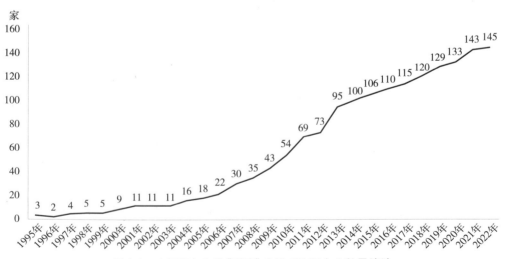

图 1.1　中国各年入选《财富》世界 500 强企业数量统计

　　《财富》特约撰稿人王志乐指出,自1995年《财富》世界500强排行榜发布以来,还没有任何一个国家或地区的企业能像中国般如此迅速地增加在排行榜中的数量,并稳居领先地位。这表明中国经济发展动力充沛,即使在贸易摩擦、新冠疫情等不确定性因素的冲击下,也仍能以强大的市场规模、持续增长的内需、健全的技术创新体系为内在基础,支撑起产业发展,成就了中国经济的坚强韧性以及快速恢复能力,使中国成为世界经济发展火车头的同时,也带来了中国企业的快速成长以及在《财富》世界500强榜单上的优异表现(表1.2)。

表1.2　2022年入选《财富》世界500强前100名的中国企业

序号	企业名称	世界排名
1	国家电网有限公司(STATE GRID)	3
2	中国石油天然气集团有限公司(CHINA NATIONAL PETROLEUM)	4
3	中国石油化工集团有限公司(SINOPEC GROUP)	5
4	中国建筑集团有限公司(CHINA STATE CONSTRUCTION ENGINEERING)	9
5	鸿海精密工业股份有限公司(HON HAI PRECISION INDUSTRY)	20
6	中国工商银行股份有限公司(INDUSTRIAL&COMMERCIAL BANK OF CHINA)	22
7	中国建设银行股份有限公司(CHINA CONSTRUCTION BANK)	24
8	中国平安保险(集团)股份有限公司(PING AN INSURANCE)	25
9	中国农业银行股份有限公司(AGRICULTURAL BANK OF CHINA)	28
10	中国中化控股有限责任公司(SINOCHEM HOLDINGS)	31
11	中国铁路工程集团有限公司(CHINA RAILWAY ENGINEERING GROUP)	34
12	中国铁道建筑集团有限公司(CHINA RAILWAY CONSTRUCTION)	39
13	中国人寿保险(集团)公司(CHINA LIFE INSURANCE)	40
14	中国银行股份有限公司(BANK OF CHINA)	42
15	中国宝武钢铁集团有限公司(CHINA BAOWU STEEL GROUP)	44
16	京东集团股份有限公司(JD.COM)	46
17	阿里巴巴集团控股有限公司(ALIBABA GROUP HOLDING)	55
18	中国移动通信集团有限公司(CHINA MOBILE COMMUNICATIONS)	57
19	中国五矿集团有限公司(CHINA MINMETALS)	58
20	中国交通建设集团有限公司(CHINA COMMUNICATIONS CONSTRUCTION)	60
21	中国海洋石油集团有限公司(CHINA NATIONAL OFFSHORE OIL)	65
22	上海汽车集团股份有限公司(SAIC MOTOR)	68
23	山东能源集团有限公司(SHANDONG ENERGY GROUP)	69
24	中国华润有限公司(CHINA RESOURCES)	70
25	恒力集团有限公司(HENGLI GROUP)	75

续表

序号	企业名称	世界排名
26	正威国际集团有限公司（AMER INTERNATIONAL GROUP）	76
27	厦门建发集团有限公司（XIAMEN C&D）	77
28	中国第一汽车集团有限公司（CHINA FAW GROUP）	79
29	中国医药集团有限公司（SINOPHARM）	80
30	中国邮政集团有限公司（CHINA POST GROUP）	81
31	国家能源投资集团有限责任公司（CHINA ENERGY INVESTMENT）	85
32	中国南方电网有限责任公司（CHINA SOUTHERN POWER GRID）	89
33	中粮集团有限公司（COFCO）	91
34	华为投资控股有限公司（HUAWEI INVESTMENT&HOLDING）	96
35	中国电力建设集团有限公司（POWERCHINA）	100

三、《财富》世界 500 强的中美企业

2022 年中国 145 家上榜企业平均利润约为 41 亿美元，虽与自身相比有所提升，然而世界 500 强平均利润同期上升至 62 亿美元。以部分国家作为比较对象，如上榜的德国企业平均利润 44 亿美元，英国企业 69.6 亿美元，加拿大企业 47.5 亿美元，法国企业 48.5 亿美元等，均高于中国公司。

与上榜美国企业相比，中国企业利润差距更加明显。2022 年《财富》世界 500 强的美国 124 家企业平均利润高达 100.5 亿美元，几乎接近中国上榜企业的 2.5 倍。中国上榜企业的利润及其增速远低于美国和世界平均水平。

同时，根据以上数据计算，中国大陆上榜企业平均销售收益率为 5.1%，总资产收益率为 1.15%，净资产收益率为 9.5%，三个指标都落后于《财富》世界 500 强平均水平。而上榜美国公司的三个指标分别为 11%、3.21% 和 21.9%，经营状况明显优于中国企业。

中国企业盈利能力较弱部分源于产业结构问题。上榜中国企业中，不少属于工业化城市化时期的传统产业，盈利能力正逐渐减弱。如房地产、建筑材料、金属制品、工程建设等行业曾在工业化城市化阶段迅速崛起，随着我国经济发展阶段的转换，上述行业所属企业难以避免地业绩下滑，拖累了上榜中国企业的整体业绩。2022 年世界 500 强中国企业中有 19 家金属制品企业，平均利润只有 11 亿美元；而美国在该分类下仅有纽柯一家钢铁企业，其利润就达到 70 亿美元。中国有 12 家建筑工程公司和 6 家煤炭开采公司上榜，其平均利润分别只有 16.2 亿美元和 1.3 亿美元，在这些类别下美国均无上榜公司。

即使在新兴产业中，中国上榜企业也面临竞争力较弱的困境。以体现高新技术发展水平的信息和通信技术（ICT）产业为例，2022 年中国、美国分别有 13 家、19 家进入《财富》世界 500 强，虽在数量上差别不大，但从平均利润的规模来看却相差巨大：中国企业为 77 亿美

元,美国企业为 237 亿美元。

从无到有,从小到大,在看到中国企业发展壮大之时,也应窥探到其短板所在。从盈利能力看,中国企业大而不强,与其他榜单前列的企业差距较大,需要继续扎实强化企业管理,不断创新技术,改进产品质量,提高企业的盈利能力。从核心竞争力看,中国企业的全球竞争力有待加强。世界一流企业往往都拥有或者主导一条全球产业链,而进入《财富》世界500 强排行榜的中国企业,很少有企业能够构建、拥有和主导这样一条全球价值链。中国企业要持续加强在基础研究、核心技术和前沿领域的投入力度,不断突破技术瓶颈,改变在飞机发动机、芯片、先进机床等诸多技术领域受制于人的局面,提升全球竞争力,向价值链上游迈进。

第二节 跨国公司的定义和特征

一、跨国公司的定义

跨国公司(Multinational Corporations)是在多个国家进行直接投资,并设立分支机构或子公司,从事全球性生产、销售或其他经营活动的国际企业组织。

1974 年,联合国经济及社会理事会第 57 次会议的有关决议文件中,正式采用了"跨国公司"这一名称。此后,联合国正式文件中均使用"跨国公司",这一名称也就逐渐成为国际社会普遍接受的专用名称。

联合国经济及社会理事会的有关文件对跨国公司是这样定义的:"跨国公司是指那些在两个或更多的国家进行直接投资,拥有和控制工厂、矿山、销售机构及其他资产的公司制企业。"

联合国经济及社会理事会的定义是广义的,既适用于发达国家的跨国公司,也适用于发展中国家的跨国公司;既指那些实力特别雄厚、规模庞大的跨国公司,也指那些实力相对较弱的中小型跨国公司。

二、跨国公司的判断标准

对跨国公司的判断,一般有以下三种标准。

(一)结构性标准

结构性标准是指通过研究一个公司的跨国范围及对子公司的股权安排和控制程度来判断其是否属于跨国公司。

1.跨国的程度

跨国公司应当是那些在两个或两个以上的国家从事生产和经营活动的企业。也就是说,除了它们的母公司所在国以外,在其他国家里,它们拥有或控制着一些生产或服务设施,设有子公司或分支机构。一般可能认为,跨国公司规模越大,从事生产经营活动所跨越的国家数也越多。但事实上并非完全如此,跨国数量的多少还与公司母国的市场规模以及行业性质有关。所以,跨国的程度除了上述所说的条件以外,还由跨国指数决定。跨国指数是三

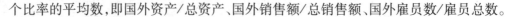
个比率的平均数,即国外资产/总资产、国外销售额/总销售额、国外雇员数/雇员总数。

2. 所有权性质

在所有权性质这个问题上,大多数意见认为一个跨国公司不仅要在多个国家从事生产经营活动,而且要由两国或两国以上的所有者拥有其所有权。只有多国所有者拥有其所有权,一个企业才称得上是跨国公司。

3. 决策与控制

一家公司拥有国外企业股份的多少,关系到能否将这个国外企业视为子公司。关于这项标准,不同的国家有不同的规定。例如,日本规定为 25% 以上,美国规定为 10% 以上,加拿大则规定为 50% 以上。一般来说,如果拥有国外企业的股份较多,则这个公司就对该国外企业存在着控制,因而该国外企业就可以视为一个子公司,而这个拥有控股权的公司就可视为跨国公司。当然,在某些情况下,虽然只持有少数股,但由于拥有核心技术,因此同样对国外企业拥有控制权,也可以将这家国外企业视为子公司。

(二)经营业绩标准

跨国公司经营业绩标准,主要是指根据跨国公司在海外经营的销售额以及雇员人数和利润等指标来判断其是否属于跨国公司。1993 年,联合国贸发会议的一份文件认为,年销售额在 10 亿美元以上的才称为跨国公司。一般认为,跨国公司国外业务份额应达到全部业务的 25% 以上。

(三)行为特征标准

看一家企业是否是跨国公司,就要看它是否有全球的经营战略,是否客观地对待和处理各国的机遇与挑战,是否公平地管理、激励和调节各子公司的经营,是否重视整个公司资源的优化组合与协调发展。跨国公司必须从公司整体利益出发,以全球市场的利润最大化为目标,而不局限于某区域市场的得失。

美国学者巴尔马特认为,企业能否从国内公司成长为现代意义的跨国公司,必须以战略决策的取向作为重要标准。只有那些战略决策具有全球取向的企业才是真正的跨国公司。

上述标准通常应结合起来运用,以保证获得较为准确的判断。1983 年,联合国跨国公司中心在其发表的《世界发展中的跨国公司第三次调查》中,提出了一个权威性的综合判断标准,认为跨国公司应是这样一种企业:

①必须包括两个或两个以上国家的实体,不论这些实体的法律形式和领域如何。

②在一个决策体系下开展经营活动,能通过一个或几个决策中心采取一致的对策和共同战略。

③各实体通过股权或其他方式形成的联系,使其中的一个或几个实体有可能对别的实体施加重大影响,特别是同其他实体分享资源和分担责任。

三、跨国公司的特征

跨国公司为了争夺国际市场,夺取国外资源,获得高额利润,通过对外直接投资,在国外设立子公司或分支机构,从而形成从国内到国外、从生产到销售的超国家的独特的生产经营体系。由于不同的跨国公司都有其自身的发展历史,行业不同,经营方式也不同,但就现代跨国公司整体而言,应该具有如下共同的特征。

(一)全球战略目标

在经济全球化的背景下,跨国公司凭借在资金、技术、管理等方面的优势,在全球范围内进行合理的分工,组织采购、生产和销售。一切经营活动皆以实现全球战略为出发点,着眼于全球利益的最大化。

实行全球战略是指跨国公司有全球性战略目标和战略部署。跨国经营的主要内容是商品贸易、直接投资和技术转让。为了获得最大限度的利润,要合理地安排生产,从世界范围考虑原料来源、劳力雇用、产品销售和资金运用,讲究规模经营,充分利用东道国和各地区的有利条件,还要应对世界市场上同行业的竞争,这就必须把商品贸易、直接投资、技术转让三者结合起来,相辅相成,从公司的整体利益及未来发展着眼,做出全面安排。

(二)灵活经营策略

跨国公司会根据国际形势、东道国的具体情况、自身的实力以及竞争地位等,采取灵活多样的经营策略,以更好地适应东道国的实际情况,获得良好的经营效益。对外直接投资是跨国公司的主要经营策略,它有多种具体形式,包括在东道国开办独资、合资与合作经营企业,或购买、兼并现有企业等。对外直接投资历来是跨国公司对外扩张、实现经营跨国化的基本手段。跨国公司通过对外直接投资,在国外设立子公司和分支机构,并对其加以控制,为实现跨国公司的经营目标服务。

(三)技术创新能力

跨国公司是当代技术创新与技术进步的主导力量,主要体现在其雄厚的技术优势和强大的创新开发能力。跨国公司要在国际竞争中保持领先,就必须不断投入巨额资金,加强科学技术的研究与开发,以保持自己的技术优势。技术领先带来的是丰厚的回报,这样又激励跨国公司不断进行技术改造,推动技术进步。

跨国公司为了保持其技术优势,必须依赖于巨额的研发投资。公司规模越大,研发投入也越多。跨国公司往往把主要的、全能的研究机构设在母公司所在国内,使研究成果牢牢地掌握在公司总部手中,并且首先在公司内部使用,推迟扩散,以尽可能地保持自己较长时间的领先地位。

2022 年 9 月,波士顿咨询公司(BCG)公布了 2022 年最具创新力的 50 家公司名单,苹果连续第二年位居榜首。微软排在第二位,亚马逊第三位,谷歌母公司 Alphabet 第四位,特斯拉第五位。排在第六至十位的依次是:三星、莫德纳、华为、索尼、IBM。

2022 年新上榜的有四家公司:字节跳动(第 45 位)、英伟达(第 15 位)、松下(第 46 位)和时尚电商平台 Zalando(第 25 位)。2022 年的榜单看到了汽车行业的反弹,通用汽车(第 42 位)和福特汽车(第 43 位)重新进入前 50 名,特斯拉(第 5 位)和丰田汽车(第 21 位)保持其地位。现代汽车(第 33 位)仍入选 2022 年的榜单(图 1.2)。

1-10	11-20	21-30	31-40	41-50
1 Apple	11 Meta[1]	21 Toyota	31 Xiaomi	41 Tencent
2 Microsoft	12 Nike	22 Alibaba	32 eBay	42 General Motors
3 Amazon	13 Walmart	23 HP	33 Hyundai	43 Ford
4 Alphabet	14 Dell	24 Lenovo	34 Procter & Gamble	44 Intel
5 Tesla	15 Nvidia	25 Zalando	35 Adidas	45 ByteDance
6 Samsung	16 LG	26 Bosch	36 Coca-Cola	46 Panasonic
7 Moderna	17 Target	27 Johnson & Johnson	37 3M	47 Philips
8 Huawei	18 Pfizer	28 Cisco	38 PepsiCo	48 Mitsubishi
9 Sony	19 Oracle	29 General Electric	39 Hitachi	49 Nestlé
10 IBM	20 Siemens	30 Jingdong	40 SAP	50 Unilever

图 1.2　2022 年最具创新力的 50 家跨国公司

与过去五年的波士顿咨询最具创新力公司 50 强排名一致,2022 年的榜单中超过一半的公司位于北美。同时,亚太地区和大中华区仍然是不断崛起的创新中心。

(四)较大经营风险

跨国公司比国内企业面临更为复杂的国际经营环境,因此也面临更大的经营风险。除正常的经营风险外,跨国公司还面临国际经营特有的政治风险。

广义的政治风险是指除商业性质活动带来的所有风险。狭义的政治风险是指因东道国政局结构变化和政府控制与管理因素等,使国际投资企业遭受经济损失的可能性。

以美国出台《外国投资与国家安全法》为例,新出台的法律导致企业投资审查标准与客观审查环境发生变化,对于外国投资企业的审查将根据现有的法律开始重新进行审查与评估,投资企业面临新一轮的投资审查。一系列法律政策都规定将对一些战略行业、敏感的基础设施领域和一些高科技行业进行极其严格的审查,同时还伴随进出口贸易管制标准的变化。从表面来看这是一个简单的美国政府为维护自身利益而进行的政策输出,实际上背后存在美国利益集团不断推波助澜,通过加大外资企业与东道国经济发展的分歧,从多方面向政府施加压力,借政府力量限制外资,以达到维护自身利益的目标,其根本原因是外资动了美国利益集团的"奶酪"。

当中美两国外交关系互动良好,经贸正常往来时,中国企业在美国发展比较顺利,遭受政治风险的概率很小;当中美两国双边外交关系紧张,贸易出现摩擦时,美国政府就会采取政治手段对中国企业施压,不断进行政治干预,影响甚至打压中国企业的正常经营发展。美国出于对中国科技进步的戒心,针对性制裁力度不断加码,在美国投资的一些中国高新技术产业公司正在面对新一轮政治风险带来的挑战。

第三节 跨国公司的构成和类型

一、跨国公司的构成

为了配合在全球范围配置资源并开展经营活动,跨国公司在组织结构上必须实现多实体化。多实体化是指跨国公司不能是一个孤立的实体,而是由遍布世界各地的多个公司实体所构成。多个实体性公司分散在不同的国家或地区,市场定位及经营范围等也不完全相同,但终极目标是一致的,即利润最大化。这些实体之间按照分工协作的原则联系起来,能形成一个复杂的经营组织。

现在绝大多数跨国公司实体结构都包括三种基本单位,即母公司、子公司和分公司。

母公司是指负责对外直接投资,并对接受投资的经济实体进行控制的公司。一般来说,母公司就是跨国公司总部,其所在国被称为母国。母公司是在母国政府机构注册的法人组织,有权并负责组织和管理跨国公司海内外机构的全部生产经营活动。

子公司是指经母公司直接投资而在母国内外设立的经济实体。如果子公司在母国外,其所在国就被称为东道国。子公司一般是在所在国政府机构注册的法人组织,在法律上独立于母公司,在公司名称、章程、组织结构与资金组成等方面,表面上与母公司没有明显的联系,但在实际上是受母公司控制和管理的。

分公司就是母公司的分部,它利用母公司的名称和章程,在公司的直接控制下开展经营活动,财产所有权属于母公司,资产与负债要直接反映到母公司的资产负债表上,而且通常不是法律上独立的法人组织。

此外,还有一类被称为代表处的机构。代表处全称为外国企业代表处(Representative Office),也称外国企业在华常驻代表处。外国企业常驻代表机构只能在中国境内从事非直接经营活动,代表外国企业进行业务范围内的联络、产品推广、市场调研、技术交流等业务活动。

二、跨国公司的类型

跨国公司有多种类型,不同类型的跨国公司之间在管理上也存在着程度不同的差异。

(一)按经营项目分类

跨国公司直接投资的领域最初主要局限于经济资源开发和初级产品生产领域,而后逐渐转向以制造业为主。现在投资制造业的比重有所下降,而投资服务业的比重逐渐上升。从跨国公司的投资领域和经营范围出发,跨国公司可分为以下三类。

1. 资源型跨国公司(Resource-based Multinational Corporations)

这类公司主要涉及种植业、采矿业和石油开采业的生产经营活动。现代跨国公司的先驱——东印度公司,对不发达国家(包括19世纪的经济不发达国家,如澳大利亚、加拿大和美国)的直接投资,始于种植业、采矿业和铁路。又如,当时的英、法、荷等国公司经营的矿产、热带农作物种植园等已经相当发达。迄今为止,从事以资源开采为主的公司,仍集中于

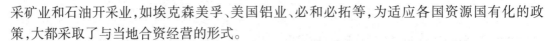

采矿业和石油开采业,如埃克森美孚、美国铝业、必和必拓等,为适应各国资源国有化的政策,大都采取了与当地合资经营的形式。

2. 制造型跨国公司(Manufacturing Multinational Corporations)

这类公司最初以加工装配为主,或者是原料加工后出口,或者是大部分投入的原料依靠进口,而所生产出来的消费品则在当地或附近市场上销售。随着当地工业化程度的提高,此类外国公司资本转向中间产品部门,主要从事机器设备制造和零部件的加工,集中在金属制品、钢材、机械、汽车、机电产品等行业,如丰田汽车、三星电子、松下电器等。

3. 服务型跨国公司(Service-oriented Multinational Corporations)

这类公司主要是指向国际市场提供技术、管理、信息、咨询、法律服务等服务的公司,包括跨国银行、保险公司、咨询公司、律师事务所、会计师事务所等。20 世纪 80 年代以来,随着服务业的迅猛发展,服务业已逐渐成为当今最大的产业部门,服务提供型跨国公司也成为跨国公司的一种重要形式,如波士顿咨询集团、花旗银行、普华永道等。

(二)按公司决策中心进行分类

跨国公司的决策哲学体现在公司的全球战略之中。全球战略的制订和执行,要求总公司和子公司进行世界范围的探索,关键是公司的世界目标和地区目标要一致。从决策上分类,可分为以民族为中心(面向本国)的跨国公司、以多元为中心(面向众多东道国)的跨国公司和以全球为中心(面向世界)的跨国公司。

1. 民族中心型跨国公司(Ethnocentric Multinational Corporations)

民族中心型跨国公司的决策哲学是以本民族为中心,决策行为主要体现母国与母公司的利益。公司的管理决策高度集中于母公司,对海外子公司采取集权式管理体制。这种管理体制强调公司整体目标的一致性,优点是能充分发挥母公司的中心调整功能,更优化地使用资源,但缺点是不利于发挥子公司的自主性与积极性,且东道国往往不太欢迎此模式。跨国公司发展初期,一般采用这种传统的管理体制。

2. 多元中心型跨国公司(Polycentric Multinational Corporations)

多元中心型跨国公司的决策哲学是多中心,决策行为倾向于体现众多东道国与海外子公司的利益,母公司允许子公司根据自己所在国的具体情况独立地确定经营目标与长期发展战略。公司的管理权力较为分散,母公司对子公司采取分权式管理体制。在跨国公司迅速发展的过程中,管理体制逐渐从民族中心型转变为多元中心型。这种管理体制强调的是管理的灵活性与适应性,有利于充分发挥各子公司的积极性和责任感。不足之处在于母公司难以统一调配资源,有一定局限性。

3. 全球中心型跨国公司(Geocentric Multinational Corporations)

全球中心型跨国公司既不以母公司也不以分公司为中心,决策行为体现公司的全球利益最大化。相应地,公司采取集权与分权相结合的管理体制,这种管理体制吸取了集权与分权两种管理体制的优点,事关全局的重大决策权和管理权集中在母公司的管理机构,但海外子公司可以在母公司的总体经营战略范围内自行制订具体的实施计划、调配和使用资源,有较大的经营自主权。这种管理体制的优点是在维护公司全球经营目标的前提下,各子公司在限定范围内有一定的自主权,有利于调动子公司的经营主动性和积极性。

（三）按公司内部经营结构分类

1. 横向型跨国公司（Horizontal Multinational Corporations）

横向型跨国公司是指跨国公司的母公司和各分支机构从事同一种产品的生产和经营活动的公司。横向型跨国公司的母子公司之间，在公司内部相互转移生产技术、营销诀窍和商标专利等无形资产，目的在于增强各自的竞争优势与公司的整体优势、减少交易成本，从而形成强大的规模经济。在公司内部，母公司和各分支机构之间在生产经营上专业化分工程度很低，生产制造工艺、过程和产品基本相同。

横向型跨国公司的特点是地理分布区域广泛，通过在不同的国家和地区设立子公司与分支机构就地生产与销售，以克服东道国的贸易壁垒，巩固和拓展市场。这类型的公司有可口可乐、肯德基、三得利等。

2. 垂直型跨国公司（Vertical Multinational Corporations）

垂直型跨国公司是指跨国公司的母公司和各分支机构之间实行纵向一体化专业分工的公司。垂直型跨国公司把具有前后衔接关系的社会生产活动国际化，母公司与子公司之间的生产经营活动具有显著的投入产出关系。垂直型跨国公司按其经营内容又有两种形式：一种是母公司和子公司生产和经营不同行业但又相互关联的产品。这类公司属于跨行业的公司，主要涉及原材料、初级产品的生产和加工行业。如开采种植、自然资源的勘探、开发、提炼、加工制造与市场销售等行业。另一种是母公司和子公司生产和经营同一行业不同加工程序或工艺阶段的产品，如专业化分工程度较高的汽车行业与电子行业等关联产品。

垂直型跨国公司的特点是全球生产的专业化分工与协作程度高，各个生产经营环节紧密相扣，便于公司按照全球战略发挥各子公司的优势；而且由于专业化分工，每个子公司只负责生产一种或少数几种零部件，有利于实现标准化、大规模生产，获得规模经济效益。苹果公司、空中客车等就是这类型的公司。

3. 混合型跨国公司（Hybrid Multinational Corporations）

混合型跨国公司是指母公司和各分支机构生产和经营互不关联产品的公司。这类公司是企业在世界范围内实行多样化经营的结果，将没有联系的各种产品及其相关行业组合起来，加强了生产与资本的集中，规模经济效果明显；同时，跨行业非相关产品的多样化经营能有效地分散经营风险。但是由于经营多种业务，业务的复杂性会给企业管理带来不利影响，因此具有竞争优势的跨国公司并不是向不同行业盲目扩展业务，而是倾向于围绕加强核心业务或产品的竞争优势开展国际多样化经营活动。

混合型跨国公司的特点是多元化经营程度高。在公司内部，母公司和子公司制造不同的产品，经营不同的行业，而它们经营的产品和行业之间没有有机的联系，又互不衔接。这类型的公司有通用电气、三菱重工等。

第四节　跨国公司的起源、兴起和发展

跨国公司的历史就是一部全球经济演化史。当前的跨国公司格局是从 16 世纪"地理大发现"时代开始的，历经贸易殖民时代、帝国主义时代、全球化时代以及后全球化时代等演化

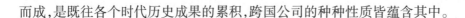

而成,是既往各个时代历史成果的累积,跨国公司的种种性质皆蕴含其中。

一、跨国公司的起源——贸易殖民时代

1599 年,英国伦敦的胡椒价格突然由每磅 3 先令飞涨到 8 先令,震动了整个英格兰。在当时,胡椒是生活必需品,以至于其价格可以作为其他商品价格的基准。为此,当时的伦敦市长斯蒂芬·申尼爵士召集贵族和商人开会商议对策。贵族和商人们认为胡椒涨价是由于荷兰和葡萄牙垄断了从胡椒产地东印度群岛到欧洲的贸易航路造成的,因此形成决议集资成立英国东印度公司,并上书请求伊丽莎白一世女王授予皇家特许状。

1600 年,英国东印度公司宣告成立,当时它的名字是"伦敦赴东印度贸易的商人们的长官及同事"(The Governor and Company of Merchants of London Trading into the East Indian)。这个名字看上去很奇怪,但却反映了其时代背景和组织性质:这是一个集资从事贸易的机构,因此出资人之间都是"同事或伙伴"(company)关系,由于有女王的特许状,所以会有长官(governor)。实际上"公司"(company)一词就是来源于"同事或伙伴",因为类似东印度公司这样的贸易机构往往由一些参与集资的"同事或伙伴"构成。

东印度公司名义上是贸易公司,是私人拥有的股份制公司,却拥有舰队和武装,实际上是英国等西方国家开拓殖民地的一种组织形式。为开拓亚洲殖民地,荷兰、丹麦、法国、葡萄牙等国也都曾设立过类似的"东印度公司",荷兰东印度公司、丹麦东印度公司、法国东印度公司、葡萄牙东印度公司等。1840 年鸦片战争前后,向中国大量走私鸦片的,就是英国的东印度公司。类似的公司还有皇家非洲公司、伦敦探索家招商公司、莫斯科公司、东方公司、土耳其公司、弗吉尼亚公司、哈德逊湾公司、不列颠南非公司等。这些早期跨国公司的主要业务就是贸易与殖民,即通过拥有王室授予的独家垄断权开展贸易,通过拥有舰队及武装进行殖民。

1757 年,东印度公司在印度进行了普拉西之战,其后逐步开始蚕食印度领土,到 1820 年前后,印度完全沦为东印度公司的殖民地。这时的东印度公司兼有了政府职能,但从公司层面来看,主要业务仍然是贸易,因为当时英国虽然已经开始工业革命,但所谓的工业体系实际上还是小作坊,远未进入真正的工业化大生产阶段,当然也就不可能出现国际分工及跨国制造,因此主要业务仍然是原材料贩运的海外贸易也就不足为奇了。

为了解释当时的国际贸易,1776 年亚当·斯密在《国富论》中提出了绝对优势理论。绝对优势即绝对高效率或绝对低成本,亚当·斯密认为,一个国家应该出口有绝对优势的产品,进口有绝对劣势的产品。1817 年,大卫·李嘉图把亚当·斯密的观点发展成比较优势理论,认为两国间只要有相对成本差异,哪怕其中一国在所有产品中都是绝对劣势,只要有相对成本的比较优势,就仍能出口该产品。比较优势理论很好地解释了 19 世纪的国际贸易,成为经济学中国际贸易的理论基础。而亚当·斯密和大卫·李嘉图都与东印度公司关系密切,他们理论中的贸易模板实际上就是东印度公司。

1773 年,英国国会通过"东印度公司法案",将东印度公司的主权和最终控制权收归国会,并赋予公司职责,由英国内阁负责管理,明确规定东印度公司"为皇室代行皇室之主权,而不是为公司自己获得主权"。此举相当于将东印度公司国有化,成为英国直接控制印度次

大陆的一个重要步骤。

1857 年,印度民族大起义摧毁了东印度公司的贸易殖民体系,东印度公司被三个相对较小的贸易公司继承,分别是怡和洋行(Jardine Matheson)、颠地洋行(Dent & Co.)和旗昌洋行(Russell & Co.),这三家公司都是从事对华鸦片贸易的商行,其中怡和洋行是由两名大鸦片贩子查顿和马地臣合伙成立的,颠地洋行(又名宝顺洋行)则以大鸦片贩子颠地为首。与海上贸易相适应,现代银行业开始出现。其背景是卖方不愿在没拿到钱的情况下先发货,因为怕拿不到货款;买方也不愿在没有拿到货的情况下先付款,因为怕拿不到货物。这样银行作为中介以信用为双方担保垫支,通过收取买卖双方的服务费用逐渐成长起来。

1865 年,15 家在中国的洋行发起成立了汇丰银行(The Hongkong and Shanghai Banking Corporation),这是一个带有浓厚贸易殖民色彩的名称,标志着其殖民银行的性质。如同怡和洋行与汇丰银行一样,很多贸易殖民时代成立的跨国公司至今仍活跃在全球经济体系之中,当然其组织形式与业务模式早已在不断的适应性演化过程中历经多次改变。

二、跨国公司的兴起——帝国主义时代

19 世纪 60 年代起,在美国爆发了第二次工业革命,在电力、内燃机、运输、通信等领域取得了重大突破。比如,电力的广泛应用(西门子的发电机、格拉姆的电动机),新交通工具的制造(卡尔·本茨的内燃机驱动的汽车、莱特兄弟的飞机),新通信手段的发明(贝尔的电话、马可尼的无线电报)等。实际上,这是工业经济的第一次真正爆发,发生在英国的第一次工业革命其实是以作坊式工场为基础的,并非现代意义上的工业。

第二次工业革命的爆发从根本上改变了经济环境。由于美国大规模铁路建设的带动,出现了最早一批制造标准化工业产品的公司,一部分原因在于把来自不同产地的多种原材料运输到同一个工厂变得容易了。这些标准化工业产品的制造公司包括胜家缝纫机公司、柯尔特手枪公司和麦考密克联合收割机公司等。美国发明家以撒·胜家于 1851 年发明了缝纫机,随后创办了胜家缝纫机公司,使缝纫机成为第一种走进千家万户的工业产品。胜家公司还开创了工业产品跨国销售的先河,因此以撒·胜家被称为“跨国公司之父”。

铁路第一次真正把原先分割的世界几大板块连接到同一个经济体系中,使它们必须遵守同一张时间表(标准时)并进行相互分工,英国和美国率先完成了工业化,极大刺激了对原材料与工业产品的需求。与此同时,蒸汽轮船大大增加了海上运输能力,使西方列强的对外扩张能力得到极大提高,于是一个列强瓜分世界版图的帝国主义时代出现了。

帝国主义时代的列强与殖民地之间的关系已彻底从贸易关系演变为隶属关系,微观层面上跨国公司的行为方式也随之发生了变化,贸易公司不再是关系的中心,中心位置让给了在殖民地从事资源开发的公司,开发公司负责开采殖民地的原材料,再由贸易公司运回母国进行加工制造。

帝国主义时代诞生的殖民地资源开发公司,著名的有力拓公司(Rio Tinto Limited)、必和公司(Broken Hill Proprietary Company Limited)、必拓公司(Billiton Limited)和壳牌石油公司(Shell Limited)等。单从名称上来看,资源开发公司与贸易殖民公司就有着显著的区别。以力拓公司为例,这家由怡和洋行创始人詹姆士·马地臣的侄子休·马地臣于 1873 年在西班

牙创建的公司,是以创建地附近的一条河的名字"Tinto"命名的,而"Rio"在西班牙语中也是"河"的意思。同样,1885 年成立的必和公司是以所在地澳大利亚布罗肯山(意译为"断背山")命名,1860 年成立的必拓公司是以所在地印尼的勿里洞岛(Billiton)命名,这些公司名称中的"Limited"表示有限责任公司。1892 年,德国颁布了世界上第一部《有限责任公司法》,有限责任公司作为一种新的公司类型登上了历史舞台。有限责任公司的好处在于:聚合资本,形成合力;有限责任,隔离风险。这是公司组建方式适应这一历史时期的经济环境而发生的演进,因此责任承担与出资比例相对应的规则就产生了。公司制被誉为人类最伟大的发明和商业创新,公司的力量源于市场,公司作为市场主体在"无形之手"指导下整合资本、土地、智力等资源,使资源价值最大化。

为什么国际贸易中主要是殖民地向工业国家输送原材料呢? 经济体系的变化也使得比较优势理论不再能够很好地解释国际贸易。

1919 年,瑞典经济学家赫克歇尔和俄林提出了资源禀赋理论,认为一国出口什么主要是由其具有什么样的丰富资源决定的,比如劳动力充足的国家可以输出劳动力,矿产资源丰富的国家可以输出矿产品。俄林后来因为资源禀赋理论在 1977 年获得诺贝尔经济学奖。

经济的发展催生了对资金以及金融体系的需求,为此新型银行应运而生。1870 年,以西门子家族为核心,德意志银行(Deutsche Bank AG)在柏林成立。这是一家服务于企业信贷的银行,1871—1872 年陆续在法兰克福、慕尼黑、莱比锡和德累斯顿等地开设了分行。

三、跨国公司的发展——全球化时代

1914—1945 年,由于两次世界大战的原因,跨国公司在 30 年里发展陷入了停滞。随着第二次世界大战的结束以及以原子能技术、航空航天技术、计算机技术等为代表的第三次工业革命的影响,跨国公司迎来了飞速发展。第三次工业革命是人类历史上继蒸汽技术革命和电力技术革命后的又一次重大飞跃,不仅极大地推动了人类社会在政治、经济、社会及技术领域的变革,而且也影响了人类生活方式,使人类社会生活向更高境界发展。

有三个变化使跨国公司的发展进入全球化时代,即不再仅仅是在一国范围内制造出产品再销售到另一国,而是产品的制造过程本身也在不同国家进行。这三个变化是:①集装箱海运的出现使跨国运输和生产的成本更低①;②通信技术的发展使跨国管理成为可能;③国际航空的发展为人员及货物的流动带来了便利。这三个变化也是全球化到来的标志,一大批以跨国制造为主的跨国公司开始涌现。

跨国制造公司兴起的典型案例是丰田汽车公司。丰田汽车公司成立于 1937 年。1950 年,由于朝鲜战争的缘故,美国向日本企业提供大量订单,丰田汽车趁机发展起来。1958 年,丰田在巴西设立了第一个海外制造厂,且大量零部件是从日本发出。1984 年,丰田在美国设立了汽车制造厂。如今丰田汽车已在全球 26 个国家建立了 52 个生产基地,长期排名《财富》世界 500 强的前十。

---

① 1956 年美国商人马尔科姆·麦克莱恩开创了集装箱海运业,他随后创建了海陆联合服务公司推广这项事业。集装箱使货物在轮船、铁路、公路间的多式联运不需要重新包装就能连续转运,极大地降低了运输成本。

值得一提的是,跨国制造不仅使一批制造型跨国公司成长起来,非制造型的公司也因此发展壮大加入跨国公司行列,比如康菲石油公司。康菲石油公司(Conoco Phillips)是由大陆石油公司(Conoco)和菲利普斯石油公司(Phillips)于 2002 年合并而成的。20 世纪 60 年代之前,大陆石油和菲利普斯石油都只能算是美国国内的中小型石油公司。由于跨国制造的兴起带来的原油需求量剧增,很多原先不受国际石油巨头重视的地区(如利比亚)也被加以勘探开发。大陆石油公司和菲利普斯石油公司的国际化都起步于利比亚的石油勘探开发。20 世纪 60 年代,大陆石油公司和菲利普斯石油公司都在欧洲建起了炼油厂和加油站网络,逐渐成长为跨国公司。

从第二次世界大战后的 40 年代至 70 年代末,跨国制造分工主要在发达国家中展开,这就造成了国际贸易以"北—北贸易"为主导而不再是以前以"南—北贸易"为主的格局。这样资源禀赋理论就不足以解释这样的贸易格局了。20 世纪 70 年代末,美国经济学家保罗·克鲁格曼提出一个问题:按照比较优势理论和资源禀赋理论,一个国家应该出口其具有比较优势或资源禀赋的产品并进口在这两方面处于劣势的产品,也就是说出口和进口的产品应该是不同的,然而实际情况是发达国家在大量出口和进口同种产品,比如当时美国既出口汽车又进口汽车,这该怎么解释呢?克鲁格曼指出:由于汽车零部件的跨国制造和运输,可以选择组装成不同品牌的整车,从而形成不同品牌的汽车相互竞争,美国进口和出口的实际上是不同品牌的汽车。这就是跨国规模经济的表现。克鲁格曼的"新贸易理论"解释了全球化制造时代的国际贸易,克鲁格曼也因此于 2008 年获得诺贝尔经济学奖。

跨国制造使贸易及经济体系变得更加复杂,也对金融体系提出了新的要求。从 20 世纪 70 年代开始,金融期货市场、金融期权市场、金融互换市场等金融衍生商品市场也相继出现,一个从套期保值及套利交易发展起来的跨国金融体系逐渐形成。以高盛集团(Goldman Sachs)、雷曼兄弟(Lehman Brothers)、摩根士丹利(Morgan Stanley)、瑞士信贷第一波士顿银行(Credit Suisse First Boston)、瑞银集团(UBS)为代表的投资银行在随机计算、量化交易等方面走在世界前列,为金融市场及衍生金融体系发展到今天的规模做出了巨大的贡献,也为 2008 年的金融危机埋下了祸根。

四、跨国公司的发展——后全球化时代

20 世纪 80 年代,全球经济体系又开始出现新的变化:以中国为首的发展中国家开始承接全球制造业的转移,而以美国为首的发达国家产业逐渐空心化和金融化。这一时代可以称为后全球化时代。

后全球化时代在保留了前面三个时代印记的同时,又蜕变出了很多新特点。

贸易殖民时代的跨国公司至今仍活跃在世界经济舞台的有成立于 1832 年的怡和洋行,作为一家老牌英资洋行及远东最大的英资财团,怡和洋行对中国香港的发展有举足轻重的作用,有"未有香港,先有怡和"之称。还有成立于 1851 年的路易达孚(Louis Dreyfus),仍是全球领先的农产品贸易与加工企业。帝国主义时代产生的跨国公司如力拓、荷兰皇家壳牌石油(Royal Dutch Shell)也依然是资源型跨国公司的翘楚。全球化时代见证了跨国公司的联姻,1999 年 12 月,埃克森石油和美孚石油合并为埃克森美孚公司(Exxon Mobil),成为世

界第一大石油公司。成立于 1885 的必和（BHP）与成立于 1860 年的必拓（Billiton）于 2001 年 6 月合并成必和必拓公司（BHP Billiton Ltd. -Broken Hill Proprietary Billiton Ltd.），成为以经营石油和矿产为主的著名跨国公司。

蜕变的新特点集中体现在全球制造业分布和金融产业格局。

20 世纪 80 年代，全球制造业开始向以中国为代表的一些发展中国家转移。标志之一是作为整个工业体系基础的石化产业与汽车产业向发展中国家转移。1980 年被称为世界石化行业的转折点，发达国家的炼油厂建设基本停滞。相反，大量炼油厂开始在发展中国家兴建，其中增加最快的是中国和韩国。到目前，全球炼油能力约 3/4 在发展中国家，只有 1/4 在发达国家。改革开放后，德国大众公司率先进入中国市场，美国和日本随后跟进。在学习国外先进技术与管理经验的基础上，中国汽车产业从 1981 年开始进入全面发展阶段，不断引进资金和技术，汽车生产能力大幅提高。截至 2022 年，中国汽车的产销量已经连续八年稳居世界第一。

虽然全球中低端制造业产业链转移到发展中国家，但以美国为首的发达国家在芯片、精密机床、飞机发动机等高端制造业的竞争力仍然是首屈一指。

以芯片为例。芯片产业一般分为设计、制造、封测三个环节以及设备和材料两个领域。第一环节是设计。全球十大芯片设计公司有六家美国公司（高通、博通、英伟达、AMD、Marvell、赛灵思），四家台湾的公司（联发科、联咏、瑞昱、奇景），美国高通公司稳居全球第一。第二环节是制造。台积电领先世界，属于第一梯队。第二梯队有三星、英特尔、联电、意法半导体和力晶等。台积电、联电和力晶都是台湾的企业。第三环节是封测。封测是指封装和测试。在封装环节，我国在全球处于第一梯队，但封装环节本身的技术含量和难度在芯片产业链的各环节里是相对比较低的。在测试环节，目前国内和国外水平也差不多。

以上三个环节的流畅运行离不开两个领域的支持，这两个领域就是设备和材料。设备主要是指芯片设计、制造和封测过程中需要使用的各种软硬件，如芯片设计时使用的 EDA 软件；晶圆制造时使用的光刻机；芯片封测时使用的 ATE 测试基台等。EDA 软件由美国新思科技独占鳌头；光刻机由荷兰阿斯麦尔独家供货；ATE 测试基台基本都是日本爱德万或美国泰瑞达等公司的产品。材料包括硅晶圆、光刻胶、掩膜板、靶材等，其中需求量最大的当属硅晶圆和光刻胶。硅晶圆 90% 的市场份额都被日本信越、环球晶圆、胜高以及 SK Siltron 四家日韩企业瓜分。光刻胶超过 87% 的市场份额都被美国罗门哈斯、日本 JSR、东京应化、日本信越和富士电子材料五家企业所垄断。由此可见，中国芯片产业在设计与制造环节以及设备和材料两个领域都与世界先进水平有相当大的差距。

苹果公司是高端制造公司的典型代表。拿 iPhone 来说，芯片及核心部件是美国制造，触屏由美国康宁、韩国 LG、韩国三星、日本夏普等生产，非核心部件由中国制造，且组装也在中国，是典型的全球化制造产品。

20 世纪 80 年代中期，在制造业大转移的同时，金融业的大转变发生了。一个标志性事件是 1986 年英国金融业的"大爆炸"（Financial Big Bang）。金融大爆炸是指由撒切尔政府领导的伦敦金融业政策变革，变革旨在大幅度减少监管，放松金融行业的准入限制。改革后，外国财团被允许购买英国上市企业，伦敦金融城投资银行和经纪公司的构成和所有权发生了翻天覆地的变化。金融城引入更国际化的管理作风,使用电话和电脑等电子交易方式取代了过去传统的面对面谈价,使竞争激烈程度剧增。

这样,以石油期货为核心的衍生金融此后出现了爆炸式发展。1986 年,纽约商品交易所推出西得克萨斯中质原油期货合约,1987 年,伦敦洲际交易所推出北海布伦特轻质原油期货合约,成为此后衍生金融大爆发的基石。到 2008 年金融危机爆发时,全球衍生金融产品总量达 600 万亿美元左右,是全球年 GDP 的 10 倍;而在国际资金往来总量中,只有约 1% 是与实物贸易有关的资金往来,其余 99% 都是衍生金融。金融业从以往服务于实体经济的产业变成了大部分活动与实体经济毫无直接关系的行业。

这样,金融业的格局也发生了改变。在这样的格局下,个人的钱可以存商业银行、证券公司或保险机构,那么商业银行、证券公司或保险机构的钱放在哪里呢? 于是资产管理公司应运而生。目前,欧美跨国公司的大部分股份都被资产管理公司持有,世界上管理资金数额最大的资产管理公司是贝莱德集团(Black Rock)。贝莱德成立于 1988 年,短短三十余年就成为全球最大公募基金管理公司,2019 年掌管资产规模高达 7.43 万亿美元,且保持年化25% 的增长速度。

纵览大国兴衰,无不伴随金融霸权更迭。罗斯柴尔德、高盛、伯克希尔、瑞银、贝莱德……每一部金融集团的兴衰史都是一部大国兴衰史。我们透过金融集团看大国更迭,详细梳理每一代大国崛起背后的金融力量和运作模式,为正在崛起的中国和中国金融机构提供案例借鉴。

第五节　跨国公司在世界经济中的作用

跨国公司既是一种新型的企业组织形态,又是一种新型的国际经济联系与合作的方式。随着跨国公司在数量、规模、经营业务领域与空间范围的不断扩大,其对世界经济的作用也越来越大。跨国公司实际上已经成为一种跨越政治国界的经济王国。从某种意义上说,当代跨国公司的发展带动着世界经济的发展。

具体地说,跨国公司在世界经济中所起的作用主要体现在以下几个方面。

一、加速生产国际化,促进生产力发展

跨国公司是生产国际化的产物;反过来,跨国公司的发展又促进了生产的进一步国际化。这是因为跨国公司实行全球经营战略,把生产的国际分工作为谋求全球市场垄断,获取最大利润的基本手段。跨国公司通过对外直接投资,在国外建立若干个分支机构或子公司的途径,把以比较优势或绝对优势为基础的国际分工内部化,即转化为跨国公司内部的分工。跨国公司这种生产经营活动的国际安排,促进了国家之间的生产分工与合作,使他们在国际经济中形成一种相互渗透、相互依赖的局面,从而把生产国际化大大向前推进。与此相对应,生产国际化在一定程度上带来跨国公司内部及相应国家的资源配置效率的改善,提高劳动生产率,节约社会劳动,促进生产力发展。这一点早已被第二次世界大战后世界经济的发展所证实。如战后西欧经济的快速发展,20 世纪 70 年代以后一些新兴工业化国家的出

现及亚洲部分地区经济的持续高速增长,与这些国家和地区大量利用外资、发挥跨国公司的积极作用是分不开的。

二、加速资本国际流动,提高资金利用效率

跨国公司是以对外直接投资为基础发展起来的企业实体,是各国对外投资的主要机构。因此,跨国公司的发展促进了资本的跨国流动,提高了资金的利用效率,推动了世界经济的发展。

跨国公司以对外直接投资的形式在东道国建立子公司,无论采用合资经营还是独资经营都必须投入资本,即产生资本流出。经营获得的利润汇回母公司,即产生资本流入。围绕跨国公司遍布世界各地的生产经营活动形成的资本流动和集中,使跨国公司实际控制着巨大的生产资本和信贷资本。

除了直接投资以外,跨国公司还从事各种证券投资,在母国以外的证券交易市场上买卖股票和债券。这也是国际资本流动的重要组成部分。

跨国公司对外投资活动的发展促进了跨国金融机构的发展,进一步加速了国际资本流动;反过来,跨国银行、跨国投资公司和跨国保险公司等金融机构的发展也推动和支持了跨国公司的发展。

三、扩大国际贸易,促进各国经济增长

第二次世界大战以后,由于国际政治和经济形势相对稳定,国际贸易快速增长。1948—1989 年,国际贸易的平均增长率达 7%,大大高于同期世界经济和工业生产的增长速度。20 世纪 90 年代初,国际贸易总额超过 4 万亿美元;1995 年更是突破 10 万亿美元;2008 年达到 15.78 万亿美元,有力地促进了世界经济的增长。据联合国贸易和发展会议数据显示,截至 2021 年,全球贸易额达 28.5 万亿美元,较 2020 年增长 25%。

世界范围内国际贸易的增长与跨国公司发展有直接关系。联合国的统计资料表明,在 20 世纪 80 年代,跨国公司的商品跨国交易额已占国际商品贸易总额的 3/4;技术和管理技能的跨国交易额占技术贸易总额的 4/5。跨国公司的国际贸易分内部贸易和外部贸易两类。跨国公司的内部贸易是指其母公司与子公司及子公司之间进行的贸易。在 20 世纪 90 年代,跨国公司的内部贸易在世界贸易总额中占了将近 40%。

跨国公司的内部贸易具有一般国际贸易的某些特征。例如,它是跨国的商品流通,是两个经济实体的商品和劳务交易,会影响两国的国际收支等。跨国公司的内部贸易又与一般国际贸易有较大的区别。首先,内部贸易不存在所有权的转移,跨国交易的商品和劳务只是在公司内部各组成部分之间转移。其次,交易价格不是由国际市场的供需关系所决定,而是由公司总部从总体利益最大化的角度统一制订,参与交易的各方往往也不是把追求利润最大化作为目标。最后,内部贸易实行计划管理,内部贸易的商品数量、商品结构和国家之间的流向由公司总部统一计划、调拨和调节。国外子公司作为跨国公司全球生产体系的一个组成部分,必须服从有计划的统一分工和协作安排。一个子公司可能只生产一种或几种零部件,然后运到母公司或其他国家子公司装配成最终产品向外销售。实际上,跨国公司的内部贸易是把本该由外部市场机制调控的国际贸易内部化。

四、促进技术进步,加快国际技术转移

当代国际市场竞争的关键是先进技术之争。谁拥有先进技术,谁就可以利用它来垄断或拓展市场。跨国公司在国际竞争中要保持立于不败之地或谋求更大发展,就要不断地进行科学技术的研究与发展,快速地将新技术转化为新产品,占据新市场。因此,几乎每一家跨国公司都有自己的研发中心,每年都投入大量的资金和人力、物力从事研究与开发工作。庞大的投入促进了新科学技术成果的问世,大量的专利都掌握在跨国公司手中。

跨国公司重视研发(R&D),更重视新技术成果的应用与传播。在这方面跨国公司通常的做法是,首先将最新技术和最新产品应用于本国企业,垄断其国内市场,并通过出口满足国外市场的需要。经过若干年后,将这些技术或产品转让给他们在发达国家的子公司,最后将已经变得相对陈旧的技术或产品,转让给发展中国家。跨国公司的子公司或分支机构遍及世界各地,采用这种分层次逐步推广应用的策略,最大限度地保证了新技术或产品专利的技术寿命,对世界的技术进步有一定的推动作用。

【主要概念】

跨国公司	结构性标准	经营业绩标准	行为特征标准
财富	福布斯	商业周刊	金融大爆炸

【课后复习】

一、选择题

1. 下列各项标准中,(　　)不属于对跨国公司定义正确理解的标准。
   A. 经营体制标准 　　　　　　　　 B. 结构性标准
   C. 经营业绩标准 　　　　　　　　 D. 行为特性标准

2. 按跨国公司内部经营结构分类,可以分成(　　)等类型。
   A. 交叉型跨国公司 　　　　　　　 B. 混合型跨国公司
   C. 横向型跨国公司 　　　　　　　 D. 垂直型跨国公司

3. 跨国公司的结构性标准中,(　　)是其中的主要内容。
   A. 跨国的程度 　　　　　　　　　 B. 组织形式
   C. 公司的规模 　　　　　　　　　 D. 决策和控制

4. 按经营项分类,跨国公司可以分为(　　)等三类。
   A. 以经营加工制造业为主的公司 　 B. 以经济资源为主的跨国公司
   C. 以对外贸易为主的跨国公司 　　 D. 以提供服务为主的跨国公司

5. 按公司决策中心进行分类,跨国公司可分为(　　)等三类。
   A. 以民族为中心 　　　　　　　　 B. 以本公司为中心
   C. 以多元为中心 　　　　　　　　 D. 以全球为中心

二、思考题

1. 什么是跨国公司？跨国公司的判断标准有哪些？
2. 跨国公司有哪些特征？
3. 按经营项目、公司决策中心、内部经营结构进行分类，跨国公司分别可分为哪些不同的类型？
4. 简述跨国公司的发展过程及20世纪90年代以来跨国公司的发展动态。
5. 跨国公司对世界经济的发展起什么作用？

【案例分析】

字节跳动的跨国经营之路

字节跳动公司全称为北京字节跳动科技有限公司，成立于2012年，是中国领先的信息科技公司，经营范围涉及技术开发、技术推广、技术转让、技术咨询、技术服务等方面，其旗下产品包括今日头条、西瓜视频、抖音、头条百科、皮皮虾、懂车帝、悟空问答等。字节跳动公司在成立之初就做好了进行跨国经营的准备，并且经过5年的发展，其在国际化的过程中遇到了不少挑战，也取得了巨大的成就。

字节跳动公司于2015年开始进行国际化，其产品覆盖全世界150个国家和地区，涉及75个语种。截至目前，抖音国际版TikTok的下载量已经超过30亿次，多次蝉联季度下载量榜首，成为全球下载量最大的应用。字节跳动在国际化的进程中，随着2016年投资印度内容聚合平台Dailyhunt，2017年全资收购美国短视频应用Flipagram，2017年收购北美短视频社交平台Musical.ly，并且通过邀请网络红人入驻平台、开展各类短视频创作挑战赛的方式进行推广，逐步扩张其海外业务规模。字节跳动公司通过三个阶段进行海外业务扩张：第一个阶段主要进行新闻推荐类业务的扩张，通过这种方式打入海外业务市场；第二个阶段主要通过布局短视频类的业务深入海外市场；第三个阶段主要依托于TikTok进行布局，提高用户的黏性，扩大市场份额，巩固市场地位。

1. 国际化初始阶段——布局新闻推荐类业务

在进行国际化初始阶段的布局之前，字节跳动公司进行了充分的资本准备，2012—2017年一共完成了6轮融资，此后估值达到220亿美元。字节跳动公司在2015—2016年进行了国际化初期的布局，2015年8月，字节跳动公司以今日头条为模板，打造了海外版今日头条TopBuzz。今日头条是一款涵盖新闻、文章、视频等多种形式的推荐引擎类应用，而今日头条的海外版TopBuzz作为一个集合型内容平台，最先进入美国市场，第二年相继在巴西和日本发布。与苹果和谷歌新闻不同的是，TopBuzz的大部分内容都是由UGC创作者制作的，也就是向新闻出版商或个人创作者发送的，然后利用智能算法，按照他们的兴趣，将其推送到网站上。2017年3月，TopBuzz超过Twitter，在北美App Store的新闻榜单中位列第一。2017年底，TopBuzz在Google Play中获评最受欢迎应用。

2016 年 10 月开始，字节跳动公司陆续以投资的方式控股印度最大的新闻聚合平台——Dailyhunt，先后在 Dailyhunt 的 D 轮融资投资了 2 500 万美元、二级市场上购买了 1 900 万美元 Dailyhunt 的部分股份、G1 轮融资投资了 2 350 万美元。此外，字节跳动逐步与印度当地的 170 多家新闻机构开展合作，正式进入印度市场的竞争当中，也为后面的短视频业务奠定了基础。

2. 国际化核心阶段——布局短视频业务

字节跳动公司的海外短视频业务于 2017 年开始，字节跳动公司于 2016 年推出短视频应用抖音，仅一年之后便上线了抖音的国际版 TikTok，TikTok 上线一年后便牢牢占据了欧美市场。2017 年 2 月，字节跳动通过旗下的今日头条收购了美国一款有名的音乐短视频和图片分享应用——Flipagram。该应用在被字节跳动收购之前在全球已经拥有数千万的月活跃用户，字节跳动在收购了该应用后，结合抖音的运营经验，于 2017 年 9 月在美国推出了抖音的国际版 TikTok，并迅速推广至全球市场，下载量一路飙升，一跃成为多国下载量最多的应用，用户数也不断增加，截至 2018 年 11 月，TikTok 已经拥有超过 3 000 万用户量。

TikTok 进入国际市场后迅速掀起了一阵短视频热潮，抓住了视频取代图文的机遇。随着 5G 和数字化进程的推进，未来视频化的趋势难改。同时 TikTok 上的短视频核心元素就是视频和背景音乐，视频内容通常简单易懂，相比较于图文更具有吸引力，音乐则是全人类共同的语言，所以短视频是适合作为海外业务发展的。此外，强悍的算法推荐，可以让你和"同类"实时匹配聚集；滤镜丰富多样，且可以让创作者和用户看起来更美，深层次满足了其自我认可的内在需求，并沉迷其中；优质有趣的视频不仅可以收获大量的认可和粉丝，满足人们渴求被关注和认可的内在需求，而且创作在好玩的同时，还能获得打赏等收入。

3. 国际化关键阶段——克服困难，渡过难关

近年来，中国企业"走出去"的案例不在少数，但是能像字节跳动一样在短时间内在国际上站稳脚跟，取得如此成就的企业凤毛麟角，归根到底是文化上的差异所导致的。在 TikTok 出现之前，国际上主流的社交类产品都是以西方发达的文化为主导，中国产品的接受度在国际市场上不及 Facebook、Twitter 等产品。TikTok 在进入国际市场后，依靠其强悍的算法不断提高用户的黏性，用户看到的都是感兴趣的内容，自然对应用本身有更强烈的依赖。2020 年 3 月，TikTok 超越 Facebook 成为全球下载量最大的应用软件，在 App Store 的下载量超过 20 亿人次，全球近一半网民下载了 TikTok。

TikTok 从上线到第一次登上全球下载排行榜第一，只用了 2 年半的时间。TikTok 是中国公司自主研发的一款产品，它包含了中国文化、价值观和理念，而中国文化也在这股短片共享浪潮的推动下重新回到了世界的中心。字节跳动通过国际化布局，使产品在国际市场上站稳了脚跟，逐渐走向国际知名品牌。2020 年，本该是字节跳动进一步扩张海外商业版图，稳固市场地位的关键时刻，但就在 2020 年 8 月，这一关键时刻 TikTok 在美国遭受到了前所未有的危机。

美国是字节跳动战略布局海外市场的关键，TikTok 在美国市场的火爆，令美国政府产生了担心。一方面，TikTok 的美国用户普遍年轻化，美国担心 TikTok 通过短视频的方式影响他们青年一代的观念，从而达到文化入侵的目的；另一方面，TikTok 的成长速度已经远超他

们的想象,产生的舆论效应难以估量,让美国的传统舆论控制系统遭受到了前所未有的挑战。因此,一场针对 TikTok 的不公平制裁开始了。

起初,2019 年 11 月美国政府抓住字节跳动在收购 Musical. ly 时的漏洞,对此次收购的合法性进行调查。此事还未结束,在短短一个月后美国就以 TikTok 涉及"威胁国家安全"为由,对其进行起诉,时任美国总统特朗普更是在社交媒体上发表相关封禁声明,字节跳动只能在夹缝中艰难求生。

紧接着,2020 年 8 月,特朗普签署行政令要求 TikTok 在 45 天之内完成出售,此次出售政令也让整个封禁事件达到一个新高潮。尽管 TikTok 方面起初一再强调自己不存在美方所谓的安全问题,但是这似乎并不能阻止美方封禁的措施。此时,微软发布一份声明,称正在与字节跳动洽谈 TikTok 业务,欲对 TikTok 进行收购。这个消息将舆论推向了高潮的同时也将字节跳动推向了风口浪尖。在一系列措施之后,字节跳动为了维护自身的合法权益开始着手准备起诉美国政府。

最后,在长达 8 个月的诉讼后,2021 年 2 月,这次封禁事件字节跳动支付了 9 200 万美元用于赔偿 TikTok 用户的隐私问题。几经波折,本次事件终于尘埃落定,画上了一个完整的句号。

总的来说,字节跳动能够化解此次封禁风波,处理好这次危机主要有以下几个关键原因:

①在美国政府调查字节跳动收购 Musical. ly 是否合法时,字节跳动就积极主动聘请了独立的律师事务所,配合美国政府辅助调查。

②在进入美国市场时,字节跳动严格按照东道国的法律法规进行运营,特别考虑到了东道国的风俗习惯和地方文化差异,在遇到问题时也是依照当地的法律条款来解决。

③组建海外管理团队时,一方面,字节跳动方面聘请了多名当地的知名高管进行管理,这些高管出自迪士尼、微软等著名企业,管理经验丰富,对美国的法律法规、人文情怀更加熟悉,并且 TikTok 由美国的团队独立运营;另一方面,进入美国后,TikTok 雇用了很多当地的普通员工,一定程度上缓解了东道国就业方面的压力。

④在美国政府的层层限制下,字节跳动还聘请了 5 家美国顶级的游说公司与美国政府进行有效沟通,在沟通无果后,字节跳动又积极向中国政府寻求帮助,采取各种有效的方法来解决本次危机。

从以上内容可以看出,字节跳动的海外业务发展迅速,取得了十分重大的成就,尽管在这个过程中经历了不少的挫折和打压,但是最终依靠有效的市场战略和处理方法化解重重危机,通过强大的产品竞争力成功扎根国际市场。虽然目前的世界经济环境、竞争对手的状况与几十年前相比已有了很大的改变,但是,我们的跨国公司在几十年甚至上百年的发展过程中,并不能在短短几年内实现。字节跳动未来的发展模式和方式是否值得更多的中国企业去学习,还需要进一步地研究和思考。

(资料来源:谢佩洪,李伟光. 字节跳动的国际化突围之路:以 TikTok 封禁事件为例[J]. 清华管理评论,2022(6):98-107;郭瑾. 发展数字文化产业与我国软实力提升研究:以 TikTok 为例[J]. 山东社会科学,2021(5):116-122.)

第二章 跨国公司基本理论

【本章提要】

跨国公司理论是学界关于跨国公司的设立及其功能作用的理论体系。要讨论跨国公司的经营管理问题,首先要对相关理论及学派的发展演变进行了解。为此,本章将从跨国公司理论的演变入手,并结合垄断优势理论、产品周期理论、边际产业扩张理论、内部化理论、国际生产折衷理论等成熟理论观点,介绍跨国公司理论发展现状。

第一节 跨国公司理论的演变

跨国公司理论作为独立的经济理论产生于 20 世纪 60 年代。第二次世界大战后国际直接投资(FDI)的空前发展引起了国际经济理论界的广泛关注,各国学者纷纷对此进行研究和探索,形成了各具特色的理论。

一、跨国公司理论的兴起

跨国公司理论兴起时,最早形成影响力的有海默的垄断优势理论和弗农的产品生命周期理论这两大理论体系。

(一)垄断优势理论

在海默看来,对外直接投资的核心特征是跨国公司转移了资源和权利,但资源和权利的所有权并未发生改变。据此,海默认为跨国公司应当在研发、成本、金融或营销方面具有垄断优势,以抵消与国外市场在位企业竞争时的劣势,并且这些优势由企业的所有权确定。垄断优势理论的突破性在于摒弃了新古典主义经济学的完全竞争市场假设,引入了市场的不完全性。

但是,海默引入的市场不完全性强调的仅仅是市场结构不是完全竞争的,并没有考虑市场也存在交易费用这一重意义上的不完全性。这就意味着海默的理论难以解释企业何以选择科层制的形式组织跨国生产而非外包、出口等方式。

(二)产品生命周期理论

弗农从动态视角去研究对外直接投资,他通过观察美国企业的对外直接投资,提出产品生命周期理论,认为对外直接投资受到产品生命周期的推动,典型的生命周期是:新产品的研发阶段和销售首先在美国市场进行;随后将出口至具有相似需求的国家;待技术成熟后的批量生产阶段,由于此时竞争优势主要来自成本,企业会选择在劳动力成本较低的国家中生

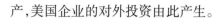

产,美国企业的对外投资由此产生。

弗农的产品生命周期理论,本质上是对要素禀赋空间分布的新古典主义理论的扩展,其中引入的需求刺激、技术领先和迟滞等假设对后续研究有较强的启发性。这一理论能够较好地解释来自发达国家的市场寻求型和效率寻求型 FDI,但对资源寻求型或战略资产寻求型 FDI 的解释力不足。

二、跨国公司理论的发展

20 世纪 70 年代以来,内部化理论和国际生产折衷理论(OIL 模式)逐渐形成,成为解释跨国公司的一般性理论。

(一)内部化理论

内部化理论建立在科斯基础之上,认为跨国公司本质上是以科层制取代中间品跨境交易的市场机制以节省交易费用。这一理论体系一般包含两个层次:一是企业以内部交易组织形式节省交易费用,直到内部化的收益等于成本;二是企业选择生产区位的原则是使整体交易费用的最小化。

内部化理论的突破在于考虑了市场交易费用,这打开了企业组织运作的"黑盒子",解释了企业何以选择以科层制的形式组织跨国生产。区位优势则决定了企业采用境外直接投资(FDI)而非出口的形式进入国外市场。这三种优势对于企业从事跨境增值活动缺一不可。倘若同时缺乏内部化优势和区位优势,企业的最优选择将是技术转让或者特许经营;倘若缺乏区位优势,企业最优选择是产品出口。

(二)国际生产折衷理论(OIL 模式)

OIL 模式对企业对外直接投资的三个基本问题给出了统一的解释框架,逐渐成为解释企业跨国投资的主流范式。随后,邓宁对 OIL 模式做了进一步分解阐释。邓宁将所有权优势分为三类:一是对特定创造价值的资产(包括有形资产和无形资产)的所有权,他将其称为"Oa"优势;二是企业高效率协调组织跨国生产和交易的能力,他将其称为"Ot"优势;三是企业内部运行良好的正式制度和非正式制度,包括企业文化、行为准则和规范等,他将其称为"Oi"优势。对所有权优势的分解,使得 OIL 模式内容更加清晰。

除了以上的两大主流理论,20 世纪 70 年代比较有影响力的研究还有乌普萨拉学派提出的一种关于跨国公司的动态理论,称为"渐进学习理论",认为企业对外直接投资的演化是组织学习和经验累积的结果。他们提出的关键概念是"心理距离",即阻碍企业学习和适应国外市场的诸多因素的集合;核心观点是"企业首先投资于'心理距离'较近的国家,而后逐渐走向'心理距离'较远的国家"。

三、跨国公司理论的成熟

经济学有关 FDI 动因的研究主要在国际贸易学和空间经济学领域。近年来随着新型贸易理论的发展,由马克·梅利茨开创的"异质性企业"模型逐渐成为经济学界研究企业 FDI 动因的主要建模工具。

马克·梅利茨在其《贸易对行业内资源再配置与行业整体生产率的影响》一文中,分析了企业生产率异质性对企业生产决策、进出口决策和社会总福利的影响,引起国际贸易研究领域的高度关注。其所构建的异质性企业贸易理论模型开创了国际贸易研究领域的新篇章,将国际贸易学的研究视角从中观行业层面引至微观企业层面,继续完善和发展了国际贸易理论,对国际贸易理论研究作出了开创性的贡献。

(一)传统国际贸易理论与 FDI

传统国际贸易理论的核心概念是"比较优势",强调国家之间专业分工和商品贸易是依比较优势进行的。然而该理论往往假定国家之间不存在要素的流动,而邓宁等人认为对外投资可以被理解为一个资源"包裹",其中包括技术、资本和管理经验等生产要素,这些生产要素随着企业对外投资行为而跨国界流动。

(二)新贸易理论与 FDI

传统贸易理论能够很好地解释行业间贸易,但对于越来越普遍的行业内贸易没有解释力,并且也难以解释要素禀赋相似、人均收入相近的发达国家之间为何也存在大量的贸易。对此,克鲁格曼基于消费者的多样性偏好和企业的规模经济假设,开创了"新贸易理论",该理论的核心是认为同行业内的产品也是有差异性的,出于规模经济的优势和消费者对多样性产品的需求,国家之间需要在同一行业内进行贸易以获取差异化的产品。新贸易理论能够解释国家之间的行业内贸易。

随着新贸易理论的兴起,基于新贸易理论的跨国公司理论也有迅猛的发展。学者们的研究遵循着两种跨国公司组织形式的线索:水平型跨国公司和垂直型跨国公司。前者指的是具有多个工厂的企业在不同的国家开展大致相同的工作;后者指的是企业按照生产阶段将不同生产环节置于不同的国家。

20 世纪 80 年代以来,一系列实证研究发现了对外投资和贸易之间关系的重要事实,这些研究发现的主要问题是:要素禀赋条件、人均国民收入相近的国家之间的跨国公司内部贸易量与企业间贸易总量之间的比值更大。这些新现象的出现是基于比较优势的传统贸易理论难以解释的。

新贸易理论对此提出了"接近—集中"权衡模型,以解释越来越普遍的水平 FDI 现象。"接近—集中"权衡的主要观点是企业从事 FDI 的最重要目的是接近当地消费者,但付出的代价是难以实现工厂层面的规模优势,企业需要对此进行权衡。

基于"接近—集中"权衡的模型给出的基本预测是:如果两国之间的商品运费上升、投资壁垒下降或者工厂层面的规模优势相对企业层面的规模优势更小,那么企业更愿意选择以 FDI 的形式进入海外市场。

目前,有关研究跨国公司的理论基本上是沿三个方向发展的:以产业组织理论为背景的方向,以国家贸易理论为背景的方向和以企业管理理论为背景的方向。主流的跨国公司理论主要包括海默的垄断优势理论、弗农的产品生命周期理论、巴克利等人的内部化理论以及邓宁的国际生产折衷理论等。

第二节　垄断优势理论

垄断优势理论(Monopolistic Advantage Theory)是最早研究对外直接投资的独立理论,是将不完全竞争理论引入国际直接投资领域,从不完全竞争出发研究国际直接投资,从而突破了传统的研究方法,开创了一条研究国际直接投资的新思路。

一、垄断优势理论提出的背景

20世纪50年代是第二次世界大战结束之后的经济发展黄金时期。战后百废待兴,各种需求纷纷增加。尽管部分重工业面临生产转型的需要,但是和平年代的需求也很大程度上支撑了20世纪50年代的经济增长。这时期的经济增长主要由需求拉动,对住宅建筑的需求、汽车需求、耐用消费品的需求,成为战后十几年全球最为繁荣的需求市场。

随着以德国为代表的欧洲和日本的经济崛起,美国部分产业发生国际转移,整个美国面对的国际需求市场也发生了较大变化。在市场全球化下,美国制造业国际领先地位表现为制造业大型跨国公司的迅速崛起。有人认为,大型跨国公司发展是美国产业资本发展的表现,是垄断组织和大规模产业资本集中的发展成果。实际上,为控制市场竞争对企业的负面影响,美国制造业企业通过横向合并和纵向一体化手段,降低竞争风险和生产成本,使其在国际市场竞争中脱颖而出。

从结果来看,美国跨国公司呈如火如荼迅速发展之势,利润差异论的局限性暴露无遗。因而迫切需要具有较强解释力的理论出现。

在早期关于国际直接投资的研究中,纳克斯把国际直接投资作为国际资本流动中的一种,认为各国间的利率差(即"利率诱因")是国际资本流动的动因。但是,在实践中,国际直接投资往往表现为交叉投资和相互投资,因而"利率诱因"只能解释借贷资本的跨国流动,不能正确解释国际直接投资行为。在这种背景下,1960年美国学者斯蒂芬·海默在麻省理工学院完成的博士论文《国内企业的国际化经营:对外直接投资的研究》中,首次提出了垄断优势理论。他认为国际直接投资是结构性市场不完全尤其是技术和知识市场不完全的产物;企业在不完全竞争条件下获得的各种垄断优势,如技术优势、规模经济优势、资金和货币优势、组织管理能力的优势,是该企业从事对外直接投资的决定性因素或主要推动力量;跨国公司倾向于以对外直接投资的方式来利用其独特的垄断优势。

斯蒂芬·海默博士论文的相关观点,后经其导师金德尔伯格及凯夫斯等学者补充和发展,成为研究国际直接投资最早的、最有影响的独立理论。这一理论强调,考察对外直接投资应从"垄断优势"着眼。鉴于海默和金德尔伯格对该理论均做出了巨大贡献,有时又将该理论称为"海默-金德尔伯格传统"(H-K Tradition)。

二、垄断优势理论的主要内容

(一)垄断优势理论的假设条件

企业对外直接投资有利可图的必要条件,是这些企业应具备东道国企业所没有的垄断优势；而跨国企业的垄断优势，又源于市场的不完全性。不完全竞争导致不完全市场，不完全市场导致国际直接投资。海默和金德尔伯格提出并发展了"结构性市场非完美性理论"（Structural Market Imperfection），不完全竞争问题，表现为四个方面：一是出于商品差异、特殊的营销技巧或价格垄断等原因造成的产品市场不完全；二是出于特殊的管理技能、在资本市场上的便利及受专利制度保护的技术差异等原因造成的要素市场不完全；三是由于企业拥有的规模经济所造成的市场不完全；四是出于政府的有关税收、关税、利率和汇率等政策原因造成的市场不完全。因此，认为市场不完全使跨国公司拥有垄断优势，这种垄断优势是跨国公司对外直接投资的决定因素。

（二）垄断优势是进行国际直接投资的动因

与东道国企业相比，对外投资企业在了解当地法律法规、信息获取等方面处于劣势，并且要承担远距离经营的额外成本和更多的不确定性风险。因此，垄断优势理论认为，正是由于市场不完全而使美国企业拥有和保持特定优势（即垄断优势），从而补偿在东道国陌生环境中投资经营所增加的成本，并取得超额利润。一般而言，敢于向海外进行直接投资并能在投资中获利的跨国公司多在以下几个方面具有垄断优势：

①资金优势。一般来说，一方面跨国公司本身就具有雄厚的资金实力，并且可以在各子公司之间灵活调度资金；另一方面大公司的信誉度高及不动产多，因而能轻易地从许多国际金融机构获得贷款，并且能在投资地获得东道国银行或其他金融机构的贷款。因此，跨国公司在资金实力、融资渠道与便捷性上具有一般国内公司无法比拟的优势。

②技术优势。跨国公司通常拥有较强的科研队伍，并有能力投入大量资金研发新技术和新产品。开发出新技术后，跨国公司既可以通过许可证贸易的方式把技术转让给东道国使用，也可以直接进行投资加以利用。但是，许可证贸易方式转让技术所获收益总量相对较小，且会使跨国公司失去东道国的市场。因此，实践中跨国公司更倾向于以独有的先进技术对东道国直接投资，获取垄断利润。

③信息与管理优势。跨国公司的子公司、分公司及各类销售机构分布在不同类型的国家中，而统一的管理和全球一体化战略原则又把这些分支机构连为一体。因此，他们各自所获得的信息和情报能在总体利益一致的前提下互相交流。

④信誉与商标优势。信誉与商标是跨国公司所拥有的重要无形资产，也是其垄断优势的一个重要方面。大型跨国公司凭借自己悠久的历史和显赫的信誉度，能比其他企业更容易地巩固老市场和开拓新市场。

⑤规模经济优势。规模经济包括内部规模经济和外部规模经济。跨国公司通过水平一体化经营，可以扩大规模，降低单位产品成本，增加边际收益，即获得内部经济优势。同时，跨国企业还可以通过垂直一体化经营，利用上、下游专业化服务，实现高技术劳动力市场的共享和知识外溢所带来的利益，即获取外部规模经济优势。具体而言，在生产方面，跨国公司不仅可以在母国进行大规模的生产，还可以进行国际分工，充分利用各子公司的优势。在销售方面，跨国公司具有遍布世界各国的销售渠道以及与国际经销商长期稳定的业务联系，使产品能够大批量、低成本、高速度地销往世界各国。

三、垄断优势理论的评价

（一）垄断优势理论的贡献

①提出了研究对外直接投资的新思路；②提出了直接投资与证券投资的区别；③主张从不完全竞争出发来研究美国企业对外直接投资；④把资本国际流动研究从流通领域转入生产领域，为其他理论的发展提供了基础。

因而，垄断优势理论在20世纪60—70年代中期，对西方学者产生过较深刻的影响。垄断优势论从理论上开创了以国际直接投资为对象的新研究领域，使国际直接投资的理论研究开始成为独立学科。这一理论既解释了跨国公司为了在更大范围内发挥垄断优势而进行横向投资，也解释了跨国公司为了维护垄断地位而将部分工序，尤其劳动密集型工序，转移到国外生产的纵向投资，因而对跨国公司对外直接投资理论发展产生很大影响。

（二）垄断优势理论的局限性

①该理论偏重静态研究，忽略了时间因素和区位因素在对外直接投资中的动态作用；②该理论无法解释为什么拥有独占技术优势的企业一定要对外直接投资，而不是通过出口或技术许可证的转让来获取利益；③该理论虽然对西方发达国家的企业的对外直接投资及发达国家之间的双向投资现象作了很好的理论阐述，但它无法解释自20世纪60年代后期以来，日益增多的发达国家的许多并无垄断优势的中小企业及发展中国家企业的对外直接投资活动；④垄断优势理论也不能解释物质生产部门跨国投资的地理布局。

垄断优势论从理论上开创了以国际直接投资为对象的新研究领域，使国际直接投资的理论研究开始成为独立学科。这一理论既解释了跨国公司为了在更大范围内发挥垄断优势而进行横向投资，也解释了跨国公司为了维护垄断地位而将部分工序，尤其劳动密集型工序，转移到国外生产的纵向投资，因而对跨国公司对外直接投资理论发展产生很大影响。

自海默、金德尔伯格开创国际直接投资理论研究先河之后，众多学者开始对跨国公司的国际直接投资行为进行更为深入的研究。研究结果显示，跨国公司具有的垄断优势来自于其独有的核心资产。

约翰逊在继承了海默和金德尔伯格的基本观点基础上进一步研究了跨国公司所拥有的垄断优势。1970年，约翰逊在其发表的论文《国际公司的效率和福利意义》中指出："知识资本在公司内部的转移是直接投资过程的关键"，或者说跨国公司的垄断优势主要来源于其对知识资产的控制。与其他资产相比，知识资产的生产成本较高，而通过国际直接投资方式来对这些知识资产加以利用则成本较低。另外，跨国公司可以以较低的价格将高技术知识转移给子公司。

凯夫斯在1971年发表的《国际公司：对外投资的产业经济学》论文中，从产品差别能力的角度对垄断优势论进行补充。凯夫斯认为，跨国公司所拥有的使产品发生异质的能力是其拥有的重要优势之一。跨国公司凭借其强大的资金、技术优势可以针对不同层次和不同地区的消费者偏好设计、改造产品，使其产品在形态、性能、包装上与其他产品相差异，并通过其强有力的广告宣传、公关活动等促销手段促使消费者偏爱和购买这些产品。因此，跨国公司通过其促使产品发生差异的能力,独占东道国市场。

尼克博克在1973年发表的《垄断性反应与跨国公司》中提出寡占理论,又从寡占反应论角度对垄断优势论作了补充。他指出,寡占市场结构中的企业跟从行为(即寡占反应)是对外直接投资的主要原因。所谓寡占,是指由少数几家大公司组成,或由几家大公司占统治地位的行业或市场结构。在寡占市场结构中,少数几家大公司相互警惕地注视着竞争对手的行动,随时准备在竞争对手采取对外直接投资行动之后,紧跟其后实行跟进战略。寡占反应行为的主要目标在于抵消竞争对手率先行动所带来的优势,避免给自己带来风险。尼克博克认为,寡占反应行为必然导致对外直接投资的成批性,因为只有盈利率高的行业的跨国公司才能拥有雄厚的资金实力,才能迅速作出防御性反应。尼克博克分析了美国1948—1967年对外直接投资的状况,发现美国跨国公司在国外的子公司有一半是集中在三年内建立的,并且这些跨国公司的集中程度也非常高。

在学者们的共同努力下,该理论体系将研究从流通领域转入生产领域,摆脱了新古典贸易和金融理论的思想束缚,为后来者的研究开辟了广阔的天地。但该理论无法解释不具有技术等垄断优势的发展中国家为什么也日益增多地向发达国家进行直接投资。

第三节　产品生命周期理论

产品生命周期,就是一个产品从刚刚研发成功投放市场开始,一直到它被市场淘汰退出市场为止,所经历一个完整的时间周期。在这个时间周期当中,它会有不同的发展阶段,在不同发展阶段,这个产品会有不同的市场表现特征,不同市场表现特征就要求企业要有针对性地选择不同的对策。

一、产品生命周期理论提出的背景

1966年,雷德蒙·弗农以《产品周期中的国际投资和国际贸易》一文奠定了国际产品周期理论(Product Life Cycle Theory)的基础。该理论以美国为例对企业跨国经营的动因进行了分析,试图通过产品在全球市场的发展传播演变进程解释国际贸易,也可以解释发达国家对发展中国家的投资(FDI)。他认为美国经济发达、技术先进、人均收入高,但劳动成本也高,具有产品创新的强烈动机的同时,也面临劳动成本上升的压力。这一特点就决定了美国企业国际化经营的特点——本国创新、国际化生产。但究竟何时在国内生产、何时出口以及何时何地国外生产,这就决定于产品的周期。

对于国际贸易和国际投资现象,当时主要通过流行的要素禀赋理论和比较成本优势理论来进行解释。但是,弗农认为传统理论脱离现实,理论解释力较弱。为此,他试图引入若干新变量,如创新、规模经济、新产品开发中的累积知识和风险度的降低,大规模跨国公司相互依存的寡头市场关系等,使理论能反映投资的动态变化过程。因此,在一定程度上,产品生命周期理论继承了垄断优势论中"特有优势"的分析,同时结合了产品兴衰的周期循环过程,分析随着"特有优势"的分散、转移,厂商在产品不同周期对外直接投资所呈现出的阶段性特点。

二、产品生命周期的主要阶段

产品生命周期,是指产品从准备进入市场开始到被淘汰退出市场为止的全部运动过程,是由需求与技术的生产周期所决定。是产品或商品在市场运动中的经济寿命,也即在市场流通过程中,由于消费者的需求变化以及影响市场的其他因素所造成的商品由盛转衰的周期。主要是由消费者的消费方式、消费水平、消费结构和消费心理的变化所决定的。弗农将国际产品周期可分为产品创新、产品成熟及产品标准化三个阶段。

(一)产品创新阶段

弗农认为,在产品创新阶段,产品前期研发投入和生产成本较高,产品很不完善,生产规模较小,并且尚未标准化。在此阶段,美国企业处于完全的垄断优势地位,生产一般集中在美国国内;产品主要满足国内少数高收入阶层消费需求,并部分出口满足其他收入水平相近国家的消费需求。此时,美国国内消费者的高收入以及国内创新性产品供不应求,国内需求弹性很低,同时企业对产品拥有垄断,在国内市场处于垄断地位,因此企业此阶段的定位是国内创新、国内生产、国内消费。

(二)产品成熟阶段

随着经验和技术的积累,产品的设计和生产有了某些标准化的因素,而此时模仿者(潜在的竞争者)也开始出现。此时,进入了产品成熟阶段,将出现以下几个方面的变化:①寡占市场结构削弱,市场竞争加剧。随着技术不断扩散,企业的技术垄断地位和寡占市场结构被削弱,众多竞争者涌入,市场竞争与日俱增。②产品基本定型,国内仿制增加,成本因素成为市场竞争的重要因素。由于产品日益成熟,仿制者日益增多,产品价格逐渐下降,企业开始寻求低成本生产。③开始出现跨国生产。在此阶段,西欧等发达国家市场需求扩大,美国产品大量销往西欧市场,也部分地销往发展中国家。但是,美国产品越来越遭受进口国贸易壁垒、原材料供应不足、运输设施缺乏以及中间费用增加等问题的困扰。在这种情况下,仅仅通过出口来维持和扩大在国外的市场利益是相当困难的,企业开始倾向于到海外直接投资设厂。这一时期的对外投资,主要是面向西欧这类市场容量大、生产条件好、要素价格比美国相对便宜的国家。

(三)产品标准化阶段

当产品进入标准化阶段后,企业优先考虑的是新一轮的技术革新和产品换代,而成本成为企业在市场竞争中考虑的唯一因素。因而企业的对外直接投资将选择成本最低的地点。此时西欧这样的发达国家也出现大量的模仿者,使得在西欧生产和销售变得越来越困难,使企业的战略性调整转向发展中国家。

在这一阶段,产品的生产技术、规模及样式等都已经完全标准化,企业的垄断优势不复存在。产品日趋标准化,对技术和生产者劳动熟练程度的要求均比以前减弱,因而产品成本和价格因素更为重要。因此,自然资源丰富、成本优势凸显的发展中国家就成为跨国公司对外直接投资的最佳投资区域。美国公司在逐渐放弃老产品生产的同时,又开始研制和开发新产品,继续在新技术和新产品领域中保持垄断优势。

三、产品生命周期理论的评价

（一）产品生命周期理论的贡献

不同发展的国家在阶段上的产品特性、竞争优势、贸易格局、区位生产的不同发展也是体现了国际产品生命周期的理论特征，它为企业跨国经营的动因找到一种独特的视角，是战后企业跨国经营战略的一种总结。

具体而言，产品生命周期理论有以下几点贡献：①产品生命周期理论揭示了任何产品都和生物有机体一样，有一个从诞生—成长—成熟—衰亡的过程，不断创新，开发新产品；②借助产品生命周期理论，可以分析判断产品处于生命周期的哪一阶段，推测产品今后发展的趋势，正确把握产品的市场寿命，并根据不同阶段的特点，采取相应的市场营销组合策略，增强企业竞争力，提高企业的经济效益；③产品生命周期是可以延长的；④产品生命周期用以解释工业制成品的动态变化具有一定现实意义，对解释国际贸易有重要参考作用；⑤揭示出比较优势是不断在转移的，每一国在进行产品创新、或模仿引进、或扩大生产时，都要把握时机，利用不同阶段的有利条件，长久保持比较优势；⑥它还反映出当代国际竞争的特点，即创新能力，模仿能力，是获得企业生存能力和优越地位的重要因素；⑦该理论侧重从技术创新、技术进步和技术传播的角度来分析国际贸易产生的基础，将国际贸易中的比较利益动态化，研究产品出口优势在不同国家间的传导。

（二）产品生命周期理论的不足

在进入 20 世纪 80 年代以后，国际产品生命周期理论仍作为一种规律加以运用，是有其不足之处：①该理论成功地解释美国企业战后初期至 80 年代的跨国经营的动因，但无法解释在 20 世纪 80 年代前非技术创新主导型企业的跨国经营；②该理论无法解释 80 年代初以来日益增多的发达国家之间双向投资现象；③该理论无法解释那些非标准化产品部门（如石油生产部门）的对外投资；④该理论无法解释跨国公司企业拥有特殊优势的来源。且如果跨国企业越来越以全球市场为导向，在日益缩短的产品生命周期中对资源进行有预见性的开发，以产品为导向，被动式的跨国经营理论远不适用于现在。

弗农的理论解释了战后美国企业在西欧大量投资的动机、原因和特征，并对国际直接投资理论的发展产生了重大影响，为当时的跨国公司理论增添了动态分析或时间因素。将企业的技术优势及垄断视为伴随产品周期的动态变化过程，分析了技术优势变化对企业对外直接投资的影响，为国际的产业转移提供了理论基础。

其对于跨国公司经营管理的理论启示在于：在新产品处于创新阶段，了解下一个可能市场的相关信息，制订全球开发计划。进入成熟期和实现标准化的产品，则要尽快从中抽身，通过对外投资或出卖的方式实现战略转移。特别地，对于发展中国家的跨国企业而言，首先要获得本地市场的优势，并依靠本国自然资源和劳动力优势，进行较低的成本研制生产，将产品出口到原产国。其次，及时转移目标市场，延长生命周期。再次，及时推出新产品，淘汰没有前途的产品，加速出口产品的更新换代。

第四节　边际产业扩张理论

边际产业扩张理论(Theory of Marginal Industry Expansion),是指在对外直接投资过程中,应该从本国已经处于或即将处于比较劣势的产业,即边际产业依次进行的一种国际直接投资理论。由日本经济学家小岛清在 1977 年出版的《对外直接投资论》中提出。认为国际直接投资应从本国(投资国)已经处于或即将处于比较劣势地位的产业(即边际产业)依次进行,这些边际产业也是东道国具有比较优势或潜在比较优势的产业。从边际产业开始进行投资,可以使东道国因缺少资本、技术、经营管理技能等未能显现或未能充分显现出来的比较优势显现或增强,扩大两国间的比较成本差距,为实现数量更多、获益更大的贸易创造条件。该理论能够较好地解释日本 20 世纪 60—70 年代国际直接投资的实践。

一、边际产业扩张理论提出的背景

在解释跨国投资或跨国公司形成时,他们比较发现:一是美国的海外企业大多分布在制造业部门,从事海外投资的企业多处于国内具有比较优势的行业或部门;而日本对外直接投资主要分布在自然资源开发和劳动密集型行业,这些行业是日本已失去或即将失去比较优势的行业,对外投资是按照这些行业比较成本的顺序依次进行的。二是美国从事对外直接投资的多是拥有先进技术的大型企业;而日本的对外直接投资以中小企业为主,所转让的技术也多为适用技术,比较符合当地的生产要素结构及水平。三是美国对外直接投资是贸易替代型的,由于一些行业对外直接投资的增加而减少了这些行业产品的出口;与此相反,日本的对外直接投资行业是在本国已经处于比较劣势而在东道国正在形成比较优势或具有潜在的比较优势的行业,所以对外直接投资的增加会带来国际贸易量的扩大,这种投资是贸易创造型的。

因此,学者发现其他解释理论在分析日本企业的跨国投资时不够确切。在此背景下,日本一桥大学教授小岛清从国际分工原则出发,运用比较优势原理,以日本企业当时的跨国投资活动为研究对象,提出了边际产业扩张理论。这一理论的核心思想是:对外直接投资应该从本国(投资国)已经处于或即将处于比较劣势的产业,即边际产业依次进行。

二、边际产业扩张理论的主要内容

边际产业扩张理论认为,由于各国资源禀赋存在差异,一国的比较优势产业或边际产业,可能是另一国的潜在比较优势产业。广义的边际产业,既包括已趋于比较劣势的劳动密集型产业,也包括某些行业中装配或生产特定部件的劳动力密集的生产过程或部门。这种边际产业在生产经营上遇到了原材料缺乏、劳动力价格上升和市场日益狭小的困难,因此在投资国内变成了劣势产业。与此同时,东道国虽然在原材料供给、劳动力价格和市场需求方面有很大优势,但缺乏经验资金、生产技术和管理经验。在这种情况下,投资国对东道国进行直接投资,把边际产业转移到东道国,使东道国利用这些产业扩大生产和出口,又能使投资国利用所获得的利润来发展优势产业,实现产业结构优化升级。所以,边际产业扩张理论认为,对外直接投资可以将本国已经处于或即将处于比较劣势的产业,向国外转移,节省投资国对于边际产业的资源投入,有利于投资国集中力量发展比较优势产业,从而促进投资国产业结构的升级。对外直接投资从边际产业开始进行,可以把东道国因缺少资本、技术、经营管理等未能显现或未能充分显现出来的比较优势,显现出来或增强,从而扩大两国间的比较成本差距,为实现双方的贸易创造条件。

三、边际产业扩张理论的评价

边际产业扩张理论从投资国的宏观角度来分析直接对外投资动机,能较好地解释对外直接投资的国家动机,具有开创性和独到之处。但该理论提出的对外直接投资是单向的,即由发达国家向发展中国家进行,无法解释发展中国家对发达国家的逆向比较优势的对外直接投资。此外,理论也无法解释当代对外直接投资出现的新变化。

第五节　内部化理论

内部化理论(Internalization Theory)是西方学者跨国公司理论研究的一个重要转折。以前的理论主要研究发达国家(主要是美国)企业海外投资的动机与决定因素,而内部化理论则研究各国(主要是发达国家)企业之间的产品交换形式与企业国际分工与生产的组织形式,认为跨国公司正是企业国际分工的组织形式。

与其他理论相比,内部化理论属于一般理论,能解释大部分对外直接投资的动因。而其他国际直接投资理论仅从产品或生产要素等某个侧面来分析跨国公司对外直接投资的原因,因此内部化理论不同程度地包含了其他理论。因而有助于对跨国公司的成因及其对外投资行为的进一步深入理解。

一、内部化理论提出的背景

内部化理论,也称市场内部化理论,起源于20世纪30年代科斯的内部化理论。自1970年代中期,以英国雷丁大学学者巴克利、卡森与加拿大学者拉格曼为主要代表人物的西方学者,以发达国家跨国公司(不含日本)为研究对象,沿用了美国学者科斯的新厂商理论和市场不完全的基本假定,于1976年在《跨国公司的未来》一书中提出的,建立了跨国公司的一般理论——内部化理论。

该理论以市场不完全为假设,把科斯的交易成本学说融入国际直接投资理论,提出内部化理论。所谓内部化,指把外部市场建立在公司内部的过程。其目的在于,以内部市场取代原来的外部市场,从而降低外部市场交易成本并取得市场内部化的额外收益。内部化理论将市场不完全归因于市场机制的内在缺陷(即市场不完全是自然性市场不完全),指出中间产品市场的不完全性迫使企业进行市场内部化。主要回答了为什么和在怎样的情况下,到国外投资是一种比出口产品和转让许可证更为有利的经营方式。后来,经济学家罗格曼、吉狄、杨等进一步丰富和发展了该理论。

内部化理论强调企业通过内部组织体系以较低成本,在内部转移该优势的能力,并把这种能力当作企业对外直接投资的真正动因。在市场不完全的情况下,企业为了谋求整体利润的最大化,倾向于将中间产品,特别是知识产品在企业内部转让,以内部市场来代替外部市场。

二、内部化理论的主要内容

(一)内部化理论的基本假设

内部化理论有三个基本假设:①企业在所谓的不完全市场上从事经营的目的是追求利润最大化;②生产要素特别是中间产品市场不完全时,企业就可能以内部市场取代外部市场;③内部化跨越了国界就产生了跨国公司。基于以上假设,当中间产品市场(原材料、知识、信息、技术、管理等)不完全,使得企业在外部市场中遭遇交易时滞和较大交易成本时,企业就将中间产品市场在一个厂商中内部化,以最大化其经济利益。

(二)市场内部化的影响因素

巴克雷和卡森认为,影响企业交易成本并因而决定市场内部化的因素主要有四个:产业因素,主要包括产品的性质、规模经济以及外部市场结构等。国家因素,主要包括国家政治制度、法律制度和财政金融政策对公司行为的影响。地区因素,主要包括有关区域内的地理和社会特点,如地理位置、社会心理、文化环境等。企业因素,主要包括企业的组织机构、管理经验、控制和协调能力等。在上述因素中,产业因素和企业因素是影响内部化行为的关键因素。

(三)市场内部化的收益与成本比较

内部化理论认为,企业实行市场内部化的目标是获取内部化本身的收益,所以内部化的进程取决于其对内部化的收益与成本的比较。市场内部化的收益来源于消除外部市场不完全所带来的经济效益,具体包括以下几个方面:

①统一协调相互依赖的企业各项业务,消除"时滞"所带来的经济效益。实行内部化之后,跨国企业可以将相互联系的各项生产经营活动置于统一控制之下,协调不同生产阶段的长期供应关系,从而避免外部市场不完全造成的生产经营活动的"时滞",也可以避免外部市场价格信号失真所带来的负面影响。

②制订有效的差别价格和转移价格所带来的经济效益。内部化之后,跨国企业可以对内部市场上流转的中间产品特别是知识产品运用差别性的转移价格,提高本公司整体经济效益。

③消除国际市场不完全所带来的经济效益。市场内部化可以规避各国政府在贸易管制、资本、税收、价格等方面的限制,也可以享受到东道国的各种政策优惠,从而大大减少国际市场不完全所带来的损失,获得更多的经济利润。

④防止技术优势扩散和丧失所带来的经济效益。一般来说,技术优势是跨国公司所拥有的最重要的优势。

市场内部化之后,跨国公司可以通过知识产品的内部转移来避免知识产品外溢,消除外国竞争者的迅速仿制,从而防止知识产品优势迅速散失,维持其技术优势和市场垄断地位。

与此同时,跨国公司实行市场内部化也需要支付成本:

①资源成本。市场内部化后将完整的市场分割成若干个独立的小市场(即内部市场)。因而,从社会角度来看,市场内部化不能实现资源的最佳配置,企业可能在低于最优经济规模的水平上从事生产,造成资源浪费。

②通信联络成本。为避免技术泄漏,企业将建立独立的通信系统,必然增加通信联络成本。另外,不同企业建立不同的通信网络,往往缺少统一性而加大跨国企业间的通信成本。

③国家风险成本。跨国公司在当地市场形成垄断或者损害当地企业生产经营活动时,往往导致东道国政府的干预。东道国政府可能会采取歧视性政策,如对外资股权份额加以限制、实行国有化等。因此,跨国公司将面临一些国家风险,增加了风险成本。

④管理成本。市场内部化之后,跨国公司要对遍布全球的子公司进行监督管理,必然增加企业的监督管理成本。

显然,只有当市场内部化的收益大于外部市场交易成本和为实现内部化而付出的成本时,跨国企业才会进行市场内部化。

三、内部化理论的评价

市场内部化理论标志着西方对外直接投资理论研究的重要转折。垄断优势论从结构性市场不完全性和企业的特定优势角度出发,论述了发达国家企业对外直接投资的动机和决定因素。而市场内部化理论着重从自然性市场不完全出发,并结合国际分工和企业国际生产组织形式来分析企业对外直接投资行为。该理论认为原材料、半成品,尤其是技术、知识、管理技能等中间产品市场存在缺陷,企业具有将外部市场内部化的驱动力。企业将比较内部化的收益与成本,只要市场内部化的收益大于外部市场交易成本和为实现内部化而付出的成本,企业便进行市场内部化。当企业的内部化行为超越国界时,就产生对外直接投资。因此,在理论上,内部化理论较好地解释了跨国公司的性质、起源,以及对外投资形式,可以对大部分国际直接投资行为进行解释,被视为国际直接投资的一般理论。

第六节　国际生产折衷理论

国际生产折衷理论(The Eclectic Theory of International Production)是指将企业的特定垄断优势与国家的区位、资源优势结合起来,解释跨国公司参与国际经济活动时对国际直接投资、出口贸易或许可证交易的选择问题的一种理论。

一、国际生产折衷理论提出的背景

英国经济学家约翰·邓宁教授于1977年在《贸易、经济活动的区位与多国企业:折衷理论探索》论文中首先提出国际生产折衷理论,并在1981年出版的《国际生产与多国企业》中系统论述。邓宁综合结构性市场不完全因素与自然性市场不完全因素,系统分析了跨国公司的形成及其对外投资行为,被誉为具有高度概括性、广泛涵盖性与适应性的国际直接投资"通论"。

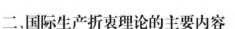

二、国际生产折衷理论的主要内容

邓宁认为,现代国际直接投资活动的动因是多重的,从一种或几种主要因素来分析企业对外直接投资活动缺乏全面性。他认为,决定跨国公司行为和对外直接投资的最基本因素有三,即所有权优势、内部化优势和区位优势,这就是著名的"三优势范式"(OIL paradigm)。

(一)所有权优势(Ownership Advantage)

所有权优势也称垄断优势或厂商优势,是指一国企业拥有或能够得到而他国企业没有或者无法得到的无形资产、规模经济等方面的优势。所有权优势包括三个方面:一是资产性所有权优势,指对有价值资产(原材料、先进技术等)的拥有;二是交易性所有权优势,指企业拥有的无形资产(技术、信息、专利、管理、营销、品牌、商誉等);三是规模经济优势,指规模经济带来的研发、创新优势以及低成本优势。

(二)内部化优势(Internalization Advantage)

内部化优势是指企业为避免外部市场不完全性对企业经营的不利影响,将企业优势保持在企业内部。外部市场的不完全性包括两个方面:一是结构性的市场不完全性,如竞争壁垒、政府干预等;二是自然性的市场不完全性,如知识市场的信息不对称和高交易成本。邓宁认为,外部市场不完全性将使得企业的所有权优势逐渐丧失或无法发挥,因此,企业具有将企业优势内部化的强大动力。企业通过内部化可以使其优势获得最大收益,当企业内部化行为跨越国界时便引发了国际直接投资活动。

(三)区位优势(Location Advantage)

区位优势是指东道国投资环境和政策方面的相对优势对投资国所产生的吸引力。区位优势包括两个方面:一是要素禀赋性优势,即自然资源、地理位置、气候条件、土地和劳动力资源及价格等;二是制度政策性优势,即政治经济制度、贸易金融政策、法律法规的完善性与执行情况、行政效率以及对外资的优惠条件等。当东道国的区位优势较大时,企业就会从事国际生产。

国际生产折衷理论并非对以往国际直接投资理论的简单总结归纳,而是从跨国公司国际生产角度,论述上述三个基本因素对企业选择参与国际经济活动方式的影响。三个基本要素的不同组合决定了企业参加国际经济活动的三种主要形式,即对外直接投资、商品出口和许可证贸易。

$$所有权优势 = 许可证贸易$$
$$所有权优势 + 内部化优势 = 商品出口$$
$$所有权优势 + 内部化优势 + 区位优势 = 国际直接投资$$

当企业只具备所有权优势,既没有能力使之内部化,也没有能力利用国外的区位优势时,其参与国际经济活动的最好方式是进行许可证贸易,把技术专利转让给国外厂商使用;当企业具备所有权优势,并且有能力使之内部化,其参加国际经济活动的最好选择是商品出口;当企业同时具备了所有权优势、内部化优势和区位优势,便可在国际经济活动中选择对外直接投资方式。

三、国际生产折衷理论的评价

国际生产折衷理论是具有较强实用性的国际直接投资的"通论"。该理论既继承了海默的垄断优势论的观点,也吸收了巴克雷等人的内部化论的观点,并借鉴了"区位优势"的概念,创建了"一个关于国际贸易、对外直接投资和国际协议安排三者统一的理论体系"。

国际生产折衷论克服了传统的对外投资理论只注重资本流动方面的研究,他将直接投资、国际贸易、区位选择等综合起来加以考虑,使国际投资研究向比较全面和综合的方向发展。这在一定程度上弥补了发展中国家在对外直接投资理论上的不足。

国际生产折衷理论可以说是几乎集西方直接投资理论之大成,但它仍是一种静态的、微观的理论。

【主要概念】

跨国公司理论	国际直接投资	垄断优势理论	产品生命周期理论
边际产业扩张理论	内部化理论	国际生产折衷理论	科斯定理

【课后复习】

一、选择题

1. 在海默看来,对外直接投资的核心特征是跨国公司转移了( )。
   A. 资源和权利　　　　　　　　　　B. 资金和人员
   C. 权力和责任　　　　　　　　　　D. 业务和服务

2. 在以下理论中,( )从动态视角去研究对外直接投资。
   A. 垄断优势理论　　　　　　　　　B. 国际生产折衷理论
   C. 内部化理论　　　　　　　　　　D. 产品周期理论

3. 根据产品周期理论,在( )阶段,企业优先考虑的是新一轮的技术革新和产品换代,而成本成为企业在市场竞争中考虑的唯一因素。
   A. 产品创新阶段　　　　　　　　　B. 产品成熟阶段
   C. 产品标准化阶段　　　　　　　　D. 产品研发阶段

4. 在影响市场内部化的产业因素中,不包括( )。
   A. 产品的性质　　　　　　　　　　B. 规模经济
   C. 外部市场结构　　　　　　　　　D. 企业规模

5. 邓宁在国际生产折衷理论中提到的"三优势范式"不包括( )。
   A. 所有权优势　　　　　　　　　　B. 内部化优势
   C. 区位优势　　　　　　　　　　　D. 市场优势

二、思考题

1. 主流的跨国公司理论有哪些？各自代表人物的主要观点是什么？
2. 垄断优势理论有哪些特征？应该如何评价？
3. 产品周期理论将产品周期分成哪几个阶段？应该如何评价？
4. 简述边际产业扩张理论的主要观点和社会评价。
5. 跨国公司实行市场内部化需要支付的成本有哪些？

【案例分析】

京东与谷歌合作　国际化战略全面启航

京东于 2004 年正式涉足电商领域。2014 年 5 月，京东集团在美国纳斯达克证券交易所正式挂牌上市，是中国第一个成功赴美上市的综合型电商平台。京东集团从 2017 年上榜《财富》世界 500 强以来，排名逐年提升，已经从 2017 年排名 366 名上升至 2022 年的第 46 名，其排名提升的背后与其国际化战略的实施不无关系。

2018 年 6 月 18 日，京东一年一度的年中大促盛大上演，该年也是京东的 15 岁生日，并与 Google 签订了价值 5.5 亿美元的战略投资与合作协议，可谓双喜临门。

京东集团董事局主席兼首席执行官刘强东发表内部信（见后文），宣布未来十年京东的供应链服务将大力输出到全球市场，做成全球供应链服务这件事情、成为一家真正的技术和创新驱动的国际化企业是京东今后十年最大的梦想。

刘强东表示，两年前京东以物流为载体开始了在东南亚地区的布局，今年通过与 Google 的合作，将继续开拓欧美和其他市场，将中国模式反向拓展到海外，实现低成本、高效率的中国制造通全球、全球商品通中国。

刘强东指出，与 Google 的合作正式标志着京东国际化战略的全面启航。未来，腾讯、沃尔玛、Google 等战略投资者将与京东一起形成"无界零售"的生态联盟，把大量中国优质的品牌和商品带向全球市场。

刘强东强调，京东已经有 17 万名员工，"心往一处想、劲往一处使"是京东基业长青的根本，"正道成功、客户为先、只做第一"是最内核、最本质的价值观，京东员工要永远保持敬畏之心，永远谦逊而坚定，永远居安思危，这样才能在剧变的时代中持续引领行业发展。

另外京东还宣布，京东物流国际化将全面升级，计划搭建以中国制造通向全球，全球商品进入中国的双通网络，采取"830"双通全球网络，即国内八大物流枢纽加全球三十大核心供应链节点，利用设立海外仓、开通跨境专线、智慧化多式联运等方式，把世界各国本地的交付时效提升至 48 小时以内。

目前，京东已经设立了 110 多个海外仓，包括在东京、洛杉矶、阿姆斯特丹等核心枢纽，拥有近千条国际运输链路，包括中印通、中泰通、中日通、中澳通等跨境专线。

"618"期间，通过京东主站、俄文站、英语站、西班牙语站等的出口订单量同比增长

375%，出口国家前五为俄罗斯、乌克兰、波兰、西班牙、法国，同时通过保税仓、跨境直邮两种进口模式，进口商品订单同比增长66%。

以下是刘强东内部信全文：

亲爱的兄弟们：

　　今年的"618"注定是个大日子，既恰逢端午佳节，又时值世界杯盛会。我知道很多兄弟们都主动牺牲了和家人团聚、和朋友看球的时间，日夜奋战在一线为客户提供着不间断的服务，十几年来京东人就是靠着这种能吃苦、勇担当、肯奉献的精神传承，才使我们不断成为一家更加卓越的公司。生活从不会辜负为梦想而努力的人，在我们共同的生日来临之际，我希望和所有兄弟们继续携手去开创一个又一个属于我们自己的光荣时刻！

　　同时，今天我们也是双喜临门，集团正式和全球科技巨头谷歌签订了战略投资和合作的协议，未来我们将与谷歌一起围绕零售创新展开全方位的深度合作，共同开拓国际零售市场。这个合作也将正式标志着我们国际化战略的全面启航。未来，腾讯、沃尔玛、谷歌等战略投资者将与京东一起形成"无界零售"的生态联盟，并肩服务全球的消费者和品牌商，把大量中国优质的品牌和商品带向全球市场。

　　截至目前，由京东发起的"618"显然已经成为一次全体消费者和全体从业者共同参与的盛大节日，但对于京东来说，今年的"618"则是一次真正意义的面向无界零售的基础设施的"大阅兵"。从消费到物流再到供应，在这个"618"，我们实现了多终端的千人千面的商品推荐和购物体验；7fresh生鲜超市、京东——曲美时尚生活体验馆、京东之家、京东便利店，以及我们和步步高、沃尔玛等众多线下连锁品牌打造的科技门店纷纷成为引发业界侧目的案例和标杆。

　　在这个"618"，我们的智慧物流技术再次被大规模应用，无人重卡、自动驾驶大飞机、智能配送机器人等创新产品接踵而至。结合AI和大数据的智能定价、智能补货、智能客服等技术极大的提升了我们的运营效率和用户体验。更重要的是，所有的这些能力不再是仅仅为我所用，而是正在开放和普惠于我们的合作伙伴，受益于我们的消费者和客户。

　　不久前，我曾经谈到未来十年，我们一定且必须要做成的事情就是：希望通过以技术驱动的供应链服务，服务全球的消费者和品牌商，通过降低社会化成本、提升人们的美好生活水平。

　　过去十几年，我们成功地打造了一个强有力的B2C物流体系，并成功地将物流成本（对比社会化物流）降低了50%以上，流通效率（对比社会化流通）提升了70%以上，通过解决行业痛点、树立核心优势，才使我们取得了现在的成绩和商业价值。然而时代正在发生翻天覆地的巨变，快速崛起的新动能正在重塑经济增长格局，深刻改变生产生活方式。

　　未来的消费需求将变得无时不有、无处不在，更加精准、个性和碎片化，在正确的时间、合适的场景，把合适的商品，传递给合适的消费者是对所有制造商、品牌商和零售商的终极要求和挑战。

在这种格局下,我想京东的角色应该是链接两端:一端是消费者,为消费者提供超越预期、愉悦舒适、可信赖的购物体验,始终是我们不懈地追求和创新的目标;另一端就是品牌商和制造商,帮助大量的实体企业拥抱未来的趋势,顺利完成转型,提升他们以用户为核心的产品定义和供应能力,与实体经济做朋友而不是做对手,这既是京东所擅长的能力,更是京东的责任。

所以,京东未来将成为一家服务型的企业,通过对未来零售基础设施的搭建,提供融合电商、物流、技术、金融、保险的供应链服务,提升整个零售环节的效率和体验,为社会和国家的经济增长,为亿万用户的美好生活贡献力量。

在今后的十年,我们的供应链服务也将大力输出到全球市场,两年前我们以物流为载体开始了在东南亚地区的布局,今年通过与谷歌的合作,我们也将继续开拓欧美和其他市场,将中国模式反向拓展到海外,实现低成本、高效率的中国制造通全球、全球商品通中国。

各位兄弟,做成全球供应链服务这件事情、成为一家真正的技术和创新驱动的国际化企业是我们今后十年最大的梦想。实现梦想不仅需要战略对头、打法对路,更重要的还是要有强烈的信念和使命感。

今日的京东是一个拥有超过 17 万名兄弟的大家庭,"心往一处想、劲往一处使"是京东基业长青的根本,"正道成功、客户为先、只做第一"是我们最内核、最本质的价值观,我希望兄弟们永远保持敬畏之心,永远谦逊而坚定,永远居安思危,这样才能在剧变的时代中持续引领行业发展。

突破和创新往往意味着离开固有跑道,离开惯性思维,必然会带来诸多阵痛,但我们更应该看到的是趋势和未来。此刻,我们需要的是专注与坚持,创新与奋进,兄弟同心、其利断金,我们的梦想终将实现!

最后,再次祝兄弟们端午安康!祝京东和大家生日快乐!

你们的刘强东

2018 年 6 月 18 日

(资料来源:快科技《刘强东 6.18 发内部信:宣布与谷歌签订 5.5 亿美元战略协议》)

第二部分

跨国公司经营

第三章 跨国公司经营战略

【本章提要】

跨国公司在日常经营管理过程中遇到的战略选择问题越来越重要。其经营战略可分为三个层次。第一个层次是跨国公司的公司层战略,包括发展战略、稳定战略和收缩战略,论述了企业在哪些领域整合资源以求得发展。第二个层次是跨国公司的事业层战略,在公司层战略的制约下,跨国公司如何指导和管理具体经营单位的计划。第三个层次是跨国公司的职能层战略,主要涉及企业内各职能部门的战略,包括市场营销战略、采购管理战略、生产运营战略、研究开发战略、人力资源战略、财务管理战略等内容。

本章首先介绍了跨国公司经营战略的演变(图3.1),随后分别对公司层战略、事业层战略进行了详细阐述。

图 3.1 跨国公司经营战略示意图

第一节 跨国公司经营战略的演变

一、跨国公司的经营战略

跨国公司的经营战略可以理解为以国际市场为导向,在分析国际环境和市场变化以及企业内部条件的基础上,为求得企业长期生存和发展所作的外向的、总体的规划。

跨国公司经营战略种类繁多,按不同标准,可以进行不同分类。其中主要分类有两种:

(一)按制订战略的层次划分

1. 公司层战略

公司层战略是由公司最高层制订的总体性战略,通常要得到董事会的批准,其内容包括有效的调动各种资源,实现跨行业和跨国多样化经营;对下属子公司进行资产重组,加强竞争优势,改进整体经营绩效;确定投资重点,把资源配置到最有发展潜力的业务中。

2.事业层战略

事业层战略是由具体业务单元的经理负责制订的战略,包括业务单元的经营战略;同时考虑行业竞争态势、上下游行业讨价还价能力、新行业新进入者与替代品的威胁等,以期建立长期的竞争优势。

3.职能层战略

职能层战略是由各职能部门的经理负责制订的战略,包括研发战略、采购战略、制造战略、营销战略、财务战略和人力资源战略。

(二)按跨国经营的程度划分

1.国际战略

国际战略也称母公司中心主义战略,采用这种战略的企业多把产品开发的职能留在母国,而在东道国建立制造和营销职能,目的是在世界范围内通过充分利用母公司的创新能力获取更多的利润。

2.多国战略

多国战略也称多中心战略或本土适应战略,采用这种战略的企业把侧重点放在各东道国的差异上,通过提高对各东道国的经营环境和市场需求的适应能力,扩大在国外市场的占有率和销售收入。

3.全球战略

全球战略是向全球市场推出标准化的产品与服务,并在有比较优势的国家集中进行生产,由此形成规模经济,获取高额利润。

4.跨国战略

跨国战略也称多焦点战略,它是综合了上述三种战略目标的跨国经营战略,同时利用各国的需求差异、规模效应和联合优势。

图3.2 国际化战略类型

二、跨国公司经营战略的演变

我们将从职能和地域这两个不同的纬度对跨国公司的战略演变进行分析。

(一)职能一体化战略演变

职能一体化战略是指跨国公司对其价值链上的各项价值增值活动,即各项职能所作的一体化安排。职能一体化战略演变主要经历了以下三个阶段:

1. 独立子公司的战略阶段

独立子公司战略是由母公司在不同东道国设立独立运作的子公司,而各子公司之间尚未紧密结合成为同一条产品生产价值链。各子公司由母公司提供资金和技术,与母公司保持所有权关系,母公司通过拥有子公司股权而控制其重大的业务活动。设立独立子公司的目的主要是绕过贸易壁垒,直接在东道国开展经营活动。

2. 简单一体化战略阶段

简单一体化战略主要是以公司内部合同的形式,由东道国的子公司来完成产品价值链上某些环节的生产,使子公司与母公司之间在技术、信息、增值活动中进行横向交流。目前,电子、汽车、飞机、家电等部门的大型跨国公司多根据成本因素组织安排不同子公司的生产定位,在国际化经营中建立起区域生产和销售体系。

3. 复合一体化战略阶段

复合一体化战略主要是对公司拥有的一揽子生产资源和各种增值环节进行国际化的配置、协调和管理,将各个国外子公司的经营活动作为母公司整体价值链的有机组成部分,实现分工生产、集中装配、全球营销的经营战略。在复合一体化的经营形式下,子公司与子公司之间、子公司与母公司之间形成矩阵式联系,共同为整个公司的全球经营战略服务。

(二)地域一体化战略演变

地域一体化战略是指跨国公司对其所控制的各类实体在地域范围和地理联系上所作的一体化战略安排。地域一体化战略的演变经历了以下三个阶段:

1. 多国战略阶段

在多国战略下,一个子公司主要服务于一国的东道国市场,而跨国公司母公司则在不同的市场控制几个子公司。贸易壁垒的存在常常促使跨国公司采取多国战略,以进入特定的东道国市场。在一些产业中,因为难以获得规模经济效应和为满足特定国家需求偏好和习惯要求,也会采取多国战略。

2. 区域战略阶段

区域战略是适应区域化国际生产要求的战略。区域化国际生产体系包括在某一地区各东道国设置的子公司和作为供应商与分包商的非本系统公司。产品最终组装可以安排在该地区的任何国家,其主要市场也是在同一地区。在欧洲、北美和东亚,跨国公司都有自己的地区网络,国际直接投资存量和“大三角”国家对发展中国家的投资也反映了这种特征,从而说明了国际直接投资的区域集约化趋势。美国的跨国公司是许多拉美和加勒比国家的主要投资者,日本的跨国公司在亚洲日益占有主导地位,而欧盟的跨国公司在中欧、东欧和非洲占有最大比重。

关税壁垒的减轻,外国投资政策的自由化,许多产业部门管理的放松和国有企业的私营化都促进了外国直接投资。

3. 全球战略阶段

跨国公司全球化战略是指跨国公司把全球经营活动作为一个整体,实现在世界范围合理配置生产经营资源,提高企业的竞争地位,以获得最大利润的一系列战术安排。

全球化是更高级和更复杂的国际化,全球化意味着跨国公司经济行为在更广泛的地理范围内扩展。全球化还包括跨国公司为利用经济增长和需求趋同而与其他公司进行有效竞争并打进世界大市场的方法。

跨国公司全球化战略不同于一般的企业战略,也不同于一般的对外直接投资战略。其特点是:

(1)确立全球性竞争优势

第二次世界大战前,传统跨国公司对外直接投资的目的是确保国外原材料供应,开辟国外产品市场及利用国外廉价劳动力。第二次世界大战后,现代跨国公司则是通过全球化战略来创造其在全球的竞争优势。这些竞争优势主要是:①技术垄断优势,这是跨国公司不断增长的动力并取得全球竞争的关键;②经营资源互补优势,现代跨国公司往往通过对外直接投资和国际合作,加强与东道国在研究开发领域中的技术合作,开发和利用当地的智力资源和新技术,来实现自身更大发展;③区域配置优势,现代跨国公司往往将信息收集、研究开发、生产、销售等经营活动转移到世界上成本最低且最有利的国家,利用各国优势来弥补自身的不足,通过企业经营活动的最佳国际组合来创造竞争优势。

(2)确立全球性经营方式

全球性经营方式主要表现在:①企业决策的全球化,现代跨国公司的经营视野是整个世界,在投资决策时超越了狭小的地域观念,以实现在全球范围的扩张,同时在企业决策中大多广泛吸收外国人参与;②建立全球组织机构,跨国公司按照这一立场上确立全球经营战略,统一制订产品、价格等战略;③建立全球生产销售体系,将产品的设计、研究与开发、生产、销售各环节分别置于成本最低的国家和地区,以实现生产经营资源在世界范围内的优化配置。

(3)投资重点是高新技术产业

20世纪80年代以来,国际直接投资年均增长30%左右,而流向发达国家的外国直接投资年均增长率更高。流向发达国家的外国直接投资主要投向高新技术产业,如计算机与办公设备、通信设备与电子软件、航空工程、汽车制造、生物工程等,以抢占高新技术的制高点,从而保持对某一领域的长期垄断。

(4)非股权安排下的国际合作

第二次世界大战前的跨国公司高度重视通过股权控制来参与国际经营,往往强调在对外直接投资中应拥有多数股份。20世纪80年代以来,越来越多的跨国公司采取非股权安排下国际合作的方式参与国际经营,这是为了适应国际经济既竞争又合作这一新变化而发生的重大转变。所谓非股权安排下的国际合作是一种非股权投资的国际经营方式,包括专利技术转让、生产许可协议、共同研究开发、共同生产、委托加工、市场销售合同、国际承包等形式。目前,这种形式的国际合作有以下特点:①发达国家大型跨国公司之间的合作占全部国际合作的55%以上,构成当前国际合作的主体;②合作双方大多数是垄断企业,其中70%是竞争者之间的合作,通过这种既竞争又合作的方式来取长补短,实现"共赢";③这种形式国际合作的80%集中在高新技术产业,表明合作的一个重要出发点是为了分散研发投资的巨大风险。

第二节　公司层战略

公司层战略也称总体战略,是企业最高层次的战略。它论述了企业在哪些领域整合资源以求得发展,常常涉及整个企业的财务结构和组织结构方面的问题。公司层战略可以分为三大类:发展战略、稳定战略和收缩战略,如图 3.3 所示。

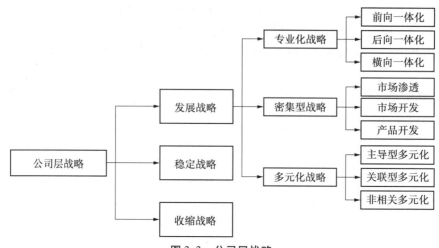

图 3.3　公司层战略

公司层三大战略中,发展战略是重中之重。发展战略是一定时期内对企业发展方向、发展速度与质量、发展点及发展能力的重大选择、规划及策略。它强调充分利用外部环境的机会,充分发掘企业内部的优势资源,以求得企业在现有的基础上向更高一级的方向发展。

发展战略的主要类型有专业化战略、密集型战略和多元化战略。

一、专业化战略

专业化战略是指企业充分利用自己在产品或业务上的优势,根据物资流动的方向,沿其经营链条的纵向或横向延展业务的深度和广度,扩大经营规模,实现企业成长。主要包括三种基本类型:

(一)前向一体化

前向一体化指企业与下游企业即分销商或零售商的联合。通过控制销售过程和渠道,有利于企业控制和掌握市场,提高企业产品的市场适应性和竞争力。

(二)后向一体化

后向一体化指企业与上游企业即供应商的联合。通过控制关键原材料等投入的成本、质量及供应可靠性,确保企业生产经营活动的稳步进行。

前向一体化和后向一体化加在一起也称纵向一体化,指企业沿着产品或业务链向前或向后,延伸和扩展企业的现有业务。纵向一体化战略可以看作是多元化战略的特例,当新产品与新市场位于同一经营链条时即为纵向一体化战略,如图 3.4 所示。

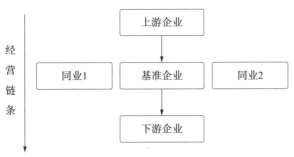

图 3.4 纵向一体化战略示意图

（三）横向一体化

横向一体化也称水平一体化,指企业向产业价值链相同阶段方向进行扩张,实质是资本在同一产业和部门内的集中,目的是扩大规模、降低产品成本、巩固市场地位。

二、密集型战略

密集型战略,是指企业充分利用现有产品或服务的潜力,强化现有产品或服务竞争地位的战略。企业密集型战略的分析框架借鉴了安索夫的"产品—市场战略组合"矩阵,如图3.5 所示。

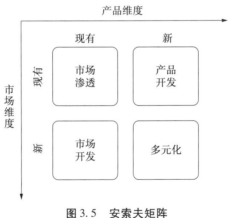

图 3.5 安索夫矩阵

（一）市场渗透

市场渗透战略强调发展单一产品,试图通过更强的营销手段来扩大产品的市场覆盖面,增加销售收入。实现途径主要包括提高现有顾客的使用频率、吸引竞争对手的顾客和潜在用户购买现有产品。实施市场渗透战略的前提是企业拥有强大的市场地位,并且能够利用经验和能力来获得独特竞争优势。

（二）市场开发

市场开发战略是指将现有产品或服务打入新市场,目的在于寻找新的细分市场和扩大现有市场。实现途径主要包括开辟其他区域市场和其他细分市场。实施市场开发战略的前提是企业在现有经营领域十分成功,并且拥有扩大经营所需的资金和人力资源等情形。

（三）产品开发

这种战略是在现有市场上，通过技术改进与开发研制新产品，增加产品的品种、规格和花色等。实现途径主要是开发新的产品性能、型号、规格等，但通常需要大量的研发费用。实施产品开发战略的前提是企业具有较强的研发能力，所在产业正处于高速增长阶段，并且企业产品具有较高的市场信誉度和顾客满意度等情形。

三、多元化战略

多元化战略指企业进入与现有产品和市场不同的领域。通常是为了更多地占领市场和开拓新市场，或规避经营单一事业的风险而选择性地进入新的事业领域。

当现有产品或市场不存在期望的增长空间时（例如，受到地理条件限制、市场规模或竞争太过激烈的限制），企业通常会考虑多元化战略。采用多元化战略有以下三大原因：在现有产品或市场中持续经营不能达到目标；企业由于以前在现有产品或市场中成功经营而保留下来的资金超过了其在现有产品或市场中的财务扩张所需要的资金；与在现有产品或市场中的扩张相比，多元化战略意味着更高的利润。

（一）主导型多元化

主导型多元化是指企业以现有业务或市场为基础进入相关产业或市场，以一种主产品为主，同时也生产和主产品相关联的其他产品。

（二）关联型多元化

关联型多元化是指企业以现有业务或市场为基础进入相关产业或市场，同时生产几种相关联的产品。

主导型多元化和关联型多元化也称相关多元化。相关多元化的相关性可以是产品、生产技术、管理技能、营销渠道、营销技能或用户等方面的类似。主导型多元化强调增加基本技术相同的新产品；关联型多元化强调开发技术上不同但市场基本相同的产品。

（三）非相关多元化

非相关多元化也称非关联型多元化，指企业进入与当前产业和市场均不相关的领域，同时生产几种在生产技术等方面缺乏联系的产品。采用非相关多元化战略的主要目标是从财务上考虑平衡现金流或者获取新的利润增长点，规避产业或市场的发展风险。

从企业发展的规律看，企业一般是从专业化经营发展到多元化经营，再从相关多元化经营逐步发展到非相关多元化经营。企业采用多元化战略的优点：当企业在原产业无法增长时找到新的增长点；能更容易地从资本市场中获得融资；利用未被充分利用的资源；获得资金或其他财务利益；运用企业在某个产业或某个市场中的形象和声誉来进入另一个产业或市场，而在另一个产业或市场中要取得成功，企业形象和声誉是至关重要的。

同时，企业也必须充分认识实施多元化战略的风险，采用多元化战略的面临市场风险、产业进出风险、内部整合风险等。市场经济的广泛相互关联性决定了多元化经营的各产业仍面临共同的风险，在宏观力量的冲击下，多元化经营的资源分散反而加大了市场风险。企业在进入新产业之后必须不断地注入后续资源,如果企业深陷无法盈利的投资项目却无法全身而退,那么很可能导致企业其他业务也受到影响,甚至全军覆没。多元化经营与有限资源之间的矛盾给企业在管理机制上的融合带来了困难,企业资源总是有限的,多元化经营往往意味着原有经营的业务要招致削弱。另外,企业还可能会面临不同企业文化是否能够成功融合等风险。

第三节 事业层战略

事业层战略也称业务层战略或竞争战略,包括基本竞争战略和蓝海战略(图3.6)。主要任务是将公司战略所包括的企业目标、发展方向和措施具体化,形成战略业务单元(Strategic Business Unit,SBU)具体的经营战略。

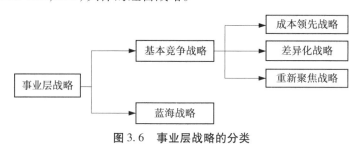

图 3.6 事业层战略的分类

一、基本竞争战略

迈克尔·波特在《竞争战略》一书中把竞争战略描述为:采取进攻性或防守性行为,在产业中建立起进退有据的地位,成功地对付五种竞争力,从而为公司赢得超常的投资收益。为了达到这一目的,各个公司可以采用的方法是不同的,对每个具体公司来说,其最佳战略是最终反映公司所处的内外部环境的独特产物。波特归纳总结了三种具有内部一致性的基本战略,即成本领先战略(cost leadership strategy)、差异化战略(differentiation strategy)和重新聚焦战略(refocus strategy)。在三种基本战略中,成本领先战略和差异化战略是基本战略的基础,而重新聚焦战略是将这两种战略运用在一个特定的细分市场而已。

(一)成本领先战略

成本领先战略是指企业通过在内部加强成本控制,在研发、生产、销售等领域把成本降到最低限度,成为产业中的成本领先者的战略。按照波特的思想,成本领先战略应该体现为产品的价格相对于竞争对手而言更低。但是,成本领先战略并不是仅仅获得短期成本优势,它是一个可持续成本领先的概念,即企业通过其低成本地位来获得持久的竞争优势。

1. 采用成本领先战略的优势

企业采取成本领先战略可以使企业从容应对产业中五种竞争力量的挑战。

(1)降低潜在进入者的威胁

企业的低成本为产业的潜在的进入者设置了较高的进入障碍。那些在生产技术不熟练、经营上缺乏经验的企业,或缺乏规模经济的企业都很难进入此产业。

（2）增强讨价还价能力

企业的低成本提高了企业与供应商的讨价还价能力,降低投入要素的价格变化所引起的影响。同时,企业的成本低可以提高自己对购买者的讨价还价的能力。

（3）降低替代品的威胁

企业的低成本使其能够降低产品的价格以吸引大量的顾客,这样可以帮助企业降低甚至消除替代品的威胁,使其在竞争中始终处于有利的优势地位。

（4）保持领先的竞争地位

企业的低成本使得其与产业内的其他竞争对手相遇时,可以在竞争对手毫无利润的低价格水平上仍然保持盈利,从而保持自己的竞争优势。

总之,企业采用成本领先战略可以使企业有效地对付产业中的五种竞争力量,以其低成本的优势,获得高于行业平均水平的利润。

2. 成本领先战略的实施条件

（1）市场情况

从市场情况考察,成本领先战略主要适用于以下一些情况:

①产品具有较高的价格弹性,市场中存在大量的价格敏感用户;

②产业中所有企业的产品都是标准化的产品,产品难以实现差异化;

③购买者不太关注品牌,大多数购买者以同样的方式使用产品;

④价格竞争是市场竞争的主要手段,消费者的转换成本较低。

（2）资源和能力

实现成本领先战略的资源和能力包括:

①在规模经济显著的产业中装备相应的生产设施来实现规模经济。

②降低各种要素成本。可通过六西格玛 DMAIC 等工具挖掘企业的内部潜力以降低成本;还可以通过 JIT 等工具挖掘企业的外部潜力,力求以最低价格获得各种要素。

③提高生产率。提高生产率与降低成本密切相关。采用最新的技术、工艺或流程和充分利用学习曲线来降低成本,都是提高生产率的必要手段。

④改进产品工艺设计。利用价值工程寻找物美价廉的替代品。采用简单的产品设计,通过减少产品的功能但同时又能充分满足消费者需要来降低成本。

⑤提高生产能力利用程度。生产能力利用程度决定分摊在单位产品上的固定成本的多少。

⑥选择适宜的交易组织形式。在不同情况下,是采取内部化生产,还是靠外部市场获取,成本会有很大的差异。

3. 采取成本领先战略的风险

①技术的更新换代可能使过去用于降低成本的投资(如扩大规模、工艺革新等)与积累的经验一笔勾销。

②产业的新进入者通过模仿或者以更高技术水平加入竞争,达到同样的甚至更低的产品成本。

③市场需求从注重价格转向注重产品的品牌形象,使得企业原有的优势不再。企业在

采用成本领先战略时,应注意这些风险,及早采取防范措施。

（二）差异化战略

差异化战略是指企业向顾客提供的产品和服务在产业范围内独具特色,这种特色可以给产品带来额外的加价,如果一个企业的产品或服务的溢价超过因其独特性所增加的成本,那么,拥有这种差异化的企业将获得竞争优势。

1. 采用差异化战略的优势

企业采用差异化战略,可以很好地防御产业中的五种竞争力量,获得超过平均水平的利润。具体讲,采用差异化战略的优势主要表现在以下几方面:

（1）形成进入障碍

由于产品或服务独具特色,顾客对企业具有很高的忠诚度,从而形成一定程度的进入障碍。潜在的进入者要想进入该行业参与竞争,就需要克服由这种产品或服务的独特性所造成的进入障碍。

（2）增强讨价还价能力

差异化战略可以为企业带来超额利润,增强企业对供应商讨价还价的能力。由于购买者别无其他选择,对价格的敏感程度又不高,所以企业又可以运用这一战略削弱购买者讨价还价的能力。

（3）抵御替代品的威胁

替代品能否替代老产品,主要取决于两种产品的性价比。差异化战略通过提高产品的性能来提高产品的性价比,可以帮助企业抵御替代品的威胁。

（4）保持领先的竞争地位

由于顾客对企业产品或服务有很高的忠实性,所以当这种产品或服务的价格发生变化时,顾客对价格的敏感程度并不高。企业可以运用差异化战略,在产业竞争中获取竞争优势,保持领先地位。

2. 差异化战略的实施条件

（1）市场情况

①产品能够充分地实现差异化,且为顾客所认可;

②顾客的需求是多样化的;

③企业所在产业技术变革较快,创新成为竞争的焦点。

（2）资源和能力

①具有强大的研发能力和产品设计能力;

②具有很强的市场营销能力;

③具有激励员工创造性的奖励机制、管理体制和良好的创造性文化;

3. 采取差异化战略的风险

（1）企业形成产品差异化的成本过高,从而与实施成本领先战略的竞争对手的产品价格差距过大,消费者不愿意为获得差异化的产品支付过高的价格。

（2）市场需求发生变化,消费者需要的产品差异化程度下降,使企业失去竞争优势。

（3）竞争对手通过不断学习和模仿使已建立的产品差异化程度缩小,与竞争对手的产品价格差距缩小。

（三）重新聚焦战略

重新聚焦战略是指针对某一细分市场的特定购买群体,采用成本领先或差异化来获取竞争优势的战略。重新聚焦战略的前提是:公司业务的重新聚焦能够更好地为某一狭窄的战略对象服务,从而超过在较广阔范围内竞争的对手。重新聚焦的结果是公司要么通过满足特定对象的需要而实现了差异化,要么在为特定对象服务时实现了低成本,或者二者兼得。

1. 采用重新聚焦战略的优势

采用重新聚焦战略使企业在一个细分市场上实施成本领先或差异化战略,因此,成本领先和差异化战略抵御产业五种竞争力的优势也都能在重新聚焦战略中体现出来。此外,由于集中化战略避开了在大范围内与竞争对手的直接竞争,所以,对于一些力量还不足以与实力雄厚的大公司抗衡的中小企业来说,集中化战略的实施可以增强它们相对的竞争优势。即使是对于大企业来说,集中化战略的实施也能够避免与竞争对手正面冲突,使企业处于一个竞争的缓冲地带。

2. 重新聚焦战略的实施条件

(1)购买者群体之间在需求上存在着差异。

(2)目标市场在市场容量、成长速度、获利能力、竞争强度等方面具有相对的吸引力。

(3)在目标市场上,没有其他竞争对手采用类似的战略。

(4)企业资源和能力有限,难以在整个产业实现成本领先或差异化,只能选定个别细分市场。

3. 采取重新聚焦战略的风险

(1)狭小的目标市场导致的风险

由于狭小的目标市场难以支撑必要的生产规模,所以集中化战略可能带来高成本的风险,从而又会导致在较宽范围经营的竞争对手与采取集中化战略的企业之间在成本差别上日益扩大,抵消了企业在目标市场上的成本优势或差异化优势,使企业集中化战略失败。

(2)购买者群体之间需求差异变小

由于技术进步、替代品的出现、价值观念更新、消费偏好变化等多方面的原因,目标市场与总体市场之间在产品或服务的需求上差别变小,企业原来赖以形成集中化战略的基础也就消失了。

(3)竞争对手的进入与竞争

原来以较宽的市场为目标的竞争对手转而采取同样的集中化战略,或者竞争对手从企业的目标市场中找到了可以再细分市场,并以此为目标来实施集中化战略,从而使原来实施集中化战略的企业失去了优势。

二、基本战略的综合分析——战略钟模型

在现实中,企业遇到的情况往往复杂多变,并不能简单地归纳为应该采取成本领先或差异化战略。英国战略管理教授克利夫·鲍曼于1996年在迈克尔·波特基本竞争战略理论

基础上提出了战略钟模型(Bowman's Strategic Clock,SCM)。模型将价格作为横坐标,顾客认可价值作为纵坐标,然后将企业可能的 4 种战略选择与 8 条路径标注出来,如图 3.7 所示。

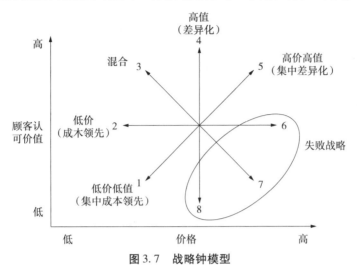

图 3.7　战略钟模型

企业的四种战略选择包括:成本领先战略(路径 1 和路径 2)、混合战略(路径 3)、差异化战略(路径 4 和路径 5)和失败战略(路径 6、路径 7 和路径 8)。

(一)成本领先战略

成本领先战略包括:低价低值战略(路径 1)与低价战略(路径 2)。

低价低值战略看似没有吸引力,但实际上这是一条通向成功的路径。低价低值市场是对价格非常敏感的细分市场,虽然顾客认识到细分市场的产品质量较差,但他们买不起或不愿买更好质量的产品。所以,低价低值战略是一种很有生命力的战略,可以看作是集中成本领先战略,电商平台拼多多采用的就是这种战略。

低价战略是企业寻求成本领先战略时常用的典型路径,即在降低价格的同时,努力保持产品或服务的质量不变。旅游淡季时,星级酒店和航空公司通常会以打折手段促销,以低价吸引顾客,但星级酒店和航空公司提供的服务并没有打折。

(二)混合战略

混合战略是指路径 3,即企业在为顾客提供更高认可价值的同时,获得成本优势。英国最大的百货超市连锁店 Sainsbury 公司总经理戴维·塞恩斯伯里认为,只关心价格或只关心质量的消费者只是少数人,多数人既关心价格也关心质量。所以应该在价格与质量之间,找到一种混合战略,即既注重价格也注重质量。一般来说,帮助企业同时获得三种优势的因素有规模经济、经验曲线、质量管理等。

(三)差异化战略

差异化战略:高值战略(路径 4);高价高值战略(路径 5)。

高值战略是指企业以相同或略高于竞争者的价格向顾客提供高于竞争对手的顾客认可价值。例如,格力空调的价格相对于美的、海尔、海信等竞争对手的价格稍高,但顾客认可格力空调的价值。

高价高值战略是指企业以特别高的价格为顾客提供更高的认可价值。这种战略在面对高收入群体时非常有效,因为产品或服务的价格本身也是顾客经济实力的象征。例如,米其林餐厅实施的就是高价高值战略或集中差异化战略,类似的还有高档购物中心、会所等。

(四)失败战略

失败战略包括路径6、路径7和路径8。

路径6提高价格,但不提供更高的顾客认可价值,坐地起价说的就是这种情况。路径7也提高价格,同时还降低产品或服务的顾客认可价值,这就是典型的质次价高,除非企业处于垄断地位,否则不可能维持这样的战略。路径8保持价格不变,但降低产品或服务的顾客认可价值,这种操作被称为变相涨价。虽然具有一定的隐蔽性,在短期内不会被顾客察觉,但这种战略是不能持久的。

三、蓝海战略

2005年2月,欧洲工商管理学院 W. 钱·金和勒妮·莫博涅在由哈佛商学院出版的研究成果《蓝海战略》中为企业指出了一条通向未来增长的新路,即蓝海战略。他们认为,红海战略主要是立足当前业已存在市场空间,采取常规的竞争方式与同行业中的企业展开针锋相对的竞争;而蓝海战略是指不局限于现有产业边界,通过提供创新产品和服务,开辟并占领新的市场空间的战略。

(一)蓝海战略内涵

战略一词最早来源于军事,后来才引用到企业管理中。因此,企业战略受军事战略的影响颇深。红海战略是指在已知市场空间中进行竞争的战略,竞争激烈,你死我活。商场如战场,战场的游戏规则是有限的资源以及必须击败敌人才能获取胜利,但蓝海战略下的商场游戏规则有所不同,即避开竞争,开拓新的市场空间。蓝海的开拓者并不将竞争作为自己的标杆,而是遵循另一套完全不同的战略逻辑,即价值创新(Value Innovation),这是蓝海战略的基石。价值创新使企业和客户的价值都不断增加,由此开辟一个非竞性的市场空间。表3.1归纳了红海和蓝海战略的关键性差异。

表3.1　红海战略与蓝海战略

红海战略	蓝海战略
在已经存在的市场内竞争	开拓非竞争性市场空间
参与竞争	规避竞争
争夺现有需求	发现新的需求
遵循价值与成本互替定律	打破价值与成本互替定律
选择差异化或低成本的战略	追求差异化和低成本的战略

（二）蓝海战略六项原则

蓝海战略共提出六项原则。四项战略制订原则：重建市场边界、注重全局而非数字、超越现有需求、遵循合理的战略顺序；两项战略执行原则：克服关键组织障碍、将战略执行建成战略的一部分。

1.原则一：重建市场边界

从硬碰硬的红海竞争到另辟蹊径地开创蓝海，使用六条路径重建市场边界。

（1）产业：审视他择产业

红海思维：人云亦云为产业定界，并一心成为其中最优。蓝海观点：一家企业不仅与自身产业对手竞争，而且与他择产品或服务的产业对手竞争。如日本电信运营商 NTT DoCoMo 于 1999 年推出 I-Mode 手机一键上网服务，将只使用语音服务的顾客变为使用语音和数据服务（音乐、图片、资讯）的顾客。

（2）战略群组：跨越产业内不同的战略群组

红海思维：受制广为接受的战略集团概念（例如豪华车、商用车、家用车），并努力在集团中技压群雄。蓝海观点：突破狭窄视野，搞清楚顾客究竟需要什么样的汽车。如曲线美健身俱乐部专为女性服务，剔除奢华设施和社交功能，小型化社区布点，会员依次使用一组器械，每周三次，每次半小时完成，每月只需 30 美元。

（3）买方群体：重新界定产业的买方群体

红海思维：只关注单一买方，不关注最终用户。蓝海观点：买方是由购买者、使用者和施加影响者共同组成的买方链条。如诺和诺德公司是一家胰岛素厂商，将胰岛素和注射笔整合创造出胰岛素笔式注射装置，便于病人随身携带使用。

（4）产品或服务范围：放眼互补性产品或服务

红海思维：以雷同方式为产品服务的范围定界。蓝海观点：互补性产品或服务蕴含着未经发掘的需求，简单方法是分析客户在使用产品之前、使用中、使用后都有哪些需要。如北客公司发现市政府并非关注公交车本身价格而是维护费用，通过使车身玻璃纤维化，提高车价却降低维护成本，创造了与市政府的双赢。

（5）功能情感导向：重视客户的功能与情感诉求

红海思维：接受现有产业固化的功能情感导向。蓝海观点：市场调查反馈的往往是产业教育的结果，企业挑战现有功能与情感导向能发现新的市场空间，如果在情感层竞争，可否去除哪些元素使之功能化？反之亦然。如快美发屋针对男性顾客，取消按摩、饮料等情感元素，专注剪发，使理发时间从 60 分钟减到 10 分钟，费用从 3 000 日元降到 1 000 日元。

（6）时间：跨越时间参与塑造外部潮流

红海思维：制订战略只关注现阶段的竞争威胁。蓝海观点：从商业角度洞悉技术与政策潮流如何改变顾客获取的价值，如何影响商业模式。如苹果公司通过 iPod 和 iTunes 提供正版音乐下载服务，开发海量音乐库提供高音质、低费用（0.99 美元/首）下载服务。

2.原则二：注重全局而非数字

一个企业永远不应将其眼睛外包给别人，伟大的战略洞察力是走入基层、挑战竞争边界的结果。蓝海战略建议绘制战略布局图，将一家企业在市场中现有战略定位以视觉形式表现出来,开启企业组织各类人员的创造性,把视线引向蓝海。

3. 原则三:超越现有需求

企业为增加自己的市场份额努力保留和深耕现有顾客,常常导致细分市场的进一步细分。然而,为使蓝海规模最大化,企业需要反其道而行,不应只把视线集中于顾客,还需要关注非顾客。不要一味通过个性化和差异化来满足顾客需求,应该寻找买方的共同点,将非顾客置于顾客之前,将共同点置于差异点之前,将合并细分市场置于多层次细分市场之前。

4. 原则四:遵循合理的战略顺序

遵循合理的战略顺序,建立强劲的商业模式,确保将蓝海创意变为战略执行,从而获得蓝海利润,合理的战略顺序可以分为效用、价格、成本、接受这四个步骤。

5. 原则五:克服关键组织障碍

职业经理们证明执行蓝海战略的挑战是严峻的,他们面对四重障碍:①认知障碍,沉迷于现状的组织;②有限的资源,执行战略需要大量资源;③动力障碍,缺乏有干劲的员工;④组织政治障碍,来自强大既得利益者的反对。蓝海战略根据威廉·布拉顿领导的纽约警察局在 20 世纪 90 年代变革,提出了引爆点领导法(Tipping Point Leadership),其理论是在任何组织中,当数量达到临界规模的人们以信心和能量感染了整个组织而行动起来去实现一个创意时,根本性变化就会发生。与组织变革理论转变大众为基点不同,引爆点领导法认为转变大众就要把力量集中于极端,也就是对组织业绩有超凡影响力的人、行为和活动之上。

6. 原则六:将战略执行变成战略一部分

执行蓝海战略,企业最终需要求助于最根本的行动基础,即组织基层员工的态度和行为,必须创造一种充满信任和忠诚的文化来鼓舞人们认同战略。当人们被要求走出习惯范围改变工作方式时,恐慌情绪便会增长,他们会猜测这种变化背后真正理由是什么。员工距离高层越远就越不容易参与战略创建,也就越惴惴不安,不考虑基层思想和感受,将新战略硬塞就会引起反感情绪。要想在基层建立信任与忠诚,鼓舞资源合作,企业需要将战略执行建成战略的一部分,需要借助"公平过程"来制订和执行战略。

综上所述,蓝海战略代表着战略管理领域的范式性的转变,即从给定结构下的定位选择向改变市场结构本身的变化。由于蓝海的开创是基于价值的创新而不是技术的突破,是基于对现有市场现实的重新排序和构建而不是对未来市场的猜想和预测,企业就能够以系统的、可复制的方式去寻找它;"蓝海"既可以出现在现有产业疆域之外,也可以萌生在产业现有的"红海"之中。

第四节　职能层战略

职能层战略是企业为实施总体战略和业务战略而对各项职能活动的方向、目标、政策和指导原则进行的系统谋划。它主要涉及企业内各职能部门,包括采购管理、研究开发、生产制造、市场营销、财务管理和人力资源方面的等内容,有利于更好地配置企业内部资源,为各级战略服务,提高组织效率。职能层战略示意图如图 3.8 所示。

图 3.8 职能层战略示意图

　　根据本教材的层次结构及章节安排,职能层战略的内容将在后面以独立章节的形式呈现,这里就不再赘述。

【主要概念】

公司层战略　　　事业层战略　　　职能层战略　　　成本领先战略

差异化战略　　　重新聚焦战略　　　发展战略　　　蓝海战略

【课后复习】

一、选择题

1. 下列各项中,不属于按照战略层次划分的战略是(　　　)。
   A. 公司战略　　　　　　　　　　B. 国际战略
   C. 经营战略　　　　　　　　　　D. 职能战略

2. 下列各项中,(　　　)不属于公司层战略。
   A. 发展战略　　　　　　　　　　B. 稳定战略
   C. 竞争战略　　　　　　　　　　D. 收缩战略

3. 波特总结的基本竞争战略有(　　　)。
   A. 成本领先战略　　　　　　　　B. 差异化战略
   C. 混合战略　　　　　　　　　　D. 集中化战略

4. 下列各项中,(　　　)是差异化战略的优势。
   A. 形成进入障碍　　　　　　　　B. 降低顾客敏感程度
   C. 增强讨价还价能力　　　　　　D. 抵御替代品威胁

5. 以下哪项不属于蓝海战略的执行原则?(　　　)
   A. 重建市场边界　　　　　　　　B. 超越现有需求
   C. 克服关键组织障碍　　　　　　D. 将战略执行变成战略的一部分

二、思考题

1. 跨国公司经营战略的演变经历了哪些阶段?

2. 跨国公司的经营战略按不同标准可划分为哪些种类?

3. 什么是发展战略?实现途径有哪些?

4. 蓝海战略有哪六项原则？

5. 职能战略涉及哪些层面的内容？

【案例分析】

海尔集团的战略发展之路

海尔是全球大型家电第一品牌，1984年创立于山东青岛，主要从事冰箱、洗衣机、空调、热水器、厨电、小家电等智能家电产品与智慧家庭场景解决方案的研发、生产和销售，连续多年蝉联中国最有价值品牌榜首。并构建了全球引领的工业互联网平台卡奥斯COSMO Plat和互联网大健康生态品牌盈康一生，在全球设立有71个研究院、30个工业园、122个制造中心和23万个销售网络。2021年全球收入超3 000亿元，已发展成为大规模的跨国企业集团。旗下子公司海尔智家股份有限公司更是连续多年位列《财富》世界500强（2019年第448名，2020年第435名，2021年第405名），成为行业内引领发展的佼佼者。

在首席执行官张瑞敏的带领下，海尔集团先后实施品牌战略、多元化战略、国际化战略、全球化品牌战略、网络化战略和生态品牌战略，并一直紧跟时代潮流、抢抓时代机遇，不仅在品牌理念上持续创新，更在管理理念和价值理念上进行了全面革新，不断加快国际化品牌建设步伐，为全球用户带来更加优质的体验。

（一）品牌战略发展阶段（1984—1991年）

20世纪80年代，正值我国改革开放初期，很多企业引进国外先进的电冰箱技术和设备，包括海尔。当时，面对家电供不应求的市场情况，很多企业努力扩大规模，只注重产量而不注重质量。而海尔却没有盲目增加产量，而是严抓质量，实施全面质量管理，提出了"要么不干，要干就干第一"的口号。

这一阶段，海尔专心致志做冰箱，在管理、技术、人才、资金、企业文化方面有了可以移植的模式。1985年，一位用户来信反映海尔冰箱有质量问题，张瑞敏不顾反对与阻止，让员工拿来大锤，亲自砸毁了76台有缺陷的冰箱，也砸醒了员工的质量意识。这把大锤现已被中国国家博物馆正式收藏为国家文物，命名为"1985年青岛（海尔）电冰箱总厂厂长张瑞敏带头砸毁76台不合格冰箱用的大锤"。正是凭借差异化的质量特征，海尔在家电市场供大于求的激烈竞争中赢得了优势。

（二）多元化战略发展阶段（1991—1998年）

20世纪90年代，国家政策鼓励企业兼并重组，一些企业兼并重组后无法持续下去，或认为应做专业化而不应进行多元化。海尔以"海尔文化激活休克鱼"的思路先后兼并了国内18家企业，使企业在多元化经营与规模扩张方面进入了一个更广阔的发展空间。

从1984年开始的7年时间里，海尔集团只生产电冰箱，这在当时是一种专业化经营。1991年底，海尔集团以青岛冰箱总厂为核心，兼并了青岛冰柜总厂和空调器厂，将电冰柜和空调进入了业务范围。在1995年7月前，海尔集团主要是生产制冷家电，在花费了3年的时间后，海尔集团制造了属于中国的著名品牌，成功进入电冰柜、空调行业。1995年7月，海尔集团进入洗衣机行业,是因为青岛红星电器股份有限公司被海尔集团收购。有一些产品是后来经过企业自身的发展生产出来的,如微波炉和热水器等产品。1997年8月,莱阳海尔电器有限公司成立,是海尔通过合资与莱阳家电总厂组建的,主要是生产小家电行业的产品。在这两年期间,海尔集团努力扩大自己的经营领域,拓展到全部白色家电行业。1997年9月,杭州海尔电器成立,是由海尔集团与西湖电子集团组建而成的,开始生产彩电、VCD等新产品,走向黑色家电领域。1998年1月,海尔集团与中科院一起组建了"海尔科化工程塑料研究中心有限公司",投资塑料技术和新产品研究;4月25日,与电视总局科学院研究院合资成立了"海尔广科数字技术开发有限公司",从事数字技术开发和应用等,至此,海尔集团开始进军知识产业。

海尔集团通过多元化发展来应对外部环境所带来的各种变化和压力,为企业获得了长久发展的好契机。这一阶段,海尔也开始实行OEC(Overall Every Control and Clear)管理法,即每人每天对每件事进行全方位的控制和清理,目的是"日事日毕,日清日高"。这一管理法成为海尔创新的基石。1998年,哈佛大学把"海尔文化激活休克鱼"写入教学案例,邀请张瑞敏参加案例的研讨。张瑞敏成为第一个登上哈佛讲坛的中国企业家。

(三)国际化战略发展阶段(1998—2005年)

20世纪90年代末,中国正式加入WTO,很多企业响应中央号召走出去,但出去之后非常困难,又退回来继续做定牌。海尔认为走出去不只为创汇,更重要的是创中国自己的品牌,因此提出"走出去、走进去、走上去"的"三步走"战略,以"先难后易"的思路,首先进入发达国家创名牌,再以高屋建瓴之势进入发展中国家,逐渐在海外建立起设计、制造、营销的"三位一体"本土化模式。

这一阶段,海尔推行"市场链"管理,以计算机信息系统为基础,以订单信息流为中心,带动物流和资金流的运行,实现业务流程再造。这一管理创新加速了企业内部的信息流通,激励员工使其价值取向与用户需求相一致。

(四)全球化品牌战略发展阶段(2005—2012年)

互联网时代带来营销的碎片化,传统企业的"生产—库存—销售"模式不能满足用户个性化的需求,企业必须从"以企业为中心卖产品"转变为"以用户为中心卖服务",即用户驱动的"即需即供"模式。国际化和全球化之间是逻辑递进关系,"国际化"是以企业自身的资源去创造国际品牌,而"全球化"是将全球的资源为我所用,创造本土化主流品牌。因此,海尔调动全球的研发、制造、营销资源,整合三洋家电、斐雪派克、通用电气家电、Candy,创出全球最大的家电品牌集群。

这一阶段,海尔探索的互联网时代创造顾客的商业模式就是"人单合一双赢"模式。2010年,张瑞敏在美国与世界顶级的管理大师迈克尔·波特和加里·哈默交流海尔人单合一双赢模式。两位管理大师对海尔人单合一双赢的自主经营体的实践给予了高度评价,加里·哈默认为海尔推进的自主经营体创新是超前的。

(五)网络化战略发展阶段(2012—2019年)

互联网时代的到来颠覆了传统经济的发展模式,而新模式的基础和运行则体现在网络化上,市场和企业更多地呈现出网络化特征。在海尔看来,网络化企业发展战略的实施路径

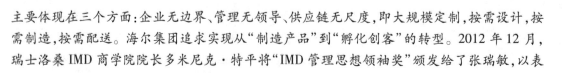

主要体现在三个方面:企业无边界、管理无领导、供应链无尺度,即大规模定制,按需设计,按需制造,按需配送。海尔集团追求实现从"制造产品"到"孵化创客"的转型。2012 年 12 月,瑞士洛桑 IMD 商学院院长多米尼克·特平将"IMD 管理思想领袖奖"颁发给了张瑞敏,以表彰其对现代管理艺术与实践做的贡献。

(六)生态品牌战略(2019 年至今)

2019 年 12 月 26 日,以"人是目的,有生于无"为主题的海尔集团创业 35 周年暨第六个发展阶段战略主题和企业文化发布仪式在青岛举行。海尔集团董事局主席、首席执行官张瑞敏在纪念日现场发布了海尔集团第六个战略阶段——"生态品牌战略",这标志着海尔正式开启了第六个战略阶段,并向着互联网生态的方向全面迈进。

海尔开启的生态品牌战略是在向传统的商业模式发起挑战。一方面,海尔从价格交易转型为价值交互,打造生活场景的互联网生态品牌,持续涌现互联网新物种;另一方面,海尔也期待用"有温度的交流",拉近与用户间的距离,从而充分挖掘用户需求,持续为用户提供所需的个性化产品和服务,实现从"做产品生命周期"到"做用户体验周期"的深刻转型。

从传统时代的产品品牌,到互联网时代的平台品牌,再到互联网时代的生态品牌,海尔集团始终以用户体验为中心,致力于携手全球一流生态合作方持续建设高端品牌、场景品牌与生态品牌,构建衣食住行康养医教等互联网生态圈,为全球用户定制个性化的智慧生活。海尔在创世界名牌的道路上,步步前行,走过一个个险滩,汇成一片片绿洲,最终成为大海。

(资料来源:秦劭斐.海尔集团的跨国发展之路[J].企业导报,2006(4):23-25;镐凯楠.海尔集团多元化发展战略分析[J].现代营销:下,2022(5):92-94.)

第四章　跨国公司环境分析

【本章提要】

　　本章主要从宏观、中观和微观三个层面来分析跨国公司的经营环境。了解跨国公司的经营环境有助于认识外部环境带来的机会和威胁，内部环境存在的优势与劣势，从而在趋利避害，扬长避短的原则下指导企业作出正确的战略决策，选择合适的发展途径，并通过制订适宜的发展战略来实现企业目标。

第一节　跨国公司环境分析的意义

　　企业经营决策的根本目的是谋求企业外部环境、企业内部条件、企业经营目标三者之间的动态平衡。在这三个因素之间，企业的外部环境是最为重要的、最活跃的因素，也是企业最难驾驭的因素。企业的经营决策归根到底是要适应和服从外部环境的变化，要根据外部环境的变化调整企业自身的条件，必要时还要顺应环境的变化调整公司的经营目标，以实现三者之间的动态平衡。从这个意义上讲，市场供求态势、商业制度与文化乃至市场秩序都会对跨国公司运行的过程和结果形成一定程度的外部和内部环境影响，因而可将其统称为跨国公司运行环境。在影响商业变化发展的众多因素里，环境因素是外生的，作为企业一般难以影响改变而只能顺应利用，因此，对跨国公司环境的分析，尤其是环境中一些具有重要意义的影响因素的分析，对判断商业的发展变化及趋势等都有着重要意义。

第二节　宏观环境分析

　　跨国公司经营的宏观环境是指存在于跨国公司经营过程中的不可控制的外部环境因素，包括政治因素、经济因素、社会因素、技术因素等。宏观环境分析主要有两个模型：PEST模型和钻石模型。

一、PEST 模型

　　PEST 模型有四个维度：政治环境（Political Environment）、经济环境（Economic Environment）、社会环境（Social Environment）和技术环境（Technological Environment），所以，宏观环境分析也称 PEST 分析，如图 4.1 所示。

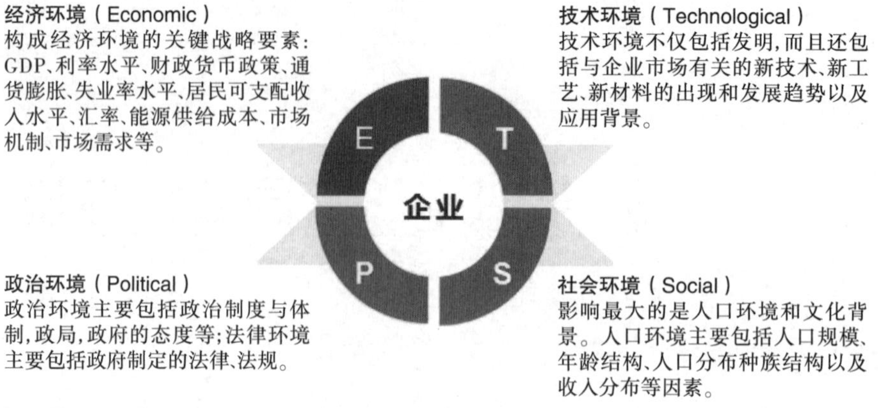

经济环境（Economic）
构成经济环境的关键战略要素：GDP、利率水平、财政货币政策、通货膨胀、失业率水平、居民可支配收入水平、汇率、能源供给成本、市场机制、市场需求等。

技术环境（Technological）
技术环境不仅包括发明，而且还包括与企业市场有关的新技术、新工艺、新材料的出现和发展趋势以及应用背景。

企业

政治环境（Political）
政治环境主要包括政治制度与体制，政局，政府的态度等；法律环境主要包括政府制定的法律、法规。

社会环境（Social）
影响最大的是人口环境和文化背景。人口环境主要包括人口规模、年龄结构、人口分布种族结构以及收入分布等因素。

图 4.1　PEST 模型

（一）政治环境（Political Environment）

政治环境也称政治和法律环境，是由国家的政治体制、政府的经济政策、政治局势、法律法规等因素构成的，包括政府影响商业的所有行动。这种行动可以通过正式的法律法规来实现，也可以通过竞争政策和发展规划来实现。因为政府既是市场的监管者，同时又通过参与产业活动来调节产业结构和实现经济发展。法律代表一个国家书面的或正式的政治意愿。在这种意义上，一个国家的政治与法律制度密切相关的。

1.政治环境

①国家或地区的政局稳定情况。②政府行为对企业的影响。政府干预是东道国政府采取直接措施干预国际企业的经营活动。每一个国家的政府都能够运用政策措施和政治权力对有关方面施加影响，从而达到其所要实现的政治与经济的目的。③国家推行的基本政策。为了推进市场经济进程，我国不断推出新的改革措施和方针政策，其中不少政策对商业活动影响很大，如价格控制、关税壁垒、进口限制、外汇管制、人口政策、金融政策、能源政策、产业政策等。④政治利益集团对企业活动的影响。

以产业政策为例，2019 年 6 月，国家发改委、商务部发布了《鼓励外商投资产业目录（2019 年版）》，分别对《外商投资产业指导目录（2017 年修订）》鼓励类和《中西部地区外商投资优势产业目录（2017 年修订）》进行了修订。主要变化：①较大幅度增加鼓励外商投资领域，进一步拓展鼓励外商投资领域。②鼓励外资参与制造业高质量发展。继续将制造业作为鼓励外商投资的重点方向，支持外资更多投向高端制造、智能制造、绿色制造等领域。在电子信息产业，新增 5G 核心元组件、集成电路用刻蚀机、芯片封装设备、云计算设备等条目。在装备制造业，新增或修改工业机器人、新能源汽车、智能汽车关键零部件等条目。在现代医药产业，新增细胞治疗药物关键原材料、大规模细胞培养产品等条目。在新材料产业，新增或修改航空航天新材料、单晶硅、大硅片等条目。③鼓励外资投向生产性服务业。继续加大生产性服务业开放发展支持力度，促进服务业转型升级。在商务服务领域，新增或修改工程咨询、会计、税务、检验检测认证服务等条目。在商贸流通领域，新增或修改冷链物流、电子商务、铁路专用线等条目。在技术服务领域，新增人工智能、清洁生产、碳捕集、循环经济等条目。④支持中西部地区承接外资产业转移。进一步增加了劳动密集型、先进适用技术产业和配套设施条目,加大对中西部地区承接外资产业转移的支持力度。在云南、内蒙古、湖南等具有特色农业资源、劳动力优势省份新增或修改农产品加工、纺织服装、家具制造等条目。在安徽、四川、陕西等电子产业集群加快发展省份新增一般集成电路、平板电脑、通信终端等条目。在河南、湖南等交通物流网络密集省份新增物流仓储设施、汽车加气站等条目。

2.法律环境

政府主要是通过制定法律法规间接影响企业的经营活动。对跨国公司经营立法主要有三个目的:保护公司不受不公平的竞争——《反不正当竞争法》;保护消费者利益不受不正当商业行为的损害——《消费者权益保护法》;保护社会利益不受失去约束的商业行业的损害——《公司法》《商标法》《票据法》等。近年来,国家颁布了许多有关法律和法规来规范跨国企业的活动,政府对商业的管理,从过去计划经济时代的行政管理逐渐向市场经济的法律管理过渡。比如,烟草行业是受国家政策和法律影响与制约较大的产业之一。我国近些年来颁布的经济法规中与烟草行业密切相关的主要有《烟草专卖法》和《烟草专卖法实施条例》。

由于我国处于过渡经济阶段,社会处于转型期,在政府职能转变、经济转轨的过程中,必然会出现政府职能、法律法规体系空白等缺陷,产生一些制度性的问题。如工商管理部门开办市场,既是市场的监管者又是市场的参与者,这种重叠的身份必然产生利益的冲突,使得政府原来的管理职能不能到位。诸如此类的制度性问题肯定会对商业的变化发展带来不确定性,但是,随着改革的深入、政府运转的成熟,一个稳定和日趋完善的政治法律环境仍是可以预见的。

作为跨国企业,在充分利用政治和法律带来的保障的同时,也要注意防范其隐含的政治风险,即由于东道国政治形势发生变化而对跨国企业生产经营活动产生消极影响的可能性。

(二)经济环境(Economic Environment)

经济环境主要指一个国家的人口数量及其增长趋势,国民收入、国内生产总值(GDP)及其变化情况以及通过这些指标能够反映的国民经济发展水平和发展速度。经济环境分析主要包括对经济发展水平、社会经济结构和宏观经济政策等因素的分析。经济环境因素见表4.1。

表4.1 经济环境因素

特点	展开说明
经济发展水平	GDP、人均GDP、经济增长速度
社会经济结构	产业结构、分配结构、交换结构、消费结构和技术结构
经济体制	国家经济组织的形式
宏观经济政策	实现国家经济发展目标的战略与策略(全国发展战略、产业政策、国民收入分配政策、价格政策、物资流通政策等)
其他经济条件	其他经济条件对企业的成功也很重要

1. 经济发展水平

经济发展水平是指经济发展的规模和速度,常用的指标主要有、国内生产总值(GDP)、人均 GDP、经济增长速度和市场规模等。考察一个国家市场时,首先要考虑市场规模。市场是由持有货币且有购买欲望的人组成的,因此,市场规模大小决定于人口和收入水平。收入是分析市场规模时必须考虑的另一个重要因素,因为低收入很难形成购买力,市场也就比较狭小。

2021 年,全球 GDP 十大城市中我国有三个城市上榜,分别是上海市、北京市和深圳市。上海是我国 GDP 最高的城市,以 43 214 亿元排名第四,上海不愧是国际大城市,是我国四大直辖市之一,长三角地区中心城市,还是我国科技、金融、贸易中心,综合实力强大。北京GDP 以 40 269 亿元排名第七,深圳成功入围前十,以 30 664 亿元排名第十。

随着我国经济总量持续增长,人均收入水平不断提高,市场潜力巨大。我国加入 WTO以来,国外零售资本加紧在中国零售市场的"圈地"步伐。尤其是 2004 年 12 月中国政府完全取消了对外商投资商业企业在地域、股权和数量等方面的限制,外资零售商业进军中国市场的速度也越来越快,规模越来越大。其中,沃尔玛、家乐福、麦德龙等零售巨头已遍地开花。值得注意的是,从 2020 年左右开始,大卖场模式已经越来越不适应当下的中国零售市场。从乐购、欧尚被收购,乐天玛特、易买得关店撤离,到外资零售中的佼佼者家乐福、麦德龙轮流卖身中国企业,但外资企业们并没有完全撤离中国市场,而是转身加入了如火如荼的新零售探索。会员制超市 Costco 登陆上海广受追捧,沃尔玛的山姆会员店不断在全国市场落地开花,便利店 7-11、罗森等进入中国市场,这直接带动了一波中国本土便利店的创业热潮。

其他影响经济发展的因素包括利率、失业率、税收水平、通货膨胀率等。

2. 社会经济结构

社会经济结构是指国民经济中不同的经济成分、不同的产业部门及社会再生产各方面在组成国民经济整体时相互的适应性、比例等。社会经济结构一般包括产业结构、分配结构、交换结构、消费结构和技术结构等,其中最重要的就是产业结构。如图 4.2 所示,中国2000—2017 年产业结构的变化,总体趋势是第一产业的份额减少,第二产业的份额相对稳定,第三产业的份额逐渐增加。

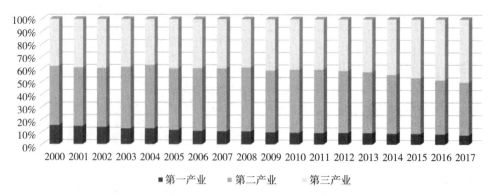

图 4.2　中国产业结构变化(2001—2017 年)

3. 经济体制

经济体制是指国家经济组织的形式,它规定了国家与企业、企业与企业、企业与各经济部门的关系,并通过一定手段来调节社会经济流动的范围、内容和方式。如图4.3所示,我国的经济体制经过了从多种所有制并存,到单一公有制,再到多种所有制并存的过程。目前,我国实行的是社会主义市场经济。

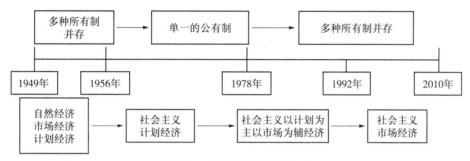

图4.3 我国经济体制的变迁

4. 宏观经济政策

宏观经济政策指国家或政府为了增进整个社会经济福利、改善国民经济的运行状况、达到一定的政策目标而有意识和有计划地运用一定的政策工具而制订的解决经济问题的指导原则和措施,它包括财政政策、货币政策、产业政策、国民收入分配政策、价格政策、物资流通政策等,其中最主要的是财政政策和货币政策。

在现代市场经济条件下,财政政策是国家干预经济,实现宏观经济目标的工具。主要包括税收、预算、国债、购买性支出和财政转移支付等手段。例如减少税收可以刺激消费,增加政府的支出能够刺激生产,这两者都可以刺激经济增长。2022年我国财政政策的主基调是积极有为。从中央到地方都在强调2022年上半年的经济增速要稳住,尽量不要低于2021年第四季度增速,这就意味着财政支出在2022年上半年会提前、显著发力。基建投资必将是2022年稳增长的主要抓手,基建投资也必然会反弹。地方政府承担了全国九成左右的基建投资,在地方政府卖地收入下降和中央严控地方隐性负债的背景下,期待基建投资大幅反弹是不现实的。

货币政策是指中央银行为实现其特定的经济目标而采用的控制和调节货币供应量的政策和措施的总称。货币政策的四大工具为法定准备金率,公开市场业务和贴现政策、基准利率。运用各种工具调节货币供应量来调节市场利率,通过市场利率的变化来影响民间的资本投资,影响总需求从而影响宏观经济运行。2022年我国货币政策的主要矛盾是稳信用。首先,2021年8—11月央行在多个会议上均强调"保持信贷平稳增长",向外传递出稳信用的政策信号。其次,房地产下行对金融系统、经济与就业的传递仍在持续,对经济、金融与就业的压力仍存。再次,在海外制造业高库存的作用下,2022年全球增长动能趋于下降,出口动能可能会放缓并传递至就业,客观上也要求央行稳信用对冲。

5. 其他经济条件

其他经济条件对企业的成功也很重要。工资水平、供应商及竞争对手的价格变化等经济因素会影响行业内竞争的激烈程度;鼓励企业用自动化取代人工、促进外商投资或引入本土投资、使得强市变成弱市或安全市场变成风险市场等。

（三）社会环境（Social Environment）

社会文化环境是指企业所处的社会结构、社会风俗和习惯、信仰和价值观念、生活方式、文化传统、人口规模等因素的形成和变动。社会文化环境因素包括：人口因素、社会流动性、消费心理、生活方式变化、文化传统等。

1.人口因素

人口因素包括居民的地理分布、人口规模、年龄结构、教育水平等。人口因素对企业的战略制订有重大影响。例如，人口的地理分布影响厂址选择；人口的规模影响市场规模；人口的年龄结构决定社会的需求结构；人口的教育水平影响人力资源状况。对人口因素的分析还可以使用的变量有：出生率、结婚率、离婚率、死亡率、平均寿命等。

2.社会流动性

社会流动性主要涉及社会的分层情况、各阶层之间的差异以及各阶层之间的转换、人口内部各群体的规模、财富及其构成的变化以及不同城市的人口分布等。社会流动性对于企业产品定位以及市场细分等策略的制订非常重要。

3.消费心理

消费者心理是消费者消费心理和购买心理的总称。消费心理对企业战略的制订会产生影响，企业应有不同的产品类型以满足不同顾客的心理需求。

消费心理有多种类型：面子心理、从众心理、炫耀心理、攀比心理等。面子心理是指在面子心理的驱动下，消费会超过甚至大大超过自己的购买或者支付能力。营销人员可以利用消费者的这种面子心理，找到市场、获取溢价、达成销售。从众心理是指个人的观念与行为由于受群体的引导或压力，而趋向于与大多数人相一致的现象。消费者在很多购买决策上，会表现出从众倾向。比如，购物时喜欢到人多的商店；在品牌选择时，偏向那些市场占有率高的品牌；在选择旅游点时，偏向热点城市和热点线路。炫耀心理是指消费者炫耀心理，在消费商品上，多表现为产品带给消费者的心理成分远远超过实用的成分。正是这种炫耀心理，高端市场，同时利用炫耀心理，在国内企业普遍缺乏核心技术的情况下，有助于获取市场，这一点在时尚商品上表现得尤为明显。攀比心理是指消费者基于对自己所处的阶层、身份以及地位的认同，从而选择所在的阶层人群为参照而表现出来的消费行为。相比炫耀心理，消费者的攀比心理更在乎"有"——你有我也有。

研究消费者心理，对于充分利用市场营销组合手段，引导消费，扩大销售，提高经济效益具有重要意义。

4.社会生活方式变化

随着社会经济发展和对外交流程度的加强，人们的生活方式也会随之发生变化。人们对物质的需求会越来越高，对社交、尊重、自我实现等精神需求也会越来越强烈。

马斯洛把人的需求分成生理、安全、社交、尊重和自我实现层次，依次由较低层次到较高层次，每一个需求层次上的消费者对产品的要求都不一样，即不同的产品满足不同的需求层次。将营销方法建立在消费者需求的基础之上考虑，不同的需求需要不同的营销手段，这将给企业带来新的机遇与挑战。

5. 文化传统

文化传统是一个国家或地区在较长历史时期内形成的一种社会习惯,是影响经济活动的重要因素。文化传统是积累的,但并非一成不变的,它在每一时代都会抛弃部分不符合时代价值的文化特质,并整合进部分新时代的文化特质;如此层层累积,历史愈久,传统愈厚,内容愈丰富。

以饮食为例,在我国北方人们喜欢吃面食;而在南方人们喜欢吃大米。在中国,我们使用筷子吃饭;而在美国,他们使用的是刀叉。这些,就是我们各自的文化传统。

(四)技术环境(Technological Environment)

技术环境是指企业所处环境中的科技要素及与该要素直接相关的各种社会现象的集合,包括国家科技体制、科技政策、科技水平和科技发展趋势等。

新技术的出现使社会对本行业产品和服务的需求增加,企业可以扩大经营范围或开辟新市场,滴滴和美团的出现就是很好的佐证;技术进步可以创造竞争优势,例如,苹果公司的手机、电脑等系列产品使苹果公司在竞争中居于领先地位;技术进步可以缩短产品的生命周期。新技术的发展使企业可以更多关注环保、社会责任、可持续发展等,近年来,特斯拉、比亚迪以及蔚小理等新能源汽车公司的快速发展就很好地诠释了这一点。

二、钻石模型

钻石模型由哈佛商学院教授迈克尔·波特提出,用于分析一个国家某种产业为什么会在国际上有较强的竞争力。波特认为,决定一个国家某种产业竞争力的有四个因素:生产要素,包括人力资源、天然资源、知识资源、资本资源、基础设施;需求条件,主要是本国市场的需求;相关及支持性产业,这些产业和相关上游产业是否有国际竞争力;企业战略、企业结构和同业竞争,在政府保护下的"明星企业"通常并不具有国际竞争力。另外,在四大要素之外还存在两大变数:政府与机会。机会是无法控制的,政府政策的影响是不可漠视的。钻石模型如图4.4所示。

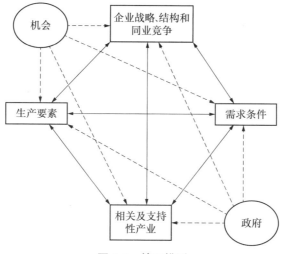

图4.4 钻石模型

（一）生产要素

生产要素分为初级生产要素和高级生产要素。初级生产要素是指天然资源、气候、地理位置、非技术工人、资金等;高级生产要素则是指现代通信、信息、交通等基础设施,受过高等教育的人力、研究机构等。初级生产要素重要性越来越低,因为对它的需求在减少,跨国公司可以通过全球的市场网络来取得。高级生产要素对获得竞争优势具有不容置疑的重要性。作为培养高级生产要素的研究所和教育计划,本身就需要高级的人才。高级生产要素很难从外部获得,必须自己来投资创造。

生产要素还可以分为一般生产要素和专业生产要素,与初级生产要素和高级生产要素相对应。一个国家如果想通过生产要素建立起产业强大而又持久的优势,就必须发展高级生产要素和专业生产要素,这两类生产要素的可获得性与精致程度也决定了竞争优势的质量。如果国家把竞争优势建立在初级生产要素与一般生产要素的基础上,这种优势通常是不稳定的。一方面,丰富的资源或廉价的成本往往造成没有效率的资源配置,资源丰富和劳动力便宜的国家应该发展劳动密集型产业,但是这类产业对大幅度提高国民收入不会有大的突破,同时仅仅依赖初级生产要素无法获得全球竞争力。另一方面,人工短缺、资源不足、地理气候条件恶劣等不利因素,反而会形成一股刺激产业创新的压力,促进企业竞争优势的持久升级。一个国家的竞争优势可以从不利的生产要素中形成。

（二）需求条件

国内需求市场是产业发展的动力。国内市场与国际市场的不同之处在于企业可以及时发现国内市场的客户需求,这是国外竞争对手所不及的,因此波特认为全球性的竞争并没有减少国内市场的重要性。

本地客户的本质非常重要,特别是内行而挑剔的客户。假如本地客户对产品、服务的要求或挑剔程度在国际数一数二,就会激发出该国企业的竞争优势,这个道理很简单,如果能满足最难缠的顾客,其他的客户要求就不在话下。日本消费者在汽车消费上的挑剔是全球出名的,欧洲严格的环保要求也使许多欧洲公司的汽车环保性能、节能性能全球一流。美国人大大咧咧的消费作风惯坏了汽车工业,致使美国汽车工业在石油危机的打击面前久久缓不过神来。

另一个重要方面是预期性需求。如果本地的顾客需求领先于其他国家,这也可以成为本地企业的一种优势,因为先进的产品需要前卫的需求来支持。德国高速公路没有限速,德国汽车公司就生产能够满足驾驶人对高速狂热追求的汽车,如此,德国的汽车工业非常先进。有时国家政策会影响预期性需求,如汽车的环保和安全法规、节能法规、税费政策等。

（三）相关及支持性产业

一个国家竞争优势的形成,离不开该国相关及支持产业的支撑。波特的研究提醒人们注意"产业集群"这种现象,就是一个优势产业并不能单独存在,它一定是同国内相关强势产业一同崛起。以我国高铁为例,中国高铁雄霸全球,离不开我国钢铁、基建、机械、电力等行业的迅猛发展。美、德及日本汽车工业的竞争优势也离不开钢铁、机械、化工等行业的支持。值得注意的是,相关及支持性产业中,本国供应商体系是产业发展和升级过程中不可缺少的重要环节,因为产业要形成竞争优势,上游产业首先要有竞争优势,然后上下游产业也要密切合作,而这种合作离不开强大供应商体系的支持。

(四)企业战略、企业结构和同业竞争

波特在此主要提出两个观点。第一,不同的国家有着特色各异的管理意识形态,这些管理意识形态帮助或妨碍形成一国的竞争优势。例如,在德国和日本企业中,工程师背景的人在最高管理层占据重要位置,因此这些国家的企业注重加工制造过程和产品设计。与此相对,美国企业中,财务管理背景的人在最高管理层占据重要位置,所以美国企业(尤其在 70 年代和 80 年代)缺乏对改进加工制造过程和产品设计的重视。这些不同的管理意识形态的后果是:美国企业过分强调和追求短期财务回报最大化,导致美国企业(如汽车工业)在以工程技术为基础、加工制造过程和产品设计至关重要的行业中竞争力相对丧失。第二,激烈的国内竞争引导企业努力寻求提高生产与经营效率的途径,反过来促使它们成为更好的国际竞争企业。国内竞争促使企业改进质量、降低成本、不断创新等,这一切都有助于产生具有世界竞争力的企业。波特认为,这一点与许多传统的观念相矛盾,例如一般认为,国内竞争太激烈,资源会过度消耗,妨碍规模经济的建立。波特指出,在其研究的十个国家中,强有力的国内竞争对手普遍存在于具有国际竞争力的产业中。

在国际竞争中,成功的产业必然先经过国内市场的搏斗,迫使其进行改进和创新,海外市场则是竞争力的延伸。而在政府的保护和补贴下,放眼国内没有竞争对手的"超级明星企业"通常并不具有国际竞争能力。

(五)机会

机会是可遇而不可求的,机会可以影响四大要素发生变化。

对企业发展而言,形成机会的可能情况大致有几种:基础科技的发明创造;传统技术出现断层;外因导致生产成本突然提高(如石油危机);金融市场或汇率的重大变化;市场需求的剧增;政府的重大决策;战争。机会其实是双向的,它往往在新的竞争者获得优势的同时,使原有的竞争者优势丧失,只有能满足新需求的厂商才能有发展"机遇"。

(六)政府

政府能做的只是提供企业所需要的资源,创造产业发展的环境。政府只有扮演好自己的角色,才能成为扩大钻石体系的力量,政府可以创造新的机会和压力,政府直接投入的应该是企业无法行动的领域,也就是外部成本,如发展基础设施、开放资本渠道、培养信息整合能力等。

从政府对四大要素的影响看,政府对需求的影响主要是政府采购,但是政府采购必须有严格的标准,扮演挑剔型的顾客(在美国,汽车安全法规就是从政府采购开始的),采购程序要有利于竞争和创新。

在形成产业集群方面,政府并不能无中生有,但是可以强化它。政府在产业发展中最重要的角色莫过于保证国内市场处于活泼的竞争状态,制订竞争规范,避免托拉斯状态。波特认为,保护会延缓产业竞争优势的形成,使企业停留在缺乏竞争的状态。

第三节　中观环境分析

　　跨国公司经营的中观环境因素主要是指企业的竞争环境,涉及行业性质、竞争者状况、消费者、供应商、中间商及其他社会利益集团等多种因素,这些因素会在一定的时间内直接或间接影响企业的生产经营活动。中观环境分析主要有两个分析工具,一是五力模型分析,二是产业内战略群组分析。

一、五力模型分析

　　迈克尔·波特在《竞争战略》一书中,从产业组织理论的角度,提出了产业结构分析的基本框架——五种竞争力分析,即在每个产业中都存在五种基本竞争力量,分别是潜在进入者、替代品、购买者、供应者与现有竞争者间的竞争,如图4.5所示。在一个产业中,这五种力量共同决定产业竞争的强度以及利润率。

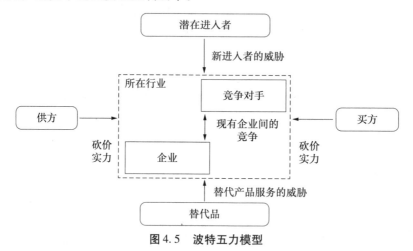

图4.5　波特五力模型

（一）潜在进入者

　　利润可以促使潜在进入者的进入,并在两个方面减少现有厂商的利润:第一,通过瓜分原有的市场份额,获得一些业务;第二,进入者减少了市场集中,从而激发现有企业间的竞争,减少价格成本差。对于一个产业来说,进入威胁的大小取决于进入障碍与准备进入者可能遇到的现有在位企业的反击。

　　进入障碍是指允许现有在位企业赚取利润,却使产业的新进入者无利可图的因素。进入障碍可进一步分为结构性障碍和行为性障碍。

　　1.结构性障碍

　　按照波特的分类,结构性障碍包括:规模经济、产品差异、资金需求、转换成本、分销渠道、政府政策和其他优势。乔·贝恩把七种结构性障碍又可以归纳为以下三种:规模经济、现有企业对关键资源的控制及现有企业的市场优势。

（1）规模经济

规模经济是指在一定时期内,企业所生产的产品或劳务的绝对量增加时,单位成本趋于下降。跨国公司的规模经济较为显著,对于较小的进入者就有成本优势,从而构成进入障碍。

（2）现有企业对于关键资源的控制

现有企业对于关键资源的控制表现为对资金、专利或专有技术、原材料供应,分销渠道,学习曲线等资源及资源使用方法的积累与控制。

（3）现有企业的市场优势

现有企业的市场优势主要表现在品牌优势和政府政策。品牌优势是产品差异化的结果;政府为扶持某一产业发展,会颁布法律法规限制新进入者,为现有在位企业打造了政策性的进入障碍。

2. 行为性障碍

行为性障碍是指现有在位企业对进入者实施报复手段所形成的进入障碍,报复手段主要有限制进入定价和进入对方领域两种。

（1）限制进入定价

限制进入定价是现有在位企业报复进入者的一个重要手段,特别是在技术优势较为薄弱,投资正在增加的市场上更是如此,现行企业试图通过实施低价来告诉进入者自己是低成本的,进入将是无利可图的。

（2）进入对方领域

进入对方领域是寡头垄断市场上常见的报复行为,目的在于抵消进入者先发行动带来的优势,避免对方的行动给自己带来风险。京东进入图书市场后,当当网采取报复行动进入全品类电商;美团外卖增加打车功能后,滴滴打车通过添加外卖服务来报复美团。

（二）替代品

产品替代包括直接产品替代和间接产品替代。直接替代是指某一种产品直接替代另一种产品,如苹果手机替代华为手机。间接替代是指有相同功能的产品非直接地替代另外的产品,如尼龙替代棉花。

替代品通常是新技术和社会新需求共同作用的产物,新产品能否替代老产品,主要取决于二者的性能与价格比。如果新产品的性价比高于老产品,那么新产品必然会替代老产品;如果新产品的性价比低于老产品,那么新产品还不足以替代老产品。这里性价比的概念来自于价值工程(价值=功能/成本)。

价值工程起源于寻找物美价廉的替代品。第二次世界大战期间,美国市场原材料供应十分紧张,急需石棉板,但该产品的货源不稳定,价格昂贵。时任 GE 工程师的劳伦斯·戴罗斯·迈尔斯通过对石棉板的功能进行分析,发现石棉板铺在喷漆车间的地板上,以避免引起火灾。于是他找来一种防火纸,可以起到同样作用,且成本低廉,这是最早的价值工程应用案例。迈尔斯提出了购买的不是产品本身而是产品功能的概念,实现了同功能的不同材料之间的代用,进而发展成在保证产品功能前提下降低成本的技术经济分析方法。1947 年,迈尔斯在美国《机械师》杂志上发表了这套方法。1971 年,美国把价值工程与系统分析、电子计算机在管理中的应用、管理数学、网络技术和行为科学并列为现代六大管理技术。

替代品的替代威胁并不一定意味着新产品对老产品的最终替代，多种替代品长期共存的情形也很常见，例如，城市交通中，公共汽车、轻轨地铁、出租汽车和共享汽车等长期共存。虽然共存，但替代品之间的竞争规律依然不变，即价值高的产品更具有竞争优势。

（三）供应者和购买者

产业链上的每一个环节都具有双重身份，对上游环节而言，它是采购者；对下游环节而言，它又是供应者。购买者和供应者讨价还价的主要围绕价值增值的两个方面：功能与成本。双方都想争取更多的价值增值。对于购买者来说，希望买到物美价廉的产品，对于供应者来说，则希望提供的产品质次而价高，如图4.6所示。

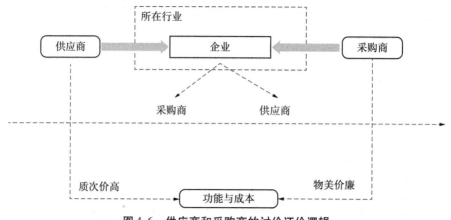

图4.6　供应商和采购商的讨价还价逻辑

购买者和供应者讨价还价的能力大小，取决于以下几种因素：购买者或供应者的集中程度或业务量的大小；产品差异化程度与资产专用性程度；纵向一体化程度；信息掌握的程度。供应商和采购商的讨价还价逻辑如图4.6所示。

1. 购买者或供应者的集中程度或业务量的大小

当购买者的购买力集中或业务量很大时，购买者讨价还价的能力就强。相反地，当寡头式集中的供应者控制着市场的时候，供应者讨价还价的能力就强。

2. 产品差异化程度

当产品之间存在差异，替代品不能与之竞争时，供应者讨价还价的能力就强。反之，如果产品之间没有差异，都是标准化产品，购买者讨价还价的能力就强。

3. 纵向一体化程度

如果购买者有实施后向一体化的能力，购买者讨价还价的能力就强。同样地，当供应者有实施前向一体化的能力，供应者讨价还价的能力也会相应提高。

4. 信息掌握的程度

当购买者了解供应者的成本、市场需求以及终端价格等信息时，就可以在谈判中掌握主动权，从而在讨价还价中拿到最优的价格。同样地，如果供应者了解、购买底价、购买预算、购买者的转换成本等，供应者讨价还价的能力就会增加。

（四）产业内现有企业间的竞争

产业内现有企业间的竞争是指一个产业内的企业为市场占有率而进行的竞争,通常以价格竞争、广告战、产品引进和增加对消费者的服务等形式体现出来。如果产业发展缓慢,进入障碍低,有众多的同质商品竞争对手,那么相互间的竞争也会更加激烈。

一般来说,有四个层次的竞争者:

1. 品牌竞争者

以电视机为例,索尼、三星、长虹、康佳、小米等众多产品之间就互为品牌竞争者。

2. 形式竞争者

以自行车为例,山地车与城市车、男式车与女式车、普通车与折叠车等就构成产品形式竞争者。

3. 同类竞争者

例如自行车、摩托车、三轮车和汽车都可用作交通工具,生产他们的企业也就互相成为同类竞争者。

4. 有望竞争者

例如消费者要消费一种万元级商品,他所面临的选择就有家用电器、书桌柜子、继续教育、出国旅游等,这时家用电器、书桌柜子、继续教育、出国旅游之间就存在着竞争关系,成为有望竞争者。

市场上各跨国公司之间的竞争表现在产品、价格、质量、服务等各个方面,这种竞争影响企业目标的实现。因此,竞争对手分析应是公司战略分析的最重要任务。

五种竞争力分析表明了产业中所有公司都必须面对产业利润的威胁力。公司必须寻求相应的解决策略。一个行业中如果五种力量都很强大,该行业的平均利润率将会很低。如果这些力量较弱,该行业的平均利润水平将会很高,行业吸引力大。因此,必须寻求对抗五种力量的竞争战略。具体而言,首先,利用成本或差异化优势隔离与五种力量的正面接触,从而超越竞争对手。其次,识别五种力量在哪个细分市场的影响较小,通过重新聚焦战略与对手进行较量。最后,行业竞争的五种力量在行业发展的不同时期表现不同,掌握五种力量在行业不同发展阶段的变化规律,对于企业制订有效的战略决策也有着非常重要的作用。

跨国公司均为实力雄厚、财力雄厚的公司。其中,不少公司都是拥有许多专利技术,甚至对某项技术拥有绝对的垄断地位。如可口可乐、微软等大公司。

从跨国公司全球发展的角度来说,跨国公司要想获取在全球范围内的相对于当地企业的竞争优势,必须确立起自身在全球范围内的垄断优势,而垄断优势的确立在于跨国公司通过兼并收购或者战略联盟等形式对全球行业中不同企业、不同区域的异质性战略资源进行占有或者使用并且在全球范围内整合,使这些异质性战略资源在一个统一的系统中合理配置,相互协调从而发挥持久的优势。

比如,国内第一大视频网站优酷收购了国内第二大视频网站土豆,二者合并。优酷 CEO和土豆网 CEO 宣布了中国国内的两大视频网站公司的合并。如此之后,国内视频业界将出现"一超多强"的局面,优酷和土豆必然成为一家超级公司。当两家公司合并之前,优酷业绩远远超出排名第二的土豆。两公司合并之后可能一家独大而形成行业垄断,原来的良性竞

争可能不复存在,公司对用户的服务质量会明显下降。但另一方面,公司合并之后,两家公司可以整合优势资源,互相融合促进,给用户提供更高质量的视频服务。

目前,跨国公司的行业优势主要来源于以下几个方面:

1. 产品差异性

现实世界中,市场呈现不完全竞争是常态的。在不完全竞争的市场结构中,众多生产者即使生产和销售同一类产品,也具有差异性,这种差异性表现在产品的质量、性能、档次、规格、品牌、商标等多个方面,谁掌握了差异性,谁就拥有相对于竞争对手的竞争优势。跨国公司正是由于其生产产品的千差万别,满足了不同层次消费者的需求,从而获得了竞争优势。

2. 技术研发投入与技术垄断

跨国公司往往拥有知识高科技的优势。由于其庞大的资产和抗风险能力,能够进行大量的研究开发投资,通过率先技术创新,从而形成技术领先与技术垄断,如拥有优于竞争对手的专利权、专利技术、生产诀窍、新产品开发能力等。

3. 市场优势

跨国公司拥有多国营销网络,长期积累了丰富的营销技巧,往往在细分市场上某一个或某些跨国公司的产品国际市场占有率很高,容易形成单边垄断或寡头垄断,操纵市场价格等。

4. 新型的内部化优势

内部化优势指由于市场的不完全性,企业将中间产品市场内部化,用内部协作代替外部市场,从而节约利用外部市场时产生的过高的交易费用,降低企业生产经营成本所带来的竞争优势。一些跨国公司还发展了可以称为"虚拟内部化"的新形式,即不以股权参与为主要形式,而是以战略协议来构筑内部市场,从而既能享有传统内部化的好处——节约市场交易费用,又能获得节约组织管理成本的新优势。这种新形式已经越来越成为当代跨国公司竞争优势的主要来源之一。

5. 价值链分解与整合的全球战略优势

全球战略优势指跨国公司为降低成本、实现利润最大化而在全球范围内统筹安排生产经营活动所产生的组织效率。对外直接投资和日益发展的战略联盟是跨国公司全球战略的主要表现形式。

6. 更加突出的规模经济效益优势

规模经济优势表现在许多方面,如生产经营集中的成本节约,集中化的生产、集中化的研究开发、建立大规模的销售网络、进行集中的市场购销等,都可以提高企业资源使用效率,降低单位产品的成本。大企业还拥有较强的组织管理能力、丰富的国际经营经验以及各种专业化管理人才等,有利于企业内部资源的分工与整合,形成整体优势;融资优势,大企业实力雄厚、资信好,通常能以较低成本获得资金,并且具有广泛的融资渠道。跨国公司巨大的规模所产生的规模经济效益成为其竞争优势的一个重要来源。

7. 日益重要的速度经济效益优势

速度经济指企业以比竞争对手更快的速度满足顾客的某种需求所带来的超额经济利润。速度经济效益产生原因是:①率先进入效应。哪个企业能率先抢占商机,以最快速度满足顾客需要,就可以获得率先进入者优势,占有较大的市场份额,从而在以后的竞争中赢得主动。②技术创新效应。企业加大技术创新力度,以最快的速度进行产品创新或工艺创新,产品的更新换代速度加快,产品质量不断提高,相对于旧产品来说,新产品将会为企业带来更多的经济效益。③效用溢出效应。现代经济社会中,顾客需求呈加速变化趋势,顾客偏好生命周期短、更新快的产品。越为新颖的商品,在顾客看来,效用就越大。那么顾客就会愿意付出高价,从而这个企业就能获得超额利润。

当前,跨国公司大力实行"速度经济战略",这突出表现在技术创新的周期和技术创新成果的应用策略上。跨国公司的技术创新周期呈现出越来越缩短的趋势,例如微软公司推出新版视窗操作系统的频率越来越快,从而长期占据率先创新者优势。

二、产业内战略群组分析

战略群组是指某一个产业中在某一战略方面采用相同或相似战略,或具有相同战略特征的各公司组成的群组。一般来说,一个产业中会有几个不同的群组,它们采用不完全相同的竞争战略,如图4.7所示。

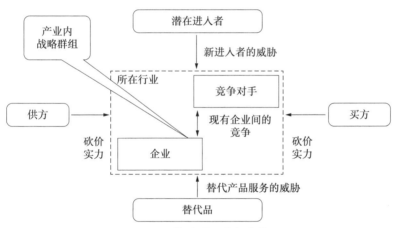

图4.7　战略群组分析定位

波特五力模型分析中,对"现有企业间的竞争"的分析并没有十分清晰的逻辑和框架,可以说产业内战略群组分析是对波特五力分析中——"现有企业间的竞争"分析的重要补充。

(一)战略群组划分

在进行战略群组划分,识别战略群组的特征时,可以使用的指标有:产品差异化程度、细分市场数目、品牌数量、地区覆盖、营销力度、技术水平、纵向一体化程度、价格水平等,在进行战略群组划分时,通常选择2~3项特征,并将该产业的每个公司在"战略群组分析图"上标出来。应避免选择同一产业中所有公司都具有的特征。例如,几乎没有航空公司会涉及"品牌数量"和"纵向一体化程度",因此,这两个指标都不能作为航空公司划分战略群组的特征。

(二)战略群组分析

战略群组分析可以帮助企业了解相对于其他企业而言,本企业的战略地位以及公司战略的变化可能引起的对竞争的影响。以20世纪80年代的欧洲食品产业为例,用地区覆盖和营销力度两个战略特征把欧洲食品产业划分为四个群组。

（1）有助于很好地了解战略群组间的竞争状况

主动地发现近处和远处的竞争者，也可以很好地了解某一群体与其他群组间的不同。图4.8(a)可以看出，A1是著名品牌，在全球范围经营的跨国公司；A3是较强品牌，在国内经营的公司；B2是地区品牌，在国内经营但不是市场领导者；C3是国内品牌，在国内小范围内经营的公司。

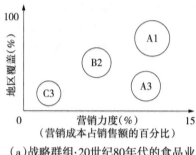

（a）战略群组：20世纪80年代的食品业

		A1 顾客品牌认定 专有的方法知识 研究开发能力 合适的经济规模 营销和组织能力
	B2 生产成本低 总成本低 技术先进 有一些专有的方法知识 零售商转移成本	
C3 低成本生产 专有方法 零售商转移成本 本地知识和制度		A3 制造过程的有关知识 对品牌的忠实性 本地知识 营销能力

营销力度(%)
（营销成本占销售额的百分比）

（b）移动障碍汇总

C1 跨欧洲自有品牌供应商	B1 跨欧洲品牌	A1 跨国著名品牌
C2 地区性自有标志供应商	B2 地区性自有标志供应商	A2 地区主要品牌
C3 国家自有品牌供应商	B3 国内较小品牌	A3 国内主要品牌

营销力度(%)

（营销成本占销售额的百分比）

（c）战略区间分析

图4.8 战略群组分析

（2）有助于了解各战略群组之间的"移动障碍"

图4.8（b）可以看出，进入A1市场的障碍很大，顾客品牌认可度不高、没有研发能力、营销组织能力不强的企业很难进入这个市场。

（3）有助于了解战略群组内企业竞争的主要着眼点

可以帮助企业了解其所在战略群组的战略特征以及群组中其他竞争对手的战略实力，以选择本企业的竞争战略与战略开发方向，预测市场变化或发现战略机会。结合图4.8（b）和图4.8（c）可以看出，欧洲食品业中存在空缺，例如B1（跨欧洲品牌），因为可以在跨欧洲市场中实现规模经济，进入难度也小于A1（跨国著名品牌）。

第四节　微观环境分析

跨国公司的微观环境是跨国公司生存与发展的具体体现，比起宏观环境更能够直观地给一个企业提供具体有用的信息，同时也更容易被企业所识别。微观环境分析主要有两个分析工具，一是SWOT分析，二是矩阵分析，包括波士顿矩阵和通用矩阵。

一、SWOT分析

SWOT分析是一种综合考虑企业内部条件和外部环境的各种因素，进行系统评价，从而选择最佳战略的方法。SWOT分析有四个维度，分别是：Strengths，指企业内部的优势；Weaknesses，指企业内部的劣势；Opportunities，指企业外部环境中的机会；Threats，指企业外部环境中的威胁。SWOT分析根据企业的目标列出对企业生产经营活动及发展有重大影响的内部及外部因素，并且根据所确定的标准对这些因素进行评价，SWOT分析的目的是使企业考虑需要为企业的资源采取哪些调整行动，是否存在需要弥补的资源缺口，要采取哪些行动，哪些机会应该优先考虑，如图4.9所示。

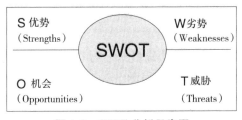

图4.9　SWOT分析示意图

（一）SWOT分析原理

1. 优势

如果企业内部拥有专业的市场经验、对自然资源的独占、创新的产品或服务、优越的地理位置、质量流程与控制优势、良好的品牌和声誉等，这些都可以构成企业的优势。

2. 劣势

如果企业内部缺乏市场知识与经验、提供无差别的产品和服务、地理位置较差、竞争对手进入分销渠道并占据优先位置、产品或服务质量低下、声誉败坏等，这些都可以构成企业的劣势。

3.机会

如果企业处在新兴市场中、有并购、合资或战略联盟的契机,可以进入具有吸引力的细分市场,还面临新的国际市场、政府规制放宽、国际贸易壁垒消除等,这些就构成了企业的机会。

4.威胁

如果企业面临经济萧条的影响,同时出现新的竞争对手,还有价格战、创新型的替代产品或服务、政府规制收紧、出现新的贸易壁垒等,这些就构成了企业的威胁。

(二)SWOT 分析流程

1.列出企业内部的优势和劣势,外部的机会与威胁

可以利用头脑风暴法(Brainstorming),召集相关人员在正常融洽和不受任何限制的气氛中以会议形式进行讨论、座谈,打破常规,积极思考,畅所欲言,充分发表看法;然后罗列出企业的优势与劣势,机会与威胁。

2.优势劣势与机会威胁相组合,形成 SO/ST/WO/WT 策略(表4.2)

表4.2　SWOT 分析的四种策略组合

内部因素 外部因素	优势	劣势
机会	SO 战略 利用优势,抓住机会 (增长型)	WO 战略 利用机会,克服劣势 (扭转型)
威胁	ST 战略 利用优势,减少威胁 (多元型)	WT 战略 将劣势和威胁最小化 (防御型)

3.对可行策略进行甄别和选择,确定公司应采取的具体战略

(1)增长型战略(SO)

杠杆效应产生于内部优势与外部机会相互一致时。此时,企业可以用自身内部优势撬起外部机会,使机会与优势充分结合发挥出来,以寻求更大的发展。

(2)扭转型战略(WO)

当环境提供的机会与企业内部资源优势不匹配,或者不能相互重叠时,企业的优势再大也将得不到发挥。这时企业就需要提供和追加某种资源,以促进内部资源劣势向优势方面转化,从而迎合或适应外部机会。

(3)多元型战略(ST)

企业具有内部优势,外部环境存在威胁,应该采取多种经营战略。利用优势,在多样化经营上寻找长期发展机会;或进一步增强自身竞争优势,以对抗威胁。

(4)防御型战略(WT)

当企业内部劣势与企业外部威胁相遇时,企业就面临着严峻挑战,应采用防御型战略。进行业务调整,设法避开威胁和消除劣势。

二、矩阵分析

（一）波士顿矩阵

1. 基本概念

波士顿矩阵是由美国著名管理学家、波士顿咨询公司创始人布鲁斯·亨德森于 1970 年首创。主要解决如何使企业的产品类型与结构适合市场需求的变化，以及如何将企业有限的资源有效地分配到合理的产品结构中去，以保证企业收益，并在激烈竞争中取胜的问题，如图 4.10 所示。

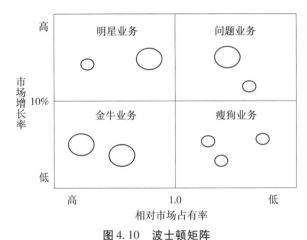

图 4.10　波士顿矩阵

纵轴表示市场增长率（Market Growth Rate）是指企业所在产业某项业务前后两年市场销售额增长的百分比，表示每项经营业务所在市场的相对吸引力。通常以 10% 平均增长率作为增长高、低的界限。横轴表示企业在产业中的相对市场占有率（Relative Market Share），是指企业某项业务的市场份额与这个市场上最大的竞争对手的市场份额之比，反映企业在市场上的竞争地位。相对市场占有率的分界线为 1.0，划分为高、低两个区域。10% 和 1.0 两条分界线将坐标图划分为四个象限，依次为"明星""金牛""问题"和"瘦狗"。

2. 基本原理

（1）明星业务——高增长与高市场占有率

特点：有极好增长和获利的长期机会；是企业资源的主要消费者，需要大量的投资。为保护和扩展"明星"业务在增长的市场上的主导地位，企业应在短期内优先供给它们所需的资源，支持它们继续发展。适宜战略：积极扩大经济规模和市场机会，以长远利益为目标，提高市场占有率，加强竞争地位。（发展）管理组织：采用事业部形式，由对生产技术和销售两方面都很内行的经营者负责。

（2）问题业务——高增长与低市场占有率

特点：通常处于最差的现金流量状态。一方面，高市场增长率需要企业大量投资以支持其生产经营活动；另一方面，相对市场占有率低，能够生成的资金很少。适宜战略：对于"问题"业务应采取选择性投资战略（发展、收割、放弃）有可能成为"明星"的业务采取发展战略,进行重点投资,提高市场占有率。没有发展前途的问题类业务采取收割战略。无利可图的问题类业务采取放弃战略。管理组织:处于产品生命周期导入期时因种种原因未能打开市场的新产品,进入成长期后即成为问题业务。对问题业务的管理组织,最好采取智囊团或项目组织形式,选拔有规划能力、敢于冒风险的人负责。

(3)金牛业务——低增长与高市场占有率

特点:这类业务处于成熟的低速增长的市场中,市场地位有利,盈利率不高,本身不需要投资,反而提供大量资金,支持其他业务。适宜战略:收获战略(保持或收割)。该类业务市场增长率的下跌已成为不可阻挡之势,因此采用收获战略,即投入资源以达到短期收益最大化为限。把设备投资和其他投资尽量压缩;采用榨油式方法,争取在短时间内获取更多利润,为其他产品提供资金;对于市场增长率仍有所增长的业务,应进一步进行市场细分,维持现存市场增长率或延缓其下降速度。管理组织:适合用事业部制进行管理,经营者最好是市场营销型人物。

(4)瘦狗业务——低增长与低市场占有率

特点:处于饱和市场中,竞争激烈,利润很低,不能成为企业资金的来源。适宜战略:撤退战略(收割或放弃)。对还能自我维持的业务,应缩小经营范围,加强内部管理。对市场增长率和企业市场占有率均极低的业务则应立即淘汰。将剩余资源向其他产品转移。管理组织:整顿产品系列,最好将瘦狗产品与其他事业部合并,统一管理。

3. 矩阵运用

在明确四种不同类型业务的特点后,可以进一步明确可行策略,一般有四种策略,即发展、保持、收割和放弃,适用于不同的业务(表4.3)。发展策略是以提高相对市场占有率为目标,不断增加资金投入,甚至不惜放弃短期收益。例如,增加资金投入促使问题业务转变为明星业务。保持策略是以投资维持现状,目标是保持业务单位现有的市场占有率。保持策略可以使金牛业务产生更多的收益。收割策略是以在短期内得到最大限度的现金收入为目标。对处境不佳的金牛业务、没有发展前途的问题业务和瘦狗业务应视具体情况采取这种策略。放弃策略是以清理和撤销业务为目标,目的在于减轻负担以便将有限的资源用于收益更高的业务。这种策略适用于无利可图的瘦狗业务和问题业务。

表4.3 波士顿矩阵策略

	发展	保持	收割	放弃
问题业务(?)	√		√	√
明星业务(★)	√			
金牛业务(¥)		√	√	
瘦狗业务(×)			√	√

(二)通用矩阵

1. 基本概念

通用矩阵也称 GE 矩阵、行业吸引力矩阵,是由美国通用电气公司(GE)于 20 世纪 70 年代所创立的投资组合分析方法。通用矩阵是对波士顿矩阵的改进,在两个坐标轴上增加了中间等级,从而使分析更全面,结论更可靠。

通用矩阵的横轴表示业务实力(Business Strength),表示经营业务的竞争地位,影响业务实力的因素有相对市场占有率、市场增长率、生产技术、管理水平、品牌信誉、产品质量等。纵轴表示市场吸引力(Market Attractiveness),表示市场的发展潜力和增长趋势,影响市场吸引力的因素有市场规模、市场价格、竞争强度、环境影响等,如图4.11所示。

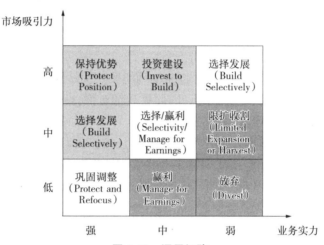

图4.11　通用矩阵

2. 基本原理

从通用矩阵九方图的分布来看,对于处于左上方三个方格的业务板块,适宜采取发展战略,企业应该优先分配资源,重点投资。对于处于右下方的三个方格的业务板块,企业一般采取撤退战略。对于处于中间地带的三个方格的业务板块,企业应该采取稳定战略,采取维持原有的发展规模,同时调整发展方向的战略。具体的发展建议如图4.12所示。

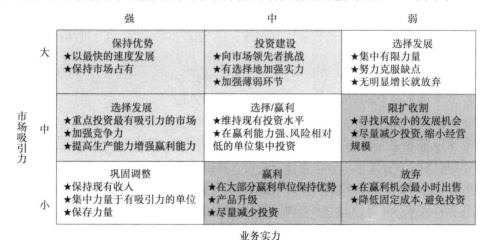

图4.12　通用矩阵策略

3. 分析步骤

①确定战略业务单位,并对每个战略业务单位进行内外部环境分析;

②确定市场吸引力和业务实力的主要评价指标,并根据每个指标的相对重要程度,确定每个指标的权重;

③对每个指标进行评估打分,分数乘上权数就等于每个因素的加权分值;

④根据每个战略业务单位的市场吸引力和业务实力总体得分,将每个战略业务单位用圆圈画在 GE 矩阵上;

⑤对各战略单位的策略进行说明。

4. 通用矩阵的优缺点

优点:GE 矩阵包括了更多的因素,可以更准确地反映实际情况;对特定的企业和在特定的条件下,可以选择特定的因素进行分析,因此更具针对性;GE 矩阵包括了 BCG 矩阵的优点;而 BCG 可以看作是 GE 矩阵的一个特例。

缺点:用综合指标来测算市场吸引力和业务实力,指标在不同产业或企业的表现可能会不一致;分值和权值的给定过于主观,评价结果也会因此而存在偏差。

【主要概念】

PEST	钻石模型	五力模型	通用矩阵
战略群组分析	波士顿矩阵	SWOT	价值工程

【课后复习】

一、选择题

1. (　　)是国际投资活动的众多因素中最直接、最基本的因素,也是国际投资决策中首先考虑的因素。

　　A. 自然环境　　　　　　　　　　B. 经济环境

　　C. 政治环境　　　　　　　　　　D. 法律环境

2. 硬投资环境主要是指(　　)等有物质形态的影响投资的因素。

　　A. 交通运输　　　　　　　　　　B. 政策法规

　　C. 邮电通信　　　　　　　　　　D. 环境保护

3. 消费习惯属于(　　)因素。

　　A. 人口环境　　　　　　　　　　B. 经济环境

　　C. 文化环境　　　　　　　　　　D. 地理环境

4. 对外直接投资环境由(　　)构成。

　　A. 母国环境　　　　　　　　　　B. 东道国环境

　　C. 地区环境　　　　　　　　　　D. 国际环境

5.狭义的投资环境主要指投资的经济环境,包括(　　)等。

A. 经济发展水平　　　　　　　　B. 基础设施

C. 外汇管制　　　　　　　　　　D. 币值稳定状况

二、思考题

1.跨国公司环境分析的意义是什么?

2.试用 PEST 模型对我国汽车行业进行分析。

3.试用五力模型分析我国零售行业。

4.钻石模型包含哪几个要素? 它与 PEST 分析有何不同之处?

5.分析波士顿矩阵与通用矩阵的异同。

【案例分析】

中国跨国公司的竞争力——以华为公司为例

在全球化的进程中,跨国公司一直都是全球政治、经济举足轻重的参与者。从现实状况来看,美国和日本是世界上两个强大的经济体,拥有很多跨国公司,并且这些跨国公司在全球市场占据重要的地位,其中许多跨国公司都位于世界 500 强公司的榜单之列。中国在 1978 年还被看作是世界上最贫穷的国家之一,但是在 2010 年成为世界第二大经济体,并且一直保持到现在。从 1978 年到现在,中国制定了很多政策措施,用来支持电子行业的发展,电子行业的市场需求和生产率有了很大的提升,通过这些积累,中国已经跃升为仅次于美国和日本的世界第三大电子产品生产国。相关研究发现,目前世界上最大的跨国公司是通过本地市场业务提高企业绩效的,而不是依赖全球市场。这引起了人们对全球化市场中跨国公司提升企业绩效是否有价值的思考。2018 年的联合国贸易与发展会议公布了转型经济体和发展中经济体前 100 大非金融跨国公司的名单,其中中国只有三家公司位于其中,分别是:联想集团、华为技术有限公司以及海尔集团公司。这一名单的公布,引起了外界对于中国电子行业跨国公司竞争力的质疑,认为相对于其他国家的同行业跨国公司,其实际表现和成功率是不佳的。

2022 年《财富》世界 500 强排行榜企业的营业收入总和约为 37.8 万亿美元,比上年大幅上涨 19.2%(该榜单有史以来最大的涨幅),相当于当年全球 GDP 的 2/5,接近中国和美国 GDP 之和。进入排行榜的门槛(最低销售收入)也从 240 亿美元跃升至 286 亿美元。中国上榜企业的营收占 500 家上榜企业总营收的 31%,首次超过美国。美国上榜企业占上榜企业总营收的 30%。

ICT 公司(信息和通信技术产业企业)方面,美国有 19 家上榜企业,平均营业收入 1 262 亿美元,平均利润达到 237 亿美元。中国有 12 家 ICT 企业上榜,平均营业收入 787 亿美元,利润 77 亿美元。其中,华为 2022 年排名 96 位,较 2021 年下降了 52 位,营收 987 亿美元。而 2020 年,《财富》公布世界 500 强榜(企业名单),华为排在第 49 位。

华为技术有限公司,成立于1987年,总部位于广东省深圳市龙岗区。华为是全球领先的信息与通信技术(ICT)解决方案供应商,专注于ICT领域,坚持稳健经营、持续创新、开放合作,在电信运营商、企业、终端和云计算等领域构筑了端到端的解决方案优势。华为公司已经成为中国跨国公司在世界范围内群体性、大规模、快速崛起的典型代表,其成功经验值得以中国为代表的新兴大国及广大发展中国家的跨国公司所借鉴和分享。同时,华为公司在全球高科技领域的快速崛起和迅速发展,已经形成推动世界格局调整与演化的持续性、持久性的重要力量,促进更加公平合理的新的国际政治经济秩序的形成与完善。

中国跨国公司特别是以华为为代表的高技术跨国公司的崛起,是当代世界经济发展和跨国公司演化的典型标志,根本原因在于新中国成立70年,特别是改革开放40多年以来,中国经济的持续发展为中国跨国公司的崛起创造了雄厚的国内经济基础和广阔的国际市场环境,其对国际社会科技发展和人类文明进步的积极影响广泛、系统而深远。现以华为公司为样本,从新分布经济学及分布学派的角度对此进行理论分析。在新分布经济学及分布学派看来,以华为公司为代表的中国跨国公司崛起具有三方面突出特点:第一,根植中国大地,参与中国市场体系竞争是企业内生竞争力培育和发展动力来源。中国已经是世界第二大经济体、第一制造业大国和第一货物贸易大国,为中国跨国公司发展和崛起创造了雄厚的国内经济基础和市场条件。2010年中国超过日本成为世界第二大经济体,同年中国超过美国成为全球制造业增加值第一大国,在全球500种主要工业产品中中国有200多种产品的产量位居世界第一,2013年开始我国成为世界货物贸易量第一大国。以华为公司为代表的中国跨国公司崛起的一个重要原因在于植根中国大地,通过积极参与国内市场竞争培育企业的内生综合市场竞争能力,通过市场竞争构建企业发展的内在激励机制和发展动力。华为公司充分利用中国蓬勃发展的通信设备市场、智能手机和移动互联网市场提供的巨大机遇,在国内市场上与国内同行、西方跨国巨头竞争,不断扩大市场占有率,为参与国际市场竞争创造了雄厚的经济基础和市场经验。

第二,放眼世界市场,融入世界产业链、供应链和价值链体系作为企业生存和发展的环境。在日益全球化的国际社会中,任何企业都不可能在完全封闭条件下获得持续发展的机会,只有着眼于世界市场,使企业深度融入日益一体化的世界产业链、供应链和价值链体系之中,企业才能够获得全面进入世界市场的机会,也才可能在日益激烈的国际社会竞争中避免被淘汰的命运,同时参与世界范围内的专业化分工与合作,实现跨国公司经营活动中的规模报酬递增效应,也才可能抵御国际市场带来的系统性与非系统性风险的影响和冲击。华为公司之所以能够成为世界500强中的中国高科技民营跨国公司的代表,一个重要原因在于该公司成功的国际化战略。华为公司已经成为全球主要的通信设备供应商,还是现代通信技术、智能手机移动及互联网技术、5G高速互联网技术等专利技术的主要拥有者和提供者,即使美国特朗普政府动用国家力量全方位打压华为公司,最终也因为失去了全球产业链、供应链和价值链抓手而不能够达到预期目的而失败。

第三,持续研发(R&D)创新,引领全球前沿及交叉技术发展为企业竞争力的提升提供增量支持。任何跨国公司要进入国际市场并获得具有比较优势的国际市场竞争力,必须保持持续的研究开发投入和创新动力,否则会在激烈的国际技术市场竞争中被淘汰出局。没有增量知识和技术贡献的跨国企业,不仅不可能成为引领国际社会知识增长与技术进步的推动力量,而且难以承担企业的社会责任。在通信技术研发及通信设备制造领域,华为公司通过持续、大规模和高强度的研究开发投入,使得公司从通信技术4G时代的并跑者成为5G时代的引领者,该公司也是全球5G专利技术的最多拥有者,成为全球通信技术研究开发与通信设备的最大制造商及相关知识技术的主要贡献者,同时已经成为全球第四次工业革命和人类技术进步不可或缺的推动力量。

简言之,以华为公司为代表的中国跨国公司特别是中国高新技术跨国公司的快速崛起,是中国作为新兴大国崛起的主要标志。新中国成立以来为中国跨国公司发展创造了雄厚的经济基础和国内市场竞争条件,促进了跨国公司内生市场竞争力的培育和公司治理机制的构建与完善。全球化程度的不断提高为中国跨国公司进入世界市场、深度融入全球产业链、供应链和价值链体系创造了一体化的制度与市场条件。持续、高强度与大规模的研究开发投入和技术创新,是以华为公司为代表的中国高技术跨国公司引领全球技术发展与创新的基础前提,也是中国制造业和高新技术发展逐渐走向世界舞台中央的典型标志。

华为模式:中国特色的跨国公司治理及发展之路

华为公司之所以能够抵抗住美国特朗普政府动用世界第一超级大国的国家力量的极限施压与极限制裁,不仅不被美国的贸易战击垮,而且取得了令国人自豪、令美国竞争对手焦虑及害怕的企业经营及研究开发成就,一个重要原因在于华为公司探索出了一条具有中国特色的跨国公司治理及发展模式,本文称为华为模式。从新分布经济学及分布学派的视野看,中国特色的跨国公司治理及发展的华为模式具有如下五方面的显著特点:第一,共享共治型的创新型的现代企业治理模式。华为公司作为中国一家优秀的民营高科技跨国公司,企业所有权主体、使用权主体、中间管理层主体、研究开发主体和基层产品线操作主体共同参与企业治理并共同享受企业治理成果,形成利益共享、风险共担、权责共治的现代企业治理模式,在实践基础上形成了创新型企业治理模式。这一企业治理模式的优点有三:一是企业所有权主体、使用权主体、中间管理层主体、研究开发主体和基层产品线的操作主体共同形成利益共同体和命运共同体,最大限度发挥企业全部员工的积极性和责任性;二是摆脱外部资本的操纵和控制,华为公司不是一家上市公司,可以有效避免上市公司中外部资本短缺盈利冲动对企业长远发展的不当影响和干预;三是形成企业共同应对危机与挑战的团队合作精神和攻坚克难的企业文化,能够在激烈的全球化市场竞争中取得规模报酬递增优势。

第二,创业领袖群合作型企业管理模式。华为公司的创建、发展和壮大,离不开以任正非先生为核心的创业领袖群的卓越管理与分工合作,形成创业领袖群体合作型企业管理模式。创业领袖群之间的团结协作和分工合作,提高了企业管理效率,降低了企业管理中的沟通成本,在企业管理层中形成利益共同体与命运共同体的核心基础,推动企业发展壮大。这一企业管理模式优点有三:一是企业核心管理团队团结合作,具有强大的团队管理能力;二是企业管理团队之间分工合作,能够充分发挥各具特色的禀赋优势,取长补短,专业化优势与规模化优势相互整合为企业的核心管理竞争优势;三是在企业的不同发展阶段和不同发展领域培育梯队化的企业管理者和企业领袖,形成企业可持续发展的组织保障与制度基础。

第三,科技精英分工合作型团队化企业研发模式。华为公司作为一家从事高新技术开发与经营活动的跨国企业,研究开发与技术创新始终是企业竞争力的核心,如果不能够在研究开发与技术创新领域不断取得突破和创新,则不可能长期保持市场竞争力,更不可能持续发展壮大。科技精英之间分工合作,共同推进企业新技术研究与新产品开发,形成具有华为特色的科技精英合作型的团队化企业研发模式。该研发模式优点有五:一是科技精英成为企业持续发展的核心动力和核心竞争力;二是科技精英之间相互分工合作,形成专业化与规模化的高效研发能力;三是维护企业在前沿技术和未来技术研究领域的领先地位;四是排除短缺利益和非技术因素对企业长期核心竞争力的不断影响和制约;五是形成企业独特的研究开发与创新文化,推动企业持续创新和人类科技持续进步。

第四,全球化市场拓展模式。华为公司虽然是一家伴随着中国改革开放的步伐而不断发展壮大的本土民营企业,但其具有广阔的国际视野和全球眼光,在全球范围内布局企业发展,形成全球化市场拓展模式。其全球化市场拓展模式具有四个显著特点:一是向全球客户出售产品和服务,目标市场与客户资源的全球化;二是在全球范围内组织产品与服务的生产与提供,形成全球化的产品生产与服务提供的网络体系;三是企业提供的产品和服务具有全球化需要,能够满足全球各地各种类型客户的多样化、多元化和动态化的需要,即产品与服务范围的全球化;四是深度嵌入全球产业链、供应链与价值链体系,甚至成为全球新兴产业链、供应链与价值链的建构者、维护者与完善者。全球化市场拓展模式使得华为公司能够在全球范围内布局研究开发、生产与服务资源,形成全球化竞争领先优势,降低了单一市场依赖风险,提高了企业应对单一市场风险的能力,最为典型的便是当美国政府限制华为进入美国市场对华为公司的经营业绩影响有限,华为公司持续保持在全球市场的竞争力。

第五,理想型企业顶层目标管理模式。华为公司之所以能够不断发展壮大的另一个重要原因在于能够持续赢得国际社会大多数国家及客户的认可,这与该企业的顶层目标管理模式不无关系,该企业具有显著的理想型企业顶层目标管理模式。除了利润目标和市场目标,大型跨国企业还需要承担社会责任,具有远大理想,具有奉献精神,关心人类文明进步。理想型企业顶层目标管理模式具有三个突出特点:一是除了市场和利润目标,企业还勇于承担社会责任,追求公平正义目标;二是遵守市场伦理规则,反对通过市场垄断和不断竞争取代不当利益和市场竞争优势;三是通过企业的社会经济活动引领人类科技发展与文明进步。企业顶层管理目标需要契合人类文明进步与公平正义理想,才能够持续赢得最广大的客户资源和社会大多数成员的尊重。

世界科技格局演变的中国动力中国已经成为具有全球影响力的新兴大国,以华为公司为代表的中国跨国公司不仅成为推动中国产业发展、科技进步和经济增长的主要动力来源,而且成为推动世界科技格局演变的重要力量。主要表现在三个方面:

第一,世界技术力量对比和科技格局演变的关键推动者。科学技术是生产力的核心构成要素,也就是说科技是第一生产力,科技进步是人类文明进步的主要标志。同时,科学技术也是推动格局演化的重要因素。中国跨国公司特别是高新技术跨国公司发展壮大,已经成为世界技术力量对比和科技格局演变的主要推动力量和促进者,表现在五个方面:一是打破了少数西方大国特别是以美国为代表的美欧国家长期垄断国际高新技术的格局,促进世界技术力量和科技不平衡格局的改变;二是改变了少数西方跨国公司在全球高新技术领域的垄断地位,促进全球范围的高新技术产品的公平市场竞争;三是改变了高新技术产业发展由西方国家主导的格局,促进高新技术产业的全球均衡发展,有利于全球产业链的平衡配置;四是推动全球高新技术产业链体系和供应链体系变革和重构,促进全球高新技术产业的跨国转移,促进新兴国家和广大发展中国家高新技术产业体系的构建与完善;五是促进公平公正的全球技术贸易体系和价值链体系的形成和发展,打破少数西方大国利用其在高新技术领域的垄断和优势地位对其他国家进行制裁和打击,促进公平公正的世界知识产权和高新技术市场交易体系的稳定发展。

第二,世界研究开发竞争和创新格局的变革探索者。随着全球化与区域一体化的发展,不同国家之间的研究开发竞争特别是主要大国之间的研究开发竞争日益激烈,以美国为代表的发达经济体的研究开发投入长期占据全球主要份额,以中国为代表的新兴大国和广大发展中国家的研究开发投入不足成为阻碍科技进步的主要因素。以华为公司为代表的高新技术跨国公司崛起,特别是其在研究开发领域的持续、大规模投入,推动着世界研究开发机制和创新格局的变革,表现在四个方面:一是促进新技术开发,为新技术对传统技术的超越和替代创造条件,最为典型的便是通信技术领域的5G技术对4G技术的超越和代替;二是促进颠覆性技术的出现,没有大规模的研究开发投入,不可能有持续的颠覆性技术的开发和应用,最为典型的便是量子通信、量子计算技术的出现对传统通信技术、计算技术的颠覆性影响;三是促进新技术产品的开发和应用,新技术产品的开发和商业化,推动了技术产品市场格局的调整和变革,有利于打破旧技术产品的市场垄断,推动新技术产品的商业化应用,例如新能源技术的开发应用推动了新能源汽车产业的发展,打破了传统石化能源汽车的垄断地位,促进世界范围内汽车产业的转型升级;四是促进全球创新技术开发和应用,推动全球创新体系的构建和完善。没有创新,就没有人类社会的技术发展和文明进步。例如大数据和人工智能技术的创新发展必然推动自动驾驶、远程医疗等技术发展及应用。

第三,世界科技规则和科技话语权新格局的构建者。工业革命以来,以美欧为代表的西方国家始终是世界科技规则的主要制定者和受益者,西方国家拥有科技话语权优势,特别是在关键技术、通用技术、高新技术的标准制定、实施和修改过程中扮演着关键领导者和核心决策者的角色,以中国为代表的广大发展中国家在世界科技规则制定、实施和调整过程中长期缺位,科技话语权更是长期处于跟随者的地位。以华为公司为代表的中国跨国公司的发展和壮大,为世界科技规则和科技话语权新格局的构建和完善创造了难得的条件和机遇,表现在三个方面:一是利用后发优势推动新技术开发与规则的制定、修改和完善,例如华为公司在5G通信技术标准制定和修改过程中获得的话语权优势;二是利用自身开发的领先技术或者说独家技术,推动领先技术和独家技术标准的制定和实施,同时推动领先技术与独家技术规则的制定和修改完善,例如我国在量子通信技术、人工智能技术的某些领域已经处于世界领先水平,可以发起和推动这些领域国际技术标准的制定和实施;三是推动成立新技术相关领域国际组织的创建和发展,成为新技术国际组织创建与发展的主导者和领导者,例如,中国可以在人工智能、超级计算、民用无人机技术开发、产品应用和行业监管方面制定相关标准并筹建相关国际组织。事实上,中国跨国公司的崛起,特别是以华为公司为代表的中国高新技术跨国公司的崛起,不仅成为世界科技格局演变的关键推动力量,还是国际政治、经济、军事格局演化的重要促进因素,促进公平公正的新的国际政治、经济、军事格局的形成与完善。中国已经成为世界格局演化的主要动力来源,在推进开放型世界经济体系建设、推动构建人类命运共同体的历史进程中,中国跨国公司扮演着不可或缺的角色,发挥着不可或缺的作用。

华为公司作为中国企业,有着相似的国家特定优势:一方面,中国是一个拥有 14 亿人口的国家以及良好的外贸关系,电子产品已经成为每个人日常生活中重要的一部分,因此,中国的电子产品市场仍然有很大的开发潜力。另一方面,政府对这一产业比较支持,这些优势不仅是两家跨国公司在国内市场竞争的基础,还使这两家公司成为各自领域领先的提供商。在企业特定优势方面,华为采取的市场导向性战略在于客户对电信产品和服务的需求,并且由于华为在新技术上的研发成果保证了华为在低价手机和中高端手机都有合理的通信设备供应,这些手机和价格昂贵的苹果手机相比具有大致相同的功能。另外华为选择了和其他技术领先的创新者一起以更低成本研究开发新技术,例如在印度科技中心地班加罗尔、美国乃至世界科技焦点硅谷设立研究中心,推动华为经营活动持续动态升级。在华为未来的发展中,如何进一步推动雇员从原来接受指令之后才会行动的状态,成长为有着自驱动意识的创造者,并且华为的企业员工不是华为能够运用创新人力资源的边界,这是华为需要解决的新需求。

(资料来源:保建云.中国跨国公司崛起、华为模式与世界格局演化[J].人民论坛,2019 (34):12-15;余燕.评估中国跨国公司的竞争力:以华为公司和海尔集团为例[J].老字号品牌营销,2021(6):17-19.)

第五章 跨国公司经营方式

【本章提要】

作为先进管理技术、组织创新、研究开发、国际直接投资及国际贸易的主要载体,跨国公司的地位和作用不断提升,世界最重要的支柱产业,如汽车、电子、航空、金融、信息技术都纳入了跨国公司的国际生产和服务体系。跨国公司既是经济全球化的构建者,也是经济全球化的受益者,对世界经济乃至政治的影响力也更加广泛和深刻,甚至在某种意义上跨国公司就是轻轻扇动一下翅膀造成一场飓风的那只蝴蝶。

那么,与一般企业相比,跨国公司的经营方式有何特点? 其在面临复杂经营环境时,如面临不同国家的政策、市场竞争状况、顾客偏好和信仰等差异,又该如何开展经营,从而发挥其重要作用,本章将从股权经营方式、非股权经营方式、战略联盟、兼并收购四个层面进行讨论。

第一节 股权经营方式

对于跨国企业来说,通过扩张海外市场以攫取更多的市场利润始终是其最主要的诉求,因此选择的股权结构也必须是符合自身利益的。但是对于首次进入东道国的外国企业来说,对市场的不熟悉等经营风险往往都会以股权退让作为平衡利弊的主要方式。随着跨国经营经验的积累,这样的风险会随之削弱,因此在股权结构中占据主要份额一直是跨国公司寻求股权份额攫取的最大动力。事实上,股权结构的选择和安排对于外国企业、东道国政府、东道国本土企业而言都具有重要意义。

一、合资模式

(一)合资企业

合资企业是国际直接投资中的常见方式,指两国或两国以上的国家或地区投资者,在选定的国家或地区投资,并按照选定的国家或地区的有关法律组织建立起来,以营利为目的的企业。其中双方的合伙人分别称之为"本地合伙人"和"外方合伙人"。国际合资企业由投资人共同经营、共同管理,并按照股权投资比例共担风险、共负盈亏。

跨国企业采取合资模式的主要原因有:资源共享。企业组建合资企业最常见的原因是共享项目的成本和风险。当项目需要使用新的,非常昂贵的技术时,常常需要资源共享。尤

其是在参与资本密集型活动而缺乏所必需的财务资源时尤其如此。企业间的协同效应是企业组建合资企业的另一个原因。以人、顾客、库存、工厂或设备形式存在的协同效应为合资企业提供了一个杠杆。协同效应的程度决定了合资企业为参与方带来多大的利益。

总之,国际合资企业具有以下特点:资本由合资方共同投资,以认股比例为准绳来规定各方的权责利;投资条件较为苛刻,双方需要共同投资,而且按统一币值来计算投资比例;合资方共享收益,按资分配,共担风险;合资企业有较为充分的经营权;生产经营由合资方共同管理。

(二)合资企业类别

根据外资股权占比,国际合资企业的合资方式可以分为多数股权模式、对等股权模式和少数股权模式。一般认为,多数股权模式即外资比例处于50%~95%,对等股权模式是合资双方比例各为50%,少数股权模式则是外资股权比例大于5%且小于等于49%。

(三)合资模式利弊

采用合资模式,可以利用合资对象的销售网络和销售手段进入特定地区的市场或国际市场,因而得以开发或扩大国外市场。合资各方可以在资本、技术、经营能力等方面相互补充,增强合资企业自身竞争能力,从双方投资者的角度来看,则是一种利用外资的手段。同时,也有利于获得当地的重要资源和生产基地。对合资双方,可以吸收对方的经营管理技能,获得有经验的经营、销售达到需求变化。在一定的税收环境下,可帮助跨国企业获得税收减免利益或其他优惠利益。此外,还可以学习和适应当地的客观环境条件,更好地了解东道国的经济、政治、社会、文化等情况,有助于投资者制订正确的决策,减少国际投资中的风险。在某些特殊领域,有当地资本投入可能会消除被征收或排挤外资政策的影响,克服跨国企业在市场准入方面的差别待遇和法律障碍。

但采取合资模式也有一定的经营管理风险,主要表现在投资各方的理念、经营目标不一定相同,经营决策和管理方法不一定一致,在经营决策和管理中容易产生摩擦,在市场意向和销售意向方面可能产生分歧,不同投资者的长短利益可能难以统一。此外,也可能导致合资某一方的自身知识技术产生溢出。

二、独资模式

(一)独资企业

严格意义上,国际独资企业是指外国的投资者依据东道国的法律,在东道国境内设立的全部资本为外国投资者所有的企业。通常而言,也有观点认为,当跨国企业在投资子公司中持股超过95%时,也可以算作独资模式。相对而言,独资模式给予了其绝对控制权,能够保证子公司与母公司战略高度配合,同时也避免了合资模式可能带来诸如文化冲突、技术溢出等潜在风险。

(二)独资企业类别

1. 国外分公司

国外分公司(Foreign Branches)是指投资者为扩大生产规模或经营范围在东道国依法设

立的,并在组织和资产上构成跨国公司不可分割的国外企业。由于国外分公司不具有东道国当地企业的资格,本身也不是独立的经济实体,一般被东道国视为纯外籍公司。鉴于此,国外分公司的设立手续都比较简便,只要投资者向东道国主管部门提出申请,基本上都能批准,但在经营范围上会受到很多的限制。

国外分公司的特征很明显,它不是一个独立实体,主要表现在以下方面:从法律的角度来看,国外分公司虽然在东道国依法设立,并依法注册,但它不是一个独立的企业法人,不能单独承担法律义务和责任,跨国公司负有连带责任。从组织结构来看,国外分公司是跨国公司的一个分部:没有独立的组织管理机构,没有独立的资产,没有独立的一套财务报表制度。从经营方面来看,国外分公司没有独立的经营决策权,它是以跨国公司的名义进行业务的经营活动,在跨国公司的严格授权下从事经营活动。

在税收方面,设立分公司对总公司在纳税上具有一定的优惠。首先,许多国家的税法规定,对来自国外分公司的所得和亏损并入总公司的盈亏额一起计算总公司应纳所得税额(即税前利润额)。因此,如果总公司在其母国当年盈利多,其纳税额也就高,但如果它在国外的分公司发生了亏损,则该亏损额可以从母国总公司的税前利润额中扣除,然后总公司再进行纳税,其结果,分公司在国外亏损的一部分(一般接近于亏损的一半)就由总公司的母国政府通过税收的形式进行补贴。这显然对总公司在国外设立分公司以求探索投资经验是十分有利的。

其次,许多国家的税法又规定,对外国分公司汇出的利润一般不作为红利而缴纳利润汇出税,而子公司汇出去的利润则必须缴纳利润汇出税,即分公司在其所在国只缴纳所得税,不缴纳利润汇出税,而子公司不仅缴纳所得税,如果把利润汇出境外而且必须缴纳利润汇出税,即需要两次纳税。因此,分公司少缴税,得到优惠。例如,澳大利亚税法规定,分公司的利润所得税率是51%,而子公司的利润所得税率是46%。但是,当子公司把它的税后利润汇出去时,还要缴纳30%的利润汇出税,实际上子公司要缴纳的税率是:46%+30%×(1−46%)=62.2%,比分公司多出62.2%−51%=11.2%的税率。

设置国外分公司可能的弊端在于:①总公司要对分公司的债务承担无限连带责任,这对总公司来说是不利的;②分公司在国外完全是作为外国企业而从事经营活动的,它没有其所在国的股东,没有当地股东帮忙,因此,其影响面就较小,开展业务就比较困难;③分公司登记注册时,必须提交总公司在全世界各地的经营状况资料,这会给总公司带来不便;④分公司终止或撤离所在国时,只能出售其资产,而不能出售其股票(股份),也不能采取与其他公司合并的方式;⑤在国外设立分公司常常会引起(跨国公司的)总公司所属国税收的减少,因此,其所属国对分公司的法律保护措施较弱(收税少,法律保护少)。

2. 国外子公司

国外子公司(Foreign Subsidiaries)是指由母公司投入全部股份资本,依法在东道国设立的独资企业。它虽然受母公司控制,但在法律上具有独立的法人资格,有自己独立的公司名称和公司章程,有自身的股东大会和董事会,有自己独立的管理机构,有自己独立的资产,自负盈亏,独立地以自己的名义进行各种民事活动。

在税收方面,多数国家的税法规定,只有当子公司的利润实际上汇回到母公司时,才在母公司的所属国纳税,否则子公司没有义务向其母公司的所属国纳税。这是由子公司在其所在国是独立的法人所决定的。这与分公司不同,分公司即使不将其利润汇回到总公司,总公司也有义务在其母国为分公司在国外的盈利缴纳所得税。因此,如果母公司在国外,尤其是在一些避税地(港)设立子公司,然后再开发业务活动,可以获得纳税方面的好处。

另外,子公司可以在其所在国获得股权式投资的灵活性。因为子公司是在其所在国以企业法人资格登记注册的公司。它有权在该国通过其母公司的担保向各种或其他企业出售股票或以其他招募股东的方式来增强其资本和扩大影响。这样做,实际上也是帮助母公司扩展它的经营范围和它的势力范围。

子公司还可以独立地在所在国银行贷款,而不必像分公司那样必须由其总公司担保,才能在其所在地贷款。子公司在其所在国中止营业时,可以采用出售其股票(股份)、与其他公司合并或变卖其资产的方式回收其投资。

与设立分公司相比,设立子公司的手续复杂,费用也较高,产品进入东道国市场的竞争相当激烈等。

(三)独资模式利弊

以独资模式进行跨国投资,或在东道主国家成立独资企业,具有的优势:①企业的设立和经营均由投资者依东道国法律自行决策,不存在与其他投资者的冲突,有完全的经营决策权;②跨国公司可以根据全球经营战略的需要调整子公司的经营活动,具有整体经营的灵活性;③独享跨国公司内部的垄断优势,包括专利、工业产权、商标等技术、先进的管理经验、企业机密等,以获得内部市场的效益;④跨国公司在增加股本或再投资、汇出盈余、股息政策和公司内部融资等方面均不会有与其他投资者的管理摩擦,具有财务管理的灵活性;⑤跨国公司可以通过内部成本和利润的转移享有税收利益;⑥没有合作管理的摩擦与矛盾,便于实施经营战略。

但同时,国际独资企业虽然具有东道国的国籍和当地法人资格,也会受到某些东道国政策和法律的严格限制,在其经营范围和投资方向上受到更多的限制。相对而言,国际独资企业的经营风险大,且必须独自承担东道国的市场风险,无法获得东道国本土企业拥有的优势资源或者获取成本很高。投资国与东道国的社会文化背景可能存在着很大差异,又没有当地合作伙伴的共同管理,企业的相关事宜要独自办理的难度较大。设立国际独资企业的审批条件一般而言相对严格,很多发展中国家都要求投资者投入高新技术并承担带动出口义务。更有甚者,有些发展中国家明令禁止外国投资者设立独资企业,或要求逐渐转让股权。

三、外资来华的股权经营模式

改革开放后,外国直接投资在我国投资的主要形式表现为"三资企业",即在中国境内设立的中外合资经营企业、中外合作经营企业、外商独资经营企业三类外商投资企业。

（一）中外合资经营企业（Sino-foreign Joint Ventures）

1. 定义

中外合资经营企业简称中外合资企业，是指外国公司、企业和其他经济组织或个人，按照平等互利的原则，经中国政府批准，在中华人民共和国境内，同中国的公司、企业或其他经济组织共同投资、共同经营、共担风险、共负盈亏而从事某种经营活动的企业，它的组织形式为有限责任公司或股份有限公司。

在中国境内设立的中外合资经营企业，一般是由外商提供工业产权、机器设备和一部分外汇现汇，中方提供厂房、设备、劳动力和一部分人民币资金。所需占用的土地按年向中国政府支付使用费或将土地使用权折价作为中方出资的一部分。设立中外合资经营企业的法律依据是《中华人民共和国中外合资经营企业法》及其实施条例。

2. 特点

（1）合资企业按合同规定占有股份，但只有出资证明书，不发行股票。因此，不同国外的股份公司出现控股问题，谁在公司占有的股份多，谁就控制了公司的经营管理权。

（2）国外规定外国投资者只能占股份49%以下，本国投资必须占51%以上。而中国的规定不同于外国。对外商合资企业的股份，只规定下限不少于25%，没有明文规定上限。

（3）注册资本与投资总额有一定比例要求。总投资额在300万美元以下的，注册资本要等于投资总额的70%且注册资本在合营期限内不得减少，对合营各方的认缴资本不负还本付息责任。

（4）中外合资企业都是有限责任公司，其经济责任以各自出资额为限。

（5）国外投资者所得的利润及其合法所得，必须是外汇才能汇出，这就要求在合同中规定产品外销出口比例，在经营中强调外汇收支平衡。

（二）中外合作经营企业（Sino-foreign Cooperative Enterprises）

1. 定义

中外合作经营企业简称中外合营企业，是指为了扩大对外经济合作和技术交流，外国公司、企业和其他经济组织或个人按照平等互利的原则，同中华人民共和国境内的企业或其他经济组织共同举办的，按合同规定的各方投资条件、收益分配、风险责任和经营方式等进行经营的非股权式的经济组织。在中国企业同外国企业间的合作经营中，外方多以资金、先进技术、先进设备投资，中方多以场地使用权、厂房、设备等作为合作条件，合作经营的方式主要包括：补偿贸易、产品返销、技术交换、来料加工、来料装配等。设立中外合营企业的法律依据是《中华人民共和国中外合作经营企业法》及其实施条例。

合作经营企业一般可分为以下两类：

（1）法人资格的合作经营企业

具备法人资格的合作经营是指合作各方共同设立具有独立财产权，法律上有独立的人格，能以自己名义行使民事权和诉权的合作经营实体。这类企业为有效地实现合作开发的项目，经过合作方协商，订立企业章程，建立独立的企业组织，成立董事会作为企业的最高权力机构，并以其全部财产对其债务承担责任，中外合作各方以其投资或者合作条件为限对企业承担责任。在国际上,这种合作经营的方式是属于合伙经营的范畴;合伙人以提供的合作条件为限承担责任,为有限合伙。在我国,考虑到具备法人资格的合作企业的责任形式,只要符合《中华人民共和国公司法》的规定,可以登记为有限责任公司。

(2)非法人资格的合作经营企业

与具有法人资格的合作经营企业相反,不具有法人资格的合作经营企业本身没有独立的财产所有权,只有管理权和使用权。合作经营企业一旦发生法律诉讼,合作经营各方以各自的身份承担法律责任。不具法人资格的合作企业的合作各方,无论出资或是提供其他物料、工业产权作为合作条件;均为合作各方分别所有,经过双方商定也可以共有(其中包括部分分别所有、部分共有)。该类企业经营积累的财产;按国家法律规定归合作双方共有。企业的管理可以双方共同成立联合管理机构,也可以委托的形式,委托合作经营的一方负责、这类性质的合作经营,国际上通常为无限合伙,合作经营各方以无限责任的形式承担民事责任。

2.特点

(1)中外合营双方要以法人身份签订合作经营企业合同,并按合同规定的投资方式和分配比例来分配收益。它可以是具有法人资格的企业,也可以是不具有独立资格的合营实体。

(2)合作各方权利、义务必须确立在平等互利的原则基础上,在合同中要明确合作各方提供的合作条件,一般不以货币折算的投资股金,不以合作各方的投资额计股分配利润。合作各方对收益分配和风险、债务的分担,企业经营管理方式以及合作期满的清算方法等,都应在合同中规定。

(3)提供合作条件的合作经营企业注册有两种方式:①以外国合作者无息提供的资金、设备加上中方投入的少量的现金为注册资金;②将双方提供的合作条件均折算为投资本金作为注册资金。大多选择第二种方式。

(4)合营企业可以采取加速折旧或其他方式提前回收投资,在未满的合营期限内,仍应按原投资额对合营企业的债务承担责任。否则,还本后合营企业万一出现亏损,则无法偿还,对债权人的利益无法保证。

(三)外商独资经营企业(Wholly Foreign-owned Enterprises)

1.定义

外商独资经营企业简称外资企业,是指在中国境内设立的,全部资本由外国企业和其他经济组织或个人投资的企业(不包括外国的企业和其他经济组织在中国境内设立的分支机构)。

2.特点

(1)外资企业是在中国注册登记,其法定地址在中国,大部分经营活动在中国境内进行。因此,凡符合中国法规关于法人条件的,可依法取得中国法人资格,受中国法律的管辖和保护。

(2)中国外资企业只是相对中外合资企业和中外合营企业而言的,由于它的投资者不一定只有一个,可以是由几个外商建立的公司在中国境内举办外资企业,因此他不同于国际上通常讲的"独资经营企业"。

（3）由于外资企业是由外商自己投资和经营的，不能直接向中国企业转让技术，因此，在中国设立的外资企业必须是有利于中国国民经济发展的先进技术型企业或产品出口型企业。

（4）外资企业最主要的四个特点是自投资金、自主经营、自负盈亏、自享其利。

第二节　非股权经营方式

随着科技的进步，国际分工日益细化，对全球价值链的管理也开始向多元化发展，越来越多的跨国公司开始将生产过程的非核心环节外包给东道国企业。对于发达国家而言，非股权经营模式发展的动因是能够减少成本、降低风险，而对于发展中国家而言，通过非股权经营模式可以更多地参与到全球价值链中。

一、非股权经营的形式

非股权经营是指跨国公司在东道国公司中不拥有股权而是通过为东道国的公司提供各种服务，与其保持密切联系，并从中获取各种利益的一种经营方式。非股权投资的形式有很多，具体形式也在不断发展，其中最常见的形式有合作经营、技术授权、技术咨询及合同安排等。

（一）合作经营（Cooperative Business Operation）

合作经营是指跨国公司与东道国资本在合同基础上建立合作经营关系，合作各方按合同承担权利与义务的一种经营方式。合作经营的具体形式有两种：一种是合作各方组成合作经营企业，按合同共同经营，实行全面的经营管理合作；另一种是合作各方不组成企业，而是各自以独立的经济实体的身份，按合同在经营管理的某一或某些方面实行合作。

自20世纪80年代以来，发达国家与发展中国家出现了合作经营的新形式——合作开发，即跨国公司与东道国（资源国）的企业合作，对自然资源进行勘探和开发。合作开发以合同为基础。首先通过招标方式选择一家或几家投资开发公司，其次以中标者的标书为基础进行协商，最后签订资源开发合同。合作开发又分两个阶段：第一阶段，跨国公司提供全部资金负责对资源进行物理勘探，承担全部风险；第二阶段，如发现了有商业开发价值的资源，就与资源国企业联合投资，共同开采。

（二）技术授权（Technology Licensing）

技术授权是指技术许可企业通过签订合同的方式，向技术受许可企业提供所必需的专利、商标或专有技术的使用权以及产品的制造权和销售权。许可合同也称许可证协议、特许权协议，是指跨国公司（许可方）与东道国企业（被许可方）达成协议，允许东道国使用跨国公司独有的注册商标、专利及技术诀窍等，同时东道国企业按照约定支付一定的技术使用费的协议。许可合同是进行技术贸易的主要形式。根据许可方授予被许可方的权利范围，许可合同可以分为独占许可、排他许可和普通许可。

受许可企业应向技术许可企业支付使用费，并承担保守秘密等项义务。相对来说，技术

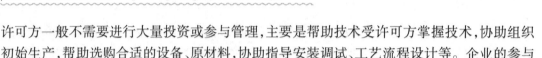

许可方一般不需要进行大量投资或参与管理,主要是帮助技术受许可方掌握技术,协助组织初始生产,帮助选购合适的设备、原材料,协助指导安装调试、工艺流程设计等。企业的参与和资源投入的程度介于直接出口与间接出口之间。

特许经营是技术授权的一种特殊形式,是指跨国公司将企业名称、商标、专有技术及运作管理经验等无形资产使用权,以特许经营合同的形式,允许受许经营者有偿使用,在特许人统一的业务模式下从事经营活动。特许经营与许可合同的主要区别是,在特许经营中,特许方需要对受许方的经营管理实行监督,以确保特许品牌在海外市场上的商品质量及品牌形象。

特许经营的行业覆盖面越来越广。目前中国特许经营已经覆盖了80多个细分行业和业态,主要集中在商务服务,如财务、税收、保险、干洗、审计、会计和卡车租赁这些服务于商业机构的服务项目;如吉野家快餐、肯德基、麦当劳、21世纪不动产等就是采用特许经营加盟的方式迅速成长起来的。

中国的特许经营从一开始就是以第二代特许经营即全套经营模式特许为主,而不像国外从第一代商品商标型特许经营起步,逐步发展到第二代特许经营。中国的特许经营主要起步于第三产业中的零售业、餐饮业和服务业,相比之下,国外的特许经营一般起步于制造业,而且至今制造业的特许经营仍占一定比重。

(三)技术咨询(Technology Consulting)

技术咨询是指跨国公司根据委托方对某一项目的技术要求,利用自身的信息优势,为委托方提供技术选用的建议和解决方案。技术咨询是对特定技术项目提供可行性论证、经济技术预测、专题调查、分析评价等咨询报告,它是技术市场的主要经营方式和范围。

技术咨询的内容主要包括5种类型:政策咨询、管理决策咨询、工程咨询、专业咨询和信息咨询。技术咨询的形式有技术传授、技能交流、技术规划、技术评估、技术培训等。采用新技术,开发新产品,特别是开发高新技术产品时会产生一定的风险,将有可能给现有投资成本造成损失,并决定着在新的运作环境下业务和系统功能的复杂程度。通过跨国公司的技术咨询可以帮助客户针对新技术的特点进行详细论证和评估,降低新技术和开发新产品的风险。

(四)合同安排(Contractual Arrangements)

合同安排包括制造合同、工程项目合同、交钥匙项目合同、管理合同、国际分包合同和劳务输出合同。

1.制造合同(Contract Manufacturing)

制造合同是指企业与其他制造商签订的合同,并由该制造商生产产品,而企业负责产品销售的一种合作形式。合同制造模式有利于在更大范围内提高现有资源的利用率,促进产业链的细化,利于产业链的专业化和规模化。

利用合同制造,企业将全部或部分生产的工作与责任转移给了合同的相对方,将精力集中在设计或营销上,因而是一种有效的扩展国际市场方式。这种模式的优点还在于,实行合同制造的企业不仅可以输出技术或商标等无形资产,而且还可以输出劳务和管理等生产要素,以及部分资本。这种模式的缺点:一是由于合同制造涉及零部件或生产设备的进出口,有可能受贸易壁垒的影响;二是有可能把合作伙伴培养成潜在的竞争对手;三是有可能失去对产品生产过程的控制;四是有可能因为对方的延期交货导致本企业的营销活动无法按计划进行。

2. 工程项目合同(Engineering Project Contract)

跨国公司进行工程建设,东道国发包人支付价款的合同称为工程项目合同。工程项目合同主要包括建筑和安装两个方面内容,建筑是指对工程进行营造的行为。安装主要是指与工程有关的线路、管道、设备等设施的装配。跨国公司一方面提供机器、设备及物料,另一方面进行设计、施工等。工程期间,项目经理和技术人员负责管理;工程结束,项目移交东道国,只留下少数人员担任顾问或培训工作。

3. 交钥匙项目合同(Turn-key Project Contract)

交钥匙项目合同是指买卖双方签订的以成套工厂设备和技术转让为目标的买卖协议,承包商从工程的方案选择、建筑施工、设备供应与安装、人员培训直至试生产承担全部责任的合同。交钥匙工程通常涉及复杂的大型基础设施项目,如发电厂、铁路、水厂等,建设周期较长,而且可能承担建设资金的融资负担,因此,一般是实力较为雄厚的跨国建设公司才能够承担。

交钥匙项目合同实际是指设计、采购、施工总承包,总承包商最终是向业主提交一个满足使用功能、具备使用条件的工程项目。该种模式是典型的 EPC 总承包模式。EPC(Engineering Procurement Construction)是指承包方受业主委托,按照合同约定对工程建设项目的设计、采购、施工等实行全过程或若干阶段的总承包。并对其所承包工程的质量、安全、费用和进度进行负责。

4. 管理合同(Management Contract)

管理合同是指具有管理优势的跨国公司委派管理人员到东道国的某个企业承担经营管理任务,并收取一定的管理费。管理费可以是固定数额,可以根据销售摊分,也可以在固定数额之外再加上分红。管理合同实际上是一种国际性的管理技术贸易。这种合同上的管理权,可以用于管理某个企业的全部经营活动,也可以只是管理该企业的某一部分活动或某项职能,如生产或营销。工厂、酒店等是管理合同用得比较多的细分行业。

5. 国际分包合同(International Subcontract)

国际分包合同是指发达国家的总承包商向发展中国家的分包商订货,分包商负责生产部件或组装产品。最终产品由总承包商在其国内市场或第三国市场出售。国际分包合同通常是短期的,每年续订一次。

在国际分包合同的情况下,目标国家的企业一般只承担生产过程的一部分。比如波音飞机,发动机由美国 GE 公司生产,机翼由中国西飞生产,机身由日本川崎重工生产。

6. 劳务输出合同(Employment Contract)

劳务输出合同是指为特定项目劳务输出国公司与输入国签订的提供技术或劳务服务的合同。劳务输出是劳务合作中的初级形式,输出国公司除提供劳务人员外,不支付费用,不承担风险。

二、非股权经营与股权经营方式的比较

非股权经营方式与股权经营方式相比,具有以下特点:①非股权性。跨国公司不是以直接投资来获取股权的,而是以签订合同的方式,参与东道国企业的生产经营活动。因此在非股权参与方式下,资产的营运是完全脱离股权关系的,投资者不以股权作为其参与控制的基础,投资者收益取得和风险分担是建立在契约关系之上的。②非长期性。非股权参与方式由于受到契约关系的制约,资产营运的期限一般较短,通常随合同的执行完毕或到期而终止。③灵活性。非股权参与方式与股权参与方式相比,形式更加多样,资产的营运也更加具有灵活性。同时,它可以将直接投资与间接融资及国际贸易相融合,使投资者的选择余地更大,相应承担的风险也更小。

非股权经营方式除具有以上特点外,在实践中,它还能给跨国公司带来股权经营方式所没有的优势,主要表现在:跨国公司通过非股权经营方式,不用对外直接投资,可以减少经营风险。跨网公司凭借在生产、技术和管理上的优势和能力,通过转让技术、提供管理、服务、销售网络等,获取满意的利润。跨国公司通过非股权经营方式,表面上虽然没有股权,但生产、技术和管理的优势是企业发展的关键所在,因此,跨国公司对东道国企业的控制权并没有降低。

与股权经营方式相比,非股权经营方式对于发达国家的跨国公司来说,其优势在于:跨国公司不用在东道国直接投资,减少了经营风险;跨国公司不用投入股金,不用承担东道国企业的财务风险;跨国公司靠转让技术、提供服务、合作生产来获取利润;跨国公司依仗其技术、管理、生产和营销上的优势对东道国企业实行一定程度的控制;跨国公司不动用资金、不占有股份,不会激起民族主义的排外情绪,减少政治风险。

这种非股权经营方式对于东道国来说,在更多地拥有对企业的控制权基础上,同样可以获得先进技术、管理经验、营销技巧和有关产品,从而乐于接受。

在非股权经营下,发达国家的跨国公司对东道国企业可以实行积极控制和消极控制。所谓积极控制,是指跨国公司通过非股权形式将东道国企业纳入其全球经营网中,在某种程度上如同外国投资者股权控制一样。所谓消极控制,是指跨国公司将东道国企业经营活动与其国际化经营完全分离。因此,非股权经营对东道国企业的控制程度,也可能大,如同股权投资;也可能小,如消极控制。实际上,非股权经营是对外直接投资的替代物。

三、跨国公司非股权经营对发展中国家的意义

通过诸如合同制造、服务外包、订单农业、特许经营、技术许可及管理合同等国际生产形式,跨国公司可在不拥有东道国企业股权的情况下掌控这些企业的生产经营活动。对于发展中经济体而言,全球范围内跨境非股权经营模式意义重大。正因如此,越来越多的跨国公司采用非股权经营模式,使得发展中及转型期经济体更紧密地融入了快速变化的全球市场和产业链,强化其潜在的生产能力,提高其国际竞争力。

《2011 年世界投资报告》估计,这种跨境非股权经营模式在 2010 年创造了超过 2 万亿美元的销售额。其中,合同制造与服务外包额为 1.1 万亿~1.3 万亿美元,特许经营额约为

3 300 亿~3 500 亿美元,技术许可经营总额达 3 400 亿~3 600 亿美元,管理合同总额则达约 1 000 亿美元,订单农业也遍布全球 110 多个国家和地区。

非股权经营模式带来显著的发展效益,并在发展中经济体创造大量工作岗位,它在发展中经济体中创造了 1 400 万~1 600 万个工作岗位,其中合同制造和服务外包更是创造了大量的就业机会。在一些产业中,其出口额则占到了该行业全球出口总额的 70%~80%。在一些国家中,其创造的增加值甚至超过了当地国内生产总值的 15%。非股权经营模式通过提高生产能力、技术扩散等方式,促进发展中经济体中长期产业发展,帮助其融入全球价值链。

值得注意的是,非股权经营模式对发展中经济体也可能带来的风险。例如,参与合同制造的企业受制于产品的商业周期性,并可能被其他企业替代;非股权经营模式下东道国企业从全球生产价值链体系中所获得增加值可能偏低;此外,跨国公司可能利用非股权经营模式来规避社会、环境标准,此模式所倚重的低成本劳动力的工作条件就经常令人关注。

总之,发展中经济体应防止被锁定在低附加值的生产活动上以及过于依赖跨国公司拥有的技术与操纵的全球价值链。而化解非股权经营模式风险的关键是政策。发展中经济体应该将非股权经营模式政策置于国家总体发展战略中,与贸易、投资以及技术政策统筹安排并注意解决过度依赖问题;建立有效的法律与制度框架,吸引跨国公司投资;增强本土非股权经营模式参与者的谈判能力,确保公平竞争,保护环境与劳动者的权益。

第三节　战略联盟

战略联盟(Strategic Alliance)是指两个或两个以上跨国公司为了实现各自的战略目标,采取一种长期性联合与合作的经营行为方式。自 20 世纪 80 年代以来,大约 60% 的跨国公司已经建立了战略联盟。自 20 世纪 90 年代以来,随着经济全球化的发展加快和全球经营环境的变化,跨国公司发展呈现出一些新的趋势,跨国公司的战略联盟成为重要发展模式。随着新技术革命步伐的加快和国际市场竞争的加剧,世界各国尤其是西方发达的跨国公司越来越多地采用缔结战略联盟的方式来保持和扩大自身的生存空间。这种现象在高科技领域尤为突出,在跨国公司战略联盟中研究与开发型占了 80%。

一、战略联盟的特征

企业战略联盟也称联合经营战略,是指企业从自身的实际出发,与其他企业进行的合作,求得生存与发展的战略。战略联盟作为现代企业组织的创新形式,已成为现代企业强化其竞争优势的重要手段,被誉为"20 世纪 20 年代以来最重要的组织创新"。

（一）边界模糊

传统企业作为组织社会资源的最基本单位,具有明确的层级和边界。而战略联盟一般是由具有共同利益关系的企业以一定的契约或资产联结起来的战略共同体。这种联盟可能是供应者、生产者、分销商之间形成的联盟,甚至可能是竞争者之间形成的联盟。

（二）关系松散

战略联盟由于主要是以契约形式联结起来的，因此合作各方之间的关系十分松散，不像传统企业组织，主要通过行政方式进行协调管理。另外，战略联盟不是由纯粹的市场机制进行协调而是兼具了市场机制与行政管理的特点，合作各方主要通过协商的方式解决各种问题。在时间上，战略联盟存在的期限一般较短，在联盟形成之时，一般部门有存续时间的协议，或者规定一个固定的时期，或者规定在完成一定任务之后解散。

（三）机动灵活

由于战略联盟主要是以契约方式组成的，因此，相对于并购或新建来说，其扩展所需的时间较短，组建过程也比较简单，同时也不需要大量投资。这样，如果外部出现发展机会，战略联盟可以迅速组成并发挥作用。另外，由于合作者之间关系十分松散，战略联盟存续时间又较短，解散十分方便，因此当外界条件发生变化，战略联盟不适应于变化的环境时，又可迅速解散。

（四）运作高效

由于战略联盟在组建时，合作各方都是以自己最核心的资源加入联盟中，联盟的各个方面都是一流的，在目前分工日益深化的状况下，战略联盟的实力是单个企业很难达到的。在这种条件下，联盟可以高效运作，完成一些单个企业很难完成的任务。

二、战略联盟的动机

自20世纪80年代以来，跨国公司热衷于组建战略联盟，除了有其特定的宏观环境，还离不开跨国公司迅速发展的内因——追求利润。为了追求利润，跨国公司需要达到保持技术优势、降低各种风险、开拓市场等具体的目标，这些目标就是跨国公司进行战略联盟的动机。具体说来，跨国公司战略联盟的动机主要有以下几个方面。

（一）促进技术创新

随着科技的发展，技术创新对于跨国公司来讲越来越重要。跨国公司为了拥有最先进的技术，出于分担研发风险和成本的原因，不得不寻找合作伙伴。此外，行业技术标准在很多行业中都非常重要，往往同一个行业中存在着两种及以上的技术标准。跨国公司通过与其他企业合作能更容易、更迅速地把自家的技术标准推广为行业标准，从而获得市场的主导地位。在这种情况下，跨国公司就会努力与同行业的企业一起组建战略联盟。

（二）避免经营风险

当今世界经营环境变化迅速，在政局不稳定的国家，一旦政局发生变化，就会对跨国公司在该国的经营产生严重影响。如果跨国公司与当地企业结成战略联盟，例如建立合资企业，就可以减少经营风险。

（三）避免过度竞争

在激烈的市场竞争中有时会产生过度竞争行为，这种行为不仅对企业本身不利，还会威胁到市场的良好秩序。因此跨国公司应该尽量避免过度竞争,以防止两败俱伤,而建立战略联盟就是一种有效的方法。建立战略联盟,有利于形成新的竞争模式,以合作取代竞争。当跨国公司准备开发某种新产品或进入新市场时,如果与竞争者直接交锋可能会付出高昂的代价,与竞争对手合作则是更好的选择。

(四)实现资源互补

资源在企业之间的配置是不均衡的。通过战略联盟,跨国公司可以进行生产、销售、研发等领域的资源整合,实现优势互补。很多跨国公司与其他公司进行联盟的目的就在于此。例如,1991 年美国电话电报公司(AT&T)和荷兰的飞利浦公司(PHILIPS)合资开发生产新一代数字交换设备,AT&T 拥有先进的专有技术,飞利浦则拥有先进的生产工艺及欧洲身份,该身份可以帮助 AT&T 顺利进入管制极严的欧洲市场,这两个公司通过战略结盟,各取所需,实现了优势互补。

(五)开拓新的市场

跨国公司开拓海外市场的愿望是很强烈的,但国家间仍然存在着各种关税与非关税壁垒,在这种情况下,可以建立包括合资企业、共同销售等形式的跨国战略结盟,开拓新的市场。1974 年 9 月成立的 CFM 公司就是一个好的例证。CFM 公司是由法国 SNECMA 公司与美国 GE 公司的平股合资公司。根据互惠互利的原则,在技术开发上,共享资源和成本,提高研发效率;在生产上,通过对成本的严格把控,充分提高能效,确保利润空间最大化;在市场分配上,GE 公司主要负责美国、澳大利亚、新西兰和亚洲地区的销售和服务,而 SNECMA 公司则主要负责在欧洲、中东和非洲的客户。CFM 公司的系列发动机面市后,因其优越的性能大受欢迎。2019 年 6 月,CFM 公司在巴黎航展期间宣布:CFM56 系列发动机已实现 10 亿 EFH(发动机飞行小时)的里程碑,成为史上首款达到这一记录的大涵道比商用涡扇发动机,这对于全球航空航天业来说都是一个非凡的成就,因为任何航空发动机厂商都从未完成如此壮举。

(六)降低协调成本

上述 1—5 条实施战略联盟的动因,通过并购也能够实现。而与并购方式相比,战略联盟不需要进行企业的整合,因此可以在一定程度上降低协调成本。

三、战略联盟的类型

跨国公司战略联盟的类型多种多样,在研发、生产、销售等价值链各个环节上都可能形成战略联盟,主要有合资企业、相互持股投资和功能性协议三种类型。战略联盟的类型如图 5.1 所示。

(一)合资企业(Joint Ventures)

合资企业是战略联盟最常见的一种类型。它是指将各自不同的资产组合在一起进行生产,共担风险和共享收益。合资经营方式的基本特征有:投资者至少来自两个或更多国家和地区;按股权份额分享利润,分担亏损;根据合同和章程,共同管理企业。合资经营一般有三

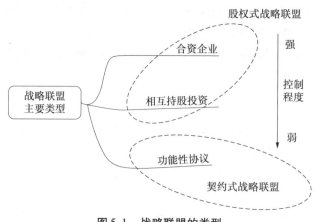

图 5.1　战略联盟的类型

种形式:①多数股经营,母公司拥有公司 51% 以上、95% 以下的股权;②少数股经营,母公司拥有公司 49% 以下的股权;③对等股经营,双方各拥有 50% 的股权。

(二)相互持股投资(Equity Investments)

相互持股投资通常是联盟成员之间通过交换彼此的股份而建立的一种长期相互合作的关系。与合资企业不同的是,相互持有股份不需要将彼此的设备和人员合并,通过这种股权联结的方式便于使双方在某些领域采取协作行为。且这种战略联盟中各方的关系相对更加紧密,可以进行更为长久、密切的合作。

(三)功能性协议(Functional Agreements)

功能性协议是一种契约式战略联盟,主要是指企业之间决定在某些具体的领域进行合作。比如,在联合研究与开发、联合市场行动等方面通过功能性协议结成一种联盟。最常见的形式包括:技术交流协议——联盟成员间相互交流技术资料,通过知识的学习以增强竞争实力;合作研发协议——分享现成的科研成果,共同使用科研设施和生产能力,共同开发新产品;生产销售协议——共同生产和销售某一产品。

第四节　兼并收购

19 世纪下半叶,科学技术取得巨大进步,大大促进了社会生产力的发展,为以铁路、冶金、石化、机械等为代表的行业大规模兼并收购创造了条件,各个行业中的许多企业通过资本集中组成了规模巨大的垄断公司。而随着经济全球化、一体化发展日益深入,也引来了一股跨国企业的全球并购浪潮。跨国并购作为对外直接投资(Foreign Direct Investment,FDI)的方式之一逐渐替代绿地投资而成为直接投资的主导方式。

一、兼并收购的含义

兼并收购简称并购,包括兼并(Merger)与收购(Acquisition)。兼并也称合并,是指两个或两个以上的企业之间的重新组合;收购是指一个企业收购和吸纳了另一个企业的股权。

兼并活动一般发生在被兼并企业财务状况不佳时,是强弱联合,兼并后需要调整其生产经营;收购活动一般出现在企业的财务状况正常时,是强强联合。兼并收购的种类见表5.1。

表5.1　兼并收购的种类

兼并	吸收合并	A 公司存续,B 公司解散,A+B＝A; 或 B 公司解散,A 公司存续,A+B＝B
	新设合并	A 公司、B 公司都解散,另设一家新公司,A+B＝C
收购	资产收购	B 公司解散,A 公司存续
	股权收购	B 公司不解散,作为 A 公司的子公司存续

兼并也称合并,是指两家或者更多的独立企业,公司合并组成一家企业,通常由一家占优势的公司吸收一家或者多家公司。狭义的兼并是指在市场机制的作用下,企业通过产权交易获得其他企业的产权,并获得其控制权的经济行为。狭义的兼并相当于公司法和会计学中的吸收合并。广义的兼并除了包括吸收合并,还包括新设合并。

收购指一家企业用现金或者有价证券购买另一家企业的股票或者资产,以获得对该企业的全部资产或者某项资产的所有权,或对该企业的控制权。

兼并和收购的区别在于以下几点:第一,兼并中,被合并企业作为法人实体不复存在;而在收购中,被收购企业可仍以法人实体存在,其产权可以是部分转让。第二,兼并后,兼并企业成为被兼并企业新的所有者和债权债务的承担者,是资产、债权、债务的一同转换;而在收购中,收购企业是被收购企业的新股东,以收购出资的股本为限承担被收购企业的风险。第三,兼并多发生在被兼并企业财务状况不佳、生产经营停滞或半停滞之时,兼并后一般需调整其生产经营、重新组合其资产;而收购一般发生在企业正常生产经营状态,产权流动比较平和。

二、并购的动机

(一)实现协同效应

1.管理协同效应

具有较高管理效率的企业并购管理效率较低的企业,可以通过提高后者的管理效率而获得正效应。该理论有两个基本假设,并购方的管理资源有剩余,并且具有不可分散性。如果并购方的管理资源没有剩余,已经得到充分利用,或者并购方的剩余管理资源具有可分散性,可以轻易释出,则并购是毫无必要的。对于目标企业来说,其管理的低效率可以通过外部管理者的介入和增加管理资源的投入而得到改善。

2.经营协同效应

经营协同通过企业的规模经济来实现。在企业并购后,管理机构和人员可以进行精简,使管理费用由更多的产品进行分担,从而节省管理费用;原来企业的营销网络、营销活动可以进行合并,节约营销费用;研究与开发费用同样可以由更多的产品进行分担,从而迅速采用新技术,推出新产品。并购后,由于企业规模的扩大,还可以增强企业抵御风险的能力。

3. 财务协同效应

并购后的企业可以对资金统一调度,增强企业资金的利用效果,由于规模和实力的扩大,企业筹资能力可以大大增强,满足发展过程中对资金的需求。另外,并购后的企业由于在会计上的统一管理,可以在企业中互相综合各自产生的损益,从而达到避税的目的。

4. 人才协同效应

并购后原有企业的人才、技术可以共享,充分发挥人才和技术的作用,增强企业的竞争能力。尤其是一些专有技术,企业通过其他方法很难获得。通过并购,获取对该企业的拉制,从而获得该项技术或专利,促进企业的发展。

(二)避开进入壁垒

企业进入一个新的市场会遇到各种各样的壁垒,包括资金、技术、渠道、关税等。这些壁垒不但增加了企业进入这一市场的难度,而且提高了进入的成本和风险。如果采用并购的方式,先控制市场上的一个企业,不仅可以加快进入速度,还可以绕开一系列壁垒,使企业以较低的成本和风险迅速进入这一产业。

(三)推动企业发展

在激烈的市场竞争环境中,企业只有不断地发展才能生存。通常情况下,企业既可以通过内部投资获得内生增长,也可以通过并购获得外生发展。如果企业采用内部投资的方式,将会受到项目建设周期、资源获取及配置等方面的限制,制约企业的发展速度;而通过并购的方式,企业则可以在极短的时间内,迅速扩大规模,占领市场,提高竞争能力。

(四)提高赢利能力

通过并购,企业规模得到扩大,能够形成有效的规模效应。规模效应能够降低采购、生产、营销等各个环节的成本,从而降低总成本。同时,在横向并购中,通过并购可以获取竞争对手的市场份额,迅速提高企业的市场占有率,增强企业在市场上的竞争能力,确立企业在行业中的领导地位,增加企业的垄断能力,从而提高企业的盈利水平。

(五)发现市场机会

在证券市场中,从理论上讲,公司股票市价的总额应等同公司的实际价值,但是由于环境的影响、信息不对称和未来不确定性等因素,上市公司的价值经常被低估。如果收购方认为自己能够比原来的管理层做得更好,那么可以收购这家公司,通过供应链重塑、财务重整等手段来提高公司的利润率;也可以将目标公司收购后重新包装出售,从而在短期内获取巨额收益。

三、并购的类型

1. 按并购双方所处的行业分类

(1)横向并购。横向并购是指两个或两个以上生产和销售相同或相似产品公司之间的并购行为,如两家航空公司的合并,两家石油公司的整合等。这种并购实质上是资本在同一产业和部门内的集中,目的在于迅速扩大生产规模,提高市场份额,增强企业的竞争能力和盈利能力。

横向并购对行业发展影响相对直接,并且在很多情况下形成了垄断,从而降低了整个社会经济的运行效率。因此,对横向兼并的管制一直是各种反托拉斯法的重点。

(2)纵向并购。纵向并购是指发生在同一产业的上下游之间的并购。纵向并购的企业之间不是直接的竞争关系,而是供应商和采购商之间的关系。因此,纵向并购的基本特征是企业在市场范围内的纵向一体化。纵向并购又分为前向并购和后向并购。

前向并购是指沿着产业链的下游方向所发生的并购,如产品原料生产企业并购加工企业或销售商,或加工企业并购销售公司等。

后向并购是指沿着产业链的上游方向所发生的并购,如加工企业并购原料供应商或销售企业并购原料供应企业或加工企业等。后向并购基本都发生在钢铁、石油等能源与基础工业行业,这些行业的原料成本对企业效益有很大影响,因此,后向并购成为企业提高效益的有效途径。

(3)混合并购。混合并购是指发生在不同行业或企业之间的并购。混合并购的基本目的在于分散风险,寻求范围经济。在面临激烈竞争的情况下,为争取发展机会,各行各业的企业都不同程度地想到多元化,混合并购就是多元化的一个重要方法,为企业进入其他行业提供了快捷的途径。

2. 按并购双方所持的态度分类

(1)善意并购。善意并购通常是指并购公司与被并购公司双方通过友好协商确定并购诸项事宜的并购。这种并购方式一般先由并购方公司确定被并购公司即目标公司,然后设法与被并购公司的管理当局接洽,商讨并购事宜。通过讨价还价,在双方可接受的条件下签订并购协议。最后经双方董事会批准,股东大会2/3以上赞成票通过。

(2)敌意并购。敌意并购也称恶意并购,指当友好协商遭拒绝时,并购方不顾被并购方的意愿而采取非协商性购买的手段,强行并购对方公司。被并购方在得知并购公司的并购企图后,出于不愿接受较为苛刻的并购条件等原因,通常会做出拒不接受并购的反应,并尽可能地采取一切反并购的措施,如发行新股以分散股权,或收购已发行的股票等。

3. 按并购中的支付方式分类

(1)现金并购。现金并购是指收购公司通过向目标公司的股东支付一定数量的现金而获得目标公司的所有权。现金收购存在资本所得税的问题,这可能会增加收购公司的成本,因此在采用这一方式时,必须考虑这项收购是否免税。另外,现金收购会对收购公司的资产流动性、资产结构、负债等产生影响,因此应进行综合权衡。

(2)股票并购。股票并购是指收购公司通过增发股票的方式获取目标公司的所有权。在这种方式下,由于公司不需要对外支付现金,因此不至于对财务状况产生重大影响,但是增发股票会影响公司的股权结构,原有股东的控制权会受到冲击。

(3)综合并购。综合并购是指在收购过程中,收购公司支付的不仅仅有现金、股票,而且还有股权证、可转换债券等。这种方式兼具现金收购和股票收购的优点,收购公司既可以避免支付过多的现金,保持良好的财务状况,又可以防止控制权的转移。

四、并购失败的原因

并购的失败率很高,在企业并购的实践中许多企业并没有达到预期的目标,甚至遭到了失败。造成并购失败的主要原因有以下几种:

(一)决策不当

企业在并购前,或者没有认真地分析目标企业的潜在成本和效益,过于草率地并购,结果无法对被并购企业进行合理的管理;或者高估并购对象所在产业的吸引力和自己对被并购企业的管理能力,从而高估并购带来的潜在经济效益,结果遭到失败。

(二)支付过高的并购费用

不论是否通过股票市场,价值评估都是并购战略中卖方与买方较量的焦点。如果不能对被并购企业进行准确的价值评估,并购方就可能承受支付过高并购费用的风险。当企业想以收购股票的方式并购上市公司时,对方往往会抬高股票价格,尤其是在被收购公司拒绝被收购时,会为收购企业设置种种障碍,增加收购的代价。另外,企业在采用竞标方式进行并购时,也往往要支付高于标的价格才能成功。这种高代价并购会增加企业的财务负担,使企业从并购一开始就面临效益的挑战。

(三)并购后不能很好地进行企业整合

企业在通过并购战略进入一个新的经营领域时,并购行为的结束只是成功的一半,并购后的整合状况将最终决定并购战略的实施是否有利于企业的发展。企业完成并购后面临着战略、组织、制度、业务和文化等各方面的整合。其中,企业文化的整合是最基本、最核心也是最困难的工作,企业文化能否融为一体影响着企业生产运营的各个方面。

(四)跨国并购的政治风险

对于跨国并购而言,规避政治风险日益成为企业国际化经营必须重视的首要问题。跨国公司在东道国遭遇政治风险由来已久。近年来,中国跨国公司也遭遇到越来越多的东道国的政治风险,应该加强对东道国的政治风险的评估,完善动态监测和预警系统。

【主要概念】

合资企业　　独资企业　　合作经营　　技术授权
合同安排　　战略联盟　　兼并收购　　技术咨询

【课后复习】

一、选择题

1. 根据外资股权占比,外资比例处于 50% ~95% 国合资方式为(　　)。

A.多数股权模式　　　　　　　　B.独资模式

C.对等股权模式　　　　　　　　D.少数股权模式

2.投资者为扩大生产规模或经营范围在东道国依法设立的,并在组织和资产上构成跨国公司不可分割的国外企业,准确地说属于(　　　)。

A.国外子公司　　　　　　　　　B.外资企业

C.国外分公司　　　　　　　　　D.合资企业

3.以下不属于非股权经营方式的是(　　　)。

A.特许经营　　　　　　　　　　B.成立合资企业

C.技术协作合同　　　　　　　　D.管理合同

4.(　　　)是指两个或两个以上跨国公司为了实现各自的战略目标,采取一种长期性联合与合作的经营行为方式。

A.兼并　　　　　　　　　　　　B.收购

C.产业集群　　　　　　　　　　D.战略联盟

5.根据并购的不同功能或根据并购涉及的产业组织特征,将并购分为的三种基本类型不包括(　　　)。

A.横向并购　　　　　　　　　　B.纵向并购

C.混合并购　　　　　　　　　　D.跨行业并购

二、思考题

1.跨国公司采用合资模式进入东道国市场有哪些优缺点?

2.非股权经营有哪些主要形式?

3.跨国公司为什么要缔结战略联盟?

4.兼并与收购概念有什么异同?

5.跨国企业横向并购对行业产生的影响有哪些?

【案例分析】

上汽集团"有系统、有规划、成建制"推进国际经营

上海汽车集团股份有限公司(简称"上汽集团")作为国内规模领先的汽车上市公司,努力把握产业发展趋势,加快创新转型,正在从传统的制造型企业,向为消费者提供移动出行服务与产品的综合供应商发展。目前,上汽集团主要业务包括整车(含乘用车、商用车)的研发、生产和销售,正积极推进新能源汽车、互联网汽车的商业化,并开展智能驾驶等技术的研究和产业化探索;零部件(含动力驱动系统、底盘系统、内外饰系统,以及电池、电驱、电力电子等新能源汽车核心零部件和智能产品系统)的研发、生产、销售;物流、汽车电商、出行服务、节能和充电服务等移动出行服务业务;汽车相关金融、保险和投资业务;海外经营和国际商贸业务;并在产业大数据和人工智能领域积极布局。

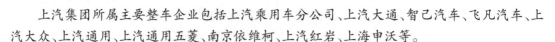

上汽集团所属主要整车企业包括上汽乘用车分公司、上汽大通、智己汽车、飞凡汽车、上汽大众、上汽通用、上汽通用五菱、南京依维柯、上汽红岩、上海申沃等。

上汽集团连续第9年稳居百强名单

2021年，面对缺芯、疫情、限电以及原材料价格大幅上涨等多重严峻挑战，上汽集团全年实现整车批售546.4万辆，终端零售达到581.1万辆，同比增长5.5%，整车销量连续16年保持全国第一。其中，自主品牌销售整车285.7万辆，同比增长10%，占公司总销量的比重首次突破50%，达到52.3%；新能源汽车销售73.3万辆，同比增长128.9%，排名国内第一、全球前三；海外销量达到69.7万辆，同比增长78.9%，整车出口连续6年保持国内行业第一。2022年8月，上汽集团以2021年度1 209亿美元的合并营业收入，名列《财富》杂志世界500强第68位，在此次上榜的中国汽车企业中继续领跑。这是上汽集团自2014年首次入围前一百强以来，连续第9年稳居百强名单。

放眼未来，上汽集团将牢牢把握科技进步大方向、市场演变大格局、行业变革大趋势，继续深入推进"电动化、智能网联化、共享化、国际化"的"新四化"战略，努力提升业绩的同时，深入部署推进创新链建设，在全球汽车产业价值链重构的过程中，全力抢占有利地位和制高点，加快推动业务转型升级，向成为具有全球竞争力和影响力的世界一流汽车企业的目标大步迈进。

海外每卖出三辆中国车，就有一辆是上汽造

作为中国汽车龙头企业，上汽集团一直坚持"有系统、有规划、成建制"推进国际经营，已经建立了集研发、营销、物流、零部件、制造、金融、二手车等于一体的汽车产业链，在海外拥有硅谷、伦敦、特拉维夫三大研发创新中心，伦敦、慕尼黑、东京三大设计中心，泰国、印尼、印度、巴基斯坦4座生产基地及KD工厂，100余个零部件生产研发基地和1 800多个营销服务网点，并开通了东南亚、墨西哥、欧洲等七条自营国际航线。

上汽集团发布的数据显示，2019年，上汽集团实现整车出口和海外销售35万辆，同比增长26%，连续四年蝉联全国第一，在中国车企海外总销量中的占比高达33%，"海外每卖出三辆中国车，就有一辆是上汽造"。其中，名爵海外销量达13.9万辆，同比猛增90%，位列中国出口单一品牌第一。上汽集团整车产品已经进入了5大洲60余个国家，形成了泰国、英国、印尼、智利、澳新、中东、印度7个"万辆级"区域市场。名爵和上汽大通拿下2个"欧洲五星安全"和2个"澳洲五星安全"，以最高标准定义安全，打破中国造汽车的国际安全认证纪录。

目前，上汽集团在伦敦、硅谷、特拉维夫设立创新研发中心，建立了泰国、印尼、印度整车基地和95个海外零部件基地，建成12个区域营销服务中心、4家海外物流分公司和3条远洋航线，在印尼成立多元金融公司，构建了包括创新研发中心、生产基地、营销中心、供应链中心及金融公司在内的汽车产业全价值链。

2019年，国内新能源车市受补贴退坡影响迅速降温，但上汽新能源车销量却超过18万辆，同比增长30%，在创下历史新高的同时，跻身国内新能源汽车市场销量亚军。

其中，作为"中国制造"代表性产品的名爵EZS纯电动SUV，成了历史上首款获得Euro NCAP（欧盟新车安全评鉴协会）五星安全认证的纯电动小型SUV，2019年下半年刚刚登陆

英国、荷兰和挪威,就在当地刮起了强劲的"电动旋风",单一车型出口欧洲超过 10 000 辆,创下中国新能源车出口发达国家的惊人纪录;上汽通用五菱宝骏 E100 通过"直营+全国批售"两种并行模式,加快向全国范围推广,销售势头火爆。

　　未来,汽车将朝着"场景主导、软件定义、数据驱动"的方向发展,真正成为移动智能终端和生态服务平台。在 8 000 余名软件人才和行业首家人工智能实验室的有力支持下,上汽集团将继续牢牢把握"电动化、智能网联化、共享化、国际化"发展机遇,坚持全力推进创新转型,加快推动创新优势向市场竞争优势的成果转化,确保经营平稳健康,继续保持高质量发展。

(资料来源:上海汽车集团股份有限公司官方网站)

第三部分

跨国公司管理

第六章 跨国公司研发、采购及生产管理

【本章提要】

在市场经济中,社会的主体是企业,它们是社会发展变革的推动力量,是市场活动的主要参与者。跨国公司要加大研发力度,生产出有竞争力的产品,才能在竞争中得以生存,同时成本控制也是关键的一环,要科学合理地加强采购管理,生产管理就是对生产过程的计划、组织和控制活动。可以看出,研发、采购及生产管理对跨国公司保持竞争优势有着重要意义,它们之间相互协调、相互促进,共同制约跨国公司的长远发展。

要讨论跨国公司的经营管理问题,必须从了解跨国公司的一些基本概念入手。为此,本章介绍跨国公司的概念、特征、类型、形成与发展的过程及它对世界经济发展的影响。

第一节 跨国公司的研发管理

研发(R&D)是跨国公司的核心职能之一,也是跨国公司全球竞争优势的主要源泉。长期以来,为了防止创新技术的外溢,保持在国际竞争中的领先优势地位,跨国公司普遍将其研发活动集中在母国,置于公司总部的严格控制之下。

一、研发的概念

按照联合国教科文组织(UNESCO)和经合组织(OECD)的统一界定,"研究与发展活动"的全称是科学研究与实验发展活动,是指各种研究结构、企业获得科学技术(不包括人文、社会科学)新知识,创造性运用科学技术新知识,或实质性改进技术、产品和服务而持续进行的具有明确目标的系统活动。研发管理可以定义为创新管理(即发明创造和商业化)任务与技术管理(即内部和外部技术创造与保留)的任务满足的地方,也就是在研发体系结构设计和各种管理理论基础之上,借助信息平台对研发过程中进行的团队建设、流程设计、绩效管理、风险管理、成本管理、项目管理和知识管理等的一系列协调活动。

研发管理是一个较为宽泛的管理范畴,可以从狭义和广义两个方面来进行理解。狭义的定义是指对研发或技术部门及其工作进行管理,重点是产品开发及测试过程。广义的定义是指研发工作实际上不仅仅包含技术开发工作,其范围涵盖新产品的全生命周期,以从产品创意的产生、产品概念形成、产品市场研究、产品设计、产品实现、产品开发、产品测试、产品发布等整个过程。从管理的角度来看,其范围涵盖产品战略与规划、市场分析与产品规

划、产品及研发组织结构设计、研发项目管理、研发质量管理、研发团队管理、研发绩效管理、研发人力资源管理、平台开发与技术预研等领域。

自 20 世纪 80 年代以来,特别是进入 90 年代之后,随着经济全球化的迅猛发展和国际竞争的日趋激烈,一些颇具实力的大型跨国公司为了适应世界市场的复杂性、产品的多样性以及不同国家消费者偏好的差异性的要求,同时也为了充分利用世界各国现有的科技资源,降低新产品研制过程中的成本和风险,一改以往以母国为研发中心的传统布局,根据不同东道国在人才、科技实力以及科研基础设施上的比较优势,在全球范围内有组织地安排科研结构,以从事新技术、新产品的研发工作,从而促使跨国公司的研发活动日益朝着国际化、全球化的方向发展。

二、研发的定位与战略类型

(一)研发的定位

1. 成为向市场推出新技术产品的企业

这是一个富有魅力的、令人兴奋的战略,但同时也是一个风险较大的战略。

2. 成为成功产品的创新模仿者

这种方法的启动风险和成本较小,必须由先驱企业开发第一代新产品并证明存在该产品的市场,然后由跟随的企业开发类似的产品。这种战略要求企业拥有优秀的研发人员和优秀的营销部门。

3. 成为成功产品的低成本生产者

通过大量生产与先驱企业开发的产品相似、但价格相对低廉的产品成为低成本生产者。由于产品已经被客户所接受,因此价格对作出购买决定非常重要。这种研发战略要求企业对工厂和设备进行不断投资,但与前两种战略相比其所需的研发费用较低。

(二)研发的战略类型

调查显示最成功的企业能够将外部机会与内部优势紧密相连,并且研发战略与企业目标紧密相关,三种主要的研发战略如下:

1. 进攻型战略

进攻型战略也称自主创新战略,是指以自主创新为基本目标的创新战略,是企业通过自身的努力和探索产生技术突破,并在此基础上依靠自身的能力推动创新的后续环节,完成技术的商品化,达到预期目标的创新活动。自主创新基本上都是率先创新。该种研发战略的特点是代价高、风险大、收益大。适用于研发能力、财力都很强的企业。

2. 追随型战略

追随型战略也称模仿创新战略,是指企业不抢先研究和开发新产品,而是在市场上出现成功的新产品时,立即对别人的新产品进行仿造或加以改进,迅速占领市场。因此,模仿创新战略能够帮助企业最大限度地吸取率先者成功的经验与失败的教训,吸收、继承与发展率先创新者的成果。当然,这种战略不是简单模仿的战略,而是巧妙地利用跟随和延迟所带来的优势,化被动为主动,变不利为有利的一种战略。该种研发战略的特点是投资少、风险小、见效快。适用于对技术消化吸收能力强的企业。

3. 引进型战略

利用别人的科研力量来开发新产品，通过购买高等院校、科研机关的专利或者科研成果来为本企业服务。通过获得专利许可进行模仿，把他人的研发成果转化为本企业的商业收益。优点是进行仿制，可以达到收效快、成本低、风险小的效果。缺点是由于是仿制，因而有可能利润较少，同时企业技术水平将永远落后在技术输出的企业后面，从长远来看，过多地依赖引进，势必逐渐削弱企业科技队伍的独创能力和活力，使企业受损，因此技术引进战略在大企业中一般只能用作辅助性的战略。

三、海外研发机构历史沿革

海外研发机构是跨国公司在东道国专门从事研发活动的部门，其数量的增多是研发全球化的最直接表现。

跨国公司在海外经营研发机构已有许多年的历史。据美国商务部的资料，到1997年，美国已有86家跨国公司在22个国家建立了186家研发机构；同期，有24个国家和地区的375家跨国公司在美国建立了715家研发机构，雇用的科学家和工程师接近12万人，而且这些研发机构一半以上是在1986年以后建立的。有关资料表明：1986—1990年，日本企业在海外设立研发机构的数量增加了86.6%，雇员增加了121.2%。1995年，日本在欧洲的研发机构达300多家，比1990年增加了2倍多。1993年在美国的研发机构为141家，1997年达到251家。

在海外设立研发机构的企业大多都是实力雄厚的跨国公司，而这些实力雄厚的跨国公司为了赢得激烈的市场竞争，弥补自身科技资源和某些关键学科领域竞争实力的不足，通常都将研发机构设立于在这方面具有相对优势的国家和地区。到海外建立研发机构的企业不仅有发达国家的跨国公司，一些新兴工业化和发展中国家和地区的企业也已卷入这股洪流之中。如韩国有15家企业在美国建立了32家研发机构，其数量仅次于日本、德国、英国、法国和瑞士。此外，中国香港、中国台湾、新加坡也有少数企业到美国投资设立研发机构。

IBM研究部门在全球设有7个研究中心（实验室）：美国3个，中国、日本、以色列、瑞士各1个。全球研究人员超过3 000人，其中博士近2 000名，诺贝尔获得者有5名。IBM曾在历史上取得了举世公认的巨大成就，其中有12项技术被认为对世界高科技发展产生了重大影响，包括RISC技术、大型并行处理技术、磁存储技术、关系数据库、高温超导、语音识别技术等。现在，IBM研究实验室是美国拥有专利最多的研究机构。国际商用机器公司（IBM）中国研究中心（1995）是IBM在发展中国家设立的第一个研究中心，研究领域主要为中文语音识别、数字图书馆、热点视频等。

IBM中国研究中心掀起了以世界500强为代表的世界知名跨国公司在华研发投资热潮，通用电气、宝洁、联合利华、摩托罗拉、日立、松下、诺和诺德、罗克韦尔等世界知名跨国公司相继在中国设立研究结构或实验室，有人说，跨国公司在中国从此有了"头脑"。微软中国研究院（1998）是在美国本土之外的第二家海外基础性研究结构。计划6年投资8 000万美元,办成亚洲最高水平,也是世界一流水平的科研机构。主要研究方向为新一代用户界面、新一代多媒体和新一代信息处理技术。

四、研发的原则与特点

跨国公司研发涵盖诸如基础研究、技术开发、高级开发、概念开发、新产品开发、过程开发、原型设计等活动。

(一)遵循原则

1.跨部门协作的组织结构

通过矩阵式的组织模式,实现全球跨国别、跨部门协作的研发管理过程。产品研发团队应包括市场、技术、服务、工艺、测试、制造等多个领域的代表,并不以单纯的研发组织构成。

2.逐步强化项目跨国管理的重要性和作用

项目管理渗透在整个研发管理的过程中,项目管理的思维与方法被全球广泛接受和使用,项目经理从兼职逐步演变为专职的职业经理人。

3.全局规划、分步实施

研发管理体系的进步,并非一朝一夕之事,需要一个漫长的过程。因此,必须在早期对整个体系进行科学系统的规划,再根据自身的能力分步实施。研发管理是科学,同时也是实践的学问,需要依据相关理论体系进行系统的规划,再通过分步执行逐步落地;前者重在其科学性与合理性,具有全局指导作用;后者重在实践和经验的积累,是落地执行的保证,两者缺一不可。

4.人员、流程和技术同步考虑

研发体系的设计并不是照搬现成的就可以,更为重要的是要适合公司所在国的业务模式、适合本国的人员能力、资源规模和技术实力。脱离现实,盲目模仿先进,必将导致失败。

(二)特点

衡量研发管理优劣的三个关键指标是质量、时间和成本。人们总是希望做得好(即质量高)、做得快(即时间少)而且少花钱(即成本低)。如果出现三者难以同时兼得的情况,那么决策者一定要弄清楚质量、时间和成本之间的复杂关系,判断孰重孰轻,给出优化和折中的措施。跨国公司研发管理主要有四个特点:第一,将研发管理提升到战略地位;第二,更加趋于全球化管理;第三,实行营销一体化,实施"并行工程";第四,通过跨国并购弥补技术上的缺陷。

五、研发的类型和实践

(一)研发类型

1.产品研究

产品研究主要是指新产品开发。新产品开发是竞争优势的主要来源,是实施差异化战略的企业战略保障体系中的关键环节。但新产品上市也可能花费大量的资金,必须谨慎控制新产品的开发过程。为确保企业的资源都集中应用在概率较高的项目上,进行项目筛选是非常必要的。

2.流程研究

流程研究关注于生产产品或提供服务的流程。旨在建立有效的流程来节约资金和时间,从而提高生产率。流程研究对改善质量管理也至关重要。因此,流程管理无论对于实施成本领先战略的企业,还是对于实施差异化战略的企业而言,都是必不可少的。

(二)研发实践

当前,业界优秀的研发管理实践的代表是 IBM 倡导的集成产品开发(Integrated Product Development,IPD)和美国 SEI 的能力成熟度模型集成(Capability Maturity Model Integration,CMMI)。这两大研发管理体系相辅相成,二者的结合即可在理念认识、战略层次、运作框架等宏观层面上帮助企业提升,也可以在具体执行、操作指导等微观层面上帮助企业落地。

集成产品开发是一套先进的、成熟的产品开发管理思想、模式和方法。它是根据大量成功的产品开发管理实践总结出来的,并被大量实践证明的高效的产品开发模式。IPD 的关键要素包括跨部门团队、结构化流程、一流的子流程、基于平衡积分卡的考核体系、IPD 工具等。

能力成熟度模型集成是由美国软件工程学会(Software Engineering Institue,SEI)制定的一套专门针对软件产品的质量管理和质量保证标准。

CMMI 模型主要用于软件工程、硬件工程、系统工程等产品开发领域。该模型基本上覆盖了产品研发的各个过程领域,包括项目管理、需求、设计、开发、验证、确认、配置管理、质量保证、决策分析以及对研发的改进和培训等一系列活动。

第二节　跨国公司的采购管理

跨国公司的采购管理企业在竞争中能否制胜取决于实力,领先的核心技术是实力,英明的经营决策是实力,优秀的人力资源是实力,可观的规模效应、优良的企业资产和科学的管理体系等,都是有实力的企业所应具备的。然而,除上述先决条件外,企业生产经营中的成本控制也是关键的一环。成本乃生存之道,经营效益的好坏与生产成本能否有效控制密切相关。以原材料、零配件采购为例,若采购成本高,生产成本必然也高,反之亦然。因此,采购作为企业为满足特定的需要而发生的外部购买行为,采购管理对企业就意味着使购买物有所值。

采购管理离不开三个主题:降低成本、提高质量、提高效率。既然采购是"外部"购买行为,也还意味着供应商和客户之间的利益关系并不完全一致。为此,要在变动的采购利益关系中准确界定企业的利害关系,并以此为基础展开采购行为。

现在国内企业普遍存在着一个误区,即采购工作就是和供应商搞好关系,然后在这种关系的基础上,与企业需求之间寻求磨合和平衡。其实对于企业而言,这种情况是很危险的。在采购行为中,与供应商建立良好的个人关系固然重要,但企业间的利益关系更为本质并且具有决定性。在采购管理方面,跨国公司有很多成功的经验值得我们学习。

一、跨国公司的采购实践

许多跨国公司在实际的采购活动中,都采用"业务外包"的做法,将采购部门从单纯的服务于生产的职能中解放出来。

耐克(Nike)公司就是一个广为人知的极端例子。这家世界运动鞋霸主没有直接的原材料供应商,甚至没有自己的工厂。在很多发展中国家的工厂里,耐克鞋被日夜不停地生产出来,而工厂的主人却不是耐克。这些工厂拥有自己的原料供应商——布匹、塑料、生产设备等。这些供应商也同样拥有自己的供应商。耐克无疑是成功的。从1992—1998年,这家公司的股东获得了超过30%的股本收益。这种成功在很大程度上是建立在"大采购"战略成功的基础之上的。从生产到广告,从机票到午餐,从仓储到市场调研等,都是通过采购得以实现。

认识自己的核心能力对采购也是很重要的。在美国微软公司全球的3万余名雇员中,有超过一半的雇员是从事软件开发的,1万人左右从事市场和销售工作,另有4 000人左右从事财务、人事、办公室管理和物流管理工作,其他业务和资源全部通过采购获得。世界饮料工业的头号巨人可口可乐公司也采取了同微软类似的做法。它虽然保留了"可口可乐"工厂,保留了诸如财务、人事等管理职能,但始终把大部分精力投入市场和销售领域。即使在市场部门的工作中,工作的主要内容也是保证利用通过采购获得的消费者研究、零售研究、竞争对手等研究结果的准确性,并保证能够应用到公司的渠道策略、广告策略和新产品开发策略中去。近年来,可口可乐公司也开始对生产进行采购,即进行"合作生产"。

微软注重研发,可口可乐注重市场,并非偶然。提到微软,人们首先想到的是好用的软件;提到可口可乐,人们首先想到的是充满活力的广告和地道的美国文化,大概除了供应商本身,没有人会去注意"office软件的包装是哪里生产的""可口可乐的水是哪条河里的"等问题。

可以说,对于那些成熟的跨国公司而言,他们把资源和注意力更多地放在"核心能力"上,而对那些与核心能力无关的业务,则尽量通过采购获得,这是他们的普遍战略,是值得国内企业借鉴的成功之处。

二、采购中的技术创新

从某种意义上说,厂商的产品是供应商的产品的组合。产品的价值蕴含在它的各个组成部分的价值之中,如果组成部分的价值增加,产品的价值就自然得到增加,而且这种增加在大多数情况下要远远大于部分价值的增加。例如,相同品牌的笔记本电脑,采用英特尔i3处理器和采用英特尔i7处理器的要相差数千元,而处理器本身的差价可能仅有数百元,这说明供应商的技术创新能力对厂商产品的价值有多么大的影响。

厂商和供应商的关系可看作以一个厂商为中心的巨大网络,这个网络并不是由一个厂商完全占有,而是由多家同类厂商共同占有。在这个以创新和速度决定企业生存的时代,可以说,谁善于使用供应商的创新能力,谁就在竞争的天平上掌握了一个重重的砝码。

供应商的技术创新一般有两种类型:一是为了降低成本、提高质量和生产效率,供应商进行改善生产流程、引入新的设备、优化生产工艺等活动;这类活动并不导致最终产品的改变,只是对生产的过程进行技术创新。二是为了增加产品的附加值,供应商对产品进行重新设计或发明创造,使产品的最终形态发生变化,这种变化直接导致产品性能的提高、更具有吸引力、价值更高。如应用于客户的产品,将直接导致客户产品附加值的提高。

增值创新的回报是巨大的。对于供应商来说,增值创新意味着获得竞争对手难以模仿的竞争优势,如果获得自主知识产权,这种优势将会扩大。而且,这种创新面对的是全部客户,而不是单一客户。瑞典的利乐公司(TetraPak)就是进行这种创新活动的典范。该公司的专利技术——超高温灭菌技术和无菌纸包装技术被全世界的食品、饮料公司广泛应用。该公司的技术优势被认为是不可模仿的。对于厂商来说,首先利用供应商的增值创新,同样会获得难以模仿的竞争优势。

增值创新需要通过供应商和厂商之间的某种机制才能够得到。跨国公司在同供应商的创新合作时有三种模式:交易型、服务型和伙伴型。

1. 交易型

交易型即直接采购供应商的技术成果或创新产品。这种合作最为简单,甚至在双方没有任何合作历史的情况下也可以进行。一般来说,进行这种交易不涉及企业之间其他方面的联系。该技术或创新产品的价值已经得到验证,风险较小。

2. 服务型

服务型即供应商根据厂家的要求进行技术创新。这种合作一般建立在双方供货合同的基础上,技术创新作为增值服务,内容多是在现有产品的基础上改变产品设计,核心并不复杂,风险较小。客户可以付费,也可以不付费。有些精明的供应商甚至主动向客户提供这种服务。跨国公司与国内企业的合作多属于这种类型。

3. 伙伴型

伙伴型即供应商与厂家结成创新伙伴,双方的研究人员组成技术创新小组直至成立专门的研究结构进行深度合作,成果共享的,风险共担。一般来说,双方具有长时间的合作历史和深厚的合作基础,双方技术的互补性很强,技术成果对双方都具有重要意义。相对来说,合作项目的风险较高。IBM公司和东大阿尔派之间的战略合作伙伴关系就是一个很好的例证。

三、采购管理的阶段

采购管理分为五个发展阶段:供料、价格、总成本、需求管理和全面增值,也代表了从小采购到大采购的发展路径。

(一)供料

供料阶段就是确保有料。采购的角色是采购员和计划员,做的是典型的文秘工作。采购能确保按时供料就不错了。采购也谈价,但对价格的影响微乎其微。

(二)价格

采购的角色转为谈判员,节支是采购的主要指标(但这并不意味着交货率、质量就不重要,这些指标都是理所当然的)。与供料阶段相比,处于价格阶段的公司系统地跟踪、比较价格,统计采购节支。比价主要有两种方式:跟市场价比,即与主要的价格指数比,例如美国的生产价格指数(Producer Price Index,PPI);跟历史采购价比,就是采购价格价差(Purchasing Price Variance,PPV)。在实际操作中,有些大公司利用规模优势,系统地取得最佳采购价,甚至帮别的公司采购,使采购成为公司的利润中心,而不是传统的成本中心。

(三)总成本

采购节支是采购业绩的重要指标,因为它直接明了,易于量化。但是,采购价只是成本的一部分,它的优化往往导致别的成本的不优化。例如很便宜地买了台设备,采购部门得到嘉奖,但由使用部门来买单,因为使用、维修成本较高。相应地,采购的角色也转换为供应链管理,兼顾运输、仓储、关税、汇率、使用、回收等。

(四)需求管理

上述三个阶段侧重于供应方面。简单地说,就是需求确定后,采购以最经济的方式满足要求,但对需求是怎么确定的则影响有限。这样,采购是事后管理。其实,百分之七八十的成本是设计阶段即事前决定。如果采购要彰显对公司的贡献,就得有效介入需求确定阶段,帮助做好设计、规划工作,这也是采购要上的第四个台阶。供应商早期介入是其一,即把供应商的好点子尽早纳入设计,使设计更合理,从设计角度降低成本。内部客户管理是其二,确保使用综合绩效最好的供应商,尽量减小需求变动,控制"牛鞭"效应等,都是从根本上降低供应链的总成本。或许有人会说,采购是支持部门,要以服务为导向,管理内部客户似乎不妥。其实,内部客户导向并不是盲从。从专业的角度管理内外客户,其实是为了内部客户、公司的好。例如帮助内部客户做好规划,供应商就用不着赶工,就用不着支出赶工费;说服内部客户更改不合理要求,因为这些要求即使不增加公司成本,也会增加供应商成本,"羊毛出在羊身上",终究得公司买单。

(五)全面增值

卖得好不如买得好。在很多行业,采购成为公司的核心竞争力。采购是公司的命脉,不但在于成本节支,而且在于确保采购产品的质量和技术含量。源于对供应商的依赖程度增加,采购上升到战略层面。相应地,采购指标也增加了很多财务、运营方面的内容,例如现金流、资产管理等原来由运营、财务部门负责的指标。这个阶段的问题是,采购关系到公司的存亡,但其手段往往是第二阶段的价格谈判,名曰利润转移。

这五个阶段很难割裂。五个阶段的事实上采购都在做,或者至少是试图在做。不同的是在采购强的公司高阶段的事做得多,是大采购;采购弱的公司更多的是做低阶段的事,是小采购。这也不意味着如果要增加价值,采购一定得处于高阶段。很多伟大的公司的采购还处于第二、第三阶段,但这并不一定影响他们成为伟大的公司。相反,有些公司的采购已经是第四阶段,但公司、行业却在往深渊里掉,因为竞争、经济等原因,不能一概而论。

四、采购体制类型及采购策略

（一）采购体制类型

1. 中心采购体制

中心采购体制即总部对跨国公司体系内各单位所需物资集中采购和管理。优点是跨国公司能够获得采购规模经济,提高与供应商讨价还价的能力;缺点是中心采购体制需要较高的采购管理水平和物资调配水平;适用于采购物资种类不多,总量较大,供应商比较集中的情况。

2. 分散采购体制

分散采购体制即各子公司或工厂自行采购所需物资。优点是可充分调动子公司的积极性、主动性和灵活性;缺点是难以形成采购规模,适用于采购物资种类多,供应商较为分散的情况。

3. 混合采购体制

混合采购体制即中心采购体制和分散采购体制的混合应用,部分物资集中采购,部分物资分散采购。混合采购体制既能获得集中采购的规模经济,又能调动子公司的积极性和主动性。

（二）采购策略

跨国公司通常使用以下三种商业模式进行采购,这三种商业模式的关键区别在于其采购承诺和责任的程度。

1. 贸易代理

贸易代理可以帮助筛选当地的供应商、谈判价格并负责打理其后的订单履行以及物流。他们作为第三方的服务提供商可以使其客户免于应付复杂琐碎的日常操作,甚至可以替客户进行一些较小规模的投资。跨国公司在选择贸易代理时非常留意保持自己的控制权,以及了解贸易代理的能力水平和责任履行情况。

2. 当地合资和独资的外商投资企业

一般情况下,如果投入了更多的精力和资金,公司往往可以获得对其供应商更为充分的了解,并可以对质量进行更紧密的控制。同时,公司也便于和供应商开展更为长期和直接的合作。当然,伴随这些好处而来的是更大的挑战,例如,需要公司在不同国家甚至大洲之间协调不同工厂的外包项目,并管理相应的订单履行情况和运输分拨。

3. 在全球范围内建立采购办公室来专门评估、选择和发展当地供应商

这种方式基本上是一种共享服务的模式,利用一批专业的采购团队来专门负责打理从订单到物流管理的相关事宜。在采用这种方式时,公司内部各个商业部门的大力支持无疑是其成功的关键。除此之外,该办公室管理自营或外包的物流能力也至关重要。

在以上三种不同方式中,建立国际性的采购办公室可能是被最广泛采用且最成功的方式。除了专业性和整合性所带来的优势,国际采购办公室通常可以为公司带来采购成本和采购周期的显著下降。当地的国际采购办公室还可以促进各种形式的采购信息,在全球范

围内的公司各部门之间得到充分的沟通和共享。总的来说,这种方式被认为是将新兴的采购目的地国家或地区融入原有的全球供应链的最佳方式。

五、跨国公司的采购流程

(一)识别潜在供应商

采购产品的战略重要性和技术难度,对供应商的开发有一定影响。采购经理要通过各种各样的信息来源,收集潜在供应商的信息,识别并开发潜在供应商。常用的供应商开发渠道主要有以下几种。

1.互联网

一般来说,网络搜索引擎是一个便捷地获取供应商信息的工具,使用百度、阿里巴巴可以搜索到各种供应商的信息,而且可以通过网络了解一些专门的行业网站。

2.展览会

参加各种行业展会可以集中看到许多好的供应商,能一下子收集很多信息。在展会上,往往还有很多行业的发展论坛、讲座。如果有机会,可以去参加,对采购者了解行业发展趋势,收集市场信息都有好处。在这些展会上,可以和不同的生产厂家代表会谈,讨论需要购买的产品。因为有众多的供应商集聚在一起,采购者可以充分地利用时间,收集更多的供应商资源。

3.行业协会

行业协会是指介于政府、企业之间,商品生产者与经营者之间,并为其服务、咨询、沟通、监督、公正、自律、协调的社会中介组织。各行各业都有属于自己的行业协会,供应商行业协会是聚集供应商的大舞台,加入该协会或者参加协会活动,就有机会认识很多供应商。

4.政府部门

由于当地政府对区域内的企业状况非常清楚,因此,可以直接与诸如经济信息委(局)、商务委(局)等政府部门联系,政府部门的工作人员也很乐意把当地企业推荐给跨国公司。

除此之外,还应尽可能地利用公司的技术人员或销售人员,他们都可以通过他们的朋友圈带来很多供应商资源的信息。当然,作为采购要有工作的独立性,需要按照公司的采购流程,了解尽可能多地供应市场信息,并在众多信息中寻找最合适的供应商。

(二)评估潜在供应商

初步筛选淘汰了一些不合格的供应商之后,下一步要决定怎么去进行正式的评估,筛选出合适的供应商,这就要求要有详细的评估标准。这些方法主要包括评估供应商提供的信息、拜访供应商,以及使用优先供应商。

1.评估供应商提供的信息

在跟供应商签订合同前,采购要评估从潜在供应商处获得的详细信息,这些信息来自之前发出 RFQ(报价请求)和方案请求,这是以前采购常用的方法。现在很多公司都会用更直接、更深入的方法评估潜在供应商。例如,越来越多的公司要求供应商在响应询价请求进行报价时,把价格做一个详细的分解,进行分项报价,包括人工费、材料费、管理费和利润。

2. 拜访供应商

跨部门的专家团队,包括采购经理、技术专家、公司法务、财务经理等要对潜在供应商进行拜访,大公司一般都是通过团队对供应商进行评估和选择的。团队进行评估的优点是,每个人可以用独特的视角对供应商进行包括质量认证、环境、健康和安全评估、加工技术等的全面评估。

3. 确定供应商

在评估合格后首先与供应商进行价格及支付事项谈判,其次是下一个小批量的试订单,如果试订单交付没问题,再下正式订单,最后检查进货及付款。

(三)使用优先供应商

越来越多的采购都倾向于把表现最好的供应商列入优先选择供应商名单,这样可以简化供应商评估和选择流程。优先供应商是指那些可以持续满足严苛标准的供应商,采购可以参考采购数据库来确定是否存在某个供应商可以满足采购需求。如果有,就省去了评估供应商的时间。平时采购也可以通过列入优先供应商名单来激励供应商改进水平。

六、全球采购中的中国策略

(一)全球采购聚焦中国

经历了近40余年改革开放,我国凭借成功的市场经济转型以及充裕的劳动力资源和强大的制造能力,抓住了全球制造业产业结构调整和采购生产网络重组的战略机遇,开始在世界产业分工中处于比较有利的地位。2001年以前,跨国公司在华从事采购出口业务虽已有一些渠道,但其相关结构只能从事一些为采购出口提供服务的业务,不能开展实质性的经营业务,无法满足跨国公司不断增长的采购需求。随着中国进一步放宽外商在华采购出口的政策,中国一些背靠生产和加工基地的港口城市,如天津、上海、深圳等,以强大的生产能力为依托,以其便利的交通、完备的设施和配套的服务,进一步成为跨国公司在华采购的切入点,吸引了数量众多的跨国公司来华设立采购中心。对于跨国采购商而言,我国制造业的巨大产能不可估量,同时由于我国产业工人充裕,生产成本较低,因此产品在国际市场上具有很强的竞争力。我国是全球唯一可生产所有门类商品的国家,没有一家跨国公司不看重中国市场的采购。

(二)全球采购对中国企业的影响

全球采购为我国企业打开了一个在世界上寻找市场份额、寻找合作者与寻找最终消费者的窗口,不仅有力地促进了我国产品的扩大出口,而且有力地提升了我国外贸的整体水平,对我国经济的进一步发展产生重要的影响,同时对我国企业进一步融入全球经济产生了巨大的影响。

1. 促使中国企业走向全球,带动经济发展

全球采购活动青睐中国,无疑为中国的企业,特别是那些过去以内销为主的多数企业提供了一个开拓国际市场、建立稳定的销售渠道、带动企业产品出口的机遇。因此,全球采购在我国的迅速发展,将大大扩大我国企业产品的出口,从而实现我国出口经济的顺利进行,

进而为我国国民经济的顺利发展做出贡献。

2.促使中国企业不断学习,加速技术创新

随着越来越多的国际知名跨国公司纷纷进入中国,在许多行业领域中国际竞争已趋于国内化,这也迫使跨国公司不得不向中国供应商转让较新甚至最新的技术,以增强其在中国市场上的竞争力。这样有利于我国企业引进跨国公司先进的技术、经验和管理理念,同时也为中国供应商技术进步提供了动力,中国供应商为了维持与跨国公司的长期合作而不断进行自主创新,以跟上国际竞争的脚步。

3.促使中国企业快速"塑身",适应国际竞争

在全球采购环境下,中国企业需要学习和尽快适应全球采购的资源配置方式,从而能够在与国际对手竞争的过程中建立起全球化的生产网络和采购网络,真正提高在国际市场上的竞争能力。中国企业在参与全球采购并与跨国公司或国际企业合作的过程中,不仅能够建立起稳定的供销关系,而且能够促进企业加快自身产品结构的调整和技术的创新,提高自己的产品质量和竞争能力,同时这样可以使中国企业更快、更直接地了解国际市场的运行规则和需求,按照国际市场的规则来生产产品和提供服务。

(三)我国企业应对全球采购的策略

面对汹涌而来的全球采购,由于种种原因,我国企业未能充分利用全球采购带来的机遇。为此,可以采取以下应对措施。

1.熟悉与掌握电子商务技术

电子商务的产生,使传统采购模式发生了根本性的变革。这种采购制度与模式的变化,使企业采购成本和库存量得以降低、采购人员和供应商数量得以减少、资金流转速度得以加快。近年来,随着信息产业和网络通信技术的飞速发展以及市场竞争的加剧,将物流、资金流和信息流三流合并进行高效运作的供应链理念,在发达国家已被提到了前所未有的高度。现代化、集约化的电子采购,正成为跨国公司经营运作的重要流程。很多跨国公司纷纷发展电子商务采购工作,以消除在采购管理过程中的低效率。为了适应全球采购趋势的发展,我国企业应积极参与这一网络流程,为产品进入国际采购做好准备。

2.与供应商建立双赢合作关系

中国企业一方面要把与采购商的合作作为把脉市场的新方式,全球采购不同于一般的需求,其数量大、范围广的特征恰恰反映出它是一种代表世界主流购买与消费倾向的有效需求,全球采购对于供应商而言,其意义不仅在于卖出了大量产品,更重要的是通过采购商的购买意向可以最准确地触摸到全球市场供需波动的脉搏,以低成本迅速地把握商机和行情。另一方面要与采购商相互信任、信息共享,严格按照采购商的要求协调自己的生产计划,低成本准确地为采购商提供高质量的产品与高水平的服务,实现双赢。

3.了解跨国公司的采购程序与国际采购通用的规则

我国企业要进入跨国公司全球采购网络,就必须了解和熟悉跨国公司的采购程序,加深对采购程序、条件和要求的了解,以形成标准化的采购程序适应国际采购规则。全世界公认的四大采购法则是《联合国采购示范法》《WTO采购协议》《欧盟采购指令》《世界银行采购指南》。只有对这些规则有所了解,并努力按规则办事,才能有效进入跨国公司的全球采购网络。

第三节 跨国公司的生产管理

随着经济全球化的不断发展,世界经济也在发生较大变化,国与国之间在经济交流中也变得越来越密切,从而强化了跨国公司在国际市场的发展地位。国际市场的发展主要以跨国公司为主要经济增长点,对产业结构进行调整,从而促使生产管理转移为国际化以及全球化发展。

一、生产管理概述

生产是企业(包括制造业和服务业)创造产品或提供服务的一切活动的总称。生产活动是一个由投入、转换、产出所构成的综合体。

生产管理是计划、组织、协调、控制生产活动的综合管理活动。内容包括生产计划、生产组织以及生产控制。通过合理组织生产过程,有效利用生产资源,经济合理地进行生产活动,以达到预期的生产目标。无论一个企业生产什么,生产管理在企业经营中都居于核心地位。

现代企业生产管理的任务就是通过合理组织企业的生产活动,实现企业的经营战略和目标。企业生产管理任务的核心就是如何解决生产的基本问题,实现生产管理目标。生产管理关系如图6.1所示。

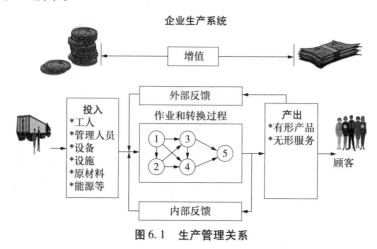

图6.1 生产管理关系

二、生产的标准化与本土化

(一)标准化的含义

所谓标准化,就是将企业里有各种各样的规范,如规程、规定、规则、标准、要领等,这些规范形成文字化的东西统称为标准(也称标准书)。制定标准,而后依标准付诸行动则称为标准化。

（二）跨国生产中推行标准化的作用

①降低设计费用,缩短海外工厂建设时间。采用标准化的生产系统,可以借鉴原有的设计图纸和建设经验,节约大量成本,加快工程进度。

②便于大批量生产,获得规模经济效应。采用标准化的产品、零部件或生产模式,可以使得生产过程高度专门化,并通过批量生产实现规模经济。

③降低技术复杂性,减少培训成本,提高管理效率。实行标准化生产,将导致生产自动化程度的提高,因此对工人的操作技术要求就会降低,从而减少相应的技术培训费用和管理成本。

④便于公司总部的生产计划安排,有利于对产品质量的控制。按同一标准进行产品生产,按同一标准进行质量管理,有利于公司总部对国内外子公司的生产进行统一控制和统一协调。

（三）标准化与母公司生产系统

跨国生产中的标准化,往往从母公司的生产系统开始,包括产品标准化、生产过程和方法的标准化、生产系统设计和设备的标准化等。母公司生产系统的标准化,可以为国外子公司提供模式和样板,可以将生产技术、经验等直接转移到国外子公司中。因此,母公司生产系统的标准化程度,是影响跨国生产标准化的重要因素。

（四）跨国生产的本土化

当世界各国的市场存在种种障碍而使得生产标准化难以实施时,跨国公司就需要在不同地区采用不同的生产体系,即实行差异化的生产方式。推行跨国生产的本土化(差异化),适应不同国家市场的差异,是有效实施多国战略的前提条件。

1.跨国生产本土化的具体表现

多国企业战略重点是强调各国的差异性和对当地市场的适应能力,一是根据当地市场需求的特点设计和开发产品;二是产品的生产设备可能是非标准化的;三是生产技术在不同国家的适用性;四是子公司生产系统的相对独立性。

2.实施本土化生产的必要措施

一是授予国外子公司在管理上的必要权力,以提高其生产经营管理能力以及对当地市场的应变能力;二是建立国外子公司管理层参与总部决策过程的有效机制;三是注重与东道国的客户、供应商、政府部门的联系和沟通。

三、生产管理的基本问题

生产管理有三个基本问题需要解决。

（一）如何保证和提高质量

质量包括产品的使用功能、操作功能、安全性能和保全性能等方面的含义。这些特性在跨国公司生产管理中相应地转化成为产品的设计质量、制造质量和服务质量问题——质量管理。

（二）如何保证适时、适量地将产品投放国际市场

在现代化大生产中，生产所涉及的人员、物料、设备、薪酬等资源成千上万，如何将全部生产要素在它们需要的时候组织起来，筹措到位，是一项十分复杂的系统工程，也是跨国公司生产管理所要解决的一个最重要的问题——产品数量与交货期管理。

（三）如何才能使产品价格既为全球顾客所接受，同时又为企业带来利润

它涉及人员、物料、设备、能源、土地等资源的合理配置和运用，涉及生产率提高，还涉及资金的运营和管理问题。归根结底，它可以归结为一个问题：如何努力降低生产运作成本——成本管理。

上述三个问题历来是生产管理的基本问题，而对于跨国公司而言，还需要考虑以下两个问题。

1. 如何提供独具特色的附加服务

如何提供附加服务，对于产品制造企业而言，随着产品的技术含量、知识含量的提高，在产品销售过程和顾客的使用过程中，所需要的附加服务越来越多。当制造产品的硬技术基本一样时，企业通过提供独具特色的附加服务，就有可能赢得独特的全球竞争优势。对于服务业企业来说，在基本服务之外提供附加服务，也会赢得更多的客户。一些跨国公司如IBM、索尼等就是十分重视提供优良的服务吸引了大量的消费者，我国的企业如海尔也是大打服务牌，赢得了消费者的青睐。

2. 如何保护环境和合理利用资源

跨国公司在生产对社会有用的产品的同时，也会生产一些副产品，如废水、废气、废渣等，从而对环境造成污染。当今，保护我们共同生存的环境，合理获取、节约利用资源，保持可持续发展已经是人类所面临的重大课题，跨国公司对此也责无旁贷，为了实现保护环境和合理利用资源的目标，跨国公司应当在生产运作管理中注意兼顾经济效益、社会效益和生态效益，合理开发和利用资源。

四、生产管理发展的新趋势

（一）管理范围扩大化

传统的生产管理的任务是运用组织、计划、控制的职能，把投入生产过程的各种要素有效地组织起来形成有机整体，按照最经济的方式生产出某种社会需要的廉价优质产品。传统的生产管理主要是指企业内部产品制造的管理，使跨国公司的生产管理范围扩大了。主要表现在：

①生产的概念已从工厂制造业进入医院、餐旅、商场、银行、咨询等服务业。人们在服务业所进行的业务活动也被认为是生产活动，当然这种同样需要人、财、物以及信息等各种投入的生产活动所带来的产出并不是制造业概念上的产品，但它们同样是对社会有用的并为社会所必需的产出——服务。因此，当今生产管理的范围不仅包括制造业，也应包括服务业，而后者所占的比重将随着第三产业的发展会越来越大。

②就制造业而言，生产活动的涵盖范围随着生产系统的前伸和后延也大为扩展，在制造

业内部生产的概念也和过去有很大的不同,生产活动所涵盖范围大为扩展。

这种扩展体现在生产活动前伸和后延的两个方面:生产活动的前伸是指生产系统在以市场为导向的同时,将其功能扩展到战略制订、产品创新设计乃至与资源的供应合为一体,如在日本丰田汽车公司就把供应商的活动视为生产系统的有机组成部分加以控制和协调。生产活动的后延是指企业的生产职能已扩展到产品销售和售后服务方面,把为用户安装、维修、培训当作企业生产活动的重要组成部分,已成为众多成功企业的共识,甚至许多企业已把本企业产品使用的场所视为本企业生产系统的空间延伸,在那里完成产品的制造和改进。

(二)组织结构动态化

传统的生产管理的组织结构是金字塔形的多级管理,一般都是直线——职能制和事业部制两种基本形式。它们是和过去的市场需求的相对稳定性相适应的。为适应当今多品种小批量生产的特点,生产管理组织结构则应具有较大的灵活性,对市场的变化要有较强的适应性,因此出现了两种新的动态组织结构模式:

1. 柔性多变动态组织结构

柔性多变动态组织结构是一种矩阵组织结构,例如,为完成新产品设计、试制、制造任务而设立的矩阵组织,产品的项目组织活动的权限和责任的范围是横向的,可以沟通横向联系;职能部门行使和承担的是纵向的权限和责任,项目组成员来自不同的职能部门,包括市场评估、生产计划、设计工艺等部门的人员,项目组一直工作到新产品开发完成后才撤销。该组织结构灵活性大,适应性强。将各部门人员组织在一起,可以使很多工作开展并行工程,从而缩短产品的开发周期。

2. 虚拟组织结构

虚拟组织结构其基本含义就是以各种方式借用外力,如购买、兼并、联合、委托、外包等,对企业外部资源优势进行整合,实现聚变,创造出超常的竞争优势。在这种组织系统结构中,企业可以获得设计、生产、营销具体功能,但却不一定拥有与上述功能相适应的实体,它是通过外部资源力量实现上述功能的。它所追求的主要目标,在于突破企业的有形界限,弱化具体结构形式,达到全方位地借用外力,以提高企业对市场的反应速度和满足用户的能力。

(三)产品设计智能化

传统的产品设计主要靠知识渊博、经验丰富的专业人员通过手工进行。然而时至 20 世纪 80 年代,新产品的研制与设计已离不开计算机辅助设计系统(人工智能),计算机辅助设计系统以其自动模拟、易修改、易控制、自动绘图、自动计算,并与生产设备直接连接以及直接控制生产加工过程等特点,从而赢得产品设计与开发人员的信赖;先进计算机辅助设计系统,还可生产系统连接,实现设计与生产加工相同步,改变设计与生产加工工艺相同步,从而大大缩短了整个生产周期。

(四)生产计划精确化

传统生产作业计划的编制方法使用的是累计编号法和提前期法等,利用这些方法编制的计划比较粗,零部件的库存量比较大,不能适应变化的市场需求。为了改变这种状况,近

年来,人们相继开发出 MRPII 的软件系统和 JIT 的生产系统。

(五)生产制造柔性化

在工业化时期企业主要是采用标准化、专业化、大批量流水线的生产方式。它与当今时代人们多样化需求不相适应。

现代企业则建立了根据顾客需求随时调整产品品种、款式和生产批量的柔性生产体系。在柔性生产线上,同一条生产线可生产出不同风格、个性的产品,在这里产品设计、工艺设计、生产加工连接为一个整体,具有可调节、延伸、可升级功能的生产控制程序。传统的生产工艺和设备,将被高精度、高智能、高自动修复的生产控制程序所代替。

(六)生产过程最优化

传统的生产过程往往允许仓库内有一定的库存量,允许制造过程中有一定的废品,从而使生产成本较高。而现代生产管理,则树立"零"的观念,即要求一切不利于企业生产的负效应趋近于"零",使得企业的人流、物流、资金流、信息流处于最佳结合状态,这种观念正激发人们向管理的极限迈进。

1.零缺陷

所谓零缺陷,按照国际著名质量管理专家菲利普·克罗斯比的解释是"第一次就把事情做好"。比如,当今许多企业都极力完善售后服务,而法国安镜纽光学公司,却对零缺陷与售后服务的关系见解独到,他们认为,一个具有高质量的产品,将使售后服务降至最低,而零缺陷的产品根本不需要售后服务。

零缺陷目标的实现依赖于六西格玛工具的使用。六西格玛(Six Sigma)是一种管理策略,最早由摩托罗拉的工程师比尔·史密斯于 1986 年提出。六西格玛背后的原理就是如果你检测到你的项目中有多少缺陷,你就可以找出如何系统地减少缺陷,使你的项目尽量完美的方法。一个企业要想达到六西格玛标准,那么它的出错率不能超过百万分之三点八。六西格玛在 20 世纪 90 年代中期开始被美国通用电气(GE)公司从一种全面质量管理方法演变成为一个高度有效的企业流程设计、改善和优化的技术,并提供了一系列同等的适用于设计、生产和服务的新产品开发工具。继而与 GE 的全球化、服务化等战略齐头并进,成为全世界追求管理卓越性的企业最为重要的战略举措。

(1)六西格玛的含义

①它是一种质量尺度和追求的目标,定义方向和界限。

②它是一套科学的工具和管理方法,运用 DMAIC(改善)或 DFSS(设计)的过程进行流程的设计和改善。

③它是一种经营管理策略。六西格玛管理是在提高顾客满意度的同时降低经营成本和周期的过程革新方法,它是通过提高组织核心过程的运行质量,进而提升企业盈利能力的管理方式,也是在新经济环境下企业获得竞争力和持续发展能力的经营策略。

(2)六西格玛实现过程

六西格玛 DMAIC 和六西格玛 DMADV,它们是整个过程中两个主要的步骤。六西格玛 DMAIC 是对当前低于六西格玛规格的项目进行定义、度量、分析、改善以及控制的过程。六西格玛 DMADV 则是对试图达到六西格玛质量的新产品或项目进行定义、度量、分析、设计和验证的过程。所有的六西格玛项目是由六西格玛绿带或六西格玛黑带执行的,然后由六西格玛黑带大师监督。

六西格玛策略可以使企业营运成本降低、周转时间得到改善、材料浪费减少、对顾客需求有更好的理解、顾客满意度增加以及产品和服务的可靠性增强。然而要想达到六西格玛标准需要付出很多,并且可能需要几年的时间才能实现。

2. 零库存

除了必要的原材料或零件确因特殊原因难以控制,对原材料、半成品和成品尽可能彻底执行零库存。通过建立卫星工厂,在必要的时间生产出必要的数量和种类的零件,如此就不需要零件仓库,而直接送到生产线上。在自己工厂中彻底实施"一个流",就没有半成品库存,如果品质达到零不良免检时,就直接装到货柜内送给顾客,如此就不需要成品仓库了。从以上还可以看出,零库存是以零缺陷为前提条件的,例如,在日本丰田汽车公司,你可以看到川流不息的流水线生产,却难以寻觅丰田公司的仓库,因为该企业的库存趋于零。

零库存也称准时制生产(Just In Time, JIT)。准时生产方法是指生产的产品能够精准地满足客户在时间、质量和数量上的需求,无论客户是产品的最终用户还是处于生产线上的其他流程。采用 JIT 时,配送到生产现场的部件和材料正如生产所需,企业不会为防止发生配送延迟的情况而储备材料和部件。

(1)JIT 理论的关键要素

①不断改进。不断改进的目标是尽快满足需求并提供最佳的质量而又避免造成浪费。这一要素追求简单性,简单的系统便于理解、管理而且不容易出错。此外,这一要素是一个以产品为导向的设计,其在材料和部件的移动上花费的时间较少。

②消除浪费。浪费是指通常意义上的浪费。浪费共有七种类型:生产过剩的浪费、等待的浪费、搬运的浪费、加工的浪费、库存的浪费、动作的浪费和不良产品的浪费。

③良好的工作场所整理。工作场所整洁有条理。

④缩短生产准备时间。增强灵活性并使小批量生产成为可能。

⑤企业中所有员工的参与。要想成功应用 JIT,其理念应被企业中的所有员工接受。

(2)JIT 的优点

①库存量低。这意味着减少了仓储空间,从而节约了租赁和保险费用。

②由于仅在需要时才取得存货,因此降低了花费在存货上的运营成本。

③降低了存货变质、陈旧或过时的可能性。

④避免因需求突然变动而导致大量产成品无法出售的情况出现。

⑤由于 JIT 着重于第一次就执行正确的工作这一理念,因而降低了检查和返工产品的时间。

(3)JIT 的缺点

①由于仅为不合格产品的返工预留了最少量的库存,因此一旦生产环节出错则弥补空间较小。

②生产对供应商的依赖性较强,并且如果供应商没有按时配货,则整个生产计划都会被延误。

③由于企业按照实际订单生产所有产品,因此并无备用的产成品来满足预期之外的订单。然而,JIT 仍是一种能够对生产作出及时响应的方法。

JIT 理念可用于服务型企业和制造型企业。制造型企业采用 JIT 旨在降低库存,而服务型企业采用 JIT 旨在消除客户排队的现象。客户排队是非常浪费的,其主要原因有两个:一是排队需要为客户提供等待的空间,而这个空间并不会增加价值;二是排队降低了客户对服务质量的感受。

五、新型生产方式概念

(一)精益生产

精益生产(Lean Production)方式起源于日本丰田汽车公司,最早曾被称为丰田生产方式,其后又被称为准时制生产方式,它的突出特点是在多品种小批量生产条件下高质量、低成本地进行生产。

到 20 世纪 80 年代中期,精益生产方式已经在世界范围内得到了广泛传播,被称为是一种"人类制造产品的非常优越的方式",以针对美国大量生产方式过于臃肿的弊病。

精益生产方式具有如下特点:①通过排除各种浪费降低成本。②只在必要的时候,按必要的量,生产必要的产品。③零库存生产。④弹性配置作业人数。⑤将质量控制融入每一道工序,产品每经过一道工序就被把一次关。⑥"连续改进、追求尽善尽美"的经营理念。

(二)敏捷制造

敏捷制造(Agile Manufacturing)直译为灵活、快捷的生产制造。它是将柔性生产技术、高技能劳动力与灵活的管理集于一体,对迅速变化(和不可预测)的市场需求和时机能够做出快速响应的生产管理体系,其特点就是灵活性。

这种新型生产管理模式的特点:借助信息技术,把企业与客户、供应商有机地联系起来,成为一个整体。它能够快速地响应市场需求的变化,迅速设计和制造出全新的产品。通过提高产品的研发速度,降低开发成本,不断改进老产品,满足顾客的多种需求。采用先进的制造技术和高度柔性的设备,使生产系统能够重新组合,打破成本与质的直接关系形式,降低生产准备结束时间,生产系统柔性化。并做到完全按订单生产,提供个性化的服务,同时不失去高效率低成本的优点。企业的发展着眼于长期经济效益。最大限度地调动和发挥人的积极性和创造性。这是企业竞争优势的根本所在。改变传统金字塔式的多级管理,采用多变的动态组织结构形式,组织虚拟公司。企业之间建立起所谓的动态战略联盟关系,强强联合,双方都是赢家,组织结构实现扁平化。

(三)计算机集成制造

计算机集成制造(Computer Integrated Manufacturing),这一概念最早由美国的约瑟夫·哈林顿博士于 1973 年提出。其基本思想有两点:一是从产品的研制到售后服务的生产周期的全部活动,是一个不可分割的整体,每个组成过程应当联系起来综合考虑,不能单独考虑;二是整个企业的生产制造过程是一个对信息数据收集、处理、传递的过程。

计算机集成制造的出现是计算机工程、信息处理技术、通信技术、管理科学、生产制造自动化、自动控制、自动检测等多种科学技术综合发展和应用的结果。它是运用系统工程整体优化的观点,以现代信息技术、管理技术、生产技术为基础,通过使用电子计算机及其软件,对生产制造企业从接受订货到设计、生产、销售、服务用户的全过程,进行统一管理和控制,以提高经济效益,增强企业市场竞争力的生产管理活动。

计算机集成制造的核心在于集成,不仅是设备、机器等硬件的集成,更重要的是技术的集成、信息的集成,立足于整体,将各子系统有机地结合起来,实现企业生产经营管理的整体优化。这也是计算机集成制造的目标。计算机集成制造系统的基本部分通常包括四个应用分系统:①管理信息分系统。②技术信息分系统。③制造自动化分系统。④计算机辅助质量管理分系统。

计算机集成制造在自动化技术、信息技术及制造技术的基础上,利用计算机及其软件,把企业整个生产过程的有关单元技术、各局部的自动化有机地结合在一起,有效地利用信息资源,实现系统的优化。它尤其适合多品种、小批量的生产环境,大大提高了生产效率。

【主要概念】

研发管理	采购管理	精益生产	零缺陷
六西格玛	生产管理	敏捷制造	零库存

【课后复习】

一、选择题

1. 衡量研发管理优劣的三个关键指标是(　　　　)。
   A. 质量　　　　　　　　　　　　　B. 时间
   C. 成本　　　　　　　　　　　　　D. 创新
2. 跨国公司的采购管理企业在竞争中能否制胜取决于(　　　　)。
   A. 成本控制　　　　　　　　　　　B. 规模实力
   C. 管理体系　　　　　　　　　　　D. 生产成本
3. 一般来说,平衡产能与需求的方法有(　　　　)。
   A. 资源订单式生产　　　　　　　　B. 订单生产式生产
   C. 库存生产式生产　　　　　　　　D. 准时生产式生产
4. 跨国生产中推行标准化的作用包括(　　　　)。
   A. 降低设计费用　　　　　　　　　B. 便于大批量生产
   C. 降低技术复杂性　　　　　　　　D. 便于对产品质量的控制
5. JIT 的别名是(　　　　)。
   A. 无库存生产方式　　　　　　　　B. 一个流
   C. 超级市场生产方式　　　　　　　D. 丰田生产方式

二、思考题

1. 跨国公司研发管理的原则与特点是什么？
2. 采购发展有哪几个阶段？
3. 评估潜在供应商有哪几个步骤？
4. 生产管理的基本问题是什么？
5. 准时制生产有哪些优缺点？

【案例分析】

浙江恒逸集团有限公司的研发、生产管理概况

浙江恒逸集团有限公司是一家专门从事石油化工与化纤原料生产的现代大型民营企业，总部位于杭州萧山，其前身为1974年创办的萧山县衙前公社针织厂，1994年正式组建集团公司。集团现有员工26 000名、总资产1 500亿元，名列2022年《财富》世界500强榜单第264位(2021年度名列第309位)，连续19年上榜中国企业500强(2022年度名列第82位)，连续18年跻身中国民营企业500强榜单前50强(2022年度名列第17位)。2021年度工业总产值超3 280亿元，同比增长24.5%。

集团坚持以"让中国悠久的纺织历史在我们这一代人身上再次闪射耀眼的光芒"为初心，以"建百年长青基业，立世界名企之林"为使命，按照后向一体化发展路径，确立了石化产业、石化贸易、石化金融、石化物流的"石化+"战略思想，先后在全国民营企业中率先成功涉足聚酯熔体直纺和PTA项目，与中国石化共建的己内酰胺项目被赞为混合所有制改革的样板，"一带一路"重点项目——恒逸文莱炼化项目被誉为中文两国旗舰合作项目，其中一期项目于2019年11月全面建成投产，彻底打通全产业链一体化经营的"最后一公里"。

在双循环新发展格局下，恒逸集团以跻身世界500强为契机，以更加积极主动的姿态融入全球产业链、供应链，努力实现上下游协同、境内外联动、软硬件配套，阔步向着国际一流石化产业集团之一的愿景前进。充分受益东南亚成品油市场超景气行情，恒逸文莱公司净利润同比大幅增长。2022年随着东南亚放松疫情管控措施，下游需求大幅回暖，交通运输及制造业等需求持续增长，同时叠加疫情扰动、地缘政治等多种因素影响，导致成品油市场供应持续紧张，且未来新增产能增长有限，东南亚成品油市场迎来超景气周期，新加坡成品油裂解价差创下近十年以来历史新高，带动文莱炼化项目一期效益大幅改善提高。半年报显示，2022年上半年，恒逸文莱公司实现净利润26.12亿元，同比大幅增长212.33%。

集团历来重视核心产品的研发，积极优化采购模式，加强产品生产管理，不断提升单位产品的盈利能力，彻底打通全产业链一体化经营的"最后一公里"。在充分受益东南亚成品油市场超景气行情的同时，恒逸石化充分发挥规模生产和技术的灵活优势，与需求持续增长相对应的是，东南亚乃至全球的炼厂产能均处在收缩状态，供不应求的局面将在中长期内持续存在。东南亚地区由于部分炼厂装置建设较早、技术老旧、管理不善、政府补贴负担较重

及新冠疫情影响等原因,Platts 数据显示,东南亚炼厂近三年退出产能为 1 550 万吨,且未来东南亚地区新增产能供给不足,2022 年为东南亚炼厂产能供应的断档期。

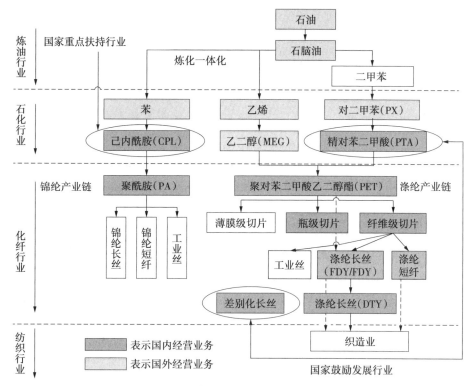

图 6.2 集团主业全球布局示意图

(1)恒逸全球创新中心

2022 年 9 月 8 日,恒逸全球创新中心在浙江萧山宁围揭牌。恒逸全球创新中心主要从事纳米技术、石化及高分子材料、化工新材料等领域研发,下设纤维材料研究所、先进材料技术研究所、化工研究所、过程开发研究所等,将为高新技术成果的转化提供人才和技术支持。该中心以恒逸研究院为依托,以科学方法为指导,秉承可持续发展理念,致力于绿色化学品及先进材料的研发,利用先进技术实现创新发展,努力成为全行业技术引领者。

恒逸全球创新中心的揭牌,彰显了恒逸集团作为传统制造业龙头企业勇于拥抱变化、实现转型升级的眼界和担当。作为一家扎根杭州萧山、走向世界的企业,恒逸集团将秉持"内强总部、外拓基地"的发展思路,以恒逸全球创新中心揭牌为新的契机,从战略高度上增强科技创新对于企业长远发展重要性的认识。恒逸集团将以创新中心揭牌为契机,毫不动摇地实施科技创新"十年百亿"投资规划,力争到 2030 年研发团队增至 2 000 人的规模,为奋力打造"重要窗口"示范样板贡献恒逸新的更大力量。

(2)恒逸跨国生产管理

2022 年,随着东南亚放松疫情管控措施,下游需求大幅回暖,交通运输及制造业等需求持续增长,同时叠加疫情扰动、地缘政治等多种因素影响,导致成品油市场供应持续紧张,且未来新增产能增长有限,东南亚成品油市场迎来超景气周期,新加坡成品油裂解价差创下近十年以来历史新高,带动文莱炼化项目一期效益大幅改善提高。

公司文莱一期项目为原油加工能力 800 万吨/年,文莱一期项目自进入商业运营以来一直满负荷运营,并根据市场行情负荷可提升至 110% 及以上。在充分受益东南亚成品油市场超景气行情的同时,恒逸石化充分发挥规模生产和技术的灵活优势,积极优化产品结构,不断提升单位产品的盈利能力。从披露数据来看,2022 年上半年,成品油、化工品等产品销售顺畅,炼油产品、化工产品产量分别为 313.32 万吨、104.86 万吨,产销率维持 100%,经营水平持续提升。从 2021 年东南亚成品油需求结构来看,交通物流及工业占需求占比达 85%,与经济活动具有较高关联度。2022 年以来,随着东南亚各国逐渐放开疫情管控,积极实行复工复产,下游需求得到强有力支撑。截至发稿,菲律宾、越南、印度尼西亚等国家已披露二季度 GDP 情况,菲律宾、越南、印尼增速分别达 8.3%、5.1% 和 5.0%,在全球范围内均属于较高水平。除极少数国家外,东南亚各国今年上半年的 GDP 增速均接近或高于疫情前的平均增速,显示出东南亚地区的复苏动能强劲。

根据国际货币基金组织(International Monetary,IMF)2022 年 7 月的最新预测,以印尼、越南、泰国、马来和菲律宾为代表的东盟五国 2022 年的经济增速为 5.3%,同比 2021 年增加 1.9 个百分点,2022 年东南亚平均增长率有望达 5.8%,新加坡、印尼、马来西亚和越南等国经济都已恢复到疫情前水平;亚洲开发银行对 2022 年东南亚的预测从 4.9% 小幅上调至 5.0%,并认为随着疫苗接种率的提高和防疫措施的逐步放宽,东南亚国家需求大幅回暖,出口活动持续修复,东南亚大多数经济体已呈现较强的复苏势头。

从需求端来看,相较国内成品油供给过剩状态,东南亚成品油市场缺口较大,虽然东南亚具有较丰富的油气资源,但由于基础设施投资不足,是全球唯一净进口油品市场,此外澳洲也需进口成品油,东南亚成品油需求增长潜力巨大。

与需求持续增长相对应的是,东南亚乃至全球的炼厂产能均处于收缩状态,供不应求的局面将在中长期内持续存在。

根据 IEA 数据,全球范围内宣布在 2020—2026 年关停的炼厂达到 360 万桶/日。英国石油(BP)统计,2021 年,欧洲、美国、澳大利亚等地炼厂陷入关停潮,三地炼厂产能分别下降了 2 568 万吨/年、1 006 万吨/年、1 100 万吨/年。全球炼油新产能增速连续两年下滑,2021 年全球炼厂产能同比净下滑 2 089 万吨/年,为 30 年来首次产能的净下滑。与此同时,在碳中和、碳达峰政策的大背景下,炼化企业对炼厂的扩产意愿不足,资本开支计划趋于谨慎,未来炼厂产能增长有限。此外,在地缘政治的影响下,全球成品油市场供给大幅收缩,加剧了东南亚成品油的供应紧张局面,且从中长期来看难以得到缓解。在供不应求的背景下,东南亚成品油市场将维持超景气格局,公司文莱炼厂有望持续受益。

在确保一期项目稳定生产运营的同时,恒逸石化立足新时代高质量发展要求及产业发展新格局,全力推进文莱项目二期建设,提出定位于国际一流的炼油—化工—化纤综合服务商,系统性打造上下游协同、境内外联动、软硬件配套综合竞争力的战略发展规划。文莱二期项目已获得文莱政府的初步审批函,目前资金出境尚需中国国家相关部门批准。根据项目规划,正在有序开展围堤回填施工等工作,目前文莱二期各项工作均有序推进。文莱二期项目建成投产后,将有助于公司进一步降低生产成本,保证原料稳定供应,完善上游产能配套,进一步提升上下游产业协同运营的优势,优化产品结构,提高产品附加值,提升公司的整体盈利能力,构建面向东盟发展的"一带一路"核心圈,逐步打造成全球综合实力领先的石化企业。

恒逸石化将持续做好文莱一期项目的生产运营工作,以充分受益于东南亚成品油市场持续高景气的市场行情,并加快推动二期项目的建设,向成为国内领先、国际一流的炼油—化工—化纤产业集团的伟大愿景不断前行。

(资料来源:浙江恒逸集团有"

第七章　跨国公司市场营销管理

【本章提要】

在全球化时代,跨国公司正在经历客户需求和市场性质的快速变化。为了让公司业绩不断增长,并保持竞争优势,跨国公司需要有吸引新客户并满足现有客户的市场营销手段。为此,本章介绍跨国公司的市场定位、市场营销策略和转移价格策略。

第一节　跨国公司的市场定位

市场营销战略是企业市场营销部门根据公司总体战略与业务单位战略规划,在综合考虑外部市场机会及内部资源状况等因素的基础上,确定目标市场,选择相应市场营销策略组合,并予以有效实施和控制的过程。

在全球化时代,企业正在经历客户需求和市场性质的快速变化。为了让公司保持竞争力并提高业绩,需要有吸引新客户并满足现有客户的国际市场定位。以下将基于 STP 理论分析跨国公司的国际市场定位。STP 理论的概念是美国营销学家温德尔·史密斯在 1956 年最早提出的,其中的 S、T、P 分别是 Segmenting、Targeting、Positioning 三个英文单词的缩写,即市场细分、目标市场选择和市场定位。STP 理论的根本意义在于选择目标消费者或客户,所以也称市场定位理论。它主要有三个步骤:第一步,市场细分。根据购买者对产品或营销组合的不同需要,将市场分为若干个由相似需求构成的顾客群体,并勾勒出细分市场的轮廓。第二步,确定目标市场。企业根据自身的战略和产品情况,从细分市场中选取有一定规模和发展前景,并符合企业目标和能力的一个或多个细分市场作为企业服务的对象。第三步,市场定位。在市场上传播并凸显该产品的关键特征以获取最大利益。企业可以通过运用 STP 模型在市场细分的基础上,确定自己的目标市场,最后把产品或服务定位在目标市场中的确定位置上。

一、市场细分(Market Segmenting)

市场细分是指通过市场调研,根据顾客需求上的差异,把某一产品或服务的市场逐一细分的过程。这一过程包括调查顾客需求、列举基本需求、分析不同需求、剔除共同需求以及确定细分市场等步骤。市场细分分为消费者市场细分和产业市场细分。

(一)消费者市场

由于消费者为数众多,需求各异,所以消费者市场是一个复杂多变的市场。不过,总有一些消费者有某些类似的特征。以这些特征为标准,就可以把整个消费者市场细分为不同的子市场,并据此选定企业的目标市场。消费者市场的细分标准通常可以分为地理标准、人口标准、心理标准和行为标准这四大类。

1. 地理标准

地理标准是指企业以消费者所在的不同地理位置以及其他地理变量作为细分消费市场的标准,主要包括行政区域、地形气候、基础设施等因素。相对于其他标准,这种划分标准比较稳定,也比较容易分析,因为一般来说,处于同一条件下的消费者,他们的需求有一定的相似性,对企业的产品、价格、分销、促销等营销措施也会产生类似的反应。地理标准是最简便的一种细分方法,但地理因素多是静态因素,不一定能充分反映消费者的特征,因此有效的细分还需考虑其他一些动态因素。

2. 人口标准

人口标准是指按人口变量的因素来细分消费者市场的标准,主要包括年龄、性别、收入、职业、教育水平、家庭规模、宗教、种族、国籍等。人口变量因素是最常用的细分标准,因为消费者需求与这些因素有着密切的联系,而且这些因素一般比较容易衡量。不过随着社会的发展,某些产品的消费者在性别和其他因素上的界限会缩小甚至消失,如现代女性越来越多地购买和使用以往只有男性才使用的产品。因此还有必要从更深层次上即消费者的心理和行为上来进行市场细分。

3. 心理标准

心理标准是根据消费者的心理特点或性格特征来细分市场的标准,主要表现在社会阶层、生活方式、个性特点等方面。消费者的心理特征会直接影响他们的购买行为。随着社会的发展,心理因素对购买行为影响的作用越来越大。

4. 行为标准

行为标准是指按消费者的购买行为、购买习惯细分市场的标准。用行为作为细分市场信息的因素,通常可以考虑产品购买与使用的时机、消费者所追求的利益、使用者情况、品牌忠诚度、购买阶段、对产品的态度等方面。

(二)产业市场

产业市场的细分标准有一些与消费者市场的细分标准相同,如追求利益、使用者情况、品牌忠诚度、购买阶段等。此外,细分产业市场的常用变量还有最终用户、客户规模等。

1. 最终用户

最终用户就是生产资料的最终使用者,一般按所属行业划分,是产业市场细分最通用的标准。在产业市场上,不同的最终用户对同一种产业用品的市场营销组合往往有不同的要求。例如计算机制造商采购产品时最重视的是产品质量、性能和服务,价格并不是要考虑的最主要因素;飞机制造商所需要的轮胎必须达到的安全标准比农用拖拉机制造商所需轮胎必须达到的安全标准高得多。因此,企业对不同的最终用户要相应地运用不同的市场营销组合,采取不同的市场营销措施,好以投其所好,促进销售。

2. 客户规模

在产业市场上,按客户规模可细分为大型、中型和小型。客户规模是产业市场细分的主要标准。在现代市场营销实践中,许多公司建立适当的制度来分别与大客户和小客户打交道。例如,一家办公用具制造商将其客户细分为两类:一类是大客户,这类客户由该公司的全国客户经理负责联系;另一类是小客户,由本地推销人员负责联系。

3. 其他变量

产业用户受一个国家的资源分布、地形气候、产业布局、历史传承等因素影响,一般在地理上会形成若干产业区域。企业可选用用户较为集中的地区作为目标市场。

国际市场细分包括两层含义:宏观细分(选择哪个国家或地区)和微观细分(选择某一海外子市场后根据当地顾客需求差异进一步细分)。两个基点:顾客对商品的需求存在明显差异;商品的不同购买者对同一营销活动的反应存在差异。跨国公司是以国际市场为目标市场,其市场划分具有复杂性、风险性和激烈性。复杂性是因为国际环境导致国际营销的复杂性远大于国内营销;风险性包含诸如信用风险、汇兑风险、运输风险、政治风险和商业风险;激烈性体现在国际竞争更为激烈和残酷。影响跨国公司市场细分的主要因素有:市场规模、市场增长速度、交易成本、竞争优势、风险程度。

跨国公司的市场细分是企业选择目标市场的重要前提和基础。企业在进行全球市场细分后,也面临着从若干个细分市场中选择一个或多个细分市场作为自己的目标市场的问题。选择目标市场的总体标准是要能充分地利用企业的资源以满足该子市场上消费者的需求,具体有四个标准:一是可测量性,是指企业可以通过各种市场调查手段和销售预测方法来测量目标市场现在的销售状况和未来的销售趋势。二是需求足量性,是指企业所选择的目标市场应当有较大的市场潜力,有较强的消费需求、购买力和发展潜力,企业进入后有望获得足够的收入和经济效益。三是可进入性,是指企业所选择的目标市场未被垄断,企业的资源条件、营销能力以及所提供的产品和服务在所选择的目标市场上具有较强的竞争力。四是易反应性,是指企业选择的目标市场能使企业有效地制订全球营销计划、发展战略和策略,并能有效地付诸实施。华为在进入国际市场时,根据地理状况和经济发展状况,将国际市场划分为俄罗斯市场、拉美市场、非洲市场和欧美市场。

二、目标市场选择(Market Targeting)

目标市场选择是指企业从细分后的市场中选择出来的决定进入的细分市场,也是对企业最有利的市场组成部分。企业在决定为多少个子市场服务即确定其目标涵盖战略时,通常可以有以下三种选择:

1. 无差异市场营销

无差异市场营销是指企业在市场细分之后,不考虑各子市场的特性,只注重子市场的共性,决定只推出单一产品,运用单一的市场营销组合,力求在一定程度上满足尽可能多的顾客的需求。

2. 差异市场营销

差异市场营销是指企业决定同时为几个子市场服务,设计不同的产品,并在渠道、促销和定价方面都加以改变,以适应各个子市场的需要。

3. 集中市场营销

集中市场营销是指企业集中所有力量,以一个或少数几个性质相似的子市场作为目标市场,试图在较少的子市场上占领较大的市场份额。

上述三种目标市场涵盖战略,事实上是企业业务单位战略中的三种基本战略在市场营销战略中的体现。三种战略各有利弊,企业在选择时需考虑企业资源、产品同质性、市场同质性、产品所处的生命周期阶段、竞争对手的目标市场涵盖战略等方面的因素。

三、市场定位(Market Positioning)

企业选定目标市场后,还需要进一步确定本企业产品在目标市场中的竞争地位,这就是目标市场产品定位。目标市场产品定位的实质是通过创造和体现产品的特色,树立产品在消费者心目中的某种形象。未经市场定位的产品,往往很容易被消费者冷落、忽视,因而不能牢固地占领市场。

企业确定目标市场后,需要对产品进行第一次市场定位,也称初次定位。随着市场情况的变化,需要进行第二次定位,或重新定位。企业在重新定位前,尚需考虑两个主要因素:一是企业将自己的品牌定位从一个子市场转移到另一个子市场时的全部费用;二是企业重新定位后的收入有多少,而收入多少又取决于该子市场上的购买者和竞争者情况以及在该子市场上销售价格能定多高等。

无论是初次定位还是重新定位。一般有三种定位策略可供选择:一是抢占市场空白的市场定位策略;二是与竞争者并存的市场定位策略;三是取代竞争者的市场定位策略。市场定位的主要方法有:根据档次定位;根据价格定位;根据用途定位;根据使用者定位;根据竞争局势定位以及各种方法组合定位等。

跨国公司的市场渠道对市场定位有着较大的影响。戴尔由零售商渠道销售 PC 转变为直接向客户销售并按订单生产,创造了一种全新的方式来制造和销售个人电脑。新渠道意味着公司不依赖零售商,无须承担巨额库存成本。事实上,它实现了最佳的效率循环:低成本、高利润,从而取得了非凡的经营业绩。

第二节　跨国公司的市场营销策略

市场营销策略的实施离不开市场营销组合的支撑。市场营销组合是指企业为追求预期的经营目标,在选定的目标市场上,综合运用企业可以控制的因素,并进行组合和运用的过程。1960 年,美国密歇根州立大学的杰罗姆·麦卡锡教授在《基础营销学》一书中将营销要素一般地概括为四类,即产品(Product)、价格(Price)、渠道(Place)、促销(Promotion),简称4Ps 营销理论。通过将这四项结合并协调发展,进而提高企业在市场中的份额,达到最终获利的目的。

一、4Ps 营销理论

(一)产品(Product)

1. 产品组合策略

产品组合,是指某一企业所生产或销售的全部产品线、产品项目的组合。产品线是指产

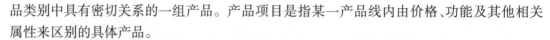

品类别中具有密切关系的一组产品。产品项目是指某一产品线内由价格、功能及其他相关属性来区别的具体产品。

（1）产品组合的宽度、长度、深度和关联性

产品组合的宽度是指一个企业有多少产品线；产品组合的长度是指一个企业的产品组合中所包含的产品项目的总数；产品组合的深度，是指产品线中每种产品有多少品种、规格。产品组合的关联性是指一个企业的各个产品线在最终使用、生产条件、分销渠道等方面的密切相关程度。

增加产品组合的宽度可以使企业的资源得到充分利用，增加经营效益。增加产品组合的长度和深度，可以更好地满足消费者的不同需求，增强企业对消费者的黏性。增加产品组合的关联性，可以使企业的资源配置更加合理，增强企业的竞争力。

（2）产品组合策略类型

企业在调整和优化产品组合时，依据实际情况的不同，可选择如下策略：

①扩大产品组合。拓展产品组合的宽度与长度来增加产品线和在原有产品线内增加新的产品项目；加强产品组合的深度来增加每个产品项目的品种和规格。

②缩减产品组合。当市场不景气或原料、能源供应紧张时，从产品组合中剔除那些获利很小甚至亏损的产品线或产品项目，这样企业可聚焦发展利润丰厚的产品线和产品项目。

③延伸产品组合。具体做法有向下延伸、向上延伸和双向延伸三种。向下延伸，指企业原来生产高档产品，后来决定增加中低档产品；向上延伸，指企业原来生产低档产品，后来决定增加中高档产品；双向延伸，即原定位于中档产品市场的企业在掌握了市场优势以后，决定向产品线的上下两个方向延伸，一方面增加高档产品生产，另一方面增加低档产品生产，扩大市场范围（表7.1）。

表7.1　产品组合策略类型

调整优化产品组合	扩大产品组合	宽度
		长度
		深度
	缩减产品组合	利薄
		亏损
	延伸产品组合	向下
		向上
		双向

2. 品牌和商标策略

①单一品牌名称。企业对所有产品采用同一个品牌，可以将一种产品具备的特征传递给另一种产品，营销费用低，无须为新产品建立新的品牌认知度，但也承担着较大的营销风险，适用于产品项目较多，产品的更新换代较快的企业。TCL集团对旗下电视、空调、冰箱等产品统一使用TCL品牌。

②系列品牌名称。对产品组合中的每一个产品项目使用不同的品牌名称。如果企业生产的产品在市场中的定位不同,或者市场被高度细分,则企业通常对每个产品都采用不同的品牌名称。美国保洁(P&G)公司的洗发护发品、护肤美容品、口腔保健品等都使用不同的品牌名称。

③自有品牌名称。也称经销商品牌,许多零售商销售自有品牌的杂货、服饰和五金器具等,以使客户建立对该零售商而不是产品生产商的忠诚度。该策略有利于降低进货成本,获得超额利润,且容易培育出品牌更强的市场号召力和坚挺性,但同时经销商必须就产品质量对顾客负责,承担着如品牌得不到认可等较大的营销风险。大型超市麦德龙就开发了宜客、荟食、瑞吧等自有品牌。

3. 产品开发策略

产品开发策略有四种形式:产线扩展、品牌延伸、多品牌和新品牌。产品开发策略如图7.1所示。

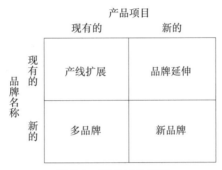

图7.1 产品开发策略

(1)产线扩展

产线扩展是指在同样的品牌名称下,在相同的产品线中,引进新的产品项目,并对产品的特点、功能和特色作针对性调整。例如,丰田汽车在SUV产品线中引入了陆地巡洋舰(Land Cruiser)、普拉多(Land Cruiser Prado)、汉兰达(Highlander)和荣放(RAV4,Recreational Active Vehicle with 4-wheel Drive)四款代表车型,进一步完善了全尺寸SUV、中大型SUV、中型SUV和紧凑型SUV的布局。

(2)品牌延伸

品牌延伸是指企业利用现有品牌名称来推出与现有产品项目不同的产品。恒大地产利用明星做广告推出恒大冰泉就是一个例子。

(3)多品牌

多品牌是指企业对同一个产品线或产品项目,使用多个品牌。美国保洁(P&G)公司的洗发护发品、妇婴保健品、个人清洁品等都使用多个品牌名称。

(4)新品牌

新品牌是指原有品牌定位不能包括新产品项目具有的主要功能,新老产品档次不同,为了避免顾客发生混淆,从而推出新产品项目,新产品项目的推出就是为了重新获得市场强烈的反应。日系丰田、本田和日产三大汽车制造企业为了获得美国市场的青睐,就推出了凌志、讴歌和英菲尼迪车型。

（二）价格（Price）

价格是市场营销组合的重要因素。产品价格的高低,直接决定着企业的收益水平,也影响到产品在市场上的竞争力。合理的有利于营销的价位,应该是适众的价位。所谓适众,一是产品的价位要得到产品所定位的消费群体大众的认同;二是产品的价值要与同类型的众多产品的价位相当;三是确定销售价格后,所得利润率要与经营同类产品的众多经营者相当。

不同市场定位的产品,一般会有不同的价格策略。例如刚进入某个竞争激烈的细分市场时,可以采用降低产品价格,甚至是免费的策略。也可以通过对竞品价格、平均价格以及一定时间范围的价格走向等来确定价格。

价格策略就是根据购买者各自不同的支付能力,结合产品进行定价,从而实现利润最大化的定价办法。在制订价格时,企业要考虑以下因素:定价目标、确定需求、估计成本、选择定价方法和确定最终价格。其中比较重要的是定价目标和定价方法。

1.定价目标

定价目标是指企业通过特定水平的价格的制订或调整所要达到的预期目的,一般来说,企业有 6 个不同的定价目标,价格水平从低到高分别是生存、最高销售增长、质量领先、最高当期收入、最大市场撇脂和最大当期利润,在不同的定价目标下,价格水平是不同的。

营销组合的价格要能够带来收益。由于要考虑成本和市场因素,因而市场中的企业并不能完全地自由定价,但其可以在不同情况下采用不同的定价策略。如质优价高的定价、跟随市场领导者或市场的定价策略、产品差别定价法以及产品上市定价法。

2.定价方法

对定价影响最大的是成本、市场和竞争三个因素。成本是定价的下限。市场是定价的上限,竞争对手的竞品价格是定价的参照。因此,定价方法也有三种:成本导向定价法、需求导向定价法和竞争导向定价法。

（1）成本导向定价法

成本导向定价法是一种主要根据产品的成本决定其销售价格的定价方法。其主要优点在于简便易用、比较公平。主要有成本加成定价法、目标利润定价法、收支平衡定价法和变动成本定价法。

①成本加成定价法。成本加成定价法是一种传统的产品定价方法。成本加成就是以商品总成本为基础,再加上一个百分比作为利润来确定价格。成本包括生产成本(包括固定成本与变动成本)和经营成本(包括销售费用、管理费用、运费、关税等)。成本加成定价是企业最基本、最普遍采用的定价方法,这种方法简便易行,计算准确,但由于缺乏竞争性,没有考虑消费者的需要,有时难以制订出最适宜的价格。

若以 C 表示产品单位成本,以 S 表示百分比,P 表示价格,则有:

$$P = C(1+S)$$

式中,C 除了指产品的制造成本外,还应考虑许多国际营销所特有的成本项目,根据这些费用是由生产厂家负担,还是由出口商或进口商负担,决定制订价格时是否将这些成本计

算在内。例如,公司生产出口某型号的电视机1万台,每台固定成本200元,变动成本1000元,预期利润率10%。则:

$$P = 1\ 200(1+10\%) = 1\ 320(元)$$

成本加成定价法的优点:首先,相对于需求的不确定性而言,成本的不确定性一般比较少,根据成本决定价格可以大大简化企业定价的过程。即使企业对国外市场上的需求、竞争等因素了解不多,产品只要能够卖得出去,根据成本加成定出的价格就能保证企业的正常盈利。其次,如果同行业中所有企业都采取这种定价方法,则价格在成本与加成相似的情况下也大致相似,价格竞争也会因此减至最低程度。最后,许多人感到成本加成法对买方和卖方讲都比较公平,当买方需求强烈时,卖方也不利用这一有利条件牟取额外利益,同时又能获得公平的投资报酬。

成本加成法的缺点就是忽视了市场供求关系的变化及影响产品销售的其他因素,当市场出现供大于求时,因企业定高价而未及时改变,使产品难以销售出去,当市场出现供不应求时,产品定低价,一方面未能及时提高利润率以加快收回投资,另一方面使购买者认为企业产品质量低劣,影响企业和产品形象。我国跨国公司在运用成本加成法制订产品价格时,还要考虑国外市场对倾销的认定。由于我国生产成本较低,导致产品低成本和低售价,有时在国外市场上被他国政府认定为有倾销倾向。这也是我们在制订产品价格时要考虑的一个因素。

②目标利润定价法。目标利润定价法也称投资收益率定价法。它是根据企业的总成本和计划的总销量,加上按投资收益率制订的目标利润作为销售价格的定价方法。这种方法的实质是将利润看作产品成本的一部分来定价,将产品价格和企业的投资活动联系起来,一方面强化了企业战略的计划性,另一方面能较好地实现投资回报。

使用目标利润定价法,首先要估算出不同产量的总成本,未来阶段总销量(或总产量),然后决定期望达到的收益率,才能制订出价格。在目标利润定价法中,价格与销量的关系是由需求弹性决定的。因此,在采用此法时,要明确以下几点:要实现的目标利润是多少?大致的需求弹性是多少?最后才能确定价格,把定价定在能使企业实现目标利润的水平上。

目标利润定价法的不足之处在于价格是根据估计的销售量计算的,而实际操作中,价格的高低反过来对销售量有很大影响。销售量的预估是否准确,对最终市场状况有很大影响。所以,必须在价格与销售量之间寻求平衡,从而确保用所定价格来实现预期销售量的目标。

(2)需求导向定价法

需求导向定价法是指按市场需求的强弱情况制订不同的价格,主要有价值定价法、倒推定价法、差别定价法等。

①价值定价法。价值定价法是指尽量让产品的价格反映产品的实际价值,以合理的定价提供合适的质量和良好的服务组合。这种方法兴起于20世纪90年代,被麦卡锡称为是市场导向的战略计划中最好的定价方法。

价值定价与认知定价是有区别的,消费者对企业产品的认知价值是主观的感知并不等于企业产品的客观的真实价值,有时两者之间甚至会有较大的偏离。企业价值定价的目标就是尽量缩小这一差距,而不是通过营销手段使这一差距向有利于企业的方向扩大。企业要让顾客在物有所值的感觉中购买商品,以长期保持顾客对企业产品的忠诚度。

在零售业中,沃尔玛被认为是实施价值定价法的成功典范。它的"天天低价"策略比传统零售商的"高低"定价策略(即平时的定价较高,但频繁地进行促销,使选定商品的价格有时会低于沃尔玛的价格)更受顾客青睐。值得强调的是,所谓的低价是相对于商品的质量及服务而言的,任何以牺牲质量为代价的低价正是价值定价法所反对的。此外,价值定价不仅仅只涉及定价决策,如果企业无法让消费者在现有的价格下感觉到物有所值,那么企业就必须对产品重新设计、重新包装、重新定位以及在保证有满意利润的前提下重新定价。

②倒推定价法。这种定价方法不以实际成本为主要依据,而是以市场需求为定价的出发点。可以通过以下公式计算价格:

$$批发价 = \frac{零售价格}{1 + 零售商毛利率}$$

$$出厂价 = 批发价格 + (1 + 批发商毛利率)$$

显然这一方法仍然是建立在最终消费者对商品认知价值的基础上的。它的特点是:价格能反映市场需求情况;有利于加强与中间商的良好关系,保证中间商的正常利润,使产品迅速向市场渗透;并且根据市场供求情况及时调整,定价比较简单、灵活。这种定价方法特别适用于需求价格弹性大、花色品种多、产品更新快、市场竞争激烈的商品。

③差别定价法。差别定价是一种比较明显的"价格歧视"的做法,因此需要符合一定的条件:市场要能够细分,并且细分的市场的确有不同的需求存在;能享受到低价供应产品的顾客不可能再将产品高价转让给不能享受的顾客;竞争者不可能在高价市场上以更低的价格出售产品;细分与控制市场的费用不应超过差别定价所带来的额外收入;差别定价不仅应形成顾客的方案,而且应该合法。

差别定价的不同方法如下:顾客差别,比如乘坐交通工具时,学生和老年人群享受打折优惠。地点差别,比如电影院根据座位类型设定不同的票价。产品差别,比如移动电话具有"附加"附件,其能使一个品牌吸收多样化的客户。时间差别,比如酒店和机票的价格因季节而异。这种定价方法是通过考虑所供应的商品或服务的平均成本之外的其他变量来定价,从而提高销售额。动态差别,产品的价格随着需求程度的变化而变化。如航空企业起初确定一个较低的初始价格,并通过先进的计算机程序跟踪累计销量;如果销量相对正常或销量上升较快,则航空企业会提高其价格。

(3)竞争导向定价法

①随行就市定价法。大多数以竞争为导向定价的跨国公司采用随行就市定价法。企业往往按同行业的市场平均价格或市场流行的价格来定价。从根本上说,随行就市定价法是一种防御性的定价方法,它在避免价格竞争的同时,也抛弃了价格这一竞争武器。产品差别定价法则与之形成了鲜明的对比,一些企业依据企业自身及产品的差异性,特意制订出高于或低于市场竞争者的价格,甚至直接利用低价格作为企业产品的差异特征。主动降价的企业一般处于进攻地位,这就要求它们必须具备真正的实力,不能以牺牲顾客价值和顾客满意为降价的代价。而实施高价战略的企业则只有保证本企业的产品具备真正有价值的差异

性,才能使企业在长期竞争中立于不败之地。

②密封投标定价法。当多家供应商竞争企业的同一个采购项目时,跨国公司经常采用招标的方式来选择供应商。供应商对标的物的报价是决定竞标成功与否的关键。价格报得过高自然会得到更多的利润,但是却减少了中标的可能性,反之,则可能由于急于中标而失去可能得到的利润。很多企业在投标前往往会拟订几套方案,计算出各方案的利润并根据对竞争者的了解预测出各方案可能中标的概率,然后计算各方案的期望利润,选择期望值最大的投标方案。

(4)新产品定价方法

产品上市有两个常见的价格策略,即渗透定价法和撇脂定价法。

①渗透定价法(Market-penetration Pricing)。渗透定价是指在新产品投放市场时确定一个非常低的价格以便抢占销售渠道和消费者群体,从而使竞争者较难进入市场。这是一种通过牺牲短期利润来换取长期利润的策略。企业通过采用这种定价策略可以缩短产品生命周期的最初阶段,以便尽快进入成长期和成熟期。

②撇脂定价法(Market-skimming Pricing)。撇脂定价是指在新产品上市之初确定较高的价格,并随着生产能力的提高逐渐降低价格。这一方法目的在产品生命周期的最初阶段获取较高的单位利润。

无论企业采用何种定价策略,重要的是企业应明白价格与其他营销要素之间具有很强的相互作用,定价必须考虑到相对竞争者而言的产品质量和促销费用。

(三)渠道(Place)

分销策略是确定产品到达客户手上的最佳方式。分销策略要克服地点、时间、产品数量和所有权上的差异,解决如何分销产品以及如何确定实体店的位置等问题。分销策略应当与价格、产品和促销三个方面密切相关。可获取产品的渠道对于客户对产品的质量感知和状况感知非常重要。分销渠道必须使产品的形象目标与客户的产品感知相符合。

分销渠道有两种类型:直接渠道和间接渠道。直接渠道指生产企业不通过中间商环节,直接将产品销售给消费者。直接渠道是工业品分销的主要类型。例如大型设备、专用工具及技术复杂需要提供专门服务的产品,都采用直接分销,消费品中有部分也采用直接分销类型,诸如鲜活商品等。间接渠道指生产企业通过中间商环节把产品传送到消费者手中。间接分销渠道是消费品分销的主要类型,工业品中有许多产品诸如化妆品等采用间接分销类型。

分销渠道的间接渠道可以划分为独家分销、选择性分销和密集分销。独家分销是指企业在某一区域市场仅使用一家分销商来销售产品;选择性分销是指企业在某一区域市场选择几个适合的分销商来销售产品;密集分销是指企业在某一区域市场通过尽可能多的分销商来销售产品。

在互联网背景下,分销渠道又可分为线上和线下两种类型。线上渠道是指通过网上商城或直播平台等方式宣传及销售产品;线下渠道是指一切非网络的产品宣传及销售方式。

(四)促销(Promotion)

促销是指企业通过人员推销、广告促销、公关宣传和营业推广等促销手段,向消费者传递产品信息,引起他们的注意和兴趣,激发他们的购买欲望和购买行为,以达到扩大销售目的的活动。企业将合适的产品,在适当地点、以适当的价格出售的信息传递到目标市场,一般是通过两种方式:一是人员推销,即推销员和顾客面对面地进行推销;另一种是非人员推销,即通过大众传播媒介在同一时间向大量消费者传递信息,主要包括广告、公共关系和营销推广等多种方式。这两种推销方式各有利弊,起着相互补充的作用。促销的目的是赢得潜在客户的注意、产生利益、激发客户的购买渴望和刺激客户的购买行为。企业将其产品或服务的特性传达给预期客户的方式被称为促销组合。

1. 促销组合要素构成

①广告促销。在媒体中投放广告,使潜在客户对企业产品和服务产生良好印象。广告促销要仔细考虑广告的地点、时间、频率和形式。

②营业推广。采用非媒体促销手段,为鼓励客户购买产品或服务而设计。例如,试用品、折扣、礼品等方式都已被许多企业所采用。

③公关宣传。通常是指宣传企业形象,为企业及其产品建立良好的公众形象。

④人员推销。企业的销售代表直接与预期客户进行接触。销售代表能完整解释产品的细节,针对客户提出的问题进行解答,还可以演示产品的用途。

促销组合反映了使产品达到目标客户的各种方式。管理层所要确定的是在什么时间对什么产品采用了什么样的促销手段。

2. 促销组合策略

一般来说,有两个基本的促销组合策略,推式策略和拉式策略。也有学者归纳了9项策略:①供其所需,即千方百计地满足消费者的需要,做到"雪中送炭""雨中送伞",这是最根本的促销策略;②激其所欲,即激发消费者的潜在需求,以打开商品的销路;③投其所好,即了解并针对消费者的兴趣和爱好组织生产与销售活动;④适其所向,即努力适应消费市场的消费动向;⑤补其所缺,即瞄准市场商品脱销的"空档",积极组织销售活动;⑥释其所疑,即采取有效措施排除消费者对新商品的怀疑心理,努力树立商品信誉;⑦解其所难,即大商场采取导购措施以方便顾客;⑧出其不意,即以出其不意的宣传策略推销商品,以收到惊人的效果;⑨振其所欲,即利用消费者在生活中不断产生的消费欲望来促进销售。

现阶段基于互联网的网络促销越来越重要。网络促销是指企业利用现代化的网络技术向虚拟市场传递有关产品和服务的信息,以激发需求,引起消费者的购买欲望和购买行为的各种活动。网络促销是以互联网络为基础,利用数字化的信息和网络媒体的交互性来辅助营销目标实现的一种新型的市场营销方式。企业生命周期阶段不同,网络促销的侧重点也有所不同,具体来说分为以下几种情况。

(1) 导入期的特点和策略

控制投资规模,保证新产品的质量,待销量有明显增加时才逐步扩大投资;广告宣传的重点是让顾客了解新产品的存在、新产品的核心利益和功效,努力让顾客产生兴趣并试用新产品;考虑网络营销产品的特点,产品的定价应采用低价或免费试用;产品的上市范围要根据企业物流体系和潜在市场对新产品的需求程度来确定;虚体产品可全面铺开,推向整体市场,而实体产品应优先考虑在区域市场推出,然后逐步扩大市场范围。

（2）成长期的特点与策略

提高产品的质量，赋予产品更多的差异化内容，使整体产品优于同类产品；进入新的细分市场，拓展物流渠道和范围，扩大产品销售；突出品牌形象宣传，树立良好的品牌形象，提高品牌的知名度，促使潜在顾客认牌购买；根据竞争的需要和形势变化，降低产品价格，争夺低收入、对价格敏感的潜在顾客；着手为顾客提供整体解决方案和产品升级，提高顾客忠诚度。

（3）成熟期的特点与策略

一是改进市场策略，即在使用者的人数和使用量上采用有效策略，包括提高使用频率、增加每次用量、增加新的更广泛的用途；二是改进产品策略，包括提高质量、增加产品特性、更新款式、为顾客提供增值服务；三是改进营销组合策略，即对原有的营销组合策略进行调整，以适应激烈的市场竞争形势。

（4）衰退期的特点与营销策略

一是准确判断产品是否处于衰退期，这是处理衰退期产品首先必须解决的问题；二是决定退出市场的方式和时机。

二、4Cs营销理论

在以消费者为核心的商业世界中，厂商所面临的最大挑战之一便是：这是一个充满"个性化"的社会，消费者的形态差异太大，随着这一"以消费者为中心"时代的来临，传统的营销组合4Ps似乎已无法完全顺应时代的要求，于是营销学者提出了新的营销要素。

1990年，美国营销专家劳特朋教授提出了4Cs营销理论（The Marketing Theory of 4Cs），强调企业首先应该把追求顾客满意放在第一位，产品必须满足顾客需求，同时降低顾客的购买成本，产品和服务在研发时就要充分考虑客户的购买力，然后要充分注意到顾客购买过程中的便利性，最后还应以消费者为中心实施有效的营销沟通。4C分别表示：

①顾客（Customer），即消费者的需要与欲望（Customer's needs and wants）。企业必须首先了解和研究顾客，根据顾客的需求来提供产品。同时，企业提供的不仅仅是产品和服务，更重要的是由此产生的客户价值。

②成本（Cost），即满足消费者需要与欲望的成本（Cost to satisfy consumer's needs and wants）。不单是企业的生产成本，或者说4P中的Price，还包括顾客的购买成本，同时也意味着产品定价的理想情况，应该是既低于顾客的心理价格，又能够让企业有所盈利。此外，这中间的顾客购买成本不仅包括其货币支出，还包括其为此耗费的时间，体力和精力消耗，以及购买风险。

③便利（Convenience），即购买的方便性（Convenience to buy）。为顾客提供最大的购物和使用便利，强调企业在制订分销策略时，要更多地考虑顾客的方便。要通过好的售前、售中和售后服务来让顾客在购物的同时，也享受到了便利。便利是客户价值不可或缺的一部分。

④沟通（Communication），即与用户沟通（Communication with consumer）。企业应通过同顾客进行积极有效的双向沟通，建立基于共同利益的新型企业/顾客关系。这不再是企业单

向地促销和劝导顾客,而是在双方的沟通中找到能同时实现各自目标的通途。

实际上,4Ps与4Cs是互补的而非替代关系。如 Customer,用"客户"取代"产品",首先要研究顾客的需求与欲望,然后再去设计、生产和销售顾客确定想要买的服务产品;Cost,用"成本"取代"价格",了解顾客要满足其需要与欲求所愿意付出的成本,再去制订定价策略;Convenience,用"便利"取代"渠道",意味着制订分销策略时要尽可能让顾客方便;Communi-cation,用"沟通"取代"促销","沟通"是双向的,"促销"无论是推动策略还是拉动战略,都是线性传播方式。

4Cs进一步明确了企业营销策略的基本前提和指导思想,从操作层面上看,还是要通过4Ps进行营销运作。所以4Cs只是深化了4Ps,而不是取代了4Ps。

第三节　跨国公司的转移价格策略

一、转移价格策略的含义、特征与种类

转移价格是指在跨国公司内部、母公司与子公司、子公司与子公司或联属企业之间相互进行的出口和采购商品、劳务以及其他经营资源内部转让所规定的价格。转移价格策略(Transfer Price Strategy)是指跨国公司根据全球营销目标在母公司与子公司之间或者在不同子公司之间转移商品或劳务时使用的一种内部交易价格策略。

作为一种跨国公司内部交易价格,转移价格具有如下的特征:一是转移价格服务于跨国公司的全球营销目标和整体利润追求,并非完全反映被转移商品或劳务的实际价值;二是转移价格是由公司少数高级管理人员制订的,并非通过市场供求与竞争机制来确定;三是转移价格仅适用于公司内部的交易,转移的是成本费用或利润收入。

跨国公司的转移价格可大致分为以下三种:

1. 资金融通转移价格

资金融通转移价格是指在跨国公司内部交易中,大大提高从母公司或其他子公司进口货物的价格,使利润以支付货款的形式汇出。并通过借贷资金利率的高低,影响关联企业的成本及利润水平。

2. 有形资产转移价格

有形资产转移价格是指跨国公司内部机器、设备等有形资产的出租和转让时的调拨价格。

3. 无形资产转移价格

无形资产转移价格是指跨国公司内部进行提供管理、技术与咨询服务、商标等类无形商品时的价格。

二、转移价格策略的目的

从根本上说,跨国公司的母公司与子公司之间或各国子公司之间,为转移产品或劳务制订价格的目的,就在于获取公司整体的、长期的最大利润。转移定价成为公司实行全球利益

最大化的重要调节机制,希望达到的目的有如下几种:

(一)加强子公司的竞争地位

加强子公司的竞争地位主要有两种情况:

1. 扶持新公司

跨国公司为了使其在某国的新建子公司在竞争中具有较高的资信水平,以便在当地出售股票或债券,筹措资金或谋取信贷,可通过内部价格的调整使该子公司显示出较高的利润率水平。

2. 占领新市场

跨国公司可集中人力、财力、物力以低价向子公司提供原料、中间产品或劳务,降低成本,增强竞争能力。

跨国公司从全局利益出发,可能会认为某个子公司所在的市场潜力很大或很有前途,扩大公司产品在该市场的占有率,对整个公司的长远利益大有裨益。因此,母公司或其他市场的子公司就会以低价向子公司提供所需的原材料及服务,使该子公司能够保持较低的成本,以低价击败竞争对手,并使该公司显示出较好的自信状况,从而有利于子公司扩大市场份额,树立较好的财务形象,在市场竞争中处于有利的地位。

(二)减少税负

一些国家征收较高的关税,这就增加了子公司进口原材料和零部件的费用,由此将削弱子公司产品在市场上的竞争力。通过转移定价,跨国公司可以设法降低在高税率国家的纳税基数,增加在低税率国家的纳税基数,从而减少跨国公司的整体税负。

从关税的角度分析,跨国公司同样可以利用转移定价减少税负。不过只有在征收从价税和混合税的条件下转移定价才具备这样的功能。当国外子公司出售产品给关联企业时,可以采用较低的价格发货,从而减少公司的纳税基数和纳税额。

世界经济区域化的发展为跨国公司利用转移价格避税提供了新的途径。如欧盟规定,若商品是在欧盟国家以外生产,由一成员国运往另一成员国,必须缴纳关税;但如果该商品价值的一半以上是在欧盟成员国家内增值的,则可以在欧盟成员国间自由运销,免征税负。因此,如果一家美国的跨国公司将一批半成品运往其德国子公司,制成成品后欲在欧盟国家内部销售,它就可以先将半成品低价出售给设在德国的子公司,在德国制成成品,这样所形成的价值一半以上是在德国增加的,便可在欧盟国家间自由运销而无须缴纳关税。

从所得税的角度分析,跨国公司分布于世界各国及地区,各国税率相差悬殊,因所得税法和税率有较大的差别,故所得税税率高的子公司,以较高的转移价格从所得税税率低的国家的子公司调进生产资料和产品,然后以较低的转移价格向其他子公司调出生产资料和产品。这样做,能增加在高所得税国家子公司的生产成本,降低其利润,减少在低所得税国家子公司的成本,提高其利润,进而从总体上减轻公司所得税负担。

值得注意的是,减少关税和所得税有时是互相矛盾的。例如,如果进口国所得税率比出口国高,企业需要提高价格以减少所得税。但这样做的结果会增加关税税额。这时公司就要从全局的角度出发,根据各种税率进行计算、比较和分析,最后制订出使公司整体利益最大化的转移价格。

（三）获取利润

许多跨国公司在国外的子公司都与当地企业共同兴建合资企业。跨国公司可以运用转移定价将利润转移出去，损害合作伙伴的利益。当然，转移利润时要考虑跨国公司在利润输入公司所持的股份，还要计算所得税及关税上的得失。国际企业只有在经过综合比较后才能制订出价格。

（四）规避风险

跨国公司在国外从事生产经营，面临各种各样的风险，如政治风险、经济风险、外汇风险、通货膨胀风险等。为了逃避这些风险，跨国公司可以利用转移定价将资金转移出去，使其将可能遭受的损失降到最低。

就避开外汇及物价管制而言，实行外汇管制的国家往往会对外国公司汇出利润有时间和数量限制，跨国公司通常采取提高进口货价的办法，增加向国外汇款，并在预测东道国政局不稳、政策变化、汇率变动时也可用同样的方法抽回资金和利润。此外，当一国货币即将贬值时，设在该国的子公司应尽力提高转移价格以利于利润和其他现金从那个国家转移到国外。当一国实行物价管制时，跨国公司通过操纵调拨价格，可达到抬高价格增加利润的目的。

（五）对付价格控制

当东道国认为跨国公司的产品或劳务是以低于其成本的价格进行"倾销"时，公司可以尽量降低原材料、零部件的供应价，减少其成本，使其较低的价格成为"合理"的价格，从而逃避东道国的限制和监督。当东道国认为跨国公司的产品或劳务价格太高，利润过多时，公司对海外子公司尽可能提高原材料、零部件的供应价格，增加其成本，使较高的价格成为"合理"的价格，这样也有效地避免了东道国的限制和监督。

（六）减轻配额限制的影响

在国际市场上，配额是常见的非关税壁垒。如果配额是针对产品数量，而不是产品金额，跨国公司可利用转移定价在一定程度上减轻限制。如果出口国子公司降低转移价格，而进口国配额一定，其结果等于不增加配额就扩大了进口国子公司实物的进口量，达到了扩大销售的目的。

三、国际转移定价的手段

（一）高进低出，低进高出

这是在货物采购与销售时跨国公司经常使用的方法。高进低出是指跨国公司的子公司以高于市场价格从国外母公司或子公司采购货物，而在该子公司出口货物给母公司或其他子公司时采取低于市场价格的方法来制订转移价格。通过这种方法可以将该子公司的利润转移到母公司或其他子公司。低进高出则采取相反的购销活动，可将利润从国外母公司或其他子公司转移进来。

（二）收取咨询费、服务费、管理费等费用

跨国公司的母公司通过提高或降低服务费、咨询费等费用水平，人为地提高或降低子公司的利润，以达到公司的多种目的。

（三）收取商标、专利、专有技术等无形资产转让费用

跨国公司的母公司还可以通过调整商标、专利等无形资产转让费用来达到提高或降低子公司利润的目的。

（四）提供货款或设备租赁

跨国公司母公司采取向国外子公司提供高息或低息贷款的方法影响子公司的成本，还可通过对设备租赁费用高低的调整来达到转移定价的目的。

（五）绿地投资

绿地投资是指跨国经营企业投入资金、技术、管理等生产要素，在东道国建立新企业的投资形式。一般是跨国公司等投资主体在东道国境内依照东道国的法律设置的部分或全部资产。绿地投资有两种形式：一是建立国际独资企业，其形式有国外分公司，国外子公司和国外避税地公司；二是建立国际合资企业，其形式有股权式合资企业和契约式合资企业。

四、国际转移定价的限制

对转移定价的限制主要来自以下几个方面：

（一）公司内部的限制

高低价格的利用，虽然能使公司整体利益达到最优化，但它以转移部分子公司的经营实绩为前提，在跨国公司管理实行高度分权的模式下，有些转移定价的政策会受到某些子公司的抵制。在国外的合资企业中，由于东道国一方决策权力的存在，通过转移定价以实现公司整体利益最优化更难办到。为了解决公司集中管理与分散经营相对独立的矛盾，大型跨国公司往往通过设置结算中心来进行统一协调。

（二）东道国政府的限制

各国政府都很重视外国公司通过转移定价来逃税，因而通过税收、审计、海关等部门进行检查、监督，并在政策法规上采取一系列措施，以消除通过转移定价进行逃税的现象。目前国际上普遍采用的是比较定价原则，也称一臂长定价原则（Arm's Lengthrule），即将同一行业中某项产品一系列的交易价格、利润率进行比较，如果发现某一跨国公司子公司的进口货价格过高，不能达到该行业的平均利润率时，东道国税务部门可以要求按"正常价格"进行营业补税。

（三）贸易壁垒

贸易壁垒也称贸易障碍，通常指国际商品劳务交换所设置的人为限制，这里主要是指一国对外国商品劳务进口所实行的各种限制措施。贸易壁垒主要包括三种类型，即国别壁垒、关税壁垒和非关税壁垒。

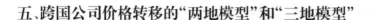

五、跨国公司价格转移的"两地模型"和"三地模型"

转移价格两地模型:假设 A、B 两公司为母子公司关系或子子公司关系,A 地税率低,B 地税率高,则该公司为了逃避所得税,A 地会低价从 B 地采购原材料,待原材料加工成制成品之后,高价返销给 B 地公司,则公司内利润都转移到了 A 地公司,因为 A 地税率低,所以跨国公司达到避税目的。

转移价格三地模型:当 A、B 两地的税率都高时,为了逃避所得税,引进一个避税地公司,假设 B 地需要一批中间品,A 地首先将中间品以低于成本的价格卖给避税地公司,避税地公司再以高价把中间品转卖给 B 地公司,则财务上 A、B 两地公司都亏损,因此两地所纳所得税变少,企业的利润留在避税地公司,而避税地公司无须缴纳所得税,因此跨国公司盈利。

六、跨国公司价格转移的防范

转移价格对东道国尤其对发展中国家东道国的财政收支和国际收支造成了极大的损害。各国政府都十分重视跨国公司通过转移价格进行避税逃税的问题,因而都通过税收审计、海关等部门进行检查监督,并在政策法规上采取了一系列措施。因此,我国应参照国外的成功经验,结合我国的实际情况,采取相应的对策。

(一)独立竞争交易

各国政府为了限制跨国公司随意运用内部转移价格损害主权国家利益,主要采用了"独立竞争交易"原则。这一原则要求跨国公司母公司与子公司、子公司与子公司之间的交易活动应视为独立单位间的交往,交易价格应按这两个独立单位所确定的价格为准。当母公司向子公司提供商品或劳务时,税务部门可根据"独立竞争交易"原则计算的交易价格进行监督。

除采用"独立竞争交易"原则外,还可采用:

1.利润分割法

税务部门对有关联属企业的内部交易不予过问,到年终时,将总公司及其下属各公司的利润汇总,再按一定的标准,将利润总额分摊给各有关企业,然后依据税法征收所得税。

2.指标计算法

成本的明细数据属于商业秘密,不易获取。但在新的会计制度下,可采用其他与利润有关的一个或数个经济指标,如销售收入利润率、资本周转率、产值利润率等,代替成本指标,间接计算出利润率。

(二)确定"公平价格"标准

一般认为,卖给无关的顾客同样商品的价格是"公平价格"标准。日本采用事先批准程序来确定公平交易价格。即纳税人事先可订立一个进行内部交易的价格政策和计算方法,向日本国税厅提出申请,如得到批准,纳税人即可以在今后的交易中按批准的方案核算其与联属企业进行交易的所得,为双方提供了公平交易价格的方便。所谓"比较定价"原则,是把跨国公司子公司的进口货价或出口货价与"公平价格"相比较,若两者相差过分悬殊,则东道国税务部门可要求按"公平价格"的标准纳税。

（三）加强对外资企业合同签订时的管理工作

应了解国际市场行情,增强讨价还价的能力,设立专门的科技经济情报中心,收集有关产品的国际市场供求情况,主要买主和卖主、价格、技术性能指标等。如中方在签订合资合作的合同时,应根据同行业的毛利率,参照国际可比价格,规定产品的最低毛利率以便以后监督检查。另外,必须严把设备、原材料进口关。应与商检等部门合作认真负责地检验鉴定,以防外商以次充好、以旧充新而漫天要价。并且严把产品出口关,可采用招标方式来选择买家、卖家,扩大出口渠道。

（四）加强海关的监督作用

合资企业往往是东道国和跨国公司交往的主要形式,也是跨国公司运用内部转移价格的主要渠道。我国必须建立涉外审计制度,加强以会计监督为主的全面监督与管理工作,并通过海关对跨国公司进行监督检查。

（五）强化企业经营财务管理

企业的日常经营状况最终都将反映在财务账目上,故应有精通业务的财务人员在外资企业工作,参与财务部门的决策,深入掌握企业的成本核算及收支项目,加强对企业年度财务报表、资金转移及利润分配的监督和管理。

（六）加强国际税收合作

我国已与 30 多个国家和地区在国际税收协定中订立了防止偷漏税的条款。今后,我国应更积极地开展税收国际合作,疏通与国外税务部门的资料交换渠道,共同打击避税逃税行为。

【主要概念】

STP 模型　　4Ps 营销理论　　4Cs 营销理论　　转移价格
三地模型　　成本导向定价法　需求导向定价法　竞争导向定价法

【课后复习】

一、选择题

1. 根据转移定价理论,在"三地模型"中,税率均高的两个国家为了逃避所得税,需引进一个特殊的公司,这个公司是(　　)。

A. 母公司　　　　　　　　　B. 母公司下嫡系子公司
B. 东道国公司　　　　　　　D. 避税地公司

2. 跨国公司市场营销的促销策略包括(　　)。

　　A. 广告、人员促销、卖场促销、公共关系

　　B. 广告、人员促销、卖场促销、销售补贴

　　C. 广告、人员促销、营业推广、公共关系

　　D. 广告、营业推广、卖场促销、公共关系

3. 跨国公司技术转移时的技术使用费的支付方式包括(　　)。

　　A. 总付方式　　　　　　　　　　　　B. 提成费方式

　　C. 入门费加提成费方式　　　　　　　D. 前三项所述均正确

4. 跨国公司向各国不同类型的消费者提供产品时,其开发策略包括(　　)。

　　A. 生产和销售母国的同样产品　　　　B. 生产和销售母国的关联产品

　　C. 改进现存产品　　　　　　　　　　D. 开发全新产品

5. (　　)等是跨国公司转移价格的一部分目的。

　　A. 调节子公司的利润　　　　　　　　B. 满足市场需求

　　C. 增强市场竞争力　　　　　　　　　D. 灵活转移内部资金

二、思考题

1. 简述三种不同的国际市场进入模式及优缺点。

2. 分析主要的市场营销定价方法。

3. 比较说明 4Ps 理论与 4Cs 理论的异同。

4. 出口制造商应如何选择分销渠道宽度策略?

5. 考察目前我国手机市场现状,思考作为国内品牌的手机生产商想以低价格进入我国市场,你认为可行吗? 为什么?

【案例分析】

美的集团扩张战略风险与经营措施

　　美的集团是一家以家电业为主的大型民营企业集团。这些年来美的集团一直保持着持续且快速的增长。最近十年,美的集团的年均销售收入增长速度超过 30%。2010 年,美的集团整体实现销售收入达 1 150 亿元,成为国内继海尔之后第二个年销售收入突破千亿元大关的家电企业。2010 年底,美的雄心勃勃地公布了下一个五年规划"2015 年销售规模突破 2 000 亿元,出口达到 100 亿美元,实现再造一个美的目标。"当外界还在质疑这一目标是否过于冒进时,美的集团 2011 年第一季度实现销售收入已经接近 500 亿元,同比增长了 60% 以上。其中,上市公司美的电器公布的一季报显示,当季营业收入 304.81 亿元,同比增长 96.13%,2010 年一季度收入还与青岛海尔、格力电器旗鼓相当的美的电器 2011 年一季度的收入几乎相当于后两者的总和(青岛海尔 164.78 亿元,格力电器 172.74 亿元)。

　　8 月 3 日,2022 年《财富》世界 500 强榜单揭晓。美的集团连续七年上榜,本次最新排名

跃居第 245 位,较上一年度排名上升 43 位。2020 年则位列 307 位。

美的集团方面表示,2020 年底以来,集团持续加大在数字化、IoT 化、全球突破和科技领先方面的投入,布局和投资新的前沿技术,不断攻克"卡脖子"技术难题。公开资料显示,2021年,美的集团实现营业总收入 3 434 亿元,同比增长 20%;净利润 286 亿元,同比增长 5%。2022年第一季度,集团营业总收入 909 亿元,同比增长 9.5%;净利润 72 亿元,同比增长 11%。

(一)美的扩张战略的潜在风险因素分析

在美的快速扩张的背后,也面临着一些潜在的风险。下面,将依据美的集团旗下的主要上市公司美的电器的年报、季报提供的相关财务数据对美的面临的潜在风险因素进行分析。

1. 企业的快速扩张得不到行业成长性的支撑。在 2010 年美的电器的主要营业收入构成中,空调、冰箱、洗衣机分别占主营收入的 64.73%、13.33%、13.03%,三项业务合计占主营收入的 91.11%。从行业生命周期的角度来看,空调、冰箱、洗衣机是属于已经进入成熟期的行业,尽管最近几年在国家的家电下乡和家电以旧换新政策的刺激下出现了较快的行业增长,但目前的这种增长速度是难以持续的,随着国家的家电下乡和家电以旧换新政策的逐步退出,这些行业将重新恢复成熟期行业的所具有的低速增长的特征。因此,2011 年一季度营业收入同比增长 96.13% 的速度未来将缺乏行业增长的支撑。

2. 营业收入增长与净利润增长不成比例。美的电器公布的 2011 年一季报显示,当季主要营业收入同比增长 96.13%,但净利润同比只增长了 12.65%。与之形成鲜明对比是,作为美的主要竞争对手的两家上市公司青岛海尔和格力电器,2011 年一季度主要营业收入同比增长分别为 23.77% 和 68.31%,净利润同比增长分别为 48.65% 和 46.27%,从中可以看出,与美的电器相比,虽然青岛海尔和格力电器的营业收入增长率都不及美的,但净利润增长率却远远超过了美的。由此排除了美的低净利润增长率是由于行业恶性价格竞争所致的可能。那么,究竟是什么原因导致美的营业收入增长与净利润增长不成比例的呢?从美的电器 2011 年一季报来看,营业成本、营业费用、管理费用等各项成本费用指标并没有出现明显的异常变化,由此也基本可以排除成本费用的因素。至此,剩下的最有可能的原因就是美的的销售利润率低,即美的的营业收入增长与市场占有率提高主要是通过价格战获得的,这一推测可以从美的电器与主要竞争对手的营业利润率指标得到佐证——美的、格力、海尔一季度的营业利润率分别为 2.68%、3.52%、4.74%,美的的营业利润率水平只有海尔的56.5%,这意味着美的 304.81 亿元的主营收入与海尔 164.78 亿元的主营收入所换来的利润相差无几。

从企业战略管理的角度来看,企业实行扩张战略,无论是营业收入的增长还是市场占有率的提高,最终目的是通过规模经济效应和经验曲线效应来降低单位产品成本,从而获取更大的利润。美的营业收入增长与净利润增长的不成比例,使美的陷入了扩张战略的悖论——高增长并未带来高收益,这绝对不是美的真正想要的结果。

3. 以价格战抢占市场容易招致竞争对手的报复。上面的分析中提到,美的营业收入的快速增长主要是通过价格战获得的。企业竞争的理论和经验告诉我们,如果一个企业通过价格战来与竞争对手争夺市场,往往会遭到竞争对手的报复或抵抗。如果竞争行动和反击行动逐步升级,则行业中所有企业都可能遭受损失,甚至影响行业自身的发展。如果一个行业内部主要竞争对手基本上势均力敌,则行业内部的竞争很可能将十分激烈,在这种情况下,某个企业要想成为行业的领导企业,就需要付出较高的代价。对于美的目前这种咄咄逼人的市场进攻态势,不禁让人联想起家电业的另一家知名上市公司——四川长虹。20世纪90年代,四川长虹在国内彩电市场上通过价格战和规模的迅速扩张,将一批实力较弱的彩电企业清理出了市场,使自己成为国内彩电市场占有率第一的龙头企业。1997年,长虹的国内市场占有率曾高达35%,而且获得了丰厚的利润。此后,在彩电市场已经形成由几家实力较强的企业控制的局面下,长虹继续发动的价格战引发了彩电业的恶性价格竞争,彩电业出现了行业性的亏损,长虹也陷入了经营困境,长虹至今仍然在遭受着当年价格战后遗症的折磨。如今的美的与当年的长虹颇有几分相似,都是在向实力强大的竞争对手发动价格战。对于美的主要竞争对手的海尔和格力来说,有着比美的更大的利润空间来支撑他们打价格战,价格战对这两家企业来说不是能不能打的问题,而是想不想打的问题。如果海尔和格力也采取价格战的方式与美的争夺市场,美的未必能够占到多少便宜。

4. 价格战可能给企业的品牌声誉造成损害。品牌作为企业拥有的无形资产在企业市场竞争中正发挥着越来越重要的作用。在现代市场经济中,企业之间的竞争,在一定程度上就是企业品牌之间的竞争。一般而言,一个企业拥有的品牌价值越大,品牌的知名度和美誉度越高,其市场竞争力就越强。尽管在市场竞争中率先发动价格战的企业往往能够在扩大销售额和市场占有率方面起到立竿见影的作用,但企业的低价销售,尤其是长期低价销售产品的做法有可能会使消费者把该品牌与低价低质或低价低端联系在一起,从而给企业的品牌声誉造成损害,并且低端品牌的形象一旦形成,将很难在短时期内改变。在由睿富全球排行榜与北京名牌资产评估有限公司共同发布的"2010中国最有价值品牌排行榜"中,海尔以855亿元的品牌价值蝉联第一,美的则以497亿元名列第六。由此可以看出,美的与其竞争对手海尔在品牌方面是存在明显差距的。此外,在品牌定位方面,海尔经过多年的努力,已经确立了自己在国内外市场上的中高端品牌形象;而美的品牌定位则显得不甚清晰。美的在自己的品牌并不占优的条件下发动价格战,如果仅是偶尔为之尚无伤大雅,要是持续进行则难以避免对品牌声誉产生负面影响。

5. 国际化经营的水平低。在美的的扩张战略中,海外市场被寄予厚望。在美的电器近三年(2008—2010年)的主营业务收入构成中,海外市场所占比重分别为36.29%、28.83%、27.6%,从中可以看出海外市场已经成为美的营业收入来源的重要组成部分。在国际化经营方面,与海尔选择率先开发欧美发达国家市场、积极推行本土化战略、已确立了自己国际市场上的中高端品牌的形象不同,美的目前的国际化经营还处在以OEM为主的初级阶段,OEM即俗称的代工,以OEM形式外销的企业只能获得微薄的代工费,而且始终处于产业价值链的底端,还处处受制于人。虽然美的已开始在海外市场进行自有品牌的推广,但由于美的的自有品牌在海外市场的知名度和美誉度非常有限,自有品牌的推广会是一项长期、艰巨的工作。如果美的仍然靠价格手段去抢占海外市场,不但不利于其国际化品牌形象的建设,而且容易成为国外反倾销的制裁对象。

(二)对美的的几点建议

1. 由数量型增长向质量效益型增长转变。在企业的扩张战略中,销售收入的增长和市场占有率的提高都只是手段而并非目的,企业的最终目的是获取更多的利润。靠牺牲利润来扩大市场只能是一时的权宜之计,而不能成为企业的长期战略。美的近来的表现总让人感觉有点心浮气躁,似乎把数量增长看得重于一切,急于追求市场排名第一之类的虚名,在有意无意之间忽视了增长的质量与效益,这未免有些本末倒置。美的只有把自己的扩张战略由数量型增长转变为质量效益型增长,企业才能步入良性发展的轨道。

2. 价格战要适可而止。价格战是一把"双刃剑",在伤到竞争对手的同时,也有可能自伤。尤其是在竞争对手实力比较接近的情况下,价格战有可能引发行业性的价格恶性竞争,价格战的始作俑者也难以独善其身。从目前美的与主要竞争对手的实力来看,美的并不具备短期内击败竞争对手的实力,甚至在某些方面美的还不如其竞争对手。例如,在品牌的知名度和美誉度方面,美的不如海尔;在空调的专业化经营方面,格力似乎更胜一筹。在这样的竞争态势下,美的想通过价格战排挤竞争对手未免有些一厢情愿。美的应学会与强大对手和平共处,价格战要适可而止。

3. 加大品牌建设力度。前面已经提到,美的的品牌定位不够清晰,在品牌的知名度和美誉度方面与主要竞争对手海尔之间存在不小差距。对于立志打造世界级企业的美的来说,不仅需要对自己的品牌进行清晰、准确的定位,而且还要处理好旗下美的、小天鹅、荣事达、华凌等多品牌之间的关系,使各个品牌形成市场合力。还要通过多种举措不断提高品牌在国内外市场上的知名度和美誉度,促使美的品牌由国内知名品牌向国际知名品牌的目标迈进。

4. 努力提高国际化经营水平。要改变目前美的国际化经营水平低的局面,必须从改变以 OEM 为主的外销模式开始,在海外市场大力推广自有品牌,提高外销产品附加值。美的在今后国际化经营中,应将国际化与本土化相结合,积极进行海外直接投资,根据所在国市场实际进行本土化生产、销售和研发,不断提升自己在国际产业分工中的地位和品牌形象,力争向产业价值链的高端延伸。

(资料来源:王静峰,贺正飞.美的集团扩张战略风险与经营措施[J].现代企业,2011(8):30-31.)

第八章　跨国公司财务管理

【本章提要】

　　跨国公司财务管理与一般公司财务管理一样,都要涉及公司的投资、融资以及股利分配决策、公司的日常财务管理等内容。然而,由于跨国公司面临的是一个全球一体化的、具有不完全性的国际市场,面临着特殊的政治风险和外汇风险,这些特殊性决定了跨国公司财务管理特殊的研究内容。跨国公司财务管理的主要目的是以股票价格表示的股东财富的最大化。这意味着跨国公司所做的投资和融资决策要最大限度地增加企业的价值,同时,公司要对其所控制的资产进行有效的管理。跨国公司财务管理是企业财务管理的一个分支,其基本内容与企业财务管理是一致的。

　　近几年来,随着经济全球化和一体化的推进,跨国公司的发展呈现出一些业务新趋势,这对跨国财务管理形成了一系列的挑战。为此,本章介绍了跨国公司的财务管理环境、外汇风险管理、融资决策、投资决策和税收管理,以应对跨国公司财务管理复杂多变的特点。

第一节　跨国公司的财务管理环境

一、市场环境

　　市场的不完全性是指市场处于非完全竞争状态。市场不完全性包括产品市场、要素市场、金融市场、信息市场等的不完全性。这些方面的市场不完全性既来自自然的限制,也来自政治和经济方面的限制。

　　不完全市场理论(Imperfect Market Theory)认为,与国内市场相比,全球市场存在更大的不完全性,市场的不完全性为跨国公司的出现和持续存在提供了理由。同时,市场的不完全性也为跨国公司财务管理提供了方向和挑战。由于市场存在种种不完全性,跨国公司有可能利用各个市场之间的各种差异套取利润、降低风险、降低经营成本,或投资于多个市场以降低成本、降低风险。跨国公司利用内部交易中的转移价格获取特殊利益,利用内部资金市场降低运营成本和资本使用成本,利用上述条件规避外汇取管制风险等。市场不完全的表现主要有以下四种:

(一)产品市场不完全性

　　产品市场不完全性来自政府对市场的各种干预、政府所设置的关税和非关税壁垒、货源以及价格的垄断等因素,使得产品流动受到限制。尽管全球或者区域市场一体化的步伐在加快,关税壁垒在逐步取消,但各国经济发展之间仍然存在着矛盾性,这种矛盾性使得各国之间不会实行完全的产品自由流动。

(二)要素市场不完全性

要素市场不完全性是指劳动力、设备、技术力量、知识产权、资金等方面由于各种因素在各个国家之间存在差别。例如,有的国家生活和教育水平低,劳动力成本低,而有些国家则相反。尽管劳动力成本存在差别,但由于各个国家之间的移民限制以及其他因素的影响,劳动力市场仍然存在着一定的分割性。

(三)金融市场不完全性

各国金融法律、法规存在差别,利率、税收和金融管制也有差别。例如,中国的公司要在美国纽约证券市场上发行股票融资,必须符合美国市场的有关规定,并通过美国有关机关的审核。

(四)信息市场不完全性

由于各个市场不同的政策和管理以及经济的垄断性,经济信息不会平等、及时地反馈给交易各方,获取和传播信息也需要费用,市场参与者是在不同程度缺乏信息的情况下进入市场的。

二、税收环境

跨国公司在不同的国家进行投资,投资收益要按照不同国家的税收规定纳税,当跨国公司母公司收回投资收益时,还面临着向母公司所在国政府纳税的义务,因此可能导致双重征税。

世界各国之间解决双重征税问题的办法是签订双边税收协定(Bilateral Tax Treaty)。各国政府为鼓励本国企业对外投资,对于在国外已经缴纳的税金给予税收抵免(Tax Credit)的优惠。除此之外,很多跨国公司还利用国际避税地进行税收筹划。这些都是跨国公司纳税管理中所面临的重要问题。

三、风险环境

跨国公司和国内公司一样,面临着各种财务风险。除此之外,跨国公司还面临着特有的政治风险和外汇风险。

政治风险是指政治方面的原因使公司蒙受损失的可能性。政治风险可能源于政府更迭、政策变动,也可能源于战争爆发等。外汇风险是指各国货币之间的汇率变动可能会给公司带来损失的可能性。

四、竞争环境

跨国经营所面临的竞争环境与国内经营所面临的竞争环境有很大不同。跨国经营由于能够利用各种市场的不完全性而获得收益,或者通过跨国经营而降低风险,因此存在着一定的竞争优势。但跨国公司由于对经营所面临的各种环境不熟悉,如不同的人文环境、政治环境、经济环境、制度环境等,或者东道国存在不利于跨国公司的竞争环境,跨国经营就会处于一定的竞争劣势。

跨国经营的竞争层次也不同于国内经营中的竞争层次。跨国经营所面临的竞争不再单纯是公司之间的商业行为,而表现为国家之间的竞争。

同一般公司竞争一样,跨国公司的竞争已经从市场竞争转移到经营全过程的竞争。而且,由于跨国公司在经营过程中具有很大的自由度,因此经营过程的竞争比国内经营表现得更为明显。产品的生产就是一个价值创造的过程,这个价值创造过程包括各种资源的配置和使用。跨国经营从传统的产品竞争和资源竞争向更深层次竞争过渡,就是向价值创造过程的过渡,向资源配置和使用的过渡。组织生产过程、分销产品,比单纯地获取廉价资源、低价销售产品显得更加重要。

第二节　跨国公司的外汇风险管理

一、外汇交易及汇率波动概念

外汇交易是指在跨国贸易过程中产生的外币债权和外币债务的过程,由于在交易发生时间和交易结算之间存在一定的时间差,在这一过程中不同货币之间的汇对比例会发生一定程度的变化,当公司的业务量用外币折算为本币时便会产生一定的损失或收益,因此外汇交易会在一定程度上带来收益的不确定性,即外汇风险。对于跨国公司而言,外贸活动、国际信贷、国际投资等过程都不可避免地存在外汇交易过程,也会因此而产生一些特定的交易风险。

在对外贸易过程中,公司不可避免地会产生一些外币债权和外币债务,汇率的波动导致企业无法事前确定进出口货款的本币数额,因此增加了企业财务预算的困难,使得企业经营成本有所上升。汇率波动可能会为企业带来如下风险:海外资产和本国证券的汇率风险、海外分支机构财务报表合并过程中产生折算风险和折算损益、企业资产市场价值波动导致的海外分支机构经营绩效评估的不确定性等,此外汇率的多边性也会增加企业资产优化的难度,影响着企业的国际投资分化程度,使得企业在汇率风险避险措施的选择深度和广度上都具有较大的不确定性。

二、外汇风险的分类及外汇风险管理

外汇风险包括折算风险、交易风险和经济风险,是跨国公司在国际经营活动中面临的重要风险之一。就广义而言,跨国公司面临的外汇风险除了由于汇率变动引起的折算风险、交易风险和经营风险之外,还应包括所有与外汇活动相关的各种潜在风险,如不能履约风险、资金筹措风险、外汇政策变动风险等。一般而言,汇率变动风险是外汇风险的最主要组成部分,也即本书讨论的对象。

（一）折算风险

①跨国公司是由不同地域的母、子公司构成的经济实体,为了反映跨国公司整体的财务状况、经营成果和现金流量,母公司会在会计年末将子公司的财务报表与母公司进行合并。通常情况下,海外子公司的财务报表采用所在国当地货币作为记账本位币,所以当母公司以本币记账的会计报表合并时,就会出现发生交易日的汇率与折算日汇率不一致的情况,从母

公司的角度看,海外子公司按照国外当地货币计量的资产、负债的价值也将发生变化,这就是跨国公司所面临的折算风险。其中,承受本外币转换风险的资产与负债成为暴露资产和暴露负债,由于暴露资产与暴露负债的风险可以相互抵消,故企业总的折算风险就取决于二者之间的差额。

②折算损益的大小,主要取决于两个因素:一是暴露在汇率变动风险之下的有关资产和负债项目相比的差额;二是汇率变动的方向,即外汇是升值还是贬值。如果暴露资产大于暴露负债,当外汇升值时将会产生折算利得,贬值时将会产生折算损失。反之亦然。

一般来说,折算风险实质上是一个会计问题,是一种未实现的损益,而由此产生的外汇换算损益并不会对用报告货币计量的现金流量产生直接影响。根据公司的价值取决于公司现在及未来真实的净现金流入原理,折算风险本不应影响公司的真实价值,但考虑到利益相关人(包括投资者、潜在投资者,客户和供应商等)以会计利润评价公司以及公司的股票,折算风险因此能够对公司价值产生间接影响。

(二)交易风险

交易风险指一个经济实体在其以外币计价的跨国交易中,由于签约日和履约日之间汇率导致的应收资产或应付债务的价值变动的风险,是汇率变动对将来现金流量的直接影响而引起外汇损失的可能性。例如,在国际市场活动中发生的以外币计价的、凡已经成立或达成合同的外币事项,像应收账款、应付账款、外币借贷款项、远期外汇合约以及已经签订的贸易合同或订单等,因汇率变动造成的损失称为交易风险。

交易风险的产生源于两点:一是期间性,即外币事项自交易发生时点至结清时点相距一定时间,对于交易双方来说,在此期间的汇率变动有可能产生损益;二是兑换性,即指外币事项在收付实现时,将外币兑换为本国货币(或另一种外币)或将本国货币兑换为外币过程中发生的损益。交易风险表现为,当外币汇率上升时,外币债权或资产因以较高汇率结售而获益,而外币债务或负债因以较高汇率购买外币而遭受损失;反之,当汇率下跌时,外币债权或资产由于使用较低汇率结售而遭受损失,外币债务或负债以较低的汇率购买外币而获益。对于跨国公司来讲,只要发生以外币计价的对外销售的交易日与实际结算的收汇日不一致,就会存在由于汇率变动产生的实际多收或少收外币的可能性。

交易风险通常包括以下几种基本情形:

①已结交易风险。即以信用为基础延期付款的已结外币应收应付账款,因交易发生至实际结算期间的汇率已发生了变化而引起的风险;②以外币计价的借贷款项在到期时,由于汇率可能发生变化而带来的风险。③待履行的远期外汇合同的一方,在合同到期时由于外汇汇率的变化而可能发生的风险。严格地说,交易风险和折算风险存在一定程度的重叠,因为公司资产负债表上的一些科目,如借贷款项和应收应付科目,已经包括折算风险的一部分。另外,与折算风险不同,交易风险会产生实际的外汇损益。随着跨国公司对外直接投资规模的扩大,投资进入国家的增多,计价货币会出现多元化,伴随交易结算而进行的货币转换得越发频繁,交易风险对跨国公司现金流量和经营成果的影响也变得更为深刻。

(三)经济风险

经济风险是指意料之外的汇率变化对公司未来国际经营的盈利能力和现金流量产生影

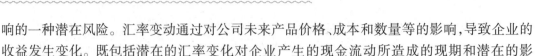
响的一种潜在风险。汇率变动通过对公司未来产品价格、成本和数量等的影响,导致企业的收益发生变化。既包括潜在的汇率变化对企业产生的现金流动所造成的现期和潜在的影响,也包括在这些变化发生的会计期间以外对整个企业获利能力的影响。

相对于前文所述的折算风险与交易风险对跨国公司的经营成果和现金流量产生的短期的、一次性的风险来说,经济风险可谓"实际发生的深度风险",对跨国经营所产生的影响也最大。不仅要考虑汇率波动带来的一时得失,更重要的是要考察汇率变动对企业经营的长期动态效应。从长期来看,经济风险对跨国公司的竞争力产生直接影响,这些风险足可以使跨国公司陷入某种困境。假设一企业面临较高的经济风险,它未来的净现金流量因此变得非常不稳定,影响到公司的真实偿债能力,使公司的商业信用受损,客户和供应商也可能因此转向公司的竞争者,公司的供应和销售链体系遭到破坏,无法保证持续稳定的生产经营。

三、跨国公司外汇风险管理体系

(一)管理目标与原则

1.外汇风险管理目标

外汇风险管理是企业为应对汇率浮动可能带来的各种不确定风险时所进行的财务管理活动。对于大多数跨国公司而言,外汇风险管理的根本目的在于尽可能地减小公司在外汇交易中现金流和盈利控制的震动幅度,使其能够更好地预测公司未来特定时期内的现金流状况,以更好地设计和规划核心项目的投资。除了银行和其他金融机构外,大多数跨国公司在应对外汇风险的过程中更加专注于核心竞争力和传统业务的提升,尽可能地减少外汇结算风险,而非从外汇交易中获利。换言之,跨国公司的外汇风险管理实质上是充分分析和利用既有信息,追求风险或成本最低化以尽量减少汇率波动带来的现金流量的不确定性,确保公司在汇率浮动时可以获得相对稳定利润的一种防御性管理活动,而非追求利润最大化而采取的进攻性活动。具体而言,商业经营性企业的外汇交易风险管理目标可以分为以下几类:

(1)减少因汇率变动造成每期盈余的剧烈波动

充分考虑交易风险和折算风险的情况下采取恰当的措施确保公司盈余波动处于相对较小的区间内。

(2)减少风险损失

主要减少交易风险、经济风险和折算风险,维护公司长短期现金流的稳定性,防御国外子公司外币财务表折算带来的各类损失,减少折算风险收益,避免因此而引起的盈余剧烈波动。

(3)减少外汇风险管理成本

要实现这一目标,企业需要权衡各类避险策略的成本与效益,对采取避险策略所支出的成本和不采取避险策略可能带来的损失进行对比分析,作出有利于公司盈利的决策。

(4)由外汇风险的管理来获取收益

对于大多数跨国公司而言,这一目标是辅助性目标,其根本目的是要帮助企业保持较高的利润水平并提升企业的国际竞争优势。

2.外汇风险管理原则

外汇风险管理目标的实现需要公司上下作出相当的努力,在此过程中必须要掌握一定的外汇风险管理原则,才能更加高效地实现上述各类外汇风险管理目标。

(1)战略性原则

外汇风险管理是公司财务管理与经济活动的一个重要组成部分,必须服从于公司的战略规划,以帮助公司更好地实现经营目标和效益最大化。外汇风险管理必然伴随着一定的成本消耗,因此只有在必要的情况下,也就是汇率风险所带来的损失远大于公司采取相应措施支付的成本或相关管理成本远低于实施管理所带来的收益时,公司为规避外汇风险所采取的各类措施和付出的成本才具有价值意义,也就是说公司在外汇风险管理中一定要符合成本效益原则和战略性原则,才能使外汇风险管理具有现实的意义。

(2)系统性原则

外汇风险管理所涉及的外汇和资金变动是跨国公司经营的重要组成部分,在实施相关的管理对策时,一定要充分考虑整个公司系统内部的外汇风险、资金筹措以及投资回报等多方面的因素,应用系统性和整体性的眼光来分析各类因素可能带来的不同影响,将外汇风险管理视为系统工程,从公司整体角度把握资金流向和外汇风险,从内外环境出发协调一致,使公司的外汇风险管理能够有目的地、层次性地开展,实现系统内的效益最大化。

(3)全面性原则

跨国公司所从事的经营活动不尽相同,其法律地位也有所差异,在不同的经营活动过程中,公司所面临的外汇风险类别也有一定的差异,因此在外汇风险管理中要对交易风险、经济风险和折算风险以及由此而衍生出的各类其他风险进行全面考虑,分析不同风险因素对公司发展的利弊,避免顾此失彼,造成不必要的损失。

(4)科学性原则

外汇风险的发生是必然性和偶然性的统一体,成功地规避各类外汇风险必须建立在对汇率科学认知的基础上,按照凡事预则立不预则废的处事原则,提前进行防范,对此公司在具体的对策确立和实施过程中一定要坚持理论联系实际、定向分析与定量分析相结合、借鉴历史经验合理预测未来发展的科学方法来分析汇率波动的趋势和预测未来特定时期内的发展动态,以确保各类风险防范措施的有效性和准确性。

(5)保守性原则

跨国公司的外汇交易风险管理重在防范而非进攻性地获益,因此公司在风险应对过程中要明确自己的经营与经济管理目的,切不可盲目利用风险进行投机活动,从而将公司带入更大的风险漩涡之中,因此公司在采取相应的风险管理措施时,一定要坚持回避性和保守性原则,确保公司盈余在合理的范围内波动即可,不可把"送死"的理财活动变为赌博,为获得较大利益而采取激进的冒险措施。

(6)灵活性原则

不同的公司其经营模式、经营范围及所处行业环境都存在较大差异,在跨国经营中外汇风险形成的原因、外币净头寸、外币之间的关联度、风险管理的方法等也各不相同,没有任何一种外汇风险管理方法可以放之四海而皆准,因此跨国公司在外汇风险管理中必须从自身实际出发,对不同外汇风险的成因及后果进行具体问题具体风险,不断探索和寻求最适合自身的风险规避措施,并且在公司发展的不同阶段,要综合分析各类因素所产生的积极或消极后果,灵活地选择相应的外汇风险管理办法。

(二)管理策略

外汇风险的管理策略是指企业从自己的跨国经营规模、涉及外汇的经济活动数量、外汇风险类别及大小、外汇风险管理费用、承担外汇风险的能力和管理者对外汇风险所持的态度等具体情况出发在外汇风险管理方面所采取的对策和谋略。

从所应对外汇风险的态度上可以分为保守策略、冒险策略和中间策略三大类。其中保守策略安全第一,不留下任何不稳定因素的策略,其目的主要是避免承担任何外汇风险损失,但这类做法可能会使公司丧失一些较好的筹资和投资机会;冒险策略则是一种消极的任其自然的应对策略,即在外汇交易中不采取任何针对性措施,随遇而安,汇率利好变动时坐享利益,不利变动时则承担损失,这种策略对企业的承压能力有较高的要求,实际中很少有企业会采用此类策略;中间策略则是对前两种极端策略的中和,即企业按照成本效益原则,分清主次,对不同的外汇风险采取针对性的有效措施,通过权衡不同措施之间的成本和效益来确定合理的外汇风险管理方案,尽可能地帮公司实现利益的最大化。

从其所应对的风险类别上看,外汇风险的管理策略可以分为资产负债表避险策略、合约性避险策略和经营性避险策略等多种形式。其中资产负债表避险策略主要是针对子公司与母公司之间的关系,来系统性地调整公司的暴露资产和暴露负债的大小来减小和规避风险的方式,即当子公司所在国货币相对于母公司所在国货币升值时,要尽可能地增加资产和减少负债,反之则应尽可能地减少资产和增加负债,这种策略主要用于规避折算风险,在实际中应用不多,因为该策略会对企业的资本结构优化产生一定的负面影响,在采取具体措施之前,企业应当综合交易风险和经济风险的影响而作出决策;合约性避险策略是公司应用金融市场的一些金融工具来实现保值避险目的的方式,这些方式包括外汇期货交易、远期外汇交易、外汇调期交易及货币市场避险等,这种方式需要承担一定的投资风险;经营性避险策略则主要应对经济风险,相较于前两种避险策略,该策略更侧重于从长期战略的角度来防范和规避外汇交易风险,其具体措施主要是从生产管理、营销管理及在全球范围内积极推行多元化战略而实现风险的最小化和利润的最大化。

(三)管理体系

跨国公司的外汇管理体系的建立健全主要包含风险识别体系、风险计量体系及风险防范体系等环节的完善,这几个环节环环相扣,相辅相成方能帮助公司有效应对各类外汇风险。

风险识别和分析是企业进行外汇风险管理的重要基础,在这一阶段,企业需要对可能会涉及外汇交易的各类经营活动进行识别和评估,对不同项目可能承受的外汇风险种类及影响进行定性分析,并从整体上确认资产或负债可能受外汇影响的程度,对影响外汇风险的错综复杂的各类因素进行全面了解和确认,决定哪些项目需要进行外汇风险管理或是在哪些方面需要加强管理;风险计量是企业采取合理的财务手段对风险损失进行科学的定量分析,明确不同风险防范措施可能带来的成本效益等,从而为相关管理防范的决策提供相关依据;防范体系的构建是企业直接应对外汇风险的关键环节,在综合考虑外汇风险的管理目标、原则和策略基础上,考虑如何对外汇风险进行规避,并制订具体避险措施,是决定外汇损益的根本性决定要素。

三个环节相互关联,缺一不可。风险识别是外汇风险计量的基础,可以帮助企业了解各类风险和止损因素;风险计量则可以帮助企业计量受损额,为管理者制订防范措施提供依据;风险防范环节则是风险识别和风险计量价值的最终体现,是外汇风险管理中和实务操作联系最为紧密的一环。

四、常用的避险金融工具

(一)外汇期货交易

外汇期货交易避险和远期外汇交易避险都是通过锁定购买者在未来某一时点支付的货币价格,使得公司未来的现金流量流入变得更确定,从而达到规避外汇风险的目的。不同的是,外汇期货交易是标准化合约,交割日和每张合同金额都是确定的,而远期外汇交易可以根据公司个体的特殊需要具体订立。事实上远期外汇交易一般适用于大额交易,而期货交易更适合于规避较小金额的风险。使用外汇期货交易避险和远期外汇交易避险能否起到好的效果,关键在于现时远期汇率(锁定价格)与未来即期汇率的偏差大小,实际上只要这一偏差小于现时即期汇率与未来即期汇率的偏差,那么避险就是有效的。事实上,由于外汇市场上存在众多套利投机者,几乎接近完全竞争市场的远期汇率反映了整个市场对未来即期汇率的预期,应该可以在相当大的程度上规避外汇波动风险。

(二)外汇期权交易

外汇期权交易是指通过购买外汇期权获得在未来选择是否执行该合约规定的权利,从而在锁定最大亏损的情况下,一旦汇率朝有利方向波动的幅度大于期权费率时,就可以实现盈利。外汇期权交易的另一个好处在于对表外项目外汇交易风险的规避上,如未来可能发生的外汇购销、长期债务、贷款偿付以及其他一些契约性和预期要发生的外汇收支等,因为只是可能发生,并且发生的时间和金额也不确定,因而此时采用外汇期货交易和远期外汇交易进行避险并不合适,而用外汇期权的话,由于拥有了在一定时间内随时选择是否执行交易的权利,则可以较好地解决这一不确定性问题。

(三)外汇调期交易

外汇调期交易也称时间套汇,是在买进即期的甲种货币、卖出即期的乙种货币的同时,卖出远期的甲种货币、买回远期的乙种货币。调期交易一般是在两个当事人之间同时成交两笔相反方向的交易,如一方是买近卖远,则另一方就是卖近买远。这种方式的作用是为了解决不同货币的货币需求,在把一种货币换成另一种货币进行投资时,也可避免汇率风险,显然此种方式要求有对称的交易方,且时间必须明确。

(四)货币市场避险

货币市场避险是指用货币市场上头寸来抵补未来应付账款和应收账款的头寸。也就是通过在未来应付账款或应收账款国进行借款与投资来规避风险,因为根据利率平价理论,远期汇率的变化会体现在两种货币所在国的利率差异上。但是不难发现,这种方法建立在进行具体的投资和借款,并且直接参与了对方国家的金融市场基础上,无疑需要考虑投资风险。

第三节　跨国公司的融资决策

国际融资(International Financing)活动是国际金融领域的活动,其基本含义泛指在国际金融市场上,运用各种金融手段,通过各种相应的金融机构进行资金融通。资金融通包括两个方面,即从资金提供者角度讲的资金融出和从资金筹集者角度讲的资金融入。对于跨国公司而言,其大规模的融资活动是从资金需求者的角度考虑。跨国公司融资就是指跨国公司为了实现自身的理财目标,在全球范围内筹集其所需资金的财务管理活动。跨国公司的融资也涉及国内融资,但本书主要指跨国公司的国际融资。

一、跨国公司国际融资原因

跨国公司实行的是全球经营战略,随着跨国公司的发展和规模的壮大,跨国公司必然要在全球范围内进行生产和合作,跨国公司的融资策略是其跨国经营总体战略的一个重要组成部分,为了达到这一目的,跨国公司一定要进行一些国际融资活动。

(一)为了全球化经营,需要进行国际融资

跨国公司着眼于全球化经营,需要在全球范围内进行资源配置,调整生产组织形式以及经营活动,开拓市场,所以跨国公司在开展活动时,它需要的资金不仅数量庞大,而且涉及众多国家和多种货币。因此,跨国公司在进行国际化经营时,客观上要求其融资活动是一种国际融资活动。

(二)为了筹资成本最低化,需要进行国际融资

跨国公司的国际融资活动有助于跨国公司构建全球最佳资本结构,降低企业的平均筹资成本。由于国际金融市场具有一定的差异性,跨国公司在全球范围内进行资金筹集与资金配置,可以更好地利用这种差异,在满足企业所需资金数量的基础上,实现企业融资成本最低化和资本收益最大化。

(三)为了降低融资风险,需要进行国际融资

由于国际融资风险可以划分为两大类:一是有效融资成本的直接风险(如由于子公司经营中出现但未加抵补的外汇净资产或净负债的外汇暴露,或者由于利率、融资方式的不同导致对资产价值的影响);二是通过融资地点的选择可以避免的间接风险(如东道国实行外汇管制的风险或东道国的相关政策等)。跨国公司进行国际化融资,可以在世界范围内,利用金融市场和融资方式的差异,把融资风险水平控制在自身可以接受的程度,以最低的成本实现融资利益的最大化。

二、跨国公司国际融资战略目标

跨国公司融资战略是跨国公司融资管理的重要组成部分。融资渠道和融资方式的不同决定了融资成本的高低,将直接影响跨国公司的经营成本和理财效果,与融资机会相对应的

融资风险会影响跨国公司整体风险水平。融资结构的合理性,会直接影响跨国公司的后续融资能力,进而影响其成长程度与发展水平。因此,跨国公司在进行国际融资时,需要从全球战略高度,权衡各类可以利用的资金来源,从中选择最好的方案,达到总体融资成本最小化、避免或降低融资风险、设定最优融资结构等三大融资战略目标。

(一)实现融资成本最小化

国际资本市场伴随着生产与资本国际化而趋于统一。但是,由于各种人为和非人为因素的影响,国际资本市场可以细分为许多差异化市场,不同市场上的资金,因风险不同以及政府补贴或缴纳税金等因素影响,融资成本有一定的差异。跨国公司在融资过程中可以利用这些差异,凭借其内部一体化的组织能力和全球战略的信息网络,及时准确地把握机会实现融资成本最小化。

(二)避免或降低融资风险

任何一种融资方案都会有相应的风险与之对应,也都会对公司总体的风险水平产生影响。因此,跨国公司在进行融资安排时,无论是由母公司融资还是由子公司融资,都必须考虑到风险因素,并设法努力避免或降低融资风险。

(三)设定最优融资结构

跨国公司在寻求低成本和低风险融资来源时,必须设立和确定最优融资结构,即确定最佳的债务资本比例。跨国公司应该从以下几个方面考虑:一是跨国公司总体资本结构,其中首要关注与债务筹资有关的违约或破产风险,维护公司总体的外部形象和资信地位;二是子公司或投资项目的资本结构;三是母公司未担保或未合并子公司的债务,考虑它们可能对公司整体价值的影响。

三、跨国公司国际融资渠道

跨国公司所需资金数量不仅巨大,而且涉及众多国家和诸多币种,因此,其融资渠道相当广泛。大致归纳起来,跨国公司的融资渠道不外乎以下四类:

(一)跨国公司内部融资渠道

跨国公司内部资金融通是指处于不同国家的跨国公司母公司与子公司之间,子公司与子公司之间相互提供资金。跨国公司的母公司在国外子公司创建初期,会投入足够的股权资本来保持对该公司的所有权和控制权,有时候,母公司还以贷款形式向国外子公司提供资金,因为这样做汇回的利息可以免税。跨国公司内部资金不仅包括未分配利润,还包括跨国公司内部积存的折旧资金。通过内部相互融通资金这种渠道筹集的资金对于跨国公司整体来说,既不需要支付融资费用,又可以降低融资成本。

(二)跨国公司母国融资渠道

对处于东道国的跨国公司子公司来说,来自跨国公司母国的资金也是一种国际融资来源。跨国公司可以利用其与母国经济发展的密切关系,从母国银行、非银行金融机构、有关政府机构、企业甚至个人处获得资金。

（三）跨国公司所在东道国融资渠道

对于跨国公司母公司来说,当来源于跨国公司内部及其母国的资金不能满足生产经营需要时,跨国公司东道国的资金也是一种很重要的补充来源。由于各国的经济状况与条件的不同,跨国公司在利用东道国资金时也有一定的差别:

（1）如果东道国是发达国家或地区,由于经济基础较好,资本市场发育程度较高,因而资本相对充裕。跨国公司对这种优势可以善加利用,选择对满足自身融资战略目标最有利的融资渠道进行融资。例如,美国证券市场较为健全,跨国公司可以利用证券市场进行融资,德国金融业务较为发达,跨国公司就可以把获得银行贷款当作其主要的融资渠道;

（2）如果东道国是发展中国家或地区,由于经济发展相对落后,证券业务起步较晚,资本市场还不健全,因而通过资本市场融通的资金就相对有限,跨国公司的融资主要是依赖银行提供资金。

（四）国际融资渠道

这里所说的国际资金是指从除了上述三种渠道之外的第三国或国际组织获取的资金,是跨国企业筹集资金的又一主要渠道,主要包括以下几个方面:

1. 向第三国或国际金融机构借款

当跨国公司在第三国购买货物时,一般可向该国银行获取出口信贷。目前,许多国家都设立进出口银行,为本国或他国的国际企业办理进出口融资。此外,跨国公司还可以向世界银行、亚洲开发银行、国际金融公司等借款。

2. 在国际资本市场筹资

这种筹资对象主要是一些大型跨国银行或国际银团。如跨国公司可在国际股票市场上发行股票,由一些银行或银团购买;也可以在国际债券市场上发行中长期债券筹资。此外,跨国公司还可以在国际租赁市场上融资。

四、跨国公司国际融资方式

跨国公司的融资渠道有以上四种,但是其融资方式一般分为三类,即内部融资、国际股票融资和国际举债融资。

（一）内部融资

跨国公司内部融资就是指母公司与子公司之间、子公司与子公司之间内部调剂资金。跨国公司作为一个整体,可以把现金流丰富的子公司资金调剂到急需现金的子公司,通过资金调剂,满足双方利益需要,利于跨国公司整体的发展。

（二）国际股权融资

国际股权融资也称国际股票融资,是指跨国公司通过国际资本市场发行股票向投资者筹集资本。这些股票按其代表股东权利与义务的不同,可分为国际普通股和国际优先股。

（三）国际债权融资

跨国公司融资方式除了股权融资外,还可以通过国际债权融资来实现。具体形式又分为国际债券融资、国际信贷融资以及国际租赁融资等。

跨国公司在国际债券市场上筹措资金所使用的债券主要是外国债券和欧洲债券。外国债券（Foreign Bond）是指外国借款人（政府、金融机构和工商企业）所在国与发行市场所在国具有不同的国籍并以发行市场所在国的货币为面值货币发行的债券。例如，扬基债券（Yankee Bond）是非美国主体在美国市场上发行的债券，武士债券（Samurai Bond）是非日本主体在日本市场上发行的债券，同样，还有英国的猛犬债券（Bull-dog Bond）、西班牙的斗牛士债券（Matador Bond）、荷兰的伦勃朗债券（Rembrandt Bond），都是非本国主体在该国发行的债券。欧洲债券（Euro Bond）是指一国政府、金融机构和工商企业在国际市场上以可以自由兑换的第三国货币标值并还本付息的债券。外国债券和欧洲债券主要区别是发行债券的计价货币不同。外国债券是以发行市场所在国的货币为面值货币发行的债券，欧洲债券是以发行人和发行地国家之外的第三国货币为面值货币发行的债券。

五、跨国公司融资风险

（一）政治风险（Political Risk）

跨国公司在进行国际融资过程中，不可避免地会遇到政治风险。当跨国公司进行外源性融资时，融资过程中的政治风险就是指由于资金来源国政治局面不稳定导致跨国公司进行的国际融资没有到位；当跨国公司进行内源性融资时，政治风险就是指跨国公司在对外投资后，由于东道国政治局面的变动导致投资失败，或者由于东道国的外汇管制等原因，使得子公司不能顺利向母公司汇回资金。

（二）汇率风险（Exchange Rate Risk）

跨国公司在进行国际融资过程中，必然涉及多国货币，融资成本不可避免地会受汇率变动的影响。汇率风险也称外汇风险，是指一个经济实体或个人在一定时期内的国际经济交易中，在不同货币之间进行相互兑换和折算中，因汇率在一定时间内的意外变动给这些经济实体或个人手中持有的以外币计价的资产或负债的市场价值带来上升或下跌而获得利益或蒙受损失的可能性。

（三）利率风险（Interest Rate Risk）

利率风险主要是指由于不同时间、不同国际金融市场和不同的货币形成的利率变动差异所引起的跨国公司借款成本变动的风险。存在于跨国公司融资过程中的利率风险主要表现在利率波动带来的不确定性。

（四）税务风险（Taxation Risk）

融资作为一项相对独立的企业活动，主要借助于因资本结构变动产生的杠杆作用对企业经营收益产生影响。在国际金融市场环境下，跨国公司的融资主要包括从金融机构借款、发行债券、发行股票以及公司内部融资等，不同融资方式的税收待遇及其所造成的税收负担不同。各国之间税制的不同、跨国公司融资渠道的不同、融资方式的不同都会对跨国公司的融资造成一定的税务风险，从而影响跨国公司的融资成本。

六、国际贸易融资方式

跨国公司大多数从事着大量的国际贸易。国际贸易中的融资技巧除了银行直接融资，还有其他几种贸易融资方法：银行承兑汇票、保付代理、福费廷和出口融资。

（一）银行承兑汇票（Bank's Acceptance Bill）

银行承兑汇票是由一家银行付款的远期汇票。银行通过对汇票的"承兑"来做出在某一特定时间向汇票持有人支付一定金额的无条件承诺，因此，银行实际上将自身的信用代替了借款人的信用，并且在这个过程中银行产生了一种可以自由交易的可流通工具。

通常银行承兑汇票的期限是 30 天、90 天和 180 天，关于期限的选择，跨国公司往往根据运输和处理货物所需的时间长短来进行调整。

银行承兑汇票的交易利率与存单的利率很接近。同时，承兑银行为承兑汇票还收取一定的费用和佣金，费用的多少根据汇票的期限与借款人资信而有所不同，一般费用平均每年低于 1%。

在承兑汇票的到期日，承兑银行要向当前汇票持有人支付汇票注明的金额，银行承兑汇票的持有人在进口商不愿或无能力在到期日支付时，可以向汇票的最后背书人追索汇票的全部金额。承兑汇票的可靠性与基本的商业交易相分离，不能因进出口商之间的纠纷而被拒付，这一因素极大地提高了其流动性，减少了风险。

但是，近些年由于大的跨国公司自身发行商业票据的总成本通常低于承兑汇票融资的总成本，因此，对承兑汇票融资的需求量逐渐下降。

（二）保付代理（Factoring）

保付代理也称保理，对于有着大量的出口的跨国公司和规模较小而不能建立国外信贷和收款部门的公司来说，保付代理是一种比较好的融资方式。它们以贴现价格将公司的应收账款卖给保理商，从而可加快公司的现金周转速度，达到融资的目的。大部分保理都是无追索权的，也就是保理商承担了除涉及交易各方纠纷的风险以外的所有信用和政治风险。正是由于这些优点，保付代理正成为一种日益受欢迎的贸易融资工具。

如果出口商和某个保理商建立了长久的合作关系，出口商会将接到的新订单直接交给保理商，待保理商对新债权进行评价后，会根据信息的可得性在 2 天到 2 周内作出给予可追索保理或不可追索保理的决定。

出口保理费用根据各家公司的情况确定，一般与年贸易额（通常最低标准必须为 50 万 ~ 100 万美元）、平均发票金额（因为信息收集费用是固定的，所以小额发票相对更贵）、债券的可信度以及销售条款有关。总的来说，出口保理费用一般占销售额的 1.75% ~ 2%。然而，保理对两种客户最为有利：不经常做出口业务的出口商；持有不同地域的应收款组合的出口商。在这两种情况下，出口商自己组织应收款的回收会很困难并且成本很高，这些公司通常比较小，而且在国外市场上涉及的业务是有限的。

（三）福费廷（Forfaiting）

福费廷是一种特殊的保理方式，一般在信用风险很大时使用。福费廷是无追索权的、以固定利率对完全可兑换货币(美元、瑞士法郎、欧元)标价的中期出口应收账款的贴现。这种方式通常用于 5 年起并且每半年进行分期偿还的资本货物出口。贴现率是固定的,通常比当地融资成本高出 1.25%。

福费廷可接受的债权形式包括信用证、汇票、本票、投保出口信用险的债权及其他可接受的债权工具。福费廷在西欧尤其受欢迎(主要在瑞士和奥地利),很多福费廷公司都是像瑞士信贷这样的主要国际银行的分支机构,这些公司也对一些管理问题提供相关服务。

(四)出口融资(Export Financing)

在出口订单(尤其是需要长期还款安排的资本设备和其他大型订单)的竞争中,大多数发达国家政府都试图向国内出口商提供低成本的出口信贷,以及政治和经济风险保险的优惠费率,来增加本国出口商的竞争优势。

1. 出口融资特点

政府通常在给予卖方信贷的同时还提供信贷保险,这一般都是通过进出口银行来实现的,进出口银行向本国出口商提供较低利率的融资以提高其外贸中的竞争力。发达国家出口融资通常具有以下五个特点:

①为货物和服务出口融资的特定目的提供贷款。提供的贷款或担保不得超过出口货物合同标价总值的 85%,并且货物中本国部分至少占合同总值的一半。如果一件出口商品包含了外国制造的部分,那么,进出口银行只考虑出口产品中的本国制造部分。②只有当私人资本不能提供所需资金时,进出口银行才会提供融资。进出口银行是私人资本的补充,不是与其竞争。③贷出的款项必须有合理的还款保证,并且能对国家的经济与社会福利产生有利的影响,同时,东道国政府必须知晓且不反对该项目。④根据风险的大小收取担保费和保险费。⑤进出口银行在授权贷款和其他融资援助的同时,有义务考虑对本国经济或国际收支平衡带来的负面影响。

近年,美国进出口银行非常积极地对美国与中国的贸易融资,事实上中国已经成为该行在亚洲最大的放贷市场。美国进出口银行的贷款利率将根据经济合作与发展组织(OECD)成员国之间的国际协定来确定。该协定规定了官方出口融资机构对出口信贷必须实行最低利率,目的就是限制许多工业国家利用利率补贴来获取相对于其他国家的竞争优势。OECD规定的最低利率是建立在以美元、欧元、英镑和日元标价的政府债券的加权平均利率基础之上的。这样,出口利率就更接近市场利率。进出口银行还为跨国公司的跨国或国际租赁提供付款担保,这种担保可以单独实施,也可以与中间贷款一起实施,大多数担保提供了广泛的政治和商业风险方面的保险项目。

2. 出口融资趋势

以公共部门资金为来源的出口融资有以下几个明显的趋势:

①从卖方信贷向买方信贷的转变。无法使用传统的中期卖方信贷来融资的很多资本货物出口,在买方信贷下则是可行的,这是因为买方信贷期限可延长至 20 年。

②吸引私人资本的促进作用日益加强。这种做法包括与私人资金一起合作,在出口信贷中或者成为融资团中的一员,或者成为私人投资者的合作伙伴。

③公共机构作为再融资来源。公共机构逐渐成为对银行家及私人融资者的贷款进行再

融资的主要来源。再融资使私人贷款者能够将其出口贷款贴现给政府。

④试图限制出口信贷机构间的竞争。政府间的出口信贷之争已使各国政府多次尝试对融资条款达成一致并进行协调。

政府补贴的出口信贷项目常被跨国公司有效地利用。用途因公司是准备对货物或服务进行出口还是进口而有所差异,但是基本的策略都是一致的:在各种进出口机构中找寻最佳的可能融资安排。

3.进出口融资策略

跨国公司往往利用国内出口信贷项目的相互竞争达到以最低的费用和风险为其国外子公司赢得项目的目的。这种出口融资策略的关键之处在于:将跨国公司拥有工厂的所在国家不仅视为向第三方国家进行出口的市场,也视为融资的潜在来源。

从事大量进口必需品项目的公司可以用更吸引人的条件为这些采购融资。包括美国在内的许多国家能够向国外采购者按低于市场的利率和较长的还款期提供信贷。这些贷款几乎总是与在机构所在国家中的采购有关,因此,公司必须列出项目所需的货物和服务的清单,并将它们与潜在的来源国家联系起来。当存在着相互重叠的潜在供应商时,作为采购方的公司就对各种相关的出口信贷机构进行权衡,来选取更为有利的融资条件。

第四节 跨国公司的投资决策

一、投资决策分析

(一)投资规模的选择

跨国公司对某一国市场投资的规模,往往取决于该国的消费规模,而消费规模则取决于生产消费和生活消费。在开放经济条件下,生产规模的国内市场规模界限被冲破,跨国公司在考虑投资规模时往往把当地市场出口能力的因素考虑在内。在安排生产规模时,还必须考虑生产应具备的最低适度规模,低于这个规模生产的产出小于投入,生产是不经济的,大于这个规模才能获得效益,即产出大于投入。生活消费规模的主要衡量指标是人口规模:在一定条件下,必需品的需求是一个常量;人对奢侈品需求的弹性系数则很大。

(二)投资环境的选择

投资环境是指影响资本行使其职能的外部条件。跨国公司在国外选择投资环境,主要考虑物质环境和人际环境。跨国公司对国外投资环境的选择并非只有经济因素,还包括自然因素、地理因素和社会因素。影响投资环境的各种因素并非一成不变,随着时间和条件的变化,被跨国公司选为投资对象国的可能性也在变化;投资环境还具有部门及项目的差异性。

二、投资环境评估方法

(一)国别冷热比较法

"热因素"与"冷因素"即是否有利于投资的优劣因素,有利于投资的因素称为"热因素",不利于投资的称为"冷因素"。20世纪60年代末,美国经济学家伊西·利特瓦克和彼得·拜廷对美国、加拿大、日本等国的投资活动进行了调查,提出了影响国外投资环境"冷热"即"优劣"的七大因素,并从美国投资者的观点出发,对加拿大等10个国家投资环境的冷热差别进行了评估,见表8.1。

表8.1　投资环境的冷热差别评估表

国　别		政治稳定性	市场机会	经济发展成就	文化一元化	法令障碍	实质障碍	地理文化差距
加拿大	热　冷	大	大	大	中	小	中	小
美　国	热　冷	大	中	中	大	小	小	小
德　国	热　冷	大	大	大	大	中	小	中
日　本	热　冷	大	大	大	大	大	中	大
希　腊	热　冷	小	中	中	中	小	中	大
西班牙	热　冷	小	中	中	中	中	大	大
巴　西	热　冷	小	中	小	中	大	大	大
南　非	热　冷	小	中	中	小	中	大	大
印　度	热　冷	中	中	小	中	大	大	大
埃　及	热　冷	小	小	小	中	大	大	大

（二）抽样分析法

抽样分析法是东道国政府选定或随机抽取不同类型的外商投资企业进行投资环境的评估。通常由外商投资企业的经理或部门主管根据调查人所提出的投资环境评估要素,作出口头或笔头评估。

评估项目包括政府政策、法律法规、税收制度、利息水平、劳资关系、劳动生产率、动力供应、给水排水、通信运输、劳动成本、市场营销、人力资源等。评估标准分四级:非常好、良好、一般、不佳。经过精心组织的抽样调查,有助于东道国政府了解本国投资环境对外国公司的吸引力如何,以便及时做出政策性调整。

（三）成本比较法

成本比较法是英国经济学家拉格曼在1981年提出的,它将投资环境的因素都折合为数字作为成本的构成,进行成本和收益分析,然后作出投资决策。拉格曼在其方法中用 C 表示投资国国内生产正常成本; C^* 表示东道国生产正常成本; M^* 表示出口销售成本(含运输、保险和关税等)。 A^* 表示国外经营的附加成本; D^* 表示各种风险成本。拉格曼成本分析公式,将各种投资环境因素作为成本代入,出现三类情况,其中第二类为最佳投资决策。

拉格曼成本分析决策详细分析如下:

第一类:如果 $C+M^*<C^*+A^*$ 可选择出口,因为这种情况出口比对外直接投资有利; $C+M^*<C^*+D^*$ 可选择出口,因为这种情况出口比许可证交易有利。

第二类：如果 $C^* + A^* < C + M^*$ 可选择投资建设子公司，因为这种情况对外直接投资比出口有利；$C^* + A^* < C^* + D^*$ 可选择对外直接投资，因为这种情况对外直接投资比许可证交易有利。

第三类：如果 $C^* + D^* < D^* + A^*$ 可选择许可证交易，因为这种情况许可证交易比对外直接投资有利；$C^* + D^* < C + M^*$ 可选择许可证交易，因为这种情况许可证交易比出口有利。

（四）多因素分析法

多因素分析法是美国经济学家罗伯特·斯托伯提出的，该方法偏重将诸种投资环境因素数量化，进行微观因素的分析和比较，使投资者很容易地对不同的投资环境进行合理评估，总分越高，投资环境越好，则为最佳投资东道国。运用多因素分析法，需先将投资环境分列为诸个因素，每个因素又包括若干个子因素，并标有相应的分数，投资者可以根据东道国投资环境的实际情况，作出"投"或"不投"的抉择。多因素分析法见表 8.2。

表 8.2　多因素分析法

类型	评分范围	内容	评分
资本抽回	0~12 分	无限制	12
		只有时间上的限制	8
		对资本有限制	6
		对资本和红利都有限制	4
		限制繁多	2
		禁止资本抽回	0
外商股权	0~12 分	准许并欢迎全部外资股权	12
		准许全部外资股权但不欢迎	10
		准许外资占大部分股权	8
		外资最多不得超过股权半数	6
		只准外资占小部分股权	4
		外资不得超过股权的三成	2
		不准外资控制任何股权	0
对外商的管制程度	0~12 分	对外商与本国企业一视同仁	12
		对外商略有限制但无管制	10
		对外商有少许管制	8
		对外商有限制并有管制	6
		对外商有限制并严加管制	4
		对外商严加限制并严加管制	2
		禁止外商投资	0

续表

类型	评分范围	内容	评分
货币稳定性	4～20分	完全自由兑换	20
		黑市与官价差距小于一成	18
		黑市与官价差距在一成至四成之间	14
		黑市与官价差距在四成至一倍之间	8
		黑市与官价差距在一倍以上	4
政治稳定性	0～12分	长期稳定	12
		稳定但因人而治	10
		内部分裂但政府掌权	8
		国内外有强大的反对力量	4
		有政变和政治动荡的危险	2
		不稳定,极可能发生政变和政治动荡	0
给予关税保护的意愿	2～8分	给予充分保护	8
		给予相当保护,但以新工业为主	6
		给予少许保护,但以新工业为主	4
		很少或不予保护	2
当地资金的可供程度	0～10分	成熟的资本市场,有公开的证券交易所	10
		少许当地资本,有投资性的证券交易所	8
		当地资本有限,外来资本不多	6
		短期资本极其有限	4
		资本管制很严	2
		高度的资本外流	0
近五年的通货膨胀率	2～14分	小于1%	14
		1%～3%	12
		3%～7%	10
		7%～10%	8
		10%～15%	6
		15%～35%	4
		35%以上	2

在以上八项内容中,首先是币值稳定程度和每年通货膨胀率,占全部评分总数的34%,说明投资者十分重视东道国的币值稳定程度。严重通货膨胀是指两位数值以上的通货膨胀,严重的通货膨胀会使投资者出现投资贬值,有很大的投资风险,甚至会让投资者却步。其次是资本外调、政治稳定、允许外国投资者的所有权比例和外国企业与本地企业之间的差别待遇,这四项各占评定总分的12%。这四项关系到资本能否自由出境、跨国公司和东道国企业之间的竞争条件以及对企业所有权与经营权能否控制,对于投资者来说,实际上是投资的安全程度和对企业所有权与经营权的控制程度,因此这四项共占评定总分的48%。第三是给予关税保护的态度和当地资本市场的完善程度,这两项分别占评定总分的8%和10%,所占比重较轻。

多因素分析法由于具有定量分析和对不同因素的详细分析等优点,深受投资决策者和学术研究界的欢迎,是运用较普遍的一种投资环境评价方法。

三、跨国公司投资方式

跨国公司投资方式是指跨国公司为了进入东道国而选择的投资经营方式,是与贸易进入方式相对的进入方式,分为契约式进入和权益投资两类方式。权益投资又包括直接投资和间接投资两种形式。

(一)契约式进入

契约式进入是指企业将自己所拥有的版权、专利、商标权、技术诀窍等知识产权通过契约方式转让给外国企业使用,从而获得提成费、技术转让费或特许权使用费等。由于这种方式不涉及股权或企业制度安排,故称为"非股权安排"或"契约安排"(Non-Equity or Contractual Arrangement),有时跨国公司也可以将转让的权利折合成股本投入,这就变成了直接投资方式。

(二)权益投资进入

1. 国际间接投资

国际间接投资是指投资者在国际金融市场上购买其他国家政府、企业发行的债券、股票以及其他金融工具和有价证券。它是以获得资本增值为目的的投资活动,不是为了获得公司的控制权和管理决策权。因此,国际间接投资也称国际证券投资。一般来说,公司进行国际证券投资可以利用公司闲置的资金获得收益,同时跨国公司还可以有效利用国际间接投资进行风险管理。

2. 国际直接投资

国际直接投资是与国际间接投资相对应的方式,它以控制企业经营管理权为核心,以获取利润为目的,不仅涉及货币资本的流动,还能带动商品及生产要素的转移。直接投资包括新建式投资和跨国并购。新建式投资是指投资者在境外创建和经营新的企业,也称绿地投资。新建企业可以采取独资经营、合资经营和合作经营等多种组织形式。自20世纪80年代中期以来,跨国并购逐渐取代绿地投资而成为推动对外直接投资增长的主要动力,也是近年来跨国公司对外直接投资的最重要方式。跨国并购包括跨国收购和跨国兼并两种方式。

跨国收购是指一国企业将另一国企业的整个资产或者足以行使经营控制权的股份收买下来。跨国兼并是指原来属于两个不同国家企业的资产和经营被结合成为一个新的法人实体。在全球跨国并购中,跨国收购占绝大部分,跨国兼并仅占并购的不到3%。

四、国际直接投资鼓励与保证措施

(一)国外直接投资鼓励措施

1. 对国外投资收益采取优惠的税收措施

为避免出现双重课税,发达国家通常采取两种优惠措施:一是税收抵免(Tax Credit),即国外投资者在东道国已缴纳的税款,可以在母国纳税额中相抵扣减。二是税收饶让(Tax Sparing),即凡纳税人在税源国已征了税,在母国可免征税收。上述两项措施中,第二项措施对国外投资者更有实益,但大多数国家采用税收抵免。

2. 政府向投资者提供资金和技术协作

(1)在资金方面的协作

在资金方面的协作,一是政府出资或贷款,直接参与投资活动;二是政府设立特别基金,资助投资者在国外投资;如美国海外私人投资公司、法国"对工业的第二种贷款"、日本输出入银行、海外经济协力事业团等。三是设立由政府资助的金融开发公司;其任务是向国外投资项目提供"风险基金",贷款或出资,以及促进和资助开发海外投资市场有成绩的跨国公司,改进当地合伙者与国外投资者的关系。

世界著名的海外开发金融公司:美国海外私人投资公司(OPIC)、英联邦开发公司(CDC)、联邦德国开发公司(DEG)、法国经济合作中央金库(CCCE)、日本海外经济协力基金(OECF)。

(2)在技术援助方面的协作

在技术援助方面的协作主要是发达国家政府提供资助,设立培训机构,为国外投资企业(尤其是发展中国家)培训各种技术人员。此外,政府协助民间非营利团体进行咨询服务工作。如美国企业为了推广企业经营技术,成立了"国际行政服务团"(International Executive Service Corps),日本设立了"世界经营协议会"等,提供投资信息及促进投资活动。发达国家为促进国外投资,向投资者提供东道国经济状况和投资机会的有关信息,以便使投资者进行投资抉择。政府提供情报的主要渠道是有关政府部门和驻外使领馆。联合国开发计划署是向发展中国家提供投资援助和多边技术援助的重要渠道。在促进投资活动方面,值得一提的是政府还向投资者提供有关发展中国家的投资机会的资料,并对与投资计划有关的暂定的技术或资金资料所进行的可行性研究或"投资前调查"所需资金,予以全部或部分资助。多边投资担保机构及解决投资争端的国际中心合理解决投资争端,是保证私人企业国外投资活动的重要措施之一。世界银行于1965年建立了解决投资争端的国际中心——ICSID。

(二)海外直接投资保证措施

海外直接投资保证制度(Investment Guarantee Program)是指对投资项目所受损失进行百分之百的补偿。投资保险制度(Investment Insurance Scheme)是指在一定条件下,投资项目所受损失,给予一定比例的补偿。

各国投资保证及保险制度的主要特征:一是其性质是"国家保证制度",也称"政府保证制度",担保范围仅限于对海外私人直接投资承担关于政治风险的保险责任。二是有特定的担保风险范围,如外汇险、征用险、战争险。三是规定保险费及损失补偿比例,投资者必须按规定缴纳一定的保险费,损失后按比例补偿。四是规定担保风险的期限,最长期限为15年,个别的也不超过20年。

五、跨国公司国际资金运用

国际资金运用是指跨国公司在国际经营活动中所持资金的管理。国际资金运用的职能是从整个公司立场谋求最佳财务效果,减少公司的全面性资金成本及公司资产的全面性风险,其内容包括长期投资、证券投资、长期放款等。

(一)长期投资

长期投资指的是长期投资财务决策分析及比较不同投资计划的预期报酬。制订长期投资财务决策一般分三个步骤:第一步,评估投资计划所涉及的各项交易的预期汇率,确定融资计划和预期投资风险;第二步,预测投资计划利润汇回金额、汇率及纳税问题;第三步,比较各种不同投资计划的效益。通常采用的标准是"净现值",即指投资方案在使用年限内的总收益现值与总费用现值之差,也可表示为使用期内逐年收益现值总和。其方法为:单一目标贴现率,即公司的资金来源和运用从全球观点出发,哪里借款最有利即从哪里借款,哪里最需要资金即向哪里投资;按不同的国家或不同的计划,采用"各管各"的资本成本与贴现率。

(二)证券投资

证券投资是长期投资战略的一个组成部分。公司采用证券投资形式向外提供贷款,同时,以该形式作为重要资金来源。这种投资形式可能会增加投资项目的营利性。通常规模大的投资项目要求其在金融结构中有大量的证券资本。但是,获得大量证券资本的前提条件是,保证贷款者即使在价格下降时或其他不利情况下,所有借款也能够得到如数偿还。因此,在世界经济出现回升势头后,各国资本市场上的股票及有价证券交易相继活跃。一般来说,一项大的投资项目,如筹建一个大的采矿项目,可能需要5亿~10亿美元总投资,其中40%~60%为证券投资,这样的大笔金额很难指望一家公司单独承担,需要形成一个贷款集团。但是,将抱有不同目标和期望的证券投资者组合在一起,为一个项目提供证券资金时,其中的管理工作将是十分复杂和困难的。

(三)长期放款

长期放款,是跨国公司国际资金运用的又一项内容。跨国公司将闲置资金投放市场进行长期放款生利。但是各公司往往都有意识地隐瞒这方面的活动,利用跨国银行转手贷款。公司事先将资金存入此类银行,再由银行出面贷款。若贷款给国外子公司,还会起到避免或减少风险的好处。因为东道国政府为顾及本身形象,并不限制当地的外国子公司向国际性银行支付贷款利息。反之,东道国政府可以种种借口限制此类子公司支付贷款本息予母公司。

第五节 跨国公司的税收管理

一、国家税收与国际税收

国家税收是国家凭借政权对管辖权范围内的纳税人,按预定标准强制、无偿征收财政收入的一种形式。国际税收是指涉及两个或两个以上的国家权益的税收活动,反映着各自国家政府在对从事国际活动的跨国纳税人征税过程中所发生的国家之间税收分配关系。一方面,国际税收以国家税收为基础,不能脱离国家税收而独立存在;另一方面,国家税收中有关本国跨国纳税人和外国纳税人的征收制度要遵循国际税收的准则和规范。但两者又有明显的区别。

第一,国家税收反映的是国家与其纳税人之间的税收分配关系,是一国政府对其管辖范围内的纳税人进行征税,而国际税收主要反映的是国家之间的权益分配关系。

第二,国家税收按课税对象不同可以分为不同的税种,国际税收由于不是一种具体的课征形式,因而没有独立的税种,只有涉及的税种,如所得税和财产税。

二、国际税收的课税对象

广义范围包括商品课税、所得课税、财产课税。狭义范围只包括所得课税和财产课税。

(一)商品课税国际协调活动的产生

商品课税国际协调的历史首先是从关税的国际协调活动开始,而且在很长的历史时期内,关税一直是商品课税国际协调活动的唯一领域,直到第二次世界大战后,国内商品税的国际协调活动才开始出现。

(二)所得课税国际税收问题的产生

资本主义国家的税制结构从19世纪末20世纪初开始由以商品课税为主向以所得课税为主的方向发展,同时,资本主义国家的跨国投资也开始迅速发展,为了消除跨国投资的税收障碍,一些国家开始在本国的税法中加进单方面减除所得国际重复征税的措施条款,另外一些国家也开始寻求通过签订避免双重征税协定的办法来解决所得的国际重复征税问题。1899年,奥匈帝国与德国签订了世界上第一个解决所得国际重复征税问题的国际税收协定。到20世纪20年代末,世界上已经有了几十个类似的协定。

(三)财产课税国际税收问题的产生

资本主义国家之间的国际投资活动同时也引发了财产的国际重复征税问题。

1872年,英国与瑞士签订了世界上第一个关于避免对遗产两国重复征收继承税的税收协定。此后,财产课税的国际协调与所得课税的国际协调一同成为国际社会避免双重征税的重要任务。

三、国际重复课税及其免除

（一）税收管辖权

税收管辖权是国家主权的有机组成部分,是国家主权在税收领域中的体现,是指一国政府在征税方面所行使的管理权力及其范围。具有独立性和排他性两大特征。确立税收管辖权的两个理论原则:一是属地原则,也可称为来源国原则。是指一个国家以地域的概念作为其行使课税权力的指导原则。按照该原则,一国政府在行使课税权力时,必须受该国的领土范围制约。即一国政府只能对在该国领土范围内所取得的收益行使其特征税收权力。二是属人原则,也可称为居住国原则。是指一个国家以人的概念作为其行使课税权力的指导原则。按此原则,一国政府在行使其课税权力时,必须受人的属国范围的制约。即只能对该国的公民或居民(包括自然人和法人)取得的收益行使征税权力。

（二）国际重复征税

国际重复征税是指两个或两个以上国家的不同课税权主体,对同一跨国纳税人的同一收益、所得所进行的重复征税。它是由税收管辖权及其选择所引起的。国际重复征税的减除方法主要有以下五种:

1. 免税法(Method of Full Exemption)

所谓免税法,也称豁免法。是指居住国(国籍国)政府对本国居民(公民)来源于国外的收入免予课税。免税法又可分为全额免税法和累进免税法。全额免税法是指居住国(国籍国)政府放弃居民(公民)税收管辖权,在对居民(公民)来源于国内的所得征税时完全不考虑其在国外的所得,仅按国内所得额确定适用税率征税的方法。

全额免税法的计算公式如下:

$$居住国应征所得税额 = 居民的国内所得 \times 适用税率$$

假如 A 国不实行免税法:

$$A 国应征税额 = 35.9 \times 50\% = 17.95$$
$$B 国已征税额 = 7.9 \times 30\% = 2.37$$
$$M 公司共缴税 = 17.95 + 2.37 = 20.32$$

假如 A 国实行全面免税法:

$$A 国应征税额 = 28 \times 30\% = 8.4$$
$$B 国已征税额 = 7.9 \times 30\% = 2.37$$
$$M 公司共缴税 = 8.4 + 2.37 = 10.77$$

2. 累进免税法

累进免税法是指居住国(国籍国)政府在对本国居民(公民)行使居民(公民)税收管辖权时,对居民(公民)来源于国外的所得不予征税,但在对居民(公民)来源于国内的所得征税时,其适用的税率是将其国内外的所得汇总起来,以此总所得为依据来确定的方法。

累进免税法计算公式:

$$居住国应征所得税额 = 居民的总所得 \times 适用税率 \times (国内所得 + 总所得)$$

仍以上例为例：

A 国实行累进免税法条件下应征税额 = （30 × 30% + 5 × 40% + 0.9 × 50%） ×

（28 + 35.9) = 8.93

B 国已征所得税 = 7.9 × 30% = 2.37

M 公司共缴纳所得税 = 8.93 + 2.37 - 11.3 = 0

3. 扣除法（Method of Tax Deduction）

所谓扣除法，就是居住国（国籍国）政府允许本国居民（公民）用已缴非居住国（非国籍国）的所得税收作为扣除项目，冲抵本国应税所得后，再按率计征本国应纳税款。

计算公式：

居住国应征所得税 = （居民的总所得 - 国外已缴纳的所得税）× 适用税率

有个设在 A 国的 M 公司，某年获取总所得 20 万美元，其中包括在 A 国国内所得 12 万美元，以及设在 B 国的分公司所得 8 万美元。分公司应按 B 国规定的 40% 税率缴纳所得税。A 国所得税税率为 45%。

假如 A 国不实行扣除法：

A 国应征税额 = 20 × 45% = 9

B 国已征税额 = 8 × 40% = 3.2

M 公司共缴税 = 9 + 3.2 = 12.2

假如 A 国实行扣除法：

A 国应征税额 = （20 - 3.2）× 45% = 7.56

B 国已征税额 = 8 × 40% = 3.2

M 公司共缴税 = 7.56 + 3.2 = 10.76

4. 抵免法（Method of Tax Credit）

所谓抵免法，是指居住国（国籍国）允许本国居民（公民）以其在非居住国（非国籍国）已纳所得税税款冲抵本国纳税义务的方法。该方法被广泛采用。其计算公式：

居住国应征所得税额 = 居民的总所得 × 适用税率 - 允许抵免的已缴来源国税额

抵免法分为直接抵免法和间接抵免法。直接抵免法始于 1918 年美国的《税收法案》。其特征是外国税款可以全额直接地充抵本国税收。可能的限定条件是，同一项跨国所得的外国税款抵免不能超过居住国（国籍国）的税收负担。

有个设在 A 国的 M 公司，某年获取总所得 20 万美元，其中包括在 A 国国内所得 12 万美元，以及设在 B 国的分公司所得 8 万美元。分公司应按 B 国规定的 30% 税率缴纳所得税。A 国所得税税率为 35%，抵免限额 = 8×35% = 2.8，B 国已征所得税 = 8×30% = 2.4，允许抵免的已缴 B 国税额：2.4。A 国政府应向 M 公司征收所得税 = 20×35% - 2.4 - 4.6，A 国政府对 M 公司来自 B 国的所得应补征的税额 = 8×（35% - 30%）= 0.4。

对于上例，若 B 国税率为 40%。抵免限额 = 8×35% = 2.8，B 国已征所得税 = 8×40% = 3.2，允许抵免的已缴 B 国税额：2.8。A 国政府应向 M 公司征收所得税 = 20×35% - 2.8 = 4.2，A 国政府对 M 公司来自 B 国的所得应补征的税额 = 8×（35% - 40%）= -0.4，-0.4 万补征额如何处理？A 国会退给 M 公司吗？一般视为零处理。

5.税收饶让(Tax Sparing Credit)

税收饶让是指居住国(国籍国)对跨国纳税人在非居住国(非国籍国)所享受的减免税款等优惠,视同在国外已纳税,准予抵免居住国(国籍国)纳税义务。

假定甲国总公司 A 在某一纳税年度在国内获得的所得额为 500 万美元,甲国的适用所得税税率为40%,在乙国的分公司 B 在同一纳税年度内获得所得 200 万美元,乙国所得税税率为30%,同时乙国对分公司 B 的所得税实行减半征收。

分公司 B 向乙国政府实际缴纳的所得税=200×30%×(100%−50%)=30,分公司 B 获得减免视同缴纳的税款=200×30%×50%=30,两项合计=30+30=60。甲国允许抵免的限额=(500+200)×40%×200÷(500+200)=80。

可见,允许抵免的限额大于两项合计,按 60 万美元抵免。总公司 A 应向甲国缴税=(500+200)×40%−60=220。

四、国际避税方法

跨国公司应善于利用各国税收法律的差别、税法制度本身存在的漏洞和真空、国际税收协定,采用合法或者不违法的手段,进行财务管理和税务筹划,以规避或尽量减轻国际纳税义务。跨国公司常见的避税方法包括下述几种。

(一)利用非常设机构

国际税法普遍承认收入来源地管辖权优先,即对跨国纳税人征税,收入来源国先行课征税款,随后居住国才能征税。按照国际惯例,所得来源国对于非居民纳税人在其境内营业所得的课税,以其有无常设机构作为判断的依据。所谓常设机构是指跨国纳税人在某国成立的并具有确定地点的生产经营场所。在经合范本中规定,只要一国非居民纳税人在一国中行使签订合同、接受订单的权利,就可以认定非居民纳税人在该国设有常设机构。常设机构的避税作用主要体现在跨国公司可以让非常设机构承担常设机构的活动。例如,西班牙一家服装公司在法国建立一个机构,负责为母公司搜集当地纺织服装的信息,此类搜集信息和情报的机构为非常设机构,不承担纳税义务。然而,该机构在实际运作中可以为母公司承担有关借贷和订货合同的谈判及协商,只是其未在合同或者订单上签字,因而当地部门没有权力对其征税。

常设机构是否存在及其认定是当今税收的重大难题之一,近年来的电子商务给常设机构的认定带来了巨大困扰,因为传统认定以地理位置为依据,而电子商务却难以确定常设机构的所在地。

(二)利用海外组织形式

跨国公司从事海外投资,其组织形态一般划分为子公司、分公司、办事处等模式,其中子公司与母公司相对应,按照东道国公司法的规定在当地注册成立的独立法人组织;分公司则是总公司的一部分,受总公司管辖,并非独立的法人组织,是在东道国设立的分支机构。

(三)利用转移定价

转移价格是指跨国公司从其总体经营战略目标出发,为实现公司利润最大化而制订的用于结算公司内部的母公司与子(分)公司、子(分)公司与子(分)公司之间购销产品或提供服务的价格,这种价格通常不受市场供求关系的影响。跨国公司在进行财务管理时,可以人为操纵有形资产或者无形资产的转移价格来逃避国际课税,通常使用高进低出、低进高出的策略,促使公司全球利益最大化。

1.转移定价的目的

(1)转移利润,规避外汇管制,减轻公司国际税收

母公司可以高价出售产品给别国子(分)公司,同时,以低价购进其产品,达到国外子公司利润回流,规避子公司所在国利润汇回的管制。同时,如果子公司所在国所得税税率比母公司高,通过子公司所在高税率国少缴税、母公司所在低税率国多缴税,实现全球税收负担的减轻。

(2)提高产品在东道国的竞争力

利用转移定价,母公司可以按较低价格将产品卖给别国的子公司,使子公司在当地的竞争中拥有价格优势,从而达到提高市场占有率、扩大公司国际地位的目的。

(3)绕开关税

由于关税的存在,使得国外产品进口成本增加,降低了子公司的获利空间。跨国公司通过转移定价,可以绕开东道国关税的障碍,将商品和服务转移,从而增强子公司市场竞争力。此外,一些跨国公司还利用转移定价策略倾销商品,打压当地企业。

(4)规避外汇风险

当东道国货币预期贬值时,母公司利用转移价格将子公司利润尽快转移,以避免汇率波动给公司带来的外汇风险。

2.转移定价的主要形式

(1)实物交易

实物交易中的转移定价包括原材料、半成品、产成品、固定资产等,这是目前转移定价中使用最频繁的一种方式,主要采取高进低出或者低进高出的策略,借此实现利润转移、税收减轻。

(2)劳务转移

劳务转移定价主要存在于境内外关联企业间相互提供劳务或租赁服务中,采取高报、低报甚至不报劳务费用,有的跨国公司将境外企业发生的庞大管理费用摊销到境内公司,借以转移利润、规避税收。

(3)资本拆借

资本拆借主要是指关联企业之间资金借贷中采用的不正当定价,通过自行提高或降低利率,在跨国公司内部重新分配利润。

(4)无形资产转让

无形资产转让包括专用技术、注册商标、专利等无形资产转让。关联企业间的非专利技术和注册商标使用权的转让,由于其价格确定存在极大的困难,无可比市场价格,因此跨国公司利用无形资产转让的转移定价更为隐蔽,不易受东道国或者母国的惩罚。

（四）利用避税港

避税港也称避税地、避税天堂和避税绿洲,是指那些可以被人们借以进行所得税或财产税国际避税活动的国家或地区。

1.避税港常见分类

①完全不征收任何直接税的国家或地区,主要是不征收所得税、财产税、资本利得税等税种,如巴哈马、开曼群岛、摩洛哥、百慕大。

②低税率国家或地区,主要是对直接税征收较低税率,如维尔京群岛、奥地利、安迪加。

③豁免外国所得税款地区,主要是对本国(或地区)所得课征部分直接税,对于境内的外国经营活动所得免税或者课以较低税率,如中国香港、巴拿马、列支敦士登。

2.避税港主要特征

①较多的税收优惠。以低于一般国际水平的税率征收个人所得税、公司所得税、资本利得税,有的避税港完全免税。

②金融与商业资料的保密。大多数避税港都在法律上严禁泄露与避税港有来往的任何信息,使得他国难以了解其纳税人与避税港来往的真实情形。避税港还禁止本国或者外国税务人员调查银行账户,虽然有些避税港与其他国家签订了有关税收协定,协定中有税务咨询交换的相关规定,但外国税务当局仍无权调查银行账户资料。

③对非居民纳税人免除外汇管制或者完全免除外汇管制。跨国公司通常都会在避税港设立子公司,将股票、债券等能带来收益的资产以及无形资产转移至在避税港建立的子公司,这些资产所带来的收益保留在避税港子公司,从而躲避了在居住国所要交的高额税金。这些收益或者借给母公司,或者再次进行投资,以保证减轻跨国公司的国际税负。同时,避税港当地往往银行、保险业发达,当地政府为企业提供严格的隐私保护,没有外汇管制,也为跨国公司提供了良好的金融环境。

（五）利用离岸金融中心

根据英国学者理查德·罗伯茨的研究,将金融中心划分为四个层次,包括国内金融中心、地区性金融中心、离岸金融中心和全球性国际金融中心。其中,离岸金融中心是指经营可自由兑换货币、交易发生在货币发行国境内或境外、在非居民间进行、基本不受市场所在国法规和税制限制,同时享受一定优惠待遇的独立的自由交易中心。离岸金融中心为国际资金融通活动提供中介服务,一般与中心所在国国内金融体系无联系或联系很少。相较其他三类金融中心而言,离岸金融中心金融服务辐射的层面比较复杂,并不属于国内、地区和全球这个地理分类范畴,各项金融业务的开展在很大程度上并不依托该中心的实体经济发展状况,并且与全球性国际金融中心和区域性金融中心相比,其在税收制度和监管环境等方面更为宽松。

国际离岸金融市场最初集中于欧洲地区,以伦敦为中心。20世纪70年代以后,以开曼群岛、巴哈马群岛等为代表的避税港型离岸金融中心逐渐崛起。根据世界银行1999年的统计,全球范围内离岸金融中心的数目已达69个,其中避税港型离岸金融中心占据了半数以上,在国际离岸金融市场结构中处于重要地位。据估算,目前世界货币存量的50%通过离岸金融市场周转,约20%的私人财富投资于离岸金融市场,银行资产的22%投资于离岸金融市场。同时,由于美国和日本相继建立了离岸金融市场,世界主要金融市场在税收、管理制度、优惠政策和法律环境等方面逐步融合在岸和离岸金融市场,使得金融业务重新向纽约、伦敦、东京等传统功能型国际金融中心和中国香港、新加坡等新兴功能型金融中心回归。避税港型离岸金融中心的跨国资产和负债在世界离岸金融市场中的份额出现了较大幅度的下滑。

离岸金融中心是提供国际金融新型融资方式的场所,其业务范围几乎涉及当代金融的每个领域。

1. 国际银行业务

国际银行业务是最大的组成部分,涵盖了传统的存贷款和贸易融资等银行业务,包括短期资金的拆借、中长期资金借贷以及辛迪加贷款等业务。此外,像百慕大这样的离岸中心还将银行业务领域拓展到投资管理及相应的附属服务。当然,真正对这些金融机构富有吸引力的地方还在于其离岸市场自由的金融制度和优惠的金融税收政策。

2. 证券业务

离岸市场发行证券的主体进入条件比较自由,诸如利率、发行单位的资信等级(按国际惯例,发行公司债的最低等级由各国国内的债券市场决定)、担保抵押、货币种限、偿还方式等发债条件基本自由制订,而且通常公司债免交利息预扣税。国际商务公司作为离岸证券化的有效载体,以其低廉的成本优势和优惠的税收便利赢得了众多跨国公司及金融机构(特别是投资基金)的青睐。

3. 避税业务

一些金融机构在离岸金融中心建立了离岸公司、信托和基金,跨国公司在离岸金融中心设立子公司,可以充分利用离岸金融中心优惠的税收政策,实现国际税收最小化。

4. 保险业务

对于跨国公司在海外投资,若它在母国参加保险,则需支付高额的保险费用,而且保险公司在国内的总公司和国外的分公司均受到所在国的限制。因此,许多保险公司在离岸市场专门建立了从事海外投资保险业务的专业保险公司,用以扩大保险分保、再保险分保的业务范围以及降低保险费用。当然,这与离岸金融中心提供的优惠税收不无相关。

5. 其他业务

各类非银行金融机构,如控股公司、投资公司、金融中心、信托公司、船舶公司以及不动产公司在离岸金融市场可以经营投资信托、共同基金、不动产投资等金融业务。

五、国际主要避税港

(一)开曼群岛

开曼群岛由三个岛屿构成,位于迈阿密及佛罗里达以南237.5千米。牙买加西北90千米。总人口25 000人,官方语言为英语,货币为开曼元(开曼元兑美元为1∶1.2)。开曼群岛为英国殖民地,由英女皇委任总督总领行政会主持国会。开曼群岛的国际声誉日益提高,尤其在亚洲受到跨国公司的欢迎,因其是中国香港证券交易所仅有的两个获准上市的离岸法区之一。

开曼群岛的公司一般分为三类：当地营业公司、非居民公司、豁免公司。其中,豁免公司主要被各国企业、个人用来做财务方面的规划,公司的最低注册资本额为 50 000 美元,中国香港及新加坡股票交易市场接受开曼群岛注册豁免公司到当地股票交易市场挂牌交易。开曼群岛仅次于百慕大,也是世界主要的保险业务中心。

开曼群岛唯一的税项为印花税。即任何转让或按揭房地产均须交付印花税,没有利润税、财产税;没有附加条例限制贸易发展;没有外汇管制;公司类型为豁免公司的名称,无须加"有限"结尾;保密性良好,公司相关信息被视为商业机密,任何人如果披露该信息或者试图获取该信息或通过非法途径获取该信息都将触犯刑律。

（二）英属维尔京群岛

英属维尔京群岛位于大西洋和加勒比海之间,面积 153 平方千米,主要支柱产业是旅游业和金融服务业,是政治、经济和贸易环境较为稳定的地方。在英属维尔京群岛,各企业受到政府的隐私保护,一个人可以完全拥有一家有限公司,仅对直接税征收较低税率。在境外的投资所得全部免税。岛内企业可以在世界各地开立银行账户,无须递交财务报表和举行周年董事及股东会议,无须委任当地居民作为董事。但是,在当地经营需要避开以下情形：不可在当地从事任何投资交易,不可从事信托、银行、保险等其他中介业务,不得在当地作为其他公司代理人及提供注册地址。

（三）巴拿马共和国

巴拿马共和国位于中美洲哥斯达黎加及南美洲哥伦比亚之间,面积大约 77 000 平方千米,人均国民收入为 2 509 美元,香蕉种植业发达。巴拿马第二大城市哥朗市的哥朗自由贸易区是继中国香港之后世界最大的免税区之一。巴拿马政府要求离岸公司的最低注册资本为 10 000 美元,公司名称必须含有"有限责任"意思的字样;除非经过特许,公司名称不能出现银行、信托、共同基金、保险等字眼,巴拿马采用属地主文原则征税,离岸公司只要在巴拿马当地没有任何营业行为,不用缴纳税金,即使跨国公司在当地设立办公室,进行全球财务运作,只要不含巴拿马境内利润也无须课税。因此,巴拿马吸引了众多跨国公司在此设立财务机构。

（四）百慕大群岛

百慕大群岛位于纽约东南方 1 247 千米的大西洋中,是 OECD 成员国之一,国民收入排名世界第三,仅次于瑞士和卢森堡,当地银行、会计、保险业发达,其再保险业务仅次于伦敦、纽约,居世界第三。百慕大群岛对离岸公司的注册资金要求为 12 000 美元,公司名称必须含有"有限"字眼,不能含有银行、信托、保险、再保险、投资基金等字眼,必须提供幕后股东数据给政府,政府保证这些数据的私密性,公司在当地必须聘雇秘书或代理,不必缴纳任何税项。

【主要概念】

外汇风险	融资渠道	融资方式	融资风险
保付代理	福费廷	税收抵免	税收饶让

【课后复习】

一、选择题

1. 外汇风险的最主要组成部分是( )。
   - A. 汇率变动风险
   - B. 不能履约风险
   - C. 资金筹措风险
   - D. 外汇政策变动风险

2. 常用规避风险金融工具有( )。
   - A. 外汇期货交易
   - B. 外汇期权交易
   - C. 外汇调期交易
   - D. 货币市场避险

3. 跨国公司国际融资战略目标是( )。
   - A. 实现融资成本最小化
   - B. 避免或降低融资风险
   - C. 设定最优融资结构
   - D. 提升后续融资能力

4. 狭义范围国际税收的课税对象是( )。
   - A. 商品课税
   - B. 所得课税
   - C. 财产课税
   - D. 国际重复征税

5. 下列股利政策中,适合于成熟企业且能为投资者提供可预测的现金流量的是( )。
   - A. 零股利政策
   - B. 固定股利政策
   - C. 剩余股利政策
   - D. 固定股利支付率政策

二、思考题

1. 什么是跨国公司财务管理?
2. 简述跨国公司财务管理的特点。
3. 简述跨国公司财务管理环境包括的内容。
4. 外汇风险管理包括哪些方面的内容?
5. 比较外汇风险管理中几种防范措施的利弊。

【案例分析】

浙江吉利控股集团有限公司财务管理理念

浙江吉利控股集团(以下简称"吉利控股集团")始建于1986年,1997年进入汽车行业,一直专注实业、技术创新和人才培养,不断打基础练内功,坚定不移地推动企业转型升级和可持续发展。现资产总值超5 100亿元,员工总数超过12万人,连续11年进入《财富》世界500强(2022年排名229位),是全球汽车品牌组合价值排名前十中唯一的中国汽车集团。

吉利控股集团致力于成为具有全球竞争力和影响力的智能电动出行和能源服务科技公

司,业务涵盖汽车及上下游产业链、智能出行服务、绿色运力、数字科技等。集团总部设在杭州,旗下吉利、领克、极氪、几何、沃尔沃、极星、路特斯、英伦电动汽车、远程新能源商用车、雷达新能源汽车、曹操出行等围绕各自品牌定位,积极参与市场竞争。集团以汽车产业电动化和智能化转型为核心,在新能源科技、共享出行、车联网、智能驾驶、车载芯片等前沿技术领域,打造科技护城河,做强科技生态圈。

吉利控股集团在中国上海、杭州、宁波,瑞典哥德堡,英国考文垂,美国加利福尼亚州、德国法兰克福等地建有造型设计和工程研发中心,研发、设计人员超过 2 万人,拥有国内外有效专利超 1.4 万项。在中国、美国、英国、瑞典、比利时、马来西亚建有世界一流的现代化整车和动力总成制造工厂,拥有各类销售网点超过 4 000 家,产品销售及服务网络遍布世界各地。

在财务管理方面,集团通过推行财务总监负责的,集中高效的财务管理体系,建立和完善了集团财务管理和内部控制体系,充分发挥了团队的力量和智慧,在集团财务管控,资金管理,风险防范,资本运作等方面成绩突出,有力地推动了集团健康、持续发展和国际化进程,为集团战略目标的实现做出了重要贡献。

1. 完善财务报告系统和财务预警体制,提升财务分析和报告水平

深化财务对业务的支持和监控,把财务信息转化为有效的决策参考信息。集团及各基地进行月度、季度半年度及全年的财务分析不仅有与同期预算的对比和趋势分析,也有与内部和外部的对标。完成生产管理财务模型上线工作,建立了对标管理,细化了成本核算单位和财务分析要素。对于公司控制成本、提升盈利水平起到了至关重要的作用。通过及时准确的财务分析使公司经管会在经营过程中及早发现风险,同时也为向董事会和经管会提供决策建议奠定了科学的基础。

2. 实行弹性预算和滚动预算,反应迅速,行动果断,成效显著,在经营管理过程中及早发现执行中的问题

基于市场变化做出迅速的预算调整,指导公司最优化地配置资源。通过产销协同等形式,满足市场需求,及时更新产量变化,适应了不同阶段的经营活动需要。根据销量、盈利预测分析,对费用进行控制,避免费用的大幅增长,确保公司在市场形式比较严峻的情况下,仍可实现稳健的利润增长。

3. 加强对现金流的管控,继续拓展融资渠道,优化融资结构,制订科学合理的融资计划,满足生产经营和企业发展的需要

很多企业通常关注对利润表的管理,而疏于对现金流量表的管理,加强对现金流量表的管理,可及时掌握现金流量信息,最大限度地提高资金利用率,满足生产经营管理和企业发展的需要,尤其是在紧缩的宏观环境下,吉利始终确保了资金稳健运作,增加了授信支持,特别是海外授信总额大幅增加,海外出口业务同比增长,为公司海外业务发展提供了坚实保障。

4. 结合对外投资流程梳理进一步加强对外投资管控,对投资项目实施考核和监督,强化资产回报率的考核和分析

参考国际一流公司的经验和成功做法,吉利建立了投资委员会.同时高层领导亲自指导

财务团队设计开发了吉利投资管理系统,通过对项目搜索、立项申请、规划审批、中期评审、项目终审整合实施各阶段节点的系统评审。加强项目的运行和实施管控,每个节点评审都有明确的规范和标准,引入信息系统的支持和规范要求,统一评审工具、模板和方法,确保项目实施每一阶段的受控,实现投资资产安全及投资回报最大化的目标。

5. 加强对海外子公司的协调与管控

加强对沃尔沃、澳大利亚变速器 DSIH 等海外主要子公司的财务协调与管控,建立集团海外子公司财务管理平台和沟通渠道,完善沃尔沃和 DSIH 等公司 HFM 合并报表系统、协调集团与各子公司之间的融资协作,以及加强对子公司的财务分析和管理建议工作。

（资料来源:连杰.智慧成就卓越人生,真情助推"吉利"腾飞:访浙江吉利控股集团有限公司董事、副总裁兼首席财务官李东辉[J].中国总会计师,2012(7):34-37.）

第九章　跨国公司人力资源管理

【本章提要】

世界经济全球化日新月异,跨国公司的国际员工的远距离移动越来越频繁,这就使得跨国公司的国际员工相关人力资源计划的实施变得异乎寻常的困难,在国际市场的人力资本优势可能不复存在。跨国企业在国内的管理模式与方法虽然对本国员工较为有效,但放开到国际员工、国际市场的环境中却有可能经常遭遇失败,虽然公司的管理层可能已经充分考虑了国际员工的实际情况,并表示对此足够重视,但依然有可能效果不佳,因为国内管理员工的模式绝不意味着在单一国度里的多样化管理可以简单地移植到跨国度的企业环境中。跨国公司人力资源管理的内容要复杂丰富得多。本章将从跨国公司的人力资源概述、招聘与培训、绩效与薪酬管理、职业发展规划等方面进行探讨及对跨国公司发展的影响。

第一节　人力资源管理概述

一、人力资源管理的定义

英国皇家人力开发研究院以及管理咨询学院院士迈克尔·阿姆斯特朗指出,人力资源管理是取得、开发、管理和激发企业关键资源的一种战略性和一贯性方法,企业借此实现可持续竞争优势的目标。

二、人力资源管理战略的类型

人力资源管理战略是组织为适应外部环境日益变化的需要和人力资源开发与管理自身日益发展的需要,根据组织的发展战略,充分考虑员工的期望而制订的人力资源开发与管理的纲领性的长远规划。它对人力资源开发与管理活动有着重要的指导作用,既是组织发展战略的重要组成部分,也是组织战略实施的有效保障。

人力资源管理战略属企业的职能战略,用以支持企业总体战略和事业战略,因此,任何人力资源管理战略的制订都要考虑与企业战略的配合。

（一）战略类型

根据美国康尔大学的研究,人力资源战略可分为三种:

1.诱引战略

诱引战略主要是通过丰厚的薪酬制度去诱引和培养人才从而形成一支稳定的高素质的

员工队伍。常用的薪酬制度包括利润分享计划、奖励政策、绩效奖酬、附加福利等。由于薪酬较高,人工成本势必增加。为了控制人工成本,企业在实行高薪酬的诱引战略时,往往严格控制员工数量,所吸引的也通常是技能高度专业化的员工,招聘和培训的费用相对较低,管理上则采取以单纯利益交换为基本的、严密的科学管理模式。

2. 投资战略

投资战略主要是通过聘用数量较多的员工,形成一个备用人才库,以提高企业的灵活性,并储备多种专业技能人才。这种战略注重员工的招聘与培训,注意保持良好的劳动关系。在这方面,管理人员担负了较重的责任,确保员工得到所需的资源、培训和支持。采取投资战略的企业目的是要与员工建立长期的工作关系,故企业十分重视员工,视员工为投资对象,使员工感到有较高的工作保障。

3. 参与战略

参与战略谋求员工有较大的决策参与机会和权力,使员工在工作中有自主权,管理人员更像教练一样为员工提供必要的咨询和帮助。采取这种战略的企业很注重团队建设、自我管理和授权管理。企业在对员工的培训上也较重视与员工的沟通技巧、解决问题的方法、团队工作等。

(二)人力资源管理战略与企业战略的匹配

人力资源管理战略必须与企业的基本经营战略、文化战略等相互配合、相互支持,才可能发挥最大效用,见表9.1。

表9.1　人力资源战略与企业战略的匹配

基本经营战略	文化战略	人力资源战略
成本领先战略	官僚式企业文化	诱引战略
差异化战略	发展式企业文化	投资战略
重新聚焦战略	宗族式企业文化	参与战略

采用成本领先战略的企业多为集权式管理,生产技术较稳定,市场也较成熟,因此企业主要考虑的是员工的可靠性和稳定性,工作通常是高度分工和严格控制的。企业追求的是员工在指定的工作范围内有稳定一致的表现,如果员工经常缺勤或表现参差不齐,必将对生产过程和成本构成严重影响。

采用差异化战略的企业主要以创新性产品和独创性产品去战胜竞争对手,其生产技术一般较复杂,企业处在不断成长和创新的过程中。这种企业的成败取决于员工的创造性,因此应注重培养员工的独立思考和创新工作的能力。员工的工作内容较模糊,无常规做法,非重复性并具有一定的风险。企业的任务就是为员工创造一个有利的环境,鼓励员工发挥其独创性。

采取重新聚焦战略的企业依赖于广大员工的主动参与,才能保证其产品的优秀品质。企业重视培养员工的归属感和合作参与精神,通过授权,鼓励员工参与决策,或通过团队建设让员工自主决策。

三、人力资源管理内容与规划

（一）人力资源管理内容

有效的人力资源管理包括招人、用人、留人和激人等内容。

1. 招人

招新人，招聘足够的、有潜力成为出色工作者的年轻新就业者；招老人，招聘足够的、具备一定经验和成就的人才，并使其迅速适应新的企业文化。

2. 用人

识人才，精确识别出企业为实现短期、中期和长期的战略目标所需要的人才类型；提出色，尽可能地提高任职早期表现出色的员工在员工总数中所占的比重。

3. 留人

防挖人，确保采取一切可能的措施来防止竞争对手挖走企业的人才。

4. 激人

激潜力，通过培训、发展和教育来激发员工潜力；激绩效，激励有才能的人员达到更高的绩效水平，并激发其对企业的忠诚度。

人力资源管理的最高境界是创造一种企业文化，使人才能在这种文化中得到培育并能够施展才华。这种文化应当能够将不同特点的人才整合在共享价值观的框架内，从而组建出一个金牌团队。

（二）人力资源管理规划

人力资源管理规划是指在企业发展战略和经营规划的指导下，对企业在某个时期内的人员供给和人员需求进行预测，并根据预测的结果采取相应的措施来平衡人力资源的供需，以满足企业对人员的需求，为企业的发展提供合质合量的人力资源保证，为达成企业的战略目标和长期利益提供人力资源支持。

企业人力资源规划包括人力资源总体规划和人力资源业务计划两个层次。

人力资源总体规划是指在计划期内人力资源管理的总目标、总政策、实施步骤和总预算的安排。人力资源业务计划则包括人员补充计划、分配计划、提升计划、教育培训计划、工资计划、保险福利计划、劳动关系计划、退休计划等。这些业务计划是总体规划的展开和具体化，每一项业务计划都由目标、政策、步骤及预算等部分构成。

具体而言，人力资源管理规划包含以下步骤：

首先，调查、收集和整理涉及企业战略决策和经营环境的各种信息；其次，根据企业或部门实际确定其人力资源规划的期限、范围和性质。建立企业人力资源信息系统，为相关预测工作准备精确而翔实的资料；然后，在分析人力资源供给和需求影响因素的基础上，采用以定量为主结合定性分析的各种科学预测方法对企业未来人力资源供求进行预测；最后，制订人力资源供需平衡的总计划和各项业务计划。

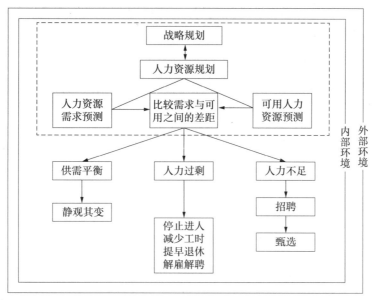

图 9.1　人力资源管理规划

四、跨国公司人力资源管理类型

巴尔马特将跨国公司人力资源管理的类型划分为四种类型。

（一）民族中心型（Ethnocentric）

所谓民族中心型管理,是指跨国公司的子公司管理人员以及管理团队、指挥权等都受到总部管理人员的严格管控。这被认为是公司总部所在地母国的管理风格、知识、评价标准和管理人员,尤其是文化领先并均优于子公司所在的东道国,并且在这一理念下延伸得出结论:认为只有母国的管理人员才是公司(包括总部和子公司)高级经理人员的首选,然后母国的管理方式与文化主导子公司的运营,子公司所在国的员工只能集中在雇员与低级岗位的管理者范围中,导致母公司对子公司员工进行严格控制。这种类型的企业出现在跨国公司的独资子公司中较多。

（二）多元中心型（Polycentric）

所谓多元中心型管理模式,其特点是公司指挥权自由程度更高,子公司所在东道国的管理人员在处理当地问题上有更大的发言权,子公司有较大的自主权,母公司则通过财务手段等进行控制。但多中心型理论模式也有较为狭隘的地方,就是理论上认为子公司所在国与母公司所在国的文化、社会、经济存在差异,相对层次要低一些,所以包括公司总部在内的管理岗位尤其是高级管理岗应由母国管理者承担,子公司所在国则需要根据当地特定环境采取合适的人力资源政策。

（三）地区中心型（Regiocentric）

所谓地区中心型模式,就是指子公司所在国的管理人员可以在本地区国家内流转任职,可以在享受特定区域内有一定的指挥权利;但是其理论同样也有一些狭隘主义的痕迹,就是

区域管理人员几乎不可能升迁到总部集团任职,只能在相对低一级的地方任职,就是有局限性地管理大量的其他人员。

(四)全球中心型(Geocentric)

所谓全球中心型,其优势在于不过多考虑其国籍管理人员,由最合适的任何国家的员工担任,公司总部与各子公司构成了一个全球性的网络。该理论模式对于管理者的国家、地区、身份等背景的敏感程度较低,所以管理者可以是来自全球,对于企业的全球化发展具备较高的人力支持程度,也是相关理论中最为开放的一种,对于管理者的来说是比较友好的。

第二节　跨国公司人员招聘与培训

一、跨国公司人员招聘

跨国公司的招聘形式并不固定,但招聘的宗旨和策略是一致的,讲求务实高效。面对众多的求职者,并不是简单地留住高学历人才,而是更看重求职者与公司需求是否匹配,是否认同公司的企业文化等。

(一)内部招聘

内部招聘是指选拔公司现有员工来获取人力资源的过程,这种方式通常适用于具有管理或行政性质的职位。内部招聘的渠道有公司人力资源库、员工晋升或转岗、内部招聘启示、前员工的再聘用等。

内部招聘的优点:能调动员工积极性,培养员工的忠诚度,激发员工的工作热情;对招聘对象是否适合该工作判断更加准确;能节约大量的招聘和选拔时间及费用;如果招聘后还需要培训,内部招聘的员工能够更快适应培训的要求。

内部招聘的缺点:可能导致人才选拔的局限性;未选上的员工容易产生负面情绪;可能诱发拉帮结派或骄傲自满等不良习气。

(二)外部招聘

外部招聘是指企业在岗位出现空缺时,面向企业外部征集应聘者来获取人力资源的过程。外部招聘的渠道有校园招聘、职介机构、猎头公司、媒体渠道、招聘大会等。

外部招聘的优点:为企业注入新鲜"血液",能够给企业带来活力;选择的范围比较广,可以招聘到优秀的人才。

外部招聘的缺点:外部人员对企业情况不了解,需要较长的时间来适应;外部人员不一定认同企业的价值观和企业文化,会给企业稳定造成影响。

二、跨国公司人员培训

员工培训是指组织为开展业务及培育人才的需要,采用各种方式对员工进行有目的、有计划的培养和训练,使之提高、完善、改进与工作相关的知识、技能、能力以及态度等素质,以适应并胜任职位工作。

（一）人员培训流程

跨国公司的人员培训流程一般包括需求分析、计划设计、方案实施及结果评估几个环节,如图9.2所示。

图9.2　人员培训流程

1.需求分析

培训需求分析既是确定培训目标、设计培训规划的前提,也是进行培训评估的基础,因而成为培训活动的首要环节。

第一,明确培训需求分析的层次,包括组织分析、人员分析和任务分析。组织分析,是指通过对组织的目标、资源、特质和环境等因素的分析,准确找出组织存在的问题与问题产生的根源。人员分析,通过对员工的绩效进行评价来找出存在的问题。任务分析,分析员工所要完成的工作任务以及成功完成任务所需要的技能和知识。

第二,选择培训需求的分析方法。培训需求的分析方法主要有:观察法、关键事件法、问卷法。此外,还包括分级讨论法、测试法、文献调查法、记录报告法、自我评价法、工作样本法等。

2.计划设计

培训计划包括:培训目标(如提高员工自我意识、更新知识、提高技能,使员工增加对组织的认同感和责任感;提高工作效率等),培训方案,培训时间,培训方法等。

3.方案实施

培训实施可以选择的方法很多,比较常用的有课堂讲授、案例学习、角色扮演、工作轮换、远程学习、仿真培训、企业大学等。以GE克劳顿管理学院为例。GE克劳顿管理学院被《财富》杂志誉为"美国企业界的哈佛",建于神秘而神圣的克劳顿村,占地58英亩,位于纽约州哈得逊河边,距纽约30千米,起伏的山脉满是大树和青草。学院创立于1956年,是GE高级管理人员培训中心,有人把它称为GE高级领导干部成长的摇篮,出自GE公司跻身财富500强的CEO就多达173位。

4.结果评估

培训效果评估是在受训者完成培训任务后,对培训计划是否完成或达到效果进行的评价、衡量。这里可以用美国威斯康星大学名誉教授唐纳德·柯克帕特里克的四层次评估模型进行评估,如图9.3所示。

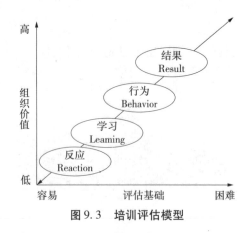

图9.3 培训评估模型

第一个层次是反应,指参训人员对培训是否满意;第二个层次是学习,指参训人员是否掌握在培训期间获得的知识和技能;第三个层次是行为,指参训人员是否能够把所学的知识和技能应用到工作中;第四个层次是结果,指参训人员的绩效是否得到改善,培训花费是否值得。

(二)人员培训策略

跨国公司在选拔管理人员时主要有三种策略:任用最适当的人选而不考虑其国籍,即管理人员国际化策略;重要的管理职位都由母国人员担任,即管理人员母国化策略;雇用所在国的雇员管理当地子公司,即管理人员本地化策略。

实践中,管理人员母国化与管理人员本地化这两种策略是培训的重点。

1.对母国管理人员的培训

从母国挑选的海外管理人员大多被派遣到所在国内工作的较为出色,而且选用他们也具备相当的优势。例如,他们有尽忠于本企业的精神。在发生冲突或者潜在的利害关系时,其忠于职守的职业本能倾向能促使他们将本国利益放在首位,也有利于加强母公司对子公司的控制等。但在海外任职往往要求他们具备更全面、更特殊的知识和技能。因此,跨国企业必须对这类人员进行有针对性的培训。

(1)培训目的

这种培训即要让来自母国的外派管理人员获得国际经营管理的知识经验,又要进行文化敏感性培训。文化敏感性是跨国公司管理能力的一项主要内容,对此进行培训的目的是使母公司的管理人员了解他们将赴任国家的文化氛围,充分理解东道国国民的价值观与行为观,迅速增强对东道国工作和生活环境的适应能力,充当两种不同文化沟通的桥梁。

(2)培训内容

①文化培训。文化培训有两个主要内容:一是系统培训有关母国的文化背景、文化本质和有别于其他文化的主要特点;二是培训外派管理人员对东道国文化特征的理性和感性分析能力,学习东道国文化的精髓。

实践证明,较为完善的文化培训可以在较大程度上代替实际的国外生活体验,使外派管理人员在心理上和生理上做好应对不同文化冲击的准备。系统的文化培训虽然可以提高学员对东道国文化的敏感性和适应能力,但并不能保证他们能够在东道国有效应对不同文化的各种冲击。对此,外派管理人员必须学会以尊重和接受的态度对待异国文化。

切忌用本国文化标准随便批评异国文化,更不能把本国的文化标准强加于东道国公民,应做到克服自我参照习惯的干扰。在遇到文化挫折时,要善于忍耐和克制自己,把自己当作东道国文化的接受者,灵活地处理因文化差异产生的各种摩擦和冲突,在建立良好的工作关系和生活关系,在这个过程中增强对不同文化的适应能力。对这种外派人员的培训通常在两个阶段上展开,上述所言及的是派出前的准备培训。现场指导,即外派管理人员在海外上任后,企业总部及当地的辅导者要对他们给予支持。在海外子公司,前任者通常要对接任者进行几个月的指导,此外需引起注意的是,为了留住人才,让有能力的人安心工作,一些企业还对海外离任回国人员进行回国培训,以帮助他们减轻反向文化冲击,重新适应母国的企业文化,寻求新的发展。

②文化差异对管理人员的影响。研究表明:在不同文化背景下,管理人员的行为具有不同特征;例如在管理风格上,美国企业的管理人员较为民主,鼓励参与;日本企业的管理人员则习惯于集权;在财务决策上,发达国家的管理人员偏爱高风险、高收益的策略;发展中国家的管理人员则奉行较为保守的原则;在处理事情时,西方发达国家管理人员比较讲究原则,亚洲许多国家的管理人员比较讲究情面等,这些特征在一定程度上反映出文化差异给工作带来的影响。因此,外派管理人员只有尽快适应东道国文化环境,尽可能地与当地管理人员建立良好工作关系,才能保证管理工作的顺利开展与进行。

(3)培训形式

跨国公司针对外派管理人员制订的培训计划主要有外部培训、内部培训和在职培训三种形式。

外部培训计划不是由某个跨国公司制订的,而是由独立的培训机构针对跨国公司的某一类管理人员开展的专题设计。例如,工商管理学院开设的国际管理课程,专业化培训公司提供的沟通技能和人际关系技能培训等。这类培训计划往往邀请有经验的或在某个领域著名的专家授课,让学员从别人的经验中快速得到借鉴,或了解某些领域的最新发展;许多跨国公司喜欢把管理人员送到东道国接受培训。这样做可以使管理人员在承受工作压力之前,已经亲身经历了文化差异的影响。

内部培训计划一般是根据跨国公司自己的需要制订的;这种培训的效果通常较为直接和明显,培训计划的内容可以根据公司遇到的不同问题灵活地进行组合。现在许多知名跨国公司都设立了自己的企业学习中心,这就是一种典型的内部培训方式。企业学习中心的主要任务是培训公司内部的管理人员等骨干力量。因此,这些外派的管理人员可以到公司学习中心进行培训,培训计划也可以根据受训人员需要灵活设计。如在出国前准备阶段,可请一位熟悉东道国文化的人员担任培训人员,了解所在区域的环境因素,并对当地特有的管理问题进行探讨,为受训人员到任后有效地建立工作关系打好基础。

在职培训也是母国公司内部培训的一种形式,培训对象是特殊工作需要的个别管理者,在职培训强调结果,所以由更有经验的培训者观察受训者在实际工作中的表现。在职培训可以在工作中进行,时间约束性小,适合于文化差异的调节过程。

值得注意的是,跨国公司任命母国人员去海外工作遇到的最大问题,往往是由外派人员的家属引起的。即使管理人员本人能适应并喜欢在海外工作和生活,其家属则并不一定如此。如果其家属不乐意,可能会带来一系列麻烦。例如,管理人员不安心海外工作、家庭破裂等。于是在海外管理人员外派之前,很多公司都要努力评估管理人员的家属是否能适应国外的环境生活。

因此,跨国公司在制订培训计划时,除了考虑培训计划的目标、课程的组织及其内容之外,还要帮助返回母国的管理人员及其家属重新调整回国后的职业与个人生活。例如某公司海外任职者的部门领导要给其一封信,说明该海外分支机构保证其在返回时至少能得到与其离开总部时同级的工作职位等。外派管理人员计划返回母国之前,其新工作就由其指导员给安排稳妥,这样可解除外派管理人员的后顾之忧,增强他们的职业安全感。

2. 对东道国管理人员的培训

跨国公司培训的重点是母公司派往海外工作的管理人员。随着跨国经营规模的扩大和对高素质人力资源需求的增加,加之管理人员本地化策略体现出来的某些优势,如熟悉当地文化、有利于同当地各方建立良好关系、有利于发现存在的商业机会、因地制宜地开展工作等,使越来越多的大型跨国公司开始由管理人员母国化策略转向管理人员本地化策略,跨国公司开始重视对东道国当地管理人员的培训,以使他们在经营管理中符合母公司的要求。

(1)培训目的

由于来自东道国的管理人员对母公司的跨国经营战略、管理风格和管理程度存在缺乏深入了解的可能,因而这种培训主要是针对管理方法、管理技能、技术和有关公司文化的培训。这种培训的目的是使东道国本地管理人员的管理水平尽快达到母公司的要求,以提高母公司对子公司生产经营活动的协调和控制程度。

(2)培训内容

跨国公司对东道国管理人员的培训侧重于生产技术和管理技术方面。当然有时也会设置有关母公司文化的培训,但文化培训通常不是重点。有关管理技能的培训,通常按管理的职能进行分类。对营销部门管理人员的培训侧重于各种营销、分销和市场调查的管理技能。对财务部门管理人员的培训侧重于母国和东道国会计准则的差异、会计电算化方法、财务报表分析和外汇风险分析等。有关生产技术的培训,一般侧重于从母国转移到东道国的生产技术,培训对象多数是生产部门和质量控制部门的管理人员。

在多数大型跨国公司中,培训与管理人员的晋升联系在一起,不同等级的管理人员接受不同类型的培训。所以,管理人员晋升到新的岗位时,往往要通过新的培训计划增加所需要的技能。此外,在培训东道国管理人员时需考虑因他们自小接受的教育、经历和文化熏陶,在管理活动中容易偏向利益的方向。因此,必须加强对他们的忠诚培训,力图使他们站在较公正的立场上考虑与决策公司事务,使公司能实现经营活动整体利益最大化的目标。

(3)培训形式

由于东道国管理人员缺乏公司经营业务和技术方面的知识,对他们进行一般性的培训以外,还需要一些特别的培训,主要有以下两种形式:

第一,东道国人员受雇于母国工作。许多跨国公司为了解决东道国人员缺乏业务技术问题,就使用一些母国商学院毕业的东道国学生,这些人员通常会送到跨国公司总部接受政策学习以及公司特殊的经管方法、管理程序,并在某些特别的职能部门里如财务、营销或生产部门里进行在职培训。

第二,东道国人员受雇于东道国工作。由于毕业于母国大学的东道国人员终究有限,跨国公司还必须聘请当地人担任管理部门职务,为弥补他们的知识缺陷,公司要派他们到东道国的大学学习管理和业务课程,也可以送他们到母国商学院学习,或者参加以公司名义举办的培训计划等。此外,参训者还会被送到母公司总部、分部门和其他子公司,以便他们熟悉各种企业经营业务,会见其他管理人员,并同他们交流经验。虽然对来自东道国的管理人员不需要进行外语培训,也不需要着重解决文化适应方面的问题。但在培训时,也应认真制订培训计划,学习对自身文化心态的调整,积极参与各种社交活动,尽快融入公司的企业文化氛围中。

第三节　跨国公司人员甄选与配置

一、跨国公司人员甄选

(一)母公司外派人员的筛选标准

挑选出合适的海外任职的外派人员,最关键的问题是确定适宜的标准。值得注意的是,筛选是组织和个人之间的双向选择过程。比如,一个最具潜力的候选人,或者出于家庭方面的考虑,或者是由于某些环境因素,可能会拒绝外派的任命。具体的筛选标准主要有以下几个方面:

1. 专业技术能力和管理能力

员工个人完成特定任务的能力是人力资源招聘非常重要的考虑因素。因此,专业技术能力和管理能力是其中非常重要的标准。近来有关对英国、美国、德国的跨国企业研究表明,这些企业在遴选海外派遣人员时,非常倚重相关的专业技术能力和管理能力。欧洲跨国公司的调查显示:99%的企业认为,最重要的标准应该是与工作相关的能力;76%的企业认为,是领导能力。

专业技能和管理能力可以从员工曾经的工作绩效中表现出来,因此评估雇员这方面的能力还是相对比较容易的。由于外派人员一般是从公司内部招募的,所以,通过检验拟派人员过去的绩效评估记录,就可以判断该候选人的专业技能和管理能力。当然,过去的绩效记录并不能完全证明这个员工在国外环境中具备同样的能力,毕竟,国内的工作环境并不等同于国外的工作环境。

2. 跨文化适应能力

除了专业技能和管理能力,外派人员还需具备一定的跨文化适应能力,以便确保他在新的环境中能够正常地开展工作。这些适应能力包括:文化理解能力、适应能力、外交能力、积极的人生态度以及稳定的情绪。

3. 外语能力

能熟练地使用东道国语言,是筛选海外派遣人员的一个重要标准。因为跨文化沟通的最大障碍就是语言方面的差异。但从西方发达国家的跨国企业的实践中来看,对语言能力的重视程度,相对要小于上述其他标准,这主要是可能与这些国家普遍使用英语为母语有关。对于我国的跨国企业来说,筛选母公司外派人员时,候选人是否能熟练掌握英语这一世界通用语言,无疑是一个重要标准。

(二)东道国员工筛选标准

对东道国员工的筛选,首先要区分不同的招聘目的。不同的目的,往往决定着不同的筛选标准。

跨国企业招聘东道国员工,一是为当地的分公司配备人员,二是为母公司挑选合适的员工。如果跨国企业招聘东道国员工是出于第一个目的,那么,筛选标准的重点应在候选人的受教育程度、专业技能和相关工作经验等方面。与国内人力资源招聘工作不同的是,跨国企业在招聘东道国员工时,必须要仔细研究东道国有关人员配备方面的法律法规和社会习俗,避免招聘过程中出现麻烦。比如在某些国家,有关家庭、爱好、父母和宗教信仰等方面的问题是不可询问的,因为这些方面被视为个人隐私。如果缺乏在东道国的招聘经验,很多跨国企业的做法是雇用一个当地的招聘机构,为分公司配备一名东道国人力资源经理,继而将分公司配备员工的职能本土化。另外,跨国企业进入的方式对招聘东道国员工也会产生一定影响。如果跨国企业在海外的分公司是属于独自建立的工厂,那么在雇用问题上,跨国企业就有更多的决策权和判断力。但是作为一个合资企业来说,雇用问题就变得困难多了,因为当地的合作者可能在雇佣问题上有自己的具体目标和操作方法。

挑选东道国员工的第二个目的是将其调至公司总部任职。这样做的动机有的是培养和发展东道国员工,他们被调到公司总部学习专业技能,接受专门培训;有的则是使东道国员工获得归属感,这是跨国企业建立全球企业文化的一个组成部分;另外,多吸收海外分公司员工到公司总部工作,可以打破母公司文化一统天下的局面,使公司增强对其他文化的适应能力,从而使跨国公司成为真正的国际化企业。由此可见,跨国企业挑选东道国员工到公司总部任职的原因多种多样,具体的筛选标准也会因不同的动机而有所不同。此时,能否运用总公司的语言与他人顺利沟通,就成为挑选候选人的重要标准。

(三)第三国员工的筛选标准

跨国公司招聘第三国员工的目的,通常是将其作为派往海外分公司的驻外管理人员。因此,上文中所讨论的挑选母公司外派人员标准,大部分也适用于对第三国员工的筛选。所以,专业技术能力和管理能力、跨文化适应能力和外语能力是跨国企业挑选第三国员工时的重要筛选标准。除了专业技术能力和管理能力以外,外语能力作为一个筛选标准在这里显得更为关键。因为第三国员工最起码要非常熟练和流利地运用公司总部的语言以及东道国语言。

除了上述三个标准以外,情境因素在对第三国员工的筛选过程中也起着重要的作用。其中,工作许可证就是决定一个跨国公司在其海外子公司能否使用第三国员工的重要因素。

因为东道国政府往往出于各种原因,比如,希望跨国企业雇用本国员工,或由于国家之间的争端,或由于民族间的仇恨等,而拒绝第三国员工入境或工作。不同国家的跨国企业在招募第三国员工时所采用的技术有很大不同。美国的跨国企业通常将美国各类商科院校中的外国学生作为招募第三国员工的来源,在欧洲常用的招募渠道则是在报纸上公开招聘。

二、跨国公司人员配置

首先,国际化人员配置是跨国公司全球化发展目标管理团队方面的一个关键因素。其次,外派员工可促进跨国企业之间的高度协调和控制,外派员工拥有关于整个公司运作的方式、长期目标等方面的知识。最后,由于地理距离、文化的不同、复杂的供需情况以及其他类似的影响因素等,跨国公司需要高水平的内在沟通、信息共享和信息交换,这样的信息共享是制订有效的战略决策的关键。

尽管它们有着战略性价值,但是有效管理国际化人员配置的工作仍面临巨大的挑战。第一,外派员工的维持成本高,因为他们通常以母国的标准来支付。除了基本的工资,组织还要给他们重新安置费用、生活津贴、特殊的家庭福利(如住房和子女上学等)以及其他的与反恐怖主义威胁保护有关的费用等。跨国公司内部组织为了国际化人员配置,在员工个人和家庭方面花费了相当大的时间和资源。这些准备可能包括跨文化训练和语言训练。现在许多公司给外派员工的配偶提供正式或非正式的工作帮助。它们可能会尝试在本公司为员工的配偶寻找工作,催促其配偶的当前雇主进行国外安排,在客户和供应商中寻找工作等。有的公司提供持续的教育帮助;或者让配偶们去参加专业研讨会,这样可以让他们跟上本专业的发展。第二,外派员工配置的失败率可能性较高。一般而言,留下未完成的任务就离任的外派员工配置就是"失败的",所以国际化员工配置全球跨国员工有一到二成是失败的,其最主要的因素是合作伙伴的不满、家庭的介入和不能很好地适应当地工作环境等。第三,外派员工在完成海外任务后的留用何种岗位问题上也是容易出现困难。其中一个原因是组织对于外派员工的回国后的重新适应缺乏关心,同时也可能缺乏信心。大部分跨国企业的组织者认为回国意味着找到新的接替者和买机票。但是,返回母国总部集团同时也是重新适应文化冲击,外派员工可能需一个过程时间。因为仅少量的跨国企业组织会讨论将来他们回国以后的发展,所以出国工作人员和回国人员在完成国外的任务后对于将来的事业发展机会都感到很沮丧。

总之,当跨国企业组织体系面临国际化时,国际化员工选派为企业大快速发展提供了机会和资源。虽然母公司使用外派员工一直是很流行的做法,但是维持成本却是比较高的。跨国公司可以适当提高当地员工的管理潜力,为不断在第三国和其他开发项目做好准备。

跨国公司需要国际化的技术。国际化的工作岗位轮换一直被认为是发展这种技术的一个主要方式。外派员工一般而言是指大多数外派员工都是母公司所在国的国民,大多数外派人员被总公司分配去领导、管理海外分公司。采取这种策略有两个原因:第一,最高的管理层对当地人才能否管理一个企业的能力持有疑虑态度;第二,高层管理想把海外分公司融进自己的文化和管理实践中。现在跨国公司发生了一种新的变化,即不再使用母公司所在国的国民,而是增加他们信任的所在国的公民(或称东道国的国民)和第三国的公民进入管理层,这是因为跨国公司正朝着全球化的方向发展。同时当地政府也可能会要求跨国公司不断地增加管理职位中东道国员工的数量。所以跨国公司采用国际化人员配置可以实现多个目标。

第四节 跨国公司员工绩效与薪酬管理

一、跨国公司员工绩效管理

绩效是指员工在工作过程中表现出来的与组织目标相关,并且能够被评价的工作结果,绩效管理就是对绩效评价的过程。绩效管理包含绩效计划、绩效监控、绩效考核和绩效反馈。

(一)绩效计划

绩效计划是指在绩效周期开始时,由经理和员工一起就员工绩效考核期内的绩效目标、绩效过程等讨论并达成一致。绩效计划包含三个部分的内容:员工在考核期内的绩效目标;为实现绩效目标,员工在考核期内应从事的工作;对绩效监控、绩效考核和绩效反馈阶段的规划和指导。

实践中,普遍使用的绩效计划工具主要有关键绩效指标法(KPI)、平衡记分卡(BSC)和目标管理法。

1.关键绩效指标法(KPI)

(1)关键绩效指标定义

关键绩效指标(Key Performance Indicator)是通过对组织内部流程的输入端、输出端的关键参数进行设置、取样、计算、分析,衡量流程绩效的一种目标式量化管理指标,是把企业的战略目标分解为可操作的工作目标的工具,是企业绩效管理的基础。KPI可以是部门主管确认部门的主要责任,并以此为基础,确认部门人员的业绩衡量指标。建立明确的切实可行的KPI体系,是做好绩效管理的关键。关键绩效指标是用于衡量工作人员工作绩效表现的量化指标,是绩效计划的重要组成部分。关键绩效指标法符合一个重要的管理原理,即"二八"原理。在一个企业的价值创造过程中,存在着"80/20"的规律,即20%的骨干人员创造企业80%的价值;而且在每一位员工身上"二八"原理同样适用,即80%工作任务是由20%关键行为完成的。因此,必须抓住20%的关键行为,对之进行分析和衡量,这样就能抓住业绩评价的重心。

(2)关键绩效指标要点

建立KPI指标的要点在于流程性、计划性和系统性。

首先,明确企业的战略目标,并在企业会议上利用头脑风暴法和鱼骨分析法找出企业的业务重点,也就是企业价值评估的重点。然后再用头脑风暴法找出这些关键业务领域的关键业绩指标,即企业级KPI。

然后,各部门的主管需要依据企业级KPI建立部门级KPI,并对相应部门的KPI进行分解,确定相关的要素目标,分析绩效驱动因素(技术、组织、人),确定实现目标的工作流程,分解出各部门级的 KPI,以便确定评价指标体系。

最后,各部门的主管和部门的 KPI 人员一起再将 KPI 进一步细分,分解为更细的 KPI 及各职位的业绩衡量指标。这些业绩衡量指标就是员工考核的要素和依据。这种对 KPI 体系的建立和测评过程本身,就是统一全体员工朝着企业战略目标努力的过程,也必将对各部门管理者的绩效管理工作起到很大的促进作用。

(3)关键绩效指标原则

确定关键绩效指标有一个重要的 SMART 原则。SMART 是 5 个英文单词首字母的缩写:S 代表具体(Specific),指绩效考核要切中特定的工作指标,不能笼统。M 代表可度量(Measurable),指绩效指标是数量化或者行为化的,验证这些绩效指标的数据或者信息是可以获得的。A 代表可实现(Attainable),指绩效指标在付出努力的情况下可以实现,避免设立过高或过低的目标。R 代表有关联性(Relevant),指绩效指标是与上级目标具有明确的关联性,最终与公司目标相结合。T 代表有时限(Time-bound),注重完成绩效指标的特定期限。

2. 平衡计分卡(BSC)

(1)平衡计分卡概念

平衡计分卡(Balanced Score Card),是常见的绩效考核方式之一,平衡计分卡是从财务、客户、内部运营、学习与成长四个角度,将组织的战略落实为可操作的衡量指标和目标值的一种新型绩效管理体系。

(2)平衡计分卡内容

①财务层面。财务性指标是一般企业常用于绩效评估的传统指标。财务性绩效指标可显示出企业的战略及其实施和执行是否正在为最终经营结果(如利润)的改善做出贡献。但是,不是所有的长期策略都能很快产生短期的财务盈利。非财务性绩效指标(如质量、生产时间、生产率和新产品等)的改善和提高是实现目的的手段,而不是目的的本身。财务面指标衡量的主要内容有:收入的增长、收入的结构、降低成本、提高生产率、资产的利用和投资战略等。

②客户层面。企业应以目标顾客和目标市场为导向,应专注于是否满足核心顾客需求,而不是企图满足所有客户的偏好。客户最关心的不外乎五个方面:时间,质量,性能,服务和成本。企业必须为这五个方面树立清晰的目标,然后将这些目标细化为具体的指标。客户面指标衡量的主要内容:市场份额、老客户挽留率、新客户获得率、顾客满意度、从客户处获得的利润率。

③内部营运层面。内部运营绩效考核应以对客户满意度和实现财务目标影响最大的业务流程为核心。内部运营指标既包括短期的现有业务的改善,又涉及长远的产品和服务的革新。内部运营面指标涉及企业的改良或创新过程、经营过程和售后服务过程。

④学习与成长层面。面对激烈的全球竞争,企业今天拥有的技术和能力已无法确保其实现未来的业务目标。削减对企业学习和成长能力的投资虽然能在短期内增加财务收入,但由此造成的不利影响将在未来给企业带来沉重打击。学习和成长面指标涉及员工的能力、信息系统的能力与激励、授权与相互配合。

平衡计分卡通过因果关系提供了把战略转化为可操作内容的一个框架。根据因果关系,对企业的战略目标进行划分,可以分解为实现企业战略目标的几个子目标,这些子目标是各个部门的目标,同样各中级目标或评价指标可以根据因果关系继续细分直至最终形成可以指导个人行动的绩效指标和目标。

3. 目标管理法(MBO)

(1)目标管理法概念

目标管理法(Management by Objectives)是让企业的管理人员和员工亲自参加工作目标的制订,在工作中实行"自我控制",并努力完成工作目标的一种管理制度。目标管理法的特点是经理需要与员工协商目标,并为达成目标一起努力。目标管理法属于结果导向型的考评方法之一,以实际产出为基础,考评的重点是员工工作的成效和劳动的结果。

(2)目标管理法原则

①企业的目的和任务必须转化为目标,并且要由单一目标评价转变为多目标评价。

②必须为企业各级各类人员和部门规定目标。如果一项工作没有特定的目标,这项工作就做不好,部门及人员也不可避免地会出现"扯皮"问题。

③目标管理的对象包括从领导者到员工的所有人员,大家都要被"目标"所管理。

④实现目标与考核标准一体化,即按实现目标的程度实施考核,由此决定升降奖惩和工资的高低。

⑤强调发挥各类人员的创造性和积极性。每个人都要积极参与目标的制订和实施。领导者应允许下级根据企业的总目标设立自己参与制订的目标,以满足"自我成就"的要求。

⑥任何分目标都不能离开企业总目标自行其是。在企业规模扩大和分立新的部门时,不同部门有可能片面追求各自部门的目标,而这些目标未必有助于实现用户需要的总目标。企业总目标往往是确定好各种目标位置,实现综合平衡的结果。

(3)目标管理法步骤

目标管理法一般有四个步骤:①制订目标,包括制订目标的依据、对目标进行分类、符合SMART原则、目标须沟通一致等;②实施目标;③信息反馈处理;④检查实施结果及奖惩。

目标管理法通过将目标分解到组织的各个单位来实现。组织的整体目标被转换为每一级组织的具体目标,即从整体组织目标到经营单位目标,再到部门目标,最后到个人目标。在此结构中,某一层的目标与下一级的目标连接在一起,而且对每一位员工而言,都提供了具体的个人绩效目标。

(二)绩效监控

绩效监控是指在绩效期间内,通过经理与员工之间持续的沟通来预防或解决员工工作中可能发生的各种问题的过程。沟通方式分为正式沟通与非正式沟通。正式沟通有书面报告(周报、半年报、年报等)、会议、谈话等。非正式沟通有开放办公室、休息时间沟通、临时会议等。比较而言,非正式沟通的氛围宽松,员工更容易表达自己的想法。

(三)绩效考核

绩效考核是指考核主体借助一定的考核方法,对员工的工作绩效进行评价。考核内容包括工作能力、工作态度和工作业绩。

1.考核方法

绩效考核的方法主要有比较法、量表法和描述法三类。常用的比较法有:①简单排序法,评价者将员工按照工作的总体情况从最好到最差进行排序;②强制分布法是将员工进行相互比较的一种员工排序方法。②量表法是指将个人绩效拆分成若干特征或绩效领域,如工作数量、工作质量以及主动性等,然后通过打分来确定员工的考核等级的方法。④描述法是指为每位员工完成一份与工作绩效相关的报告,这一方法可以在评估过程中给予充分的自由度。

2.考核标准

在绩效考评工作中,选择和确定什么样的绩效考评标准是最重要也是最难解决的一个问题。绝大多数的企业已经认识到关键业绩指标及量化标准的重要性,在设计考核标准时已开始密切关注个人绩效目标与企业、部门整体目标的一致性与层次性,并在此基础上制订出以部门为单位的制式考核表,使企业的绩效考评工作具备一定的科学性与可操作性。因此,针对不同员工的特点,制订个性化的考评标准将是十分必要的。"考核标准"体现着一个组织的价值取向。建立什么样的"考核标准",意味着一个组织鼓励自己的成员做什么样的人,这一标准至关重要。

日本索尼公司(SONY)采用5P评价体系来全面评估员工的业绩。首先,5P的含义包括个人(Person)、职位(Position)、过去(Past)、现在(Present)、潜力(Potential)。具体来说,如果企业的员工在其相应的部门或岗位上有业绩,就可以说这名员工的工作绩效是合格的。同时,企业员工是否能得到晋升,管理者要视员工的业绩而定,业绩本身由三部分构成:过去的业绩、现在的业绩和该名员工的发展潜力。

在索尼公司,每到年末时都会对员工有一个年终考核,每位员工首先自我评估,对比自己之前制订的绩效目标,作出一个比较客观的个人评价。然后部门主管也会根据平时的记录情况对员工有一个较为具体的评价。根据这两方面的评价,主管就会与员工进行交流和沟通,内容主要包括对员工的工作内容和工作方法的分析,还有对员工进行加强团队合作的指导。这些内容都是与索尼公司的整体企业文化和企业战略紧密联系的,以便于员工和企业的共同发展和进步。

值得注意的是,跨国公司对外派员工的绩效考核主要考虑以下几个因素:第一,要客观估计外派员工工作环境的困难程度。例如对于美国的跨国公司而言,它派到中国的员工工作难度就显然要比派到英国的员工工作难度要大。因此,在绩效考核中对这两个国家的外派员工评价的尺度就应该有差别。第二,在评价中要以东道国当地的评价意见为主,以公司总部的评价意见为辅。第三,根据外派员工工作地点的文化特征,对公司的考核标准进行适当的修改,以增强考核体系的适应性。

(四)绩效反馈

狭义的绩效反馈是指绩效周期结束后,在经理与员工之间进行绩效考核面谈,对过去的工作进行总结,指出工作中的不足,并制订绩效改进计划。

广义的绩效反馈是指公司的经理和员工,对公司绩效管理系统的运行状况进行评价和反馈,以及存在的问题和改进的建议。在此基础上,公司总部每年对绩效管理系统都会进行适当的调整,以确保系统的有效性。

总之,绩效管理对员工管理是一个非常重要的手段。例如在员工激励方面,以工作成就和成长(内源性动机)帮助员工提高他们的自我形象,以表扬和鼓励(外源性动机)为员工提供感受自我价值的机会。将绩效考核的结果作为年度调薪或升职的参考依据,对员工有较强的指引和激励作用,也会引发员工对考核结果强制分布的不安。

此外,在员工发展方面,绩效管理过程为员工提供机会讨论和表达什么样的行为是有效的,然后逐步学习怎样调整他们的行为。公司将员工与经理讨论后确定的培训与发展目标作为年度培训计划的依据,直接向员工传递这样一个信息:如果你足够优秀且愿意成长,公司愿意为你提供帮助。将员工的培训和发展计划作为绩效考核系统不可或缺的一部分,促使员工和经理们的关注点不仅仅针对过去的绩效表现,也要共同讨论如何通过提升员工的能力来提升未来的绩效,从而为组织的可持续发展奠定坚实的基础。

(五)绩效管理与企业基本竞争战略的匹配

实施成本领先战略的企业,通过低成本与竞争对手竞争,绩效管理强调结果导向,以成本控制为目的,评估范围窄,评估信息来源单一。

实施差异化战略的企业,关注技术与创新,强调产品在技术或设计上与众不同,评估范围宽,评估信息来源丰富。

相比实施成本领先战略或差异化战略的企业,采用重新聚焦战略的企业,绩效管理的目的、内容、范围及结果应用基本上是成本领先或差异化两者的结合。

二、跨国公司员工薪酬管理

(一)薪酬管理的概念

薪酬管理是指在组织经营战略和发展规划指导下,综合考虑内外部各种因素的影响,确定薪酬体系、薪酬水平、薪酬结构、薪酬构成,明确员工所应得的薪酬,并进行薪酬调整和薪酬控制的过程。

(二)薪酬构成及策略

1.薪酬构成

薪酬由基本薪酬、可变薪酬和间接薪酬三部分构成。

基本薪酬是指根据员工所承担的工作或者所具备的技能而支付给他们的较为稳定的经济收入。可变薪酬是指根据员工、部门或团队、组织自身的绩效而支付给他们的具有变动性质的经济收入。间接薪酬是指给员工提供的各种福利,包括住房补贴、生活补贴、教育补贴等。

2.薪酬策略

对于不同企业而言,基本薪酬、可变薪酬和间接薪酬的作用不完全相同。基本薪酬在吸引人员方面的效果比较显著;可变薪酬在激励人员方面的效果比较明显;间接薪酬在保留人员方面的效果较为明显。

（三）薪酬公平性原则

薪酬管理的公平性原则体现在三个方面:一是外部公平性,指在不同企业中,类似职位或者员工的薪酬应当基本相同。二是内部公平性,指在同一企业中,不同职位或者员工的薪酬应当与各自对企业的贡献成正比。三是个体公平性,指在同一企业中,相同或类似职位上的员工,薪酬应当与其能力、贡献成正比。

（四）薪酬水平策略

薪酬水平指内部各职位、各部门以及组织整体平均薪酬的高低状况,反映了企业所支付薪酬的外部竞争性与薪酬成本,主要包括领先型策略、匹配型策略、拖后型策略以及混合型策略。

领先型策略是指薪酬水平高于市场平均水平的策略;匹配型策略是指薪酬水平与市场平均水平保持一致;拖后型策略是指薪酬水平要明显低于市场平均水平;而混合型策略是指针对企业内部的不同职位采用不同的策略。

（五）薪酬策略与企业基本竞争战略的匹配

实施成本领先战略的企业强调对外公平,一般使用基本薪酬(固定薪酬)。实施差异化战略的企业强调对内公平,一般使用可变薪酬(浮动薪酬)。实施重新聚焦战略的企业强调能力与绩效的结合,将固定薪酬与浮动薪酬结合使用。

对于跨国公司而言,薪酬的公平性和薪酬激励面临着一些新的问题。

跨国公司在各国子公司的薪酬政策必须考虑到当地劳动力市场的工资行为、有关的劳动报酬方面的法规和当地的文化倾向,同时还要与母公司的整体经营战略保持足够的一致。各个子公司的人力资源经理要为东道国的员工、母公司派出的员工和第三国的员工分别开发出不同的薪酬制度。在这个问题上,一个常见的现象是即是东道国当地的员工与母公司派来的员工承担责任、复杂程式和重要性相同的工作,母公司派来的员工也会经常得到比较高的报酬,这就容易使东道国当地的员工产生一种没有被公平对待的感觉。

多数跨国公司对外派员工还实行海外服务奖金或津贴制度。随着中国经济对外开放程度的不断提高,将来也会有越来越多的中国企业到海外投资,因此同样也会遇到国际人力资源管理中的特殊问题。这里所讲的跨国公司在国际人力资源管理中的理论和经验可以为中国企业在国际竞争中的成功提供许多有益的启示。

【主要概念】

诱引战略　　投资战略　　参与战略　　薪酬管理
SMART　　平衡记分卡　　关键绩效指标　　目标管理法

【课后复习】

一、选择题

1. 跨国人力资源管理包含(　　)。
   A. 人力资源活动的获取、分配与利用　　B. 所在国、母国、其他国类型
   C. 所在国员工、母国员工、其他国员工　　D. 以上都不对

2. 文化模型有(　　)维度。
   A. 权利距离　　　　　　　　　　　　B. 不确定性避免
   C. 个人主义与集体主义　　　　　　　D. 男性化女性化

3. 跨国人力资源管理专业人员能力有(　　)。
   A. 语言能力　　　　　　　　　　　　B. 适用能力
   C. 专有能力　　　　　　　　　　　　D. 专有技术

4. 跨国雇员薪酬管理组成有(　　)。
   A. 显性薪酬　　　　　　　　　　　　B. 隐性薪酬
   C. 家庭生命周期　　　　　　　　　　D. 人员流动影响

5. 下列不属于国际人力资源管理一般模式的是(　　)。
   A. 混合中心模式　　　　　　　　　　B. 单一中心模式
   C. 多中心模式　　　　　　　　　　　D. 全球中心模式

二、思考题

1. 跨国公司人力资源管理的含义特点及基本模式
2. 跨国公司员工的甄选与培训的主要内容包含什么?
3. 跨国公司外派员工的绩效考核与薪酬管理分别是什么?
4. 跨国公司人力资源管理的理论有哪些内容?
5. 跨国公司人力资源政策主要有哪些?

【案例分析】

潍柴动力股份有限公司成功之路

潍柴动力股份有限公司成立于 2002 年,由潍柴控股集团有限公司作为主发起人、联合境内外投资者创建而成,是中国内燃机行业在香港 H 股上市企业,也是由境外回归内地实现 A 股再上市的公司。2004 年 3 月 11 日,潍柴动力在香港联交所主板上市,成绩斐然。2007 年 4 月 30 日,潍柴动力 A 股在深圳证券交易所正式挂牌上市,成为中国证券市场上最具创

新的第一例"HtoA"案例,同时打通了目前中国最优质重卡资源的产权脉络。2021 年首次上榜世界 500 强企业名单,世界排名 425 名。2022 年 8 月,再次入选 2022 年《财富》杂志世界 500 强排行榜,位列第 452 名。

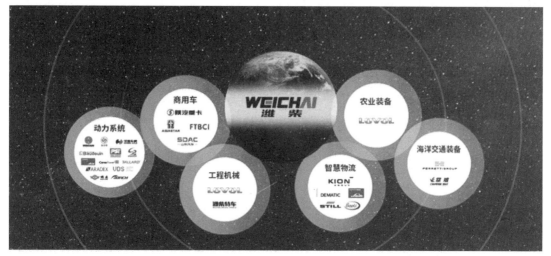

图 9.4　潍柴控股集团有限公司

　　原潍坊柴油机厂正式建立于 1946 年,是中国最早一批生产柴油机的厂家之一。自 20 世纪 50 年代至 80 年代初,潍柴厂相继研发并生产了 51 千瓦至 99 千瓦的各类中速柴油机。1984 年,中国国家发展计划委员会及中国国家政协经济委员会确认潍柴厂为研发及生产斯太尔 WD615 系列柴油机的定点厂之一。同年,国家政协经济委员会发出《关于同意潍坊柴油机厂变更隶属关系的复函》,确认潍柴厂为重型汽车配套柴油机的定点厂之一。1989 年 10 月,潍柴生产线顺利通过了国家组织的竣工验收,重型汽车用 WD615 系列柴油机并于同年开始投产。

　　潍柴动力股份有限公司,是由潍坊柴油机厂作为主发起人联合境内外投资者共同发起设立的符合现代企业制度的企业,其企业使命就是"绿色动力,国际潍柴"。潍柴动力是国家内燃机研发、制造、销售重点骨干企业,其产品广泛应用于重型汽车、大客车、工程机械、船用,发电等大功率动力配套市场。

　　公司致力于内燃机科技产业的发展,产品开发能力居国内同行业前列,总体工艺装备水平居国内领先地位。公司生产的 WD615、WD618 柴油机在重型汽车、工程机械市场的平均占有率达到 75% 以上,近年来 10 L/12 L 大功率柴油机一直保持市场领导地位。公司具有强大的研发能力,专业技术人员超过 400 人。公司拥有现代化的"国家级技术中心及国内一流水平"的产品实验室,设立有"博士后工作站",在奥地利建立了欧洲研发中心。2005 年企业成功推出了国内首台具有自主知识产权的"蓝擎"欧川排放柴油机,在噪声、油耗等方面均达到国际领先水平,可与世界先进产品媲美。

　　公司拥有稳定的优秀管理人员,董事长谭旭光是十届全国人大代表、荣获"全国劳模""中国最具响力的企业领袖""2005 CCTV 十大中国经济人物"等众多荣誉称号。四名执行董事年富力强,平均年龄40岁,其中三人拥有硕士学位,具有柴油机企业的丰富管理经验和驾驭企业发展的清晰战略思路。

公司以"为用户提供超值产品和服务"为目标,在全国范围内建立了37个维修服务中心和1 500多个特约维修站,采用潍柴动力发动机计算机诊断监测网络系统,使国内各维修站接收的服务信息都得以及时反馈公司。潍柴拥有内燃机可靠性国家重点实验室、国家商用汽车动力系统总成工程技术研究中心、国家商用汽车及工程机械新能源动力系统产业创新战略联盟、国家专业化众创空间等研发平台,设有"院士工作站""博士后工作站"等研究基地,建有国家智能制造示范基地。在中国潍坊、上海、西安、重庆、扬州等地建立了研发中心,并在全球多地设立前沿技术创新中心,搭建起了全球协同研发平台,确保企业技术水平始终紧跟世界前沿。

公司重视人力资源开发,多年来与清华大学、同济大学、天津大学、山东大学等高等院校进行项目合作开发,共建产品实验室、合作培养在职高层次专业人才;同时,国家人事部批准在公司设立了博士后工作站,每年与欧洲科研机构进行人才交流培训,为企业一类人员成才创造有利条件。与德国合作的双元制教育,注重理论与实践的有机结合,确保了生产岗位合格技术工人的需要。

潍柴动力人才培育——完善的培训体系和多元化发展道路

一、公司拥有完善的培训体系

潍柴动力公司拥有丰富的培训资源,建设了一批高素质的培训员队伍和专业的内训师团队,同时利用职业学院的培训优势,结合在线学习平台,充分发挥培训的作用。同时充分运用校企合作、企业培训基地、在线学习平台等多种资源,结合公司战略和员工个体的需求,开展多种形式面向不同群体的培训。

1.全员培训

我们已经建立起公司级、单位级、车间/科室级和班组级四级培训体系,培训对象涵盖新员工、在职员工、新晋干部、在职干部等全体人员。

目前,企业搭建起了领导力、企业文化、精益、质量、设备、发动机研发、产品应用、客户服务8个模块内训师体系。此外,企业还投入了大量培训资源用以支持培训工作的开展。

2.在职培训

我们与山东大学、天津大学、中国海洋大学、吉林大学等高校联合开展了工程硕士和在职博士培养项目。

3.脱产培训

我们与复旦大学、美国密苏里州立大学、新加坡国立大学、英国谢菲尔德大学等国内外众多知名大学合作,选拔企业领导干部以脱产形式攻读MBA/EMBA。

二、员工多元化发展道路

1.晋升方式多途径

为提高员工的业务知识及技能,选拔人才,激发员工的工作热情,公司实行形成了年度考核、年度聘任和竞争择优、动态管理的岗位晋升机制。公司鼓励员工努力工作,在出现职

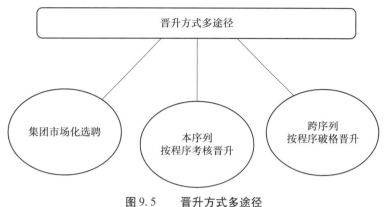

图9.5　晋升方式多途径

位空缺的前提下,工作勤奋、表现出色、能力出众的员工将获得优先的晋升和发展机会。

2.适宜各类人才的职业生涯规划

公司员工实行岗位聘任制。各类人员以不同工作性质,实行分类管理,分别制订不同的职业发展通道,使人人都能成才,发展都有空间。

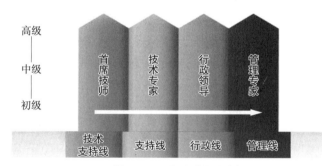

图9.6　职业生涯规划

潍柴动力人才激励——全方位福利体系和综合激励体系

一、多元化的综合激励体系

为激励员工成长成才,公司每年投入大量资金用于员工奖励,极大地提高了员工的积极性。

图9.7　综合激励体系

二、公司拥有全方位的福利体系

公司为新员工提供有市场竞争力的薪资,在五险一金的基础上,额外为员工提供企业年金与补充医疗保险。

图9.8 全方位福利体系

在住宿、就餐方面,公司为新员工提供一住房、租房、就餐补助等。

潍柴动力人才专业教育——潍柴职业大学

潍柴职业大学(潍柴高级技工学校、潍柴职业中等专业学校)1960年建校,是由潍柴控股集团投资,经山东省人力资源和社会保障厅、潍坊市教育局审批的全日制职业学校。学校1989年率先与德国汉斯·赛德尔基金会合作,并探索建设德国"双元制"办学模式。2014年,投资1.98亿元开工建设新校区。2016年学校整体搬迁至新校区,正式形成集职工在岗培训和职业教育为一体的教育格局。学校拥有多个省市级名牌专业,其中机械加工专业被德国罗尔手工业行会认定为工长技师培养资质,成为中国职业教育培训的成功范例和特色品牌。

学校不忘立德树人使命,新能源车辆、工业机器人、工业控制、精密制造与装配、机电一体化、柴油机装试与检测、数控加工、数控维修、钣金电气焊、市场营销、工业物流等13个专业,形成了以职业能力发展为本位的教学观,以工作过程为导向的教学内容观,以行动为导向的多元教学方法观,以项目为载体的"一体化"教学实施观。自办学以来已累计为企业和社会培养数万名高级技能人才,其中多人已成为省、市首席技师,成就最高者当选年度大国工匠。

学校员工培训业务,以解决企业现在和未来业务问题为导向,从业务发展实施咨询诊断员工能力提升目标、从目标出发设计学习项目并训战结合、以业务绩效改善作为学习项目评估标准。实现培训业务从服务者向合作者转型,每年为企业培训员工15 000人次以上。

学校借助国际化企业潍柴的品牌和实力,充分发挥企业办学优势,引进企业先进管理理念,在教学改革、德育建设、教学管理等方面有了很大突破,已成为国内校企合作模式的领航者。先后成为中国机械工业现代化企业管理示范基地、国家高技能人才培养示范基地、德国汉斯·赛德尔基金会双元制合作基地、山东省"金蓝领"培训基地、山东—巴伐利亚职教师资培训中心,成为首批全国机械行业职业教育教师企业实践基地、国家高技能人才示范基地、山东省新型学徒制试点单位、山东省新旧动能转换行业公共实训基地是先进制造业公共实训基地,山东省第一批产教融合型实训基地,2019年学校荣登"中国企业大学50强"。

学校以"鼎新明理,笃行致远,精益求精"为校训,坚持"匠·造"教育理念,以建设一流的文化大学、党建大学、职业教育大学、在线培训大学为目标,旨在成为高端技能人才和一线精兵的专业学府、全集团干部员工重要的培训基地和考试测评中心。

(资料来源:潍柴动力公司官网)

第十章　跨国公司质量管理

【本章提要】

质量可以定义为适合预期用途,换句话说,产品如何履行其预期功能。在技术进步和创新全球化的影响因素下,跨国公司保持全球竞争优势的一个重要任务是开发出迎合全球市场需求的高质量产品。而实施质量管理,通过使用质量保证和对流程和产品的控制,可以实现组织、产品或服务的一致,以准确满足全球市场需求。

为讨论跨国公司如何开展有效的质量管理,本章将从质量管理体系标准、企业质量管理、环境质量管理等层面进行讨论,并结合六西格玛管理方法的应用进行介绍。

第一节　质量管理体系标准

质量管理体系(Quality Management System, QMS)是指在质量方面指挥和控制组织的管理体系。质量管理体系是组织内部建立的、为实现质量目标所必需的、系统的质量管理模式,是组织的一项战略决策。

针对质量管理体系的要求,国际标准化组织的质量管理和质量保证技术委员会制定了ISO 9000 族系列标准,以适用于不同类型、产品、规模与性质的组织,该类标准由若干相互关联或补充的单个标准组成,其中为人熟知的是 ISO 9001《质量管理体系—要求》。

一、质量标准

质量标准是指对产品的结构、规格、质量、检验方法所作的技术规定。按照《中华人民共和国标准化法》和《中华人民共和国产品质量法》等法律、法规的规定,我国的标准体系由国家标准、行业标准、地方标准和企业标准等构成,同时采用和转化使用国际标准。

对于企业来说,为了使生产经营能够有条不紊地进行,则从原材料进厂,一直到产品销售等各个环节,都必须有相应标准作保证。它不但包括各种技术标准,而且还包括管理标准以确保各项活动的协调进行。

完整的产品质量标准包括技术标准和管理标准两个方面。

(一)技术标准

所谓的技术标准,是指对技术活动中需要统一协调的事务制订的技术准则。根据其内容不同,技术标准又可分解为基础标准、产品标准和方法标准三方面的内容。

1.基础标准

基础标准是标准化工作的基础,是制订产品标准和其他标准的依据。常用的基础标准主要有通用科学技术语言标准;精度与互换性标准;结构要素标准;实现产品系列化和保证配套关系的标准;材料方面的标准等。

2. 产品标准

产品标准是指对产品质量和规格等方面所作的统一规定,它是衡量产品质量的依据。产品标准的内容一般包括:产品的类型、品种和结构形式;产品的主要技术性能指标;产品的包装、贮运、保管规则;产品的操作说明等。

3. 方法标准

方法标准是指以提高工作效率和保证工作质量为目的,对生产经营活动中的主要工作程序、操作规则和方法所作的统一规定。它主要包括检查和评定产品质量的方法标准、统一的作业程序标准和各种业务工作程序标准或要求等。

（二）管理标准

所谓管理标准是指为了达到质量的目标,而对企业中重复出现的管理工作所规定的行动准则。它是企业组织和管理生产经营活动的依据和手段。管理标准一般包括以下内容:

1. 生产经营工作标准

生产经营工作标准是对生产经营活动的具体工作的工作程序、办事守则、职责范围、控制方法等的具体规定。

2. 管理业务标准

管理业务标准是对企业各管理部门的各种管理业务工作要求的具体规定。

3. 技术管理标准

技术管理标准是为有效进行技术管理活动,推动企业技术进步而作出的必须遵守的准则。

4. 经济管理标准

经济管理标准是指对企业的各种经济管理活动进行协调处理所作出的各种工作准则或要求。

二、质量标准类别

从标准的适用范围和领域来看,质量标准的类别主要包括国际标准、国家标准、行业标准(或部颁标准)和企业标准等。

（一）国际标准

国际标准是指国际标准化组织(ISO)、国际电工委员会(IEC),以及其他国际组织所制定的标准。

其中 ISO 是目前世界上最大的国际标准化组织,截至目前 ISO 已经制定了超过 24 462 项国际标准,主要涉及各个行业、各种产品的技术规范。IEC 也是比较大的国际标准化组织,它主要负责电工、电子领域的标准化活动。

【扩展阅读】

ISO 协会及其标准简介

ISO 的前身是国际标准化协会(ISA),ISA 成立于 1926 年(1926 年美、英、加等七国标准化机构第三次代表联席会议决定成立国际标准化协会,并于 1928 年成立)。第二次世界大战的爆发,迫使 ISA 停止工作。战争结束后,大环境为工业恢复提供了条件,于是 1946 年 10 月,来自 25 个国家标准化机构的领导人在伦敦聚会,讨论成立国际标准化组织的问题,并把这个新组织称为 ISO,即 International Organization for Standardization 的简称。会议一致通过了 ISO 章程和议事规则。1947 年 2 月 23 日 ISO 开始正式运行,ISO 的中央办事机构设在瑞士的日内瓦。中国既是发起国又是首批成员国。

ISO 的工作涉及除电工标准以外的各个技术领域的标准化活动。进入 20 世纪 90 年代以后,通信技术领域的标准化工作展现出快速的发展趋势,成为国际标准化活动的重要组成部分。ISO 与国际电工委员会(IEC)和国际电信联盟(ITU)加强合作,相互协调,三大组织联合形成了全世界范围标准化工作的核心。ISO 与 IEC 共同制定了《ISO/IEC 技术工作导则》,该导则规定了从机构设置到人员任命以及个人职责的一系列细节,把 ISO 的技术工作从国际一级到国家一级(Member body)再到技术委员会(Technical Committee,TC)、分委员会(Sub-Committee,SC),最后到工作组(Working Group,WG)连成一个有机的整体,从而保证了这个具有 167 个成员国、808 个负责标准制定的技术委员会和小组委员会以及 30 000 名专家参加的国际化庞大机构的有效运转。ISO 已经发布超过 24 000 项国际标准、技术报告及相关指南,而且尚在不断增加之中。为制定这些标准,平均每个工作日有 15 个 ISO 会议在世界各地召开。

ISO 的工作引起了各国际组织的兴趣,535 个国际组织与 ISO 的技术委员会和分委员会建立了联络关系。为沟通信息,ISO 建立了情报网(ISONET),已经有 82 个国家的标准信息中心向该网提供快速存取,网络已经收入 500 000 件标准、技术法规和其他标准类出版物,有 10 750 个国际标准和 2 700 个国际标准草案的录入数据。

国际标准化组织(ISO)于 1987 年创建了质量管理体系(QMS)标准。它们是 ISO 9000:1987 系列标准,包括 ISO 9001:1987、ISO 9002:1987 和 ISO 9003:1987;根据活动或流程类型进行设计、生产或服务交付,适用于不同类型的行业。

此后,国际标准化组织每隔几年审查一次这些标准,形成了 ISO 9000:1994 系列、ISO 9000:2000 系列、ISO 9001:2008 系列等。不断改进的 ISO 标准为企业改善质量管理提供了一个衡量框架。

(二)国家标准

中国的产品质量国家标准是对需要在全国范围内统一的技术要求,由国务院标准化行政主管部门制订的标准。1988 年,我国将国际标准化组织(ISO)在 1987 年发布的《质量管理和质量保证标准》等国际标准仿效采用为我国国家标准,编号为 GB/T 10300 系列。它在编写格式、技术内容上与国际标准有较大的差别。

从 1993 年 1 月 1 日起,我国实施等同采用 ISO 9000 系列标准,编号为:GB/T 19000—ISO 9000 系列,其技术内容和编写方法与 ISO 9000 系列相同,使产品质量标准与国际同轨,以利于适应"复关"形势。我国的国家标准是采用等同于现行的 ISO 9000:2000 标准,编号为 GB/T 19000—2000 系列。

在现行的国家标准体系下,国家标准化管理委员会制定发布了三类标准,即强制性国家标准(GB)、推荐性国家标准(GB/T)以及指导性技术文件(GB/Z)。截至 2022 年 8 月,国家标准系统共收录现行有效强制性国家标准 2022 项、现行有效推荐性国家标准 39 678 项、现行有效指导性技术文件 501 项。这些标准共同组成了我国的国家标准体系。

显然,各国或各区域自行发布的标准并不可能完全一致,这也为跨国公司经营的质量管理带来了一定挑战。跨国企业产品服务在国际市场上,难以避免地面临着更加复杂的质量标准体系。

【扩展阅读】

关于医用防护、工业防护和民用防护口罩的国内外标准比对分析

目前,我国医用防护口罩标准为《医用防护口罩技术要求》(GB 19083—2010),工业防护口罩标准为《呼吸防护—自吸过滤式防颗粒物呼吸器》(GB 2626—2019),民用防护口罩标准为《日常防护型口罩技术规范》(GB/T 32610—2016)。欧盟标准为《呼吸防护装置可防护微粒的过滤式半面罩要求、测试和标记》(EN 149—2001+A1:2009),俄罗斯标准为《职业安全标准体系呼吸保护装置面罩一般规范》(GOST 12.4.294—2015)。

从具体指标看,在过滤效率方面,俄罗斯与欧盟标准等同,我国工业防护口罩标准 GB 2626 与俄罗斯标准测试流量不同,我国标准为 85 L/min,而欧盟标准、俄罗斯标准为 95 L/min;测试程序基本一致,我国标准 GB 2626 规定 KN 系列采用非油性颗粒物进行测试,KP 系列采用油性颗粒物进行测试,欧盟同时采用油性和非油性颗粒物进行测试;我国民用防护口罩标准 GB/T 32610 与欧盟标准、俄罗斯标准指标相当,均同时采用油性和非油性颗粒物进行测试,但测试流量低。

在呼吸阻力方面,我国标准 GB 2626、GB/T 32610 指标比欧盟标准和俄罗斯标准指标高,测试方法等同。

在泄漏率方面,我国标准 GB 2626 与欧盟标准和俄罗斯标准指标基本相同。GB/T 32610 采用头模测试,测试方法不同。

可见,各国各地区有关具体产品与服务的国家标准仍存在一定差异,这也为跨国公司质量管理提出了更为严苛的要求。跨国企业生产经营质量管理的重要性也可见一斑。

(三)行业标准

国内的行业标准也称部颁标准,由国务院有关行政主管部门制定并报国务院标准行政主管部门备案,在公布国家标准之后,该项行业标准即行废止。当某些产品没有国家标准而

又需要在全国某个行业范围内统一的技术要求,则可以制定行业标准。

国际上,也存在一些行业性的通行标准,以国际标准的形式明确。例如,2005 年,国际标准化组织发布了一项标准——ISO 22000,其适用于食品行业。该标准涵盖了 ISO 9000 和 HACCP 标准的值和原则。它为食品行业提供了一个单一的综合标准,预计未来几年将在此类行业中更加受欢迎。ISO 还发布了其他行业的标准。例如,技术标准 TS 16949 除了 ISO 9001:2008 中专门针对汽车行业的要求外,还定义了这些要求。

(四)企业标准

企业标准主要是针对企业生产的产品没有国家标准和行业标准的,制定企业标准作为组织生产的依据而产生的。企业的产品标准须报当地政府标准化行政主管部门和有关行政主管部门备案。已有国家标准或者行业标准的,国家鼓励企业制定严于国家标准或者行业标准的企业标准。企业标准只能在企业内部适用。

规定产品质量特性应达到的技术要求,称为产品质量标准。产品质量标准是产品生产、检验和评定质量的技术依据。

产品质量特性一般以定量表示,例如强度、硬度、化学成分等。对于难以直接定量表示的,如舒适、灵敏、操作方便等,则通过产品和零部件的试验研究,确定若干技术参数,以间接定量反映产品质量特性。

第二节 企业质量管理

跨国企业要在激烈的国际市场竞争中生存和发展,仅靠方向性的战略性选择是不够的。任何企业间的竞争都离不开"产品质量"的竞争,没有过硬的产品质量,跨国企业终将在市场经济的浪潮中消失。而产品质量作为最难以控制和最容易发生的问题,往往让供应商苦不堪言,小则退货赔钱,大则客户流失、关门大吉。因此,如何有效地进行过程控制是确保产品质量和提升产品质量,促使企业发展、赢得市场、获得利润的核心。而企业进行质量管理,就是产品和服务的经营者通过内部控制制度对质量进行管理的活动。

一、企业质量管理发展历程

近现代质量管理的发展历程主要经历了三个阶段,即质量检验阶段、统计质量管理阶段和全面质量管理阶段。

(一)质量检验阶段

大规模生产的工业革命之前,个体手工生产和小作坊生产是主要的生产方式,产品质量主要取决于手工工人的技术熟练程度,手工工人的经验直接决定了产品质量,这个阶段的质量管理带有强烈的个人意志。

1903 年,科学管理之父泰勒提出了在生产中应该将计划与执行、生产与检验分开的主张,这种由专人负责对产品质量进行的检验制度,被称为"工厂的质量管理"。

随着工业革命的发展,工厂开始实现大规模生产,质量检验由原来的工长负责制,改为专职检验人员负责制,可称为"检验员的质量管理"。在检验员的基础上,诞生了现代质量管理部门,直接奠定了专职检验制度和独立产品质量检验的实践和理论基础。

当然,这一阶段的质量管理存在很多先天不足,很多产品都是在生产出来之后才去做检验,即使检验出不合格的产品,损失已无法挽回。直到现在,很多小微企业,还在采用这种过时的产品质量管理方法,即使检验出不合格产品,也舍不得销毁,然后通过各种途径(包括电商平台),进入农村、城中村等边缘市场,造成极大的产品质量安全隐患。如何预防产品质量瑕疵,成为企业首先要解决的问题,在此基础上质量控制理论由此诞生。

(二)统计质量管理阶段

这个阶段,由原来的事后质量检验把关,发展到过程控制、统计质量控制,突出了质量预防控制的理念,企业管理者开始研究概率论和数理统计在质量管理中的应用。

1926年,美国贝尔实验室的工程师休哈特提出统计过程控制(SPC)理论,发明可操作的质量控制图。休哈特认为,质量检验不仅要进行事后检验,更重要的是在发现质量瑕疵征兆之前,就应进行分析和改进,避免大量不合格产品的产生。1930年,休哈特又首次提出了PDCA循环。

美国的道奇和罗米格在20世纪20年代,发明了一套对批量产品进行计数抽样的计划表,即道奇—罗米格表,曾广泛用于工业产品的抽样检验。这个表的优点是在给定一种检验方法后,可以查出抽验最少的次数,并设计了可实际使用的抽样检验表,解决了全数检验和破坏性检验在应用中的困难。该理论指出,在稳定的大批量生产情况下,各产品之间的差异较小,100%逐个进行产品检验没有必要,检验成本也过高。另外,也不可能100%逐个进行破坏性检验。因此,需要从一批产品中抽取一部分样品进行检验,用样品检验的结果推断该批产品的总体质量情况。这样,既能保证一定的质量要求,又能大大地减少检验的工作量,从而奠定了抽样理论的发展基础。

第二次世界大战期间,美国政府为了提高军工产品的质量和可靠性,邀请了一批统计专家和技术人员,先后制定了AWSZI.1—1941:质量管理指南,AWSZI.2—1941:数据分析用质量控制图法,AWSZI.3—1942:工序控制图法,在军工企业强制实施统计质量控制方法,对统计质量控制理论的应用和发展,起到了显著的促进作用。

(三)全面质量管理阶段

20世纪50—60年代,科学技术快速发展,新技术、新发明层出不穷,产品复杂性和技术含量不断提高,消费者对产品质量及可靠性的要求也越来越高。

企业家和质量管理者也逐步认识到,产品质量的形成不仅与生产制造本身有关,还与原材料、运输、仓储、车间生产环境、工人技术熟练程度、机器设备等各种因素有关,只有将影响质量的所有因素纳入质量管理,才能确保产品质量。

1950年,美国的戴明博士在日本演讲质量控制时,宣传、阐释了PDCA循环。PDCA循环的含义是将质量管理分为四个阶段,即Plan(计划)、Do(执行)、Check(检查)和Act(处理),主要内容包括:所有工作在开始之前都要制订计划,确定总的目标。然后是执行,按计划开展工作。接下来是检查,检查工作进展和状况是否按计划进行,是否达到预期的目的,如有问题就分析问题所在。最后是处理,消除执行中出现的问题,使工作按照计划进行,或对原计划进行修订。通过处理,实现原来的目标,建立新的目标,开始新一轮的 PDCA 循环。戴明的质量管理,在日本大获成功,戴明的理论帮助日本从一个衰退的工业国转变成了世界经济强国,至今戴明奖依然是日本质量方面的最高奖励。

20 世纪 60 年代初,美国全面质量管理专家费根堡姆和朱兰在《全面质量管理》一书中,首次提出了全面质量管理(Total Quality Management)的概念和理论。"全面质量管理是为了能够在最经济的水平上并考虑到充分满足用户要求的条件下进行市场研究、设计、生产和服务,把企业各部门的研制质量、维持质量和提高质量的活动构成为一体的有效体系",全面质量管理很快在世界范围内被普遍接受和应用。日本人对全面质量管理学习最热心,得益也最大。日本著名质量管理专家石川馨说道,所谓"公司范围内的质量管理"(Company-Wide Quality Control,CWQC),在于整个公司从上层管理人员到全体职工都参加质量管理,不仅研究、设计和制造部门参加,而且销售、材料供应部门,甚至计划、会计、劳动、人事等管理部门、行政办事机构也参与到质量管理。日本企业家认为,全面质量管理是经营的一种思想革命,是新的经营哲学,是一门特别重视质量的管理学说。

石川馨发明了鱼骨图(Fishbone Diagram,也称因果图、石川图),该图能够形象地反映某一结果所有可能的原因,以期发现过程缺陷的根本原因。石川馨还创造并普及了质量小组(Quality Circle,即 QC 小组),质量小组是由一些负责相似或相关工作职能的员工组成的小团队,这个小团队定期会面,查找、分析、解决与工作相关的质量和生产问题。

进入 20 世纪 90 年代以来,质量控制学说已发生了较大的变化,现代质量工程技术把质量控制划分为若干阶段,在产品开发设计阶段的质量控制称为质量设计。在制造中需要对生产过程进行监测,该阶段称作质量监控阶段。以抽样检验控制质量是传统的质量控制,被称为事后质量控制。在上述若干阶段中最重要的是质量设计,其次是质量监控,再次是事后质量控制。对于那些质量水平较低的生产工序,事后检验是不可少的,但质量控制应是源头治理,预防越早越好。事后检验控制要逐渐取消。事实上一些发达国家中的企业已经取消了事后检验。综上所述,过程监控是产品质量源头控制的关键。

总之,发展至今,世界上大部分成功的跨国企业大都是与严格的生产过程质量控制分不开的,例如,波音公司的 D1—9000 质量文件,日本的 SPC 控制图技术,都是关于生产过程控制技术的文件。美国福特汽车公司也有一套非常严密的适合自身实际的质量规范体系,这个质量规范体系基本上是按照 QS 9000(包括了 ISO 9000)的质量操作程序运作的。这些体系文件涵盖了质量管理的全方位、全过程,覆盖整个产品的形成过程,并具体、详细规定了每个过程要完成的工作,以及如何记录各种质量数据。这不仅保证了产品质量,而且为以后的质量改进提供了大量的技术材料。福特公司不仅制定了这些质量规范,而且还认真组织实施和严格执行这些规范要求,为保证和评价质量规范的执行情况,福特公司每年要进行两次内部质量审核,并针对审核检查出的问题及时纠正,限期整改,并严格进行跟踪检查和控制。

当前,跨国企业面临更加复杂、更加激烈的竞争环境,要保持市场中的领先地位,就需要实施更加科学的管理,强化质量责任、推进质量诚信建设、加强企业质量管理、落实法定质量责任义务。跨国企业要想从优秀迈向卓越,还必须不断推动科学技术创新、拓展质量技术创

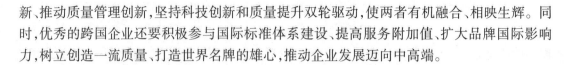

新、推动质量管理创新,坚持科技创新和质量提升双轮驱动,使两者有机融合、相映生辉。同时,优秀的跨国企业还要积极参与国际标准体系建设、提高服务附加值、扩大品牌国际影响力,树立创造一流质量、打造世界名牌的雄心,推动企业发展迈向中高端。

二、标准化9S管理

标准化9S管理,包括整理(Seiri)、整顿(Seiton)、清扫(Seiso)、清洁(Seiketsu)、节约(Saving)、安全(Safety)、服务(Service)、满意(Satisfaction)和素养(Shitsuke),因其日语拼音均以"S"开头,因此简称"9S"。跨国公司开展标准化9S管理的操作细则,可以按照以下进行:

(一)整理(Seiri)

全面掌握适用于本企业的国内外法规要求、国家标准、行业标准、地方标准、国际标准、国外先进标准以及出口目标国的标准要求,知道标准交叉与矛盾之处及解决方法;知道行业发展水平与目标客户的需求;知道企业的实际状况、标准水平、标准缺失与滞后情况;知道标准执行情况以及企业存在的潜在风险;知道本企业的目标以及竞争对手的情况;知道产品管理的关键控制点以及企业经营的核心点,从而做到知己知彼,百战不殆。

(二)整顿(Seiton)

构建企业标准体系。即构建以企业产品标准为核心的技术标准体系、以关键控制点CCP控制与管理为核心的管理标准体系、以促进企业经济效益增长的关键人员为核心的工作标准体系,实现企业规范化、标准化、科学化的系统管理。

(三)清扫(Seiso)

制订目标指标,指明方向,优化达到强制标准、国内外最高标准、企业最适合标准的方法;科学合理地制订关键控制点控制以及与企业发展及管理需求相一致的目标指标,通过目标指标的科学管理与执行,保证企业产品质量,实现企业管理水平的提高,达到企业最佳秩序和经济效益的最大化。

(四)清洁(Seiketsu)

制订相应岗位人员尤其是关键控制岗位以及核心人员的职业标准,建立最适合的工作标准体系,促进员工整体素质提高,确保各项工作的有效执行,工作质量不断提升,效益不断扩大。

(五)节约(Saving)

以最低的成本,实现标准、法规的正确理解与高效执行。

(六)安全(Safety)

对标准策划、执行过程中的问题,要做到及时发现、及时制止、及时纠正和及时改进。从而通过标准化管理的持续改进与不断完善,堵塞漏洞、降低成本、保证质量、防范风险、强化品牌、扩大市场、提高效益。

（七）服务（Service）

植入国内外先进标准，即通过不断吸纳引进和植入先进的产品标准、管理经验、经营方法，优化企业管理，使企业生产、经营、质量、管理处处领先，从而实现企业整体领先。

（八）满意（Satisfaction）

根据发现的问题、错误、引进植入的需求，不断地、及时地补充制订缺失的标准，修订滞后的标准，实现企业管理的持续改进。

（九）素养（Shitsuke）

至臻至善至诚，通过建立及优化标准体系与标准的有效执行，疏通质量达标的各个环节，达到产品质量、管理质量、经营质量与标准的全面协调、一致，在风险防范、质量保证、绩效提高、成本控制、市场扩大、品牌提升方面持续改进，不断提高。

三、企业质量管理五大工具

（一）统计过程控制（Statistical Process Control，SPC）

统计过程控制是应用统计技术对过程中的各个阶段进行评估和监控，建立并保持过程处于可接受的并且稳定的水平，从而保证产品与服务符合规定的要求的一种质量管理技术。SPC 源于 20 世纪 20 年代，以美国休哈特博士发明控制图为标志。自创立以来，即在工业和服务等行业得到推广应用，自 20 世纪 50 年代以来 SPC 在日本工业界的大量推广应用对日本产品质量的崛起起到了至关重要的作用；20 世纪 80 年代以后，世界许多大公司纷纷在自己内部积极推广应用 SPC，而且对供应商也提出了相应要求。在 ISO 9000 及 QS 9000 中也提出了在生产控制中应用 SPC 方法的要求。

统计过程控制是一种借助数理统计方法的过程控制工具。它对生产过程进行分析评价，根据反馈信息及时发现系统性因素出现的征兆，并采取措施消除其影响，使过程维持在仅受随机性因素影响的受控状态，以达到控制质量的目的。它认为，当过程仅受随机因素影响时，过程处于统计控制状态（简称"受控状态"）；当过程中存在系统因素的影响时，过程处于统计失控状态（简称"失控状态"）。由于过程波动具有统计规律性，当过程受控时，过程特性一般服从稳定的随机分布；而失控时，过程分布将发生改变。SPC 正是利用过程波动的统计规律性对过程进行分析控制。因而，它强调过程在受控和有能力的状态下运行，从而使产品和服务稳定地满足顾客的要求。

实施 SPC 的过程一般分为两大步骤：第一步，用 SPC 工具对过程进行分析，如绘制分析用控制图等；根据分析结果采取必要措施：可能需要消除过程中的系统性因素，也可能需要管理层的介入来减小过程的随机波动以满足过程能力的需求。第二步则是用控制图对过程进行监控。

控制图是 SPC 中最重要的工具。在实际中大量运用的是基于休哈特原理的传统控制图，但控制图不仅限于此。已逐步发展了一些先进的控制工具，如对小波动进行监控的 EWMA 和 CUSUM 控制图，对小批量多品种生产过程进行控制的比例控制图和目标控制图；

对多种质量特性进行控制的控制图。

SPC 非常适用于重复性生产过程,它能够帮助我们:对过程作出可靠的评估;确定过程的统计控制界限,判断过程是否失控和过程是否有能力;为过程提供一个早期报警系统,及时监控过程的情况以防止废品的发生;减少对常规检验的依赖性,定时的观察以及系统的测量方法替代了大量的检测和验证工作。

当然,SPC 作为质量改进的重要工具,不仅适用于工业工程,也适用于服务等一切过程性的领域。在过程质量改进的初期,SPC 可帮助确定改进的机会,在改进阶段完成后,可用 SPC 来评价改进的效果并对改进成果进行维持,然后在新的水平上进一步开展改进工作,以达到更强大、更稳定的工作能力。

(二)测量系统分析(Measure Systems Analysis,MSA)

测量系统分析是通过统计分析的手段,对构成测量系统的各个影响因子进行统计变差分析和研究以得到测量系统是否准确可靠的结论。MSA 的目的就是通过测量系统输出变差的分析,判断测量系统是不是可接受的,如果不可接受,进而采取相应的对策。

测量指的是为了测量某个待测物,对其被测特性进行赋值的过程。而测量系统指的是在整个测量过程中涉及的所有的仪器、设备、量具、标准、方法、软件、人员、操作和环境等各个方面在一起的集合。而这些因素对于整个测量系统的影响可能是独立或者是交互的。

分析就是指对可能影响到测量系统的各个参数进行分析的方法。通过分析确保测量出来的数据的有效性和代表真实的数据。

(三)失效模式和效果分析(Failure Mode & Effect Analysis,FMEA)

失效模式和效果分析于 1960 年首次应用于航空工业中的阿波罗任务(Apollo),并于 20 世纪 80 年代被美国军方确认为军方规范(MIL-STD-1629A),是一种系统化的工程设计辅助工具,主要是利用表格方式协助工程师进行工程分析。其目的在于改善产品和制造的可靠性,指出在设计阶段就可提升设计的可靠性,从而提升产品质量,降低成本损失。

这是一种以预防为主的可靠性设计分析技术,即在产品设计时就努力降低不合格品的可能性。目前世界许多汽车和电子制造商都已经采用这种模式进行设计和生产过程的管理和监控。通过实行 FMEA,可在产品设计或生产工艺真正实现之前发现产品的弱点,也可在原型样机阶段或在大批量生产之前确定产品缺陷。

而作为一种风险评估工具,FMEA 被认为是一种识别失效潜在后果的严重度以及为减轻测量和减轻风险提供输入的一种方法。在许多应用中,FMEA 也包含了失效要因发生可能性和导致的后果的评估,失效发生可能性的降低将提高产品或过程的可靠性。

(四)产品质量先期策划(Advanced Product Quality Planning,APQP)

产品质量先期策划是一种用来确定和制订确保某产品使顾客满意所需步骤的结构化方法。其目标是促进与所涉及每一个人的联系,以确保所要求的步骤按时完成。而有效的产品质量策划依赖于高层管理者对努力达到使顾客满意这一宗旨的承诺。

基本内容主要包括:确定目标市场;确定产品定位;制订产品标准和质量控制体系;选择

试验方法、手段和检测仪器;制订生产计划和工艺流程图;设计质量控制点并建立相应的检验方法和程序等。

(五)生产件批准程序(Production Part Approval Process,PPAP)

生产件批准程序规定了生产件批准的一般要求,包括生产和散装材料。其是用来确定供应商是否已经正确理解了顾客工程设计记录和规范的所有要求,以及其生产过程是否具有潜在能力,在实际生产过程中按规定的生产节拍是否满足顾客要求的产品。

第三节 环境质量管理

全球社会经济发展水平明显提高,同时也暴露出较为严重的环境问题,会对全球经济发展造成很大制约,会阻碍整个经济社会的发展进步。因此,各国不断提升重视自然资源的高效利用,不断加强生态环境的保护,环境治理与保护逐渐成各国重要的战略发展任务。而保护环境也被认为是企业最基本的社会责任。同时,各个跨国企业面临着市场竞争压力,也要履行保护环境的社会责任。在这种历史大环境下,跨国企业做好环境质量管理十分必要。

一、人类保护改善环境的努力

(一)人类环境保护

人类环境泛指人类生活的环境,人类环境是以人类为中心为主体的外部世界,即人类赖以生存和发展的天然和人工改造过的各种自然因素的综合体。

对于人类环境来说,越是现代化越是复杂,人工化程度越高,系统内外和系统内部各因素之间的相关性和依赖性就越强,自然环境在系统中所占的比例就越小,环境系统就越脆弱。一旦有一个环节发生问题,将会使整个环境系统失去平衡。例如,早在公元前2世纪,楼兰是西域最繁华的地区之一,古楼兰国约有4.41万人口,由于自然和人为等多方面的复杂原因,特别是人为干扰,导致河流改道,风沙侵袭,从而使古城被掩埋于大漠中。当现代化城市供电发生故障时,会造成工厂停产、给排水停顿、城市交通混乱、影响居民生活和其他行业的正常运转,以及由此可能带来的一系列连锁反应。

可见,全社会都应重视对人类环境的保护。环境保护的责任也落到全社会成员身上。环境社会责任(Environment Society Responsibility,ESR)概念随之出现。它是指企业或者公民(自然人)对社会应负的环境保护责任。对于环境社会责任而言,主体既包括企业,也包括公众、社会组织等分散或者集合的社会主体(自然人)。

国际上对环境问题的关注形成了诸多共识。联合国人类环境会议于1972年6月5—16日在瑞典斯德哥尔摩举行。这是世界各国政府共同讨论当代环境问题,探讨保护全球环境战略的第一次国际会议。会议通过了《联合国人类环境会议宣言》(又称《斯德哥尔摩人类环境会议宣言》,简称《人类环境宣言》),呼吁各国政府和人民为维护和改善人类环境,造福全体人民,造福后代而共同努力。为引导和鼓励全世界人民保护和改善人类环境。

如今，半个世纪已经过去，从当初发布的《人类环境宣言》到最近一次在 COP 26 达成的《格拉斯哥气候公约》；从《人类环境行动计划》到如今各国纷纷推出自身实现碳达峰和碳中和的目标；从成立联合国环境规划署到如今全球范围内为应对自然环境恶化而不断加深的合作。期间取得的进步显著，但人类与环境的矛盾还远没有解决。

（二）企业环境社会责任

企业应承担起应有的环境保护责任，在任何情况下都采取对环境负责的行为。这里的企业环境社会责任是指企业在追求自身盈利最大化和股东利益最大化的过程中，对生态环境保护和社会可持续发展所承担的社会责任，企业环境责任包括企业在保护环境方面所承担的法律责任和道德责任。

对于企业来说，承担环境社会责任有很多表现形式，举例如下：企业主动要求通过国际标准化组织制定的 ISO 14000 环境标准系列的认证，以防止其生产或产品对环境的不利影响。生产链上实行"绿色供应"，即向上游供应企业提供"绿色供应标准书"，规定产品、材料、部件的各种标准。优先选取具有"ISO 14001"认证资格或推行"环境管理体系构建"的企业作为供应商，采购对环境影响小的部件、材料、原料。再比如对于商业银行来说，在生产经营过程中，相当数量的企业都存在融资的需求，而向商业银行寻求贷款是现代企业融资最为重要的途径之一。因此，商业银行通过选择环保型企业成为自己的客户，可以有效地推动企业履行环境社会责任。

近年来，我国企业社会责任的落实取得了一些进展，在履行环境责任方面也取得了一些成绩，我国已经缔约或签署了包括《斯德哥尔摩公约》《巴塞尔公约》《京都议定书》等 50 多项国际环境公约，积极地承担起环境问题的国际责任。

在我国企业内，国家电网公司发布首份企业社会责任报告，明确了企业社会责任的定义。企业社会责任即是指企业对有着密切利益关系的员工、客户、消费者以及供应商等及自身环境，承担相应的责任，通过协调管控使企业与经济社会实现共赢，共同走可持续发展道路。这就要求企业既要对自然环境、利益相关方等承担相应的责任，还要和经济社会维持良好的互动关系。企业认真履行社会责任，能为企业和社会持续性发展创造有利条件。

（三）中国生态环境保护理念

良好生态环境是人和社会持续发展的根本基础，节约资源和保护环境一直以来都是我国的基本国策。我国一直坚持走绿色、低碳、可持续发展道路，强调和谐发展经济利益、社会利益以及生态利益，确保各方面发展的持续性，保障社会发展与经济建设要和自然环境的承载力相协调，倡导可持续使用自然资源，节约在经济发展过程中的环境成本，从而做到将人类发展管控在地球能承载的范围内。在企业发展过程中，社会的支持是企业经营发展的基础。企业实施可持续发展，就应承担相应的社会责任，是经营发展的前提条件。

在长期处理发展与生态环境保护关系的摸索中，我国提出了绿色发展的理念。绿色发展理念以人与自然和谐为价值取向，以绿色低碳循环为主要原则，以生态文明建设为基本抓手。绿色发展从内涵看，绿色发展是在传统发展基础上的一种模式创新，是建立在生态环境容量和资源承载力的约束条件下，将环境保护作为实现可持续发展重要支柱的一种新型发展模式。

　　2021年,农业农村部、国家发展改革委、科技部、自然资源部、生态环境部、国家林草局联合印发《"十四五"全国农业绿色发展规划》,作为我国首部农业绿色发展专项规划,以高质量发展为主题,以深化农业供给侧结构性改革为主线,以构建绿色低碳循环发展的农业产业体系为重点,对农业绿色发展作出了系统安排,提出"到2025年,力争实现农业资源利用水平明显提高,产地环境质量明显好转,农业生态系统明显改善,绿色产品供给明显增加,减排固碳能力明显增强"。同年,工业和信息化部印发《"十四五"工业绿色发展规划》,总体提出"到2025年,工业产业结构、生产方式绿色低碳转型取得显著成效,绿色低碳技术装备广泛应用,能源资源利用效率大幅提高,绿色制造水平全面提升,为2030年工业领域碳达峰奠定坚实基础"。2022年,工业和信息化、国家发展改革委、财政部、生态环境部、住房和城乡建设部、国务院国资委、国家能源局等七部门联合印发《信息通信行业绿色低碳发展行动计划(2022—2025年)》,提出"到2025年,信息通信行业绿色低碳发展管理机制基本完善,节能减排取得重点突破,行业整体资源利用效率明显提升,助力经济社会绿色转型能力明显增强,单位信息流量综合能耗比'十三五'期末下降20%,单位电信业务总量综合能耗比'十三五'期末下降15%,遴选推广30个信息通信行业赋能全社会降碳的典型应用场景。展望2030年,信息通信行业绿色低碳发展总体布局更加完善,信息基础设施整体能效全球领先,绿色产业链供应链稳定顺畅,有力支撑经济社会全面绿色转型发展"。

　　在我国各级规划体系下,经济社会各方面绿色发展路径逐渐清晰,也为中国企业走出去和国际企业引进来在绿色发展中指明了方向。

二、ISO 14000 环境管理系列标准

　　伴随着20世纪中期爆发于一些发达国家的公害事件,人类开始认识到环境问题的出现及其严重性。环境污染与公害事件的产生使人们从治理污染的过程中逐步认识到,要有效的保护环境,人类社会必须对自身的经济发展行为加强管理。因此世界各国纷纷制定各类法律法规和环境标准,并试图通过诸如许可证等手段强制企业执行这些法律法规和标准来改善环境。

　　1972年,联合国在瑞典斯德哥尔摩召开了人类环境大会。大会成立了一个独立的委员会,即"世界环境与发展委员会"。该委员会承担重新评估环境与发展关系的调查任务,历时若干年,在考证大量素材后,于1987年出版了名为"我们共同的未来"的报告,这篇报告首次引入了"持续发展"的概念,敦促工业界建立有效的环境管理体系。这份报告一颁布即得到50多个国家领导人的支持,他们联合呼吁召开世界性会议专题讨论和制定行动纲领。

　　从20世纪80年代起,美国和西欧一些公司为了响应持续发展的号召,减少污染,提高在公众中的形象以获得商品经营支持,开始建立各自的环境管理方式,这是环境管理体系的雏形。1985年荷兰率先提出建立企业环境管理体系的概念,1988年试行实施,1990年在环境圆桌会议上专门讨论了环境审核问题。英国也在质量体系标准(BS 5750)基础上,制定BS 7750环境管理体系。英国的BS 7750和欧盟的环境审核实施后,欧洲的许多国家纷纷开

展认证活动,由第三方予以证明企业的环境绩效。

1992 年在巴西里约热内卢召开环境与发展大会,183 个国家和70 多个国际组织出席会议,通过了"21 世纪议程"等文件。这次大会的召开,标志着全球谋求可持续发展的时代开始了。各国政府领导、科学家和公众认识到要实现可持续发展的目标,就必须改变工业污染控制的战略,从加强环境管理入手,建立污染预防(清洁生产)的新观念。通过企业的"自我决策、自我控制、自我管理"方式,把环境管理融入企业全面管理之中。

正是在这种环境管理国际大趋势下,考虑到各国、各地区、各组织采用的环境管理手段工具及相应的标准要求不一致,可能会为一些国家制造新的"保护主义"和技术壁垒提供条件,从而对国际贸易产生影响,国家标准化组织(ISO)认识到自己的责任和机会,并为响应联合国实施可持续发展的号召,于1993 年6 月成立了ISO/TC 207 环境管理技术委员会,正式开展环境管理标准的制定工作,期望通过环境管理工具的标准化工作,规范企业和社会团体等组织的自愿环境管理活动,促进组织环境绩效的改善,支持全球的可持续发展和环境保护工作。

ISO 14000 环境管理系列标准是国际标准化组织(ISO)继ISO 9000 标准之后推出的又一个管理标准。该标准是由ISO/TC207 的环境管理技术委员会制定,有14001 到14100 共100个号,统称为ISO 14000 系列标准。

该系列标准融合了世界上许多发达国家在环境管理方面的经验,是一种完整的、操作性很强的体系标准,包括为制定、实施、实现、评审和保持环境方针所需的组织结构、策划活动、职责、惯例、程序过程和资源。其中ISO 14001 是环境管理体系标准的主干标准,它是企业建立和实施环境管理体系并通过认证的依据ISO 14000 环境管理体系的国际标准,目的是规范企业和社会团体等所有组织的环境行为,以达到节省资源、减少环境污染、改善环境质量、促进经济持续、健康发展的目的。ISO 14000 系列标准的用户是全球商业、工业、政府、非营利性组织和其他用户,其目的是用来约束组织的环境行为,达到持续改善的目的,与ISO 9000系列标准一样,对消除非关税贸易壁垒即"绿色壁垒",促进世界贸易具有重大作用。

ISO 14000 系列标准包括:GB/T 24001—ISO 14001,即环境管理体系——规范及使用指南;GB/T 24004—ISO 14004,即环境管理体系——原则、体系和支撑技术通用指南;GB/T 24010—ISO 14010,即环境审核指南——通用原则;GB/T 24011—ISO 14011,即环境管理审核——审核程序(环境管理体系审核);GB/T 24012—ISO 14012,即环境管理审核指南——环境管理审核员资格要求。

ISO 14000 系列标准与跨国企业经营有何关系?我们以ISO 14001 为例,它为各类组织提供了一个标准化的环境管理模式,即环境管理体系(EMS)[①]。虽然没有这套标准,跨国企业也都对环境事务进行着管理,但可能不够全面不系统,不能称为环境管理体系。另一方面,这套管理办法是否能真的对环境事务有效?是否能适应各地社会发展需求?适应不同

[①] 该标准对环境管理体系的定义是:"环境管理体系是全面管理体系的组成部分,包括制定、实施、实现、评审和维护环境方针所需的组织结构、策划活动、职责、操作惯例、程序、过程和资源。"实际上,环境管理体系就是企业内部对环境事务实施管理的部门、人员、管理制度、操作规程及相应的硬件措施。

地区环境保护的要求? 在这些问题上各企业之间差异很大。随着全球环境问题的重要性日益显著,它在国际贸易、投资中的地位也越来越重要。因此,国际标准化组织总结了 ISO 9000 的成功经验,对管理标准进行了修改,针对环境问题,制定了 ISO 14001 标准。可以认为 ISO 14001 标准所提供的环境管理体系是管理理论上科学、实践中可行、国际上公认、且行之有效的。跨国企业通过 ISO 14001 标准认证后可证明该组织在环境管理方面达到了国际水平,能够确保对企业各过程、产品及活动中的各类污染物控制达到相关要求,有助于企业树立良好的社会形象。

【扩展阅读】

ISO 14000 环境管理系列标准的特点

1. 全员参与

ISO 14000 系列标准的基本思路是引导建立起环境管理的自我约束机制,从最高领导到每个职工都要主动、自觉地处理好与改善环境绩效有关的活动,并进行持续改进。

2. 广泛的适用性

ISO 14000 系列标准,在许多方面借鉴了 ISO 9000 族标准的成功经验。ISO 14001 标准适用于任何类型与规模的组织,并适用于各种地理、文化和社会条件,既可用于内部审核或对外的认证、注册,也可用于自我管理。

3. 灵活性

ISO 14001 标准除了要求组织对遵守环境法规、坚持污染预防和持续改进作出承诺外,再无硬性规定。标准仅提出建立体系,以实现方针、目标的框架要求,没有规定必须达到的环境绩效,而把建立绩效目标和指标的工作留给组织,既调动组织的积极性,又允许组织从实际出发量力而行。标准的这种灵活性中体现出合理性,使各种类型的组织都有可能通过实施这套标准达到改进环境绩效的目的。

4. 兼容性

在 ISO 14000 系列标准的标准中,针对兼容问题有许多说明和规定,如 ISO 14000 标准的引言中指出"本标准与 ISO 9000 系列质量体系标准遵循共同的体系原则,组织可选取一个与 ISO 9000 系列相符的现行管理体系,作为其环境管理体系的基础"。这些表明,对体系的兼容或一体化的考虑是 ISO 14000 系列标准的突出特点,是 TC 207 的重大决策,也是正确实施这一标准的关键问题。

5. 全过程预防

"预防为主"是贯穿 ISO 14000 系列标准的主导思想。在环境管理体系框架要求中,最重要的环节便是制定环境方针,要求组织领导在方针中必须承诺污染预防,并且还要把该承诺在环境管理体系中加以具体化和落实,体系中的许多要素都有预防功能。

6. 持续改进原则

持续改进是 ISO 14000 系列标准的灵魂。ISO 14000 系列标准总的目的是支持环境保护和污染预防,协调它们与社会需求和经济发展的关系。这个总目的是要通过各个组织实施这套标准才能实现。就每个组织来说，无论是污染预防还是环境绩效的改善，都不可能一经实施这个标准就能得到圆满解决。一个组织建立了自己的环境管理体系，并不能表明其环境绩效如何，只是表明这个组织决心通过实施这套标准，建立起能够不断改进的机制，通过坚持不懈地改进，实现自己的环境方针和承诺，最终达到改善环境绩效的目的。

三、碳达峰和碳中和行动

进入 21 世纪来，全球气候变暖问题日益突出，气候变化已成为人类面临的全球性问题，随着各国二氧化碳排放，温室气体猛增，对生命系统形成了威胁。为积极应对气候变化和传统能源短缺问题，世界各国纷纷开展行动，制定政策，设定目标，减少温室气体排放，落实碳中和。欧盟方面，欧盟委员会发布了新的增长战略文件《欧洲绿色新政》，新政草案不仅提出了欧盟 2050 年碳中和目标，还提出了落实目标的政策路线图，将对欧盟的经济社会发展产生深远影响。美国方面，拜登执政后签署了《关于应对国内外气候危机的行政命令》，积极推进绿色新政，更全面和强硬地推进碳中和目标的实现。日本发布了"绿色成长战略"以实现温室气体"净零排放"，韩国也推出"2050 碳中和促进战略"落实碳中和目标。

（一）欧盟和美国的碳减排行动

2019 年 12 月欧盟委员会发布了《欧洲绿色协议》，该协议提供了行动路线图，主体内容可概括为"1+6+4"，即 1 个主要目标、6 大绿色行动计划和 4 大支撑保障措施，并在附件中列举了 50 余项具体政策，几乎涉及所有经济领域，尤其是交通、能源、农业、建筑业等领域的多个行业，见表 10.1。

表 10.1　欧盟政策

分　类	政策行动
能源加工转换领域	(1)建设可再生能源的电力部门，快速淘汰煤炭，并对天然气进行脱碳处理；欧洲能源市场一体化、互联互通和数字化； (2)增加海上风力发电； (3)可再生能源、能效和各领域可持续解决方案的智能融合； (4)促进创新科技应用和基础设施建设
工业领域	(1)减少使用原材料、确保重复回收使用； (2)促进钢铁、水泥和纺织等碳排放密集型产业的节能减排； (3)使用氢能源的"清洁炼钢"； (4)有关电池可循环使用的新立法草案
建筑领域	绿色建筑节能改造计划
交通领域	(1)发展电动汽车，部署 100 万个公共充电站； (2)航空、航运和重型公路运输领域，大力推广生物燃料和氢气等可持续替代燃料
农林牧渔	建立"绿色健康农业"体系，实施"大幅减少化学杀虫剂、化肥和抗生素的使用"计划
技术创新	投入大量资金用于气候友好型技术的研发，其中包括欧洲地平线创新计划

2021年1月27日,拜登签署《关于应对国内外气候危机的行政命令》,将应对气候变化上升为"国策",拜登竞选期间的气候计划提出了美国在2050年前实现100%清洁能源和净零排放的目标,同时在基础设施、电力行业、建筑、交通、清洁能源等领域提出了具体的计划措施,并且重视清洁能源、电池等新兴技术领域的创新,见表10.2。

表 10.2 美国政策

分 类	政策行动
能源加工转换领域	(1)投资节能、清洁能源、电力系统、电气化的交通网络基础设施、新的电池存储和传输基础设施等领域; (2)对能提高能源效率和清洁能源就业机会领域提供税收优惠; (3)建立创新融资机制; (4)建立能源效率和清洁电力标准; (5)对现有电网进行新技术改造
建筑领域	(1)商业建筑升级改造; (2)针对家庭,为其提供直接的现金返还和低成本融资来帮助其升级和电气化家用电器、安装更高效的窗户,并降低居民能源消费账单; (3)修订建筑规程序; (4)2030年为所有新建商业建筑制定新的净零排放标准的立法; (5)投资公立学校节能建筑; (6)推动150万套节能住房和公共住房建设
交通领域	(1)改造陈旧的交通基础设施; (2)发起第二次铁路革命; (3)改善城市交通网络,建设轻轨网络,改善现有公交线路,投资于行人、自行车、电动摩托车和其他微型移动车辆的基础设施,并整合机器学习优化交通信号灯等技术; (4)增加联邦采购清洁车辆; (5)鼓励消费者和制造商转向清洁; (6)对电动汽车基础设施进行重大公共投资; (7)加快电池技术研究; (8)所有公共汽车和校车2030实现零排放; (9)制定燃油经济性标准
农林牧渔	维护美国的农场和牧场,投资新一代农业
技术创新	(1)加大对碳捕获和封存技术的研究投资和税收优惠力度; (2)加大氢能研发力度; (3)创建一个新的气候高级研究规划局,将聚焦于可以帮助美国实现100%清洁能源目标的可负担的、颠覆性的技术; (4)加快在供应链弹性方面的创新; (5)投资于美国的国家实验室、高性能计算能力

(二)中国双碳目标的提出和碳中和行动

"双碳"目标是中国提出的两个阶段碳减排奋斗目标,即二氧化碳排放力争于2030年达到峰值,努力争取在2060年实现碳中和。其中,碳达峰是指某区域碳排放(主要是化石燃料燃烧释放的二氧化碳)总量达到最高水平,或进入"平台期"再下降。碳排放达峰并不单指在某一年达到最大排放量,而是一个过程,即碳排放首先进入"平台期"并可能在一定范围内波动,然后进入平稳下降阶段。碳中和是指某区域碳排放总量在大幅下降的基础上,通过碳汇、碳捕集利用封存等措施抵消排放,实现"零排放"。实现碳中和,一般有两种方法:一是通过特殊的方式去除二氧化碳(如节能减排,植树造林,碳捕集利用封存等),二是使用可再生能源,减少碳排放。

为推动实现碳达峰、碳中和目标,中国将陆续发布重点领域和行业碳达峰实施方案和一系列支撑保障措施,构建起碳达峰、碳中和"1+N"政策体系。在此政策体系下中国的跨国企业正在实施行动。

【扩展阅读】

中信集团应对双碳目标的案例

中国中信集团是中国大型综合性跨国企业集团之一,中信集团拥有多元业务布局,实体经济与金融服务并驾齐驱,深耕先进智造、新消费和新型城镇化五大业务板块。

中信集团立足于当前社会发展的新阶段,贯彻新发展理念,提出"两增一减"低碳发展战略,助力国家实现"双碳"目标,成为资本市场践行ESG责任的典范。

(1)双碳发展目标

"第一个增"体现为绿色金融为产业低碳化转型提供融资解决方案,要持续提升绿色金融业务的规模与占比,加速绿色金融商业模式创新,深化转型金融的发展。

"第二个增"体现为实业发展以放大产业链和生态圈的低碳效应为己任。其中,先进制造板块要成为绿色低碳技术的开拓者,助力绿色低碳技术的弯道超车。新材料板块要成为绿色低碳产业链的保障者,确保绿色低碳转型过程中关键资源的供应安全。新消费板块要成为绿色低碳消费趋势的推动者,弘扬绿色低碳的新消费理念。新型城镇化板块要成为绿色低碳城市的营建者,为生产和生活方式的降碳脱碳赋能。

"减"主要体现为集团存量中高碳业务、高环境影响投资要积极推进低碳转型,新业务布局要以低碳减排、低环境影响为原则。

碳中和对全社会而言都是一个全新的命题,我们深入研判国内外碳达峰、碳中和的发展态势、转型进程和变革路线。全面、完整、准确把握"创新、协调、绿色、开放、共享"的新发展理念,直面"双碳"带来的机遇与挑战,探索多元化企业集团的"双碳"之路,到2025年单位产值排放强度比2020年下降18%,到2030年,中信集团全面绿色低碳转型取得显著成效,集团碳排放整体达到峰值并实现稳中有降,有条件的子公司力争碳排放率先达峰;到2060年,中信集团全面融入绿色低碳循环发展的产业体系和清洁低碳安全高效的能源体系,能源利用效率达到世界一流企业先进水平,为国家顺利实现碳中和目标做出积极贡献。

(2)碳排放摸清家底

"十三五"期间,中信集团坚持金融实业并举,持续优化资源配置,在加大绿色金融投入的同时,积极推动实业子公司通过加强技术改造、创新生产工艺等控制碳排放,实现碳排放呈快速增长后稳中有降的态势。截至 2020 年底，中信集团碳排放量超过 4 300 万吨，相比 2016 年增长 16%，低于产值增速 47%。

（3）双碳影响与应对策略

针对"双碳"目标对能源结构、能源效率、产业布局、产品升级带来的影响，中信集团始终秉持绿色低碳发展理念，高度重视经济与环保、发展与减排的平衡，通过能源替代、能效提升、绿色电力等措施减少自身生产运营中的碳排放，并通过绿色产业、绿色金融、绿色产品等推动价值链减排。

中信集团从其建筑运营、数据中心出发，降低建筑运营成碳，降低数据中心能耗，提升能源效率。建筑运营在整个建筑生命周期内持续时间最长，占到 80% ~90% 及以上，存在巨大节能提效空间。中信集团所有产业均涉及建筑运营排放，降碳路径主要包括建筑改造、运营升级和技术融合。设备改造能有效利用自然采光、优化建筑围护结构、高效回收利用冷（热）量等，提升建筑性能；采用超高能效设备，如 LED 灯、三管制中央空调、变频水泵、磁悬浮冷机等，提升硬件设施绿色水平。分布式光伏能因地制宜，推进传统 BAPV 与先进 BIPV 分布式光伏建设。传统 BAPV 附着安装在建筑物上，先进 BIPV 可取代玻璃幕墙、外墙装饰石材、屋顶瓦等传统建筑材料，同时作为太阳能光伏发电系统，为建筑物提供绿色电力。

运营升级方面，安装通信自动化系统、办公自动化系统以及楼宇自动化系统，有效提升建筑运营能效，同步实现在机器启停管理、温度湿度调整管理和应急管理等方面的实时管控与监测，避免无效能耗。

技术融合方面，引入新型智慧楼宇运营管理平台。运用人工智能、物联网和 5G 等技术，通过物联网传感器和终端设备实时采集建筑物内温湿度，人员分布，热源分布和能耗分布，准确分析建筑空间内的负荷需求，及时发现运维管理弱项和盲区，通过空间模型数据分析，实现能耗精细化管理。

再者对数据中心进行节能改造。数据中心在电子商务等行业是能耗产生的主要环节。数据中心是数字经济时代跳动的"心脏"，但也是能耗大户。数据中心运行集中在集团综合金融服务板块，为具体业务提供数据支持，属于产业链的下游。减排路径聚焦于设备运营中的机会，如 IT 设备、电源设备以及制冷设备效率提升。

硬件方面，采用新型节能处理器的 IT 设备，保证同等处理能力的前提下，降低 IT 设备能耗。软件方面，采用系统资源共享技术和云计算技术，优化资源利用效率，实现以更少的设备去完成更多的处理任务。

新建数据中心合理选择建设地址。坚持资源环境优先原充分考虑资源环境条件，优先在能源相对富集、气候条件、自然灾害较少的地区进行建设。采用液冷、间接蒸发冷却、冰蓄冷、电力调度等技术方降低制冷系统能耗与 IT 设备能耗之比。

第四节　六西格玛管理方法应用

六西格玛（Six Sigma）是首先由美国摩托罗拉公司发展起来的一种新型管理方式。推行六西格玛管理就是通过设计和监控过程，将可能的失误减少到最低限度，从而使企业可以做到质量与效率最高,成本最低,过程的周期最短,利润最大,全方位地使顾客满意。

一、六西格玛的发展背景

20世纪80年代由摩托罗拉公司的概念和相应的管理体系,并全力应用到公司的各个方面,从开始实施的1986—1999年,公司平均每年提高生产率12.3%,不良率只有以前的1/20。其创建此概念管理,主要在于20世纪60年代,日本从美国引入了质量控制的思想,先后多次邀请美国著名质量管理大师戴明、朱兰等去日本传授质量管理思想,同时,日本组织认真学习,开创性地实施,使产品质量有了大幅度的提升。到了20世纪70年代末及80年代初,日本凭借过硬的品质,从美国人手中抢占了大量的市场份额。美国的摩托罗拉公司在同日本组织的竞争中,先后失去了收音机、电视机、半导体等市场,到了1985年公司濒临倒闭。面对残酷的竞争和严峻的生存形势,摩托罗拉公司痛定思痛,得出了这样的结论:"摩托罗拉失败的根本原因是其产品质量比日本组织同类产品的质量差很多。",从而最终总结创建了此管理理念。

六西格玛在20世纪90年代中期开始被GE从一种全面质量管理方法演变成为一个高度有效的企业流程设计、改善和优化的技术,并提供了一系列同等的适用于设计、生产和服务的新产品开发工具。继而与GE的全球化、服务化、电子商务等战略齐头并进,成为全世界企业的战略举措。六西格玛逐步发展成以顾客为主体确定企业战略目标和产品开发设计的标尺,追求持续进步的一种管理哲学。

六西格玛管理在摩托罗拉、通用电气、戴尔、惠普、西门子、索尼、东芝、华硕等众多跨国企业的实践证明是卓有成效的。为此,国内一些部门和机构也在大力推广六西格玛管理,引导企业引入六西格玛管理。

二、六西格玛的主要原则

(一)真诚关心顾客

六西格玛把顾客放在第一位。例如在衡量部门或员工绩效时,必须站在顾客的角度思考。先了解顾客的需求是什么,再针对这些需求来设定企业目标,衡量绩效。

(二)资料和事实管理

虽然知识管理渐渐受到重视,但是大多数企业仍然根据意见和假设来做决策。六西格玛的首要规则便是厘清思路,要评定绩效究竟应该要做哪些衡量,然后再运用资料和分析,了解公司表现距离目标有多少差距。

(三)以流程为重

无论是设计产品,或提升顾客满意,六西格玛都把流程当作是通往成功的交通工具,是一种提供顾客价值与竞争优势的方法。

(四)主动管理

企业必须时常主动去做那些一般公司常忽略的事情,例如设定远大的目标,并不断检讨;设定明确的优先事项;强调防范而不是救火;常质疑"为什么要这么做",而不是常说"我们都是这么做的"。

(五)协力合作无界限

改进公司内部各部门之间、公司和供货商之间、公司和顾客间的合作关系,可以为企业带来巨大的商机。六西格玛强调无界限地合作,让员工了解自己应该如何配合组织大方向,并衡量企业的流程中,各部门活动之间有什么关联性。

(六)追求完美

在六西格玛企业中,员工不断追求一个能够提供较好服务,又降低成本的方法。企业持续追求更完美,但也能接受或处理偶发的挫败,从错误中学习。

三、六西格玛的实施程序

企业进行有效的六西格玛管理,可以遵循以下实施程序进行。

(一)辨别核心流程和关键顾客

随着企业规模的扩大,顾客细分日益加剧,产品和服务呈现出多标准化,人们对实际工作流程的了解越来越模糊。获得对现有流程的清晰认识,是实施六西格玛管理的第一步。

1.辨别核心流程

核心流程是对创造顾客价值最为重要的部门或者作业环节,如吸引顾客、订货管理、装货、顾客服务与支持、开发新产品或者新服务、开票收款流程等,它们直接关系顾客的满意程度。与此相对应,诸如融资、预算、人力资源管理、信息系统等流程属于辅助流程,对核心流程起支持作用,它们与提高顾客满意度是一种间接的关系。不同的企业,核心流程各不相同,回答下列问题,有助于确定核心流程:①企业通过哪些主要活动向顾客提供产品和服务;②怎样确切地对这些流程进行界定或命名;③用来评价这些流程绩效或性能的主要输出结果是什么。

2.界定业务流程的关键输出物和顾客对象

在这一过程中,应尽可能避免将太多的项目和工作成果堆到"输出物"栏目下,以免掩盖主要内容,抓不住工作重点。对于关键顾客,并不一定是企业外部顾客,对于某流程来说,其关键顾客可能是下一个流程,如产品开发流程的关键顾客是生产流程。

3.绘制核心流程图

在辨明核心流程主要活动的基础上,将核心流程的主要活动绘制成流程图,使整个流程一目了然。

(二)定义顾客需求

1.收集顾客数据,制订顾客反馈战略

缺乏对顾客需求的清晰了解,是无法成功实施六西格玛管理的。即使是内部的辅助部门,如人力资源部,也必须清楚了解其内部顾客——企业员工的需求状况。建立顾客反馈系统的关键在于:

①将顾客反馈系统视为一个持续进行的活动,看作是长期应优先处理的事情或中心工作。

②听取不同顾客的不同反映,不能以偏概全,由几个印象特别深刻的特殊案例而形成片面的看法。

③除市场调查、访谈、正式化的投诉系统等常规的顾客反馈方法之外,积极采用新的顾客反馈方法,如顾客评分卡、数据库分析、顾客审计等。

④掌握顾客需求的发展变化趋势。

⑤对于已经收集到的顾客需求信息,要进行深入的总结和分析,并传达给相应的高层管理者。

2. 制订绩效指标及需求说明

顾客的需求包括产品需求、服务需求或是两者的综合。对不同的需求,应分别制订绩效指标,如在包装食品订货流程中,服务需求主要包括界面友好的订货程序、装运完成后的预通知服务、顾客收货后满意程度监测等,产品需求主要包括按照时间要求发货、采用规定的运输工具运输、确保产品完整等。一份需求说明,是对某流程中产品和服务绩效标准简洁而全面的描述。

3. 分析顾客各种不同的需求并对其进行排序

确认哪些是顾客的基本需求,这些需求必须予以满足,否则顾客绝对不会产生满意感;哪些是顾客的可变需求,在这类需求上做得越好,顾客的评价等级就越高;哪些是顾客的潜在需求,如果产品或服务的某些特征超出了顾客的期望值,则顾客会处于喜出望外的状态。

(三)针对顾客需求评估当前行为绩效

如果公司拥有雄厚的资源,可以对所有的核心流程进行绩效评估。如果公司的资源相对有限,则应该从某一个或几个核心流程入手开展绩效评估活动。评估步骤如下:

①选择评估指标。标准有两条:一是这些评估指标具有可得性,数据可以取得;二是这些评估指标是有价值的,为顾客所关心。

②对评估指标进行可操作性的界定,以避免产生误解。

③确定评估指标的资料来源。

④准备收集资料。对于需要通过抽样调查来进行绩效评估的,需要制订样本抽取方案。

⑤实施绩效评估,并检测评估结果的准确性,确认其是否有价值。

⑥通过对评估结果所反映出来的误差,如次品率、次品成本等进行数量和原因方面的分析,识别可能的改进机会。

(四)辨别优先次序,实施流程改进

对需要改进的流程进行区分,找到高潜力的改进机会,优先对其实施改进。如果不确定优先次序,企业多方面出手,就可能分散精力,影响六西格玛管理的实施效果。业务流程改进遵循五步循环改进法,即 DMAIC 模式。

1. 定义(Define)

辨认需改进的产品或过程。确定项目所需的资源;定义阶段主要是明确问题、目标和流程,需要回答以下问题:应该重点关注哪些问题或机会;应该达到什么结果;何时达到这一结果;正在调查的是什么流程;它主要服务和影响哪些顾客。

2.测量(Measure)

定义缺陷,收集此产品或过程的表现作底线,建立改进目标;找出关键评量,为流程中的瑕疵,建立衡量基本步骤。人员必须接受基础概率与统计学的训练及学习统计分析软件与测量分析课程。为了不造成员工的沉重负担,一般让具备六西格玛实际推行经验的人带着新手一同接受训练,帮助新手克服困难。对于复杂的演算问题,可借助自动计算工具,减少复杂计算所需的时间。

3.分析(Analyze)

分析在测量阶段所收集的数据,以确定一组按重要程度排列的影响质量的变量;通过采用逻辑分析法、观察法、访谈法等方法,对已评估出来的导致问题产生的原因进行进一步分析,确认它们之间是否存在因果关系。

4.改进(Improve)

优化解决方案,并确认该方案能够满足或超过项目质量改进目标;拟订几个可供选择的改进方案,通过讨论并多方面征求意见,从中挑选出最理想的改进方案付诸实施。实施六西格玛改进,可以是对原有流程进行局部的改进;在原有流程问题较多或惰性较大的情况下,也可以重新进行流程再设计,推出新的业务流程。

5.控制(Control)

确保过程改进一旦完成便能继续保持下去,而不会返回到先前的状态;根据改进方案中预先确定的控制标准,在改进过程中,及时解决出现的各种问题,使改进过程不至于偏离预先确定的轨道,发生较大的失误。

(五)整合六西格玛管理系统

当某一六西格玛管理改进方案实现了减少缺陷的目标之后,如何巩固并扩大这一胜利成果就变得至关重要了。

1.提供连续的评估以支持改进

在企业内广泛宣传推广该改进方案,以取得企业管理层和员工的广泛认同,减少进一步改进的阻力;将改进方案落实到通俗易懂的文本资料上,以便于执行;实行连续的评估,让企业管理层和员工从评估结果中获得鼓舞和信心;任何改进方案都可能存在着需要进一步改进之处,对可能出现的问题,应提前制订应对的策略,并做好进一步改进的准备。

2.定义流程负责人及其相应的管理责任

采用了六西格玛管理方法,就意味着打破了原有部门职能的交叉障碍。为确保各个业务流程的高效、畅通,有必要指定流程负责人,并明确其管理责任,包括:维持流程文件记录、评估和监控流程绩效、确认流程可能存在的问题和机遇、启动和支持新的流程改进方案等。

3.实施闭环管理,不断向六西格玛绩效水平推进

六西格玛改进是一个反复提高的过程,五步循环改进法在实践过程中也需要反复使用,形成一个良性发展的闭环系统,不断提高品质管理水平,减少缺陷率。此外,从部分核心环节开始实施的六西格玛管理,也有一个由点到面逐步推开改进成果、扩大改进范围的过程。

四、六西格玛管理的价值

（一）提升企业管理的能力

六西格玛管理以数据和事实为驱动器。过去，企业对管理的理解和对管理理论的认识更多地停留在口头上和书面上，而六西格玛把这一切都转化为实际有效的行动。六西格玛管理法成为追求完美无瑕管理方式的同义语。正如韦尔奇在通用电气公司2000年年报中所指出的："六西格玛管理所创造的高品质，已经奇迹般地降低了通用电气公司在过去复杂管理流程中的浪费，简化了管理流程，降低了材料成本。六西格玛管理的实施已经成为介绍和承诺高品质创新产品的必要战略和标志之一。"六西格玛管理给予了摩托罗拉公司更多的动力去追求当时看上去几乎是不可能实现的目标。20世纪80年代早期公司的品质目标是每5年改进10倍，实施六西格玛管理后改为每两年改进10倍，创造了4年改进100倍的奇迹。对国外成功经验的统计显示：如果企业全力实施六西格玛革新，每年可提高一个 σ 水平，直到达到 4.7σ，无须大的资本投入。这期间，利润率的提高十分显著。而当达到 4.8σ 后，再提高。达到这个水平后需要对过程重新设计，资本投入增加，但此时产品、服务的竞争力提高，市场占有率也相应提高。

（二）节约企业运营成本

对于企业而言，所有的不良品要么被废弃，要么需要重新返工，要么在客户现场需要维修、调换，这些都需要花费企业成本。美国的统计资料表明，一个执行 3σ 管理标准的公司直接与质量问题有关的成本占其销售收入的10%～15%。从实施六西格玛管理的1987—1997年的10年间，摩托罗拉公司由于实施六西格玛管理节省下来的成本累计已达140亿美元。六西格玛管理的实施，使霍尼韦尔公司1999年一年就节约成本6亿美元。

（三）增加顾客价值

实施六西格玛管理可以使企业从了解并满足顾客需求到实现最大利润之间的各个环节实现良性循环：公司首先了解、掌握顾客的需求，然后通过采用六西格玛管理原则减少随意性和降低差错率，从而提高顾客满意程度。通用电气的医疗设备部门在导入六西格玛管理之后创造了一种新的技术，带来了医疗检测技术革命。以往病人需要3分钟做一次全身检查，现在却只需要1分钟了。医院也因此提高了设备的利用率，降低了检查成本。这样，出现了令公司、医院、病人三方面都满意的结果。

（四）改进服务水平

由于六西格玛管理系统不但可以用来改善产品品质，而且可以用来改善服务流程，因此，对顾客服务的水平也得以大大提高。通用电气照明部门的一个六西格玛管理小组成功地改善了同其最大客户沃尔玛的支付关系，使得票据错误和双方争执减少了98%，既加快了支付速度，又融洽了双方互利互惠的合作关系。

（五）形成积极向上的企业文化

在传统管理方式下，人们经常感到不知所措，不知道自己的目标，工作处于一种被动状态。通过实施六西格玛管理,每个人知道自己应该做成什么样,应该怎么做,整个企业洋溢着热情和效率。员工十分重视质量以及顾客的要求,并力求做到最好,通过参加培训,掌握标准化、规范化的问题解决方法,工作效率获得明显提高。在强大的管理支持下,员工能够专心致力于工作,减少并消除工作中消防救火式的活动。

【主要概念】

PDCA	质量标准	环境质量管理	鱼骨图
企业环境社会责任	六西格玛管理	失效模式和效果分析	SPC

【课后复习】

一、选择题

1. 质量标准类别可以分为国际标准、国家标准、行业标准和(   )。

    A. 业务标准   B. 区域标准

    C. 企业标准   D. 生产标准

2. 在产品质量标准中,(   )是指以提高工作效率和保证工作质量为目的,对生产经营活动中的主要工作程序、操作规则和方法所作的统一规定。

    A. 基础标准   B. 产品标准

    C. 管理标准   D. 方法标准

3. 近现代质量管理的发展历程主要经历了三个阶段,即质量检验阶段、统计质量管理阶段和(   )。

    A. 质量创新阶段   B. 全面质量管理阶段

    C. 质量标准化阶段   D. 质量跃升阶段

4. (   )是一种以预防为主的可靠性设计分析技术。

    A. 失效模式和效果分析   B. 测量系统分析

    C. 统计过程控制   D. 生产性批准程序

5. 以下系列标准中,(   )是用来约束组织的环境行为的。

    A. ISO 14000 系列标准   B. ISO 22000 系列标准

    C. ISO 9000 系列标准   D. ISO 7000 系列标准

二、思考题

1. 简述质量管理体系标准的概念,以及技术标准和管理标准两个方面分别有哪些内容?

2. 简述标准化 9S 管理的基本内容。

3. 什么是企业社会环境责任? 跨国企业应该如何履行社会环境责任?

4. 简述六西格玛管理的实施步骤。

5. 跨国公司实行市场内部化需要支付的成本有哪些?

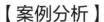

【案例分析】

北京首钢:打造钢铁全流程过程质量管控系统

一百年光影流转、一百年赓续传承、一百年砥砺奋进。始建于1919年的首钢,是我国钢铁工业的缩影、改革开放的一面旗帜,参与和见证了中国钢铁工业从无到有、从小到大、从大到强的历史跨越;参与和见证了中国人民从站起来、富起来到强起来的伟大飞跃。目前已发展成为跨行业、跨地区、跨所有制、跨国经营的综合性企业集团,全资、控股、参股企业600余家,总资产5000多亿元,职工近9万人。

首钢2021年荣获"中国卓越钢铁企业国际影响力品牌",连续两年在"钢铁企业发展质量暨综合竞争力评估"中获得A+(极强)评级,荣获"最具专利创新力企业"称号,申请专利过万件;荣登"最受赞赏的中国公司"榜单,入围2021年中国跨国公司100强;2011年以来十次上榜《财富》世界500强。

2017年7月至2019年6月,首钢股份完成了"首钢钢铁产销一体化经营管理系统"建设,产销一体化系统作为跨地域、多基地、一贯制的协同管理平台,涉及生产、质量、销售、采购等11个业务领域、50套信息系统,构建了一体化代码体系、一体化采购体系、一体化营销体系、一贯制制造管理体系、供应链生态协同体系、设备全生命周期管理体系以及业财一体化体系,实现了跨基地的物资、信息、资金三流合一,实现了数据、系统和业务的"纵向贯通、横向集成",实现了产销一体化、管控一体化、业财一体化,提高了公司生产经营的精益化和智能化水平。

为了实现钢铁全流程过程质量管控,首钢基于"两化融合"的方法论,结合六西格玛及PDCA的管理理念,将信息系统与质量管理完美结合,利用图像识别、精准的数据标准技术、卷积神经网络(FCN)、缺陷特征提取、统计方法、数学模型及技术,研发质量监控、判定、诊断和优化分析方法,实现了融数据监控、诊断、挖掘、决策于一体的可扩展、高可配的全流程过程质量管控,满足精细化质量管控要求,全面提升产品质量。其打造的一体化管理平台,能够达到钢铁制造企业"用数据说话"的管理目标。

首钢全流程过程质量管控的特征:

(1)搭建一贯制管控平台,结合六西格玛管理理念,利用SPC控制图及多种统计图形,进行多工序、全流程过程质量分析与监控,并优化产品质量设计,提升生产管控和质量过程控制水平,实现一贯制质量管控。

(2)结合在线判定技术,实现全流程过程质量监控与跟踪,快速在线质量判定,强化过程控制,实现分类分段管理,降低生产成本,实现全流程的动态质量控制。为生产用户提供了在线判定、质量预警、质量控制等多方面的功能,使质量判定自动化、智能化,从铁水进站开始进行质量监控,减少后道工序的不合格产品生成概率,避免不必要的产品浪费和人力、财力损耗,对推动高端板材的生产起到了积极的作用。

(3)利用数据仓库及机器语言建模技术,寻找最优模型,精确定位质量要因,实现产品质量持续改进,提高客户满意度。

　　首钢全流程过程质量管控的基本构成:

　　全流程过程质量管控包括智能质量过程判定、跨工序质量追溯分析两个部分。

　　智能质量过程判定,是指为实现炼钢、热轧、冷轧全流程质量一体化管控,利用流数据处理、多源异构数据融合、特征提取、关联分析与预测、人工智能卷积神经网络等技术,构建质量模型库、知识库、规则库、约束库、规则库,实现板带钢性能、表面、尺寸、板型、成分、工艺等在线质量自动判定与监控预警。智能质量过程判定实现了过程、表面以及性能的判定与监控。将多源异构数据融合,结合数字化的产品质量控制规则,实现在线实时监测产品制造工艺过程是否波动和自动判定产品等级;实现表面质量缺陷的采集、识别、归类、判级、上下工序缺陷的传递以及自动推荐处置意见;实现了性能管控的自动预测、分析与异常推送。

　　跨工序质量追溯分析,是指将智能质量过程判定和表面缺陷检测分类形成的结构和非结构数据,都存储到工业大数据平台中。主要支撑质量关键管控指标监控及分析、产品全流程过程质量综合评价、跨工序产品质量交互分析与异常诊断、质量异议快速反查和表面缺陷跨工序追溯等。这可以利用统计分析工具,将工艺过程控制和表面缺陷相关的数据进行深度分析和挖掘。同时,利用过程能力指数、SPC统计分析、聚类算法等高级分析工具和方法解决快速定位问题,实现产品质量的持续改进。

　　　　　　　　　　　　　　　　　　　　(资料来源:首钢集团有限公司官方网站及相关媒体报道)

第十一章　中国跨国公司的崛起

【本章提要】

通过本章的学习,了解中国跨国公司崛起的发展历程,分析中国跨国公司崛起的基本规律与模式,掌握中国跨国公司发展的特点及对世界经济发展的影响。

第一节　中国跨国公司发展历程

一、中国跨国公司的萌芽阶段

改革开放前,我国对外经济引进有三次较大规模的高潮,可以分别用"156""43""78"三个数字作为代表。"156"是指 1950 年代第一个五年计划时期引进苏联援助的 156 项重点工程,简称"156 项工程";"43"是指 1970 年代初期从西方国家引进的 43 亿美元成套技术设备,简称"43 方案";"78"是指 1978 年签订的对外引进协议额度 78 亿美元的成套技术设备。这个时期引进的主要是人员、资金和技术,并没有实质性的企业间合作。

改革开放后,我国面临国内储蓄不足和外汇短缺的双缺口,各地政府充分发挥主观能动性,利用巨大的国内市场空间和劳动力优势,以建立经济特区的形式吸引外商直接投资和开展对外技术合作。

1978 年,松下电器成为第一家进入中国的外资企业①。1979 年 8 月,中央政府正式决定"要出国开办企业";同年 11 月,北京市友谊商业服务公司与日本东京九一商事株式会社合资在东京开办了"京和股份有限公司",建立了改革开放以来第一家海外合资企业,标志着中国企业跨国经营的开始,中国企业正式进入海外市场。

从 1978—1985 年,是中国企业跨国经营的起步阶段,主要特点就是中国的跨国企业发展处于萌芽状态,企业的属性带有国营性质,市场化手段不多。这个时期的业务主要是以贸易型对外投资为主,主要分布在非洲和亚洲的部分地区,以国际贸易、工程承包为主要业务形式,不涉及生产、加工、制造,所以业务种类单一,范围狭窄,经营效果并不理想,但对于中国企业扩大对外经济贸易合作、开阔视野、拓展市场起到了积极的作用。联想集团就是这一时期贸工技型企业的代表。联想集团成立于 1984 年,目前已发展成为业务遍及 180 多个市场的全球化科技公司。

---

① 2015 年,松下中国正式宣布终结山东松下电子信息有限公司事业,意味着松下在中国区域内的电视生产和制造业务彻底结束,并退出中国市场。

二、中国跨国公司的起步阶段

20 世纪 80 年代,国有企业肩负开拓海外市场的重任,开始尝试走出去,建立起服务于对外贸易的海外销售窗口,例如中国化工进出口总公司、中国五金矿产进出口总公司等。20 世纪 90 年代,随着我国市场经济体制改革加速,能源、制造和贸易等领域的国有企业基于资源、市场获取或产业优势等动因进行海外投资,在市场化力量的驱动下开展跨国经营。根据《中国对外经济贸易年鉴》的数据,1979—2000 年我国在海外投资兴办企业累计 3 382 家,累计海外直接投资额 41.32 亿美元。以家电、摩托车制造业为代表的生产制造类企业在面临生产能力迅速提升和国内市场逐渐饱和的境遇下,开始选择自建生产组装厂、合资办厂、收购当地企业等方式开展对外直接投资,小天鹅集团、海信集团、金城集团、TCL 集团等企业成为我国最早开拓海外市场的投资主体。

20 世纪 90 年代,全球跨国并购浪潮风起云涌,跨国并购额从 1990 年的 1 866 亿美元增加到 2000 年 1.1 万亿美元,跨国并购额占全球直接投资的比重从 1995 年的 57% 上升到 2000 年的 85%。跨国并购成为国际直接投资的主要形式,发达国家企业的并购规模日益增大,并购金额连创新高,诞生了许多超大型跨国公司。比较著名的并购案例有:1996 年,波音公司以 166 亿美元兼并了麦道公司,合并后的波音成为全球最大的飞机制造商。1998 年,德国的戴姆勒-奔驰公司和美国的克莱斯勒公司合并,成立了戴姆勒-克莱斯勒汽车公司。1999 年,美孚石油和埃克森石油合并为埃克森美孚公司,成为世界第一大石油公司。

这一时期由于对跨国并购存在的市场、政治、法律、文化差异等对外投资风险缺乏足够认知,导致我国大部分海外公司投资失败或亏损运营,交了不少学费,留下很多教训。例如,首钢集团 1988—1992 年投资 1 038.6 万美元收购美国麦斯塔钢铁公司,以获得关键研发资源补充母国企业的研发创新能力,而该公司在 1988 年 6 月净产值仅有 228.1 万美元,负债 820.7 万美元。1992 年,首钢集团投资 1.18 亿美元收购秘鲁国有铁矿公司 98.4% 的股权后,当地工会常年组织罢工要求增加福利待遇,严重影响公司运营。

从《财富》世界 500 强榜单来看,1995 年,美国有 151 家企业上榜,日本有 149 家企业上榜,总销售收入占所有上榜企业的 37%。而当年上榜的国内企业只有 3 家,分别是中国银行、中国石化和中粮集团,清一色的"中"字头企业。不过,1995 年也是日本经济的转折点,1995 年之后,日本的财富 500 强企业数量减少,经济开始衰退。受泡沫经济影响,日本进入经济大萧条。到 2000 年,日本 500 强企业已降至 107 家。2006 年,日本只有 70 家公司进入 500 强。到 2019 年,日本只剩下 52 家公司,占总数的 10.4%。

三、中国跨国公司的发展阶段

进入 21 世纪,跨国企业面临的国际化竞争环境、开放政策和国际竞争力都发生明显变化。这一阶段以 2013 年为时间点分为两个前后阶段。

(一)第一阶段

2001 年底中国正式加入 WTO 使得"国内市场国际化、国际竞争国内化",跨国企业在国内市场与国外跨国公司面临激烈竞争,呈现出以下特点:

首先,重大制度环境变迁导致企业面临竞争环境发生质的变化。外资利用国有企业改制和地方推进国有产权改革的时机,通过收购或兼并我国一些行业的龙头企业以控制市场,例如美加净、中华牙膏、乐百氏、天府可乐为代表的食品饮料、日化用品等各行业的知名民族品牌和龙头企业,这些曾经的国有企业被收购后逐渐边缘化或退出市场,取而代之的是国外同类产品品牌。

其次,对外开放政策赋予企业对外投资的企业运营自主性。2000年,我国政府正式提出实施"走出去"战略,"鼓励能够发挥我国比较优势的对外投资,扩大经济技术合作的领域、途径和方式,支持有竞争力的企业跨国经营,到境外开展加工贸易或开发资源",这是我国充分利用国内外两种资源、两个市场的政策支撑逐渐走向成熟的标志。2004年修订的《中华人民共和国对外贸易法》将外贸经营权的审批制改为备案登记制,所有企业和个人均可依法获得外贸经营权,增强了国有企业境外活动的自主性;2023年1月,对外贸易经营者备案登记制度已经取消。党的十六大报告提出要"鼓励和支持有比较优势的各种所有制企业对外投资,带动商品和劳务出口,形成一批有实力的跨国企业和著名品牌"。党的十七大报告提出要"创新对外投资和合作方式,支持企业在研发、生产、销售等方面开展国际化经营,加快培育我国的跨国公司和国际知名品牌",明确"走出去"的战略目标就是要培育中国的跨国公司。

最后,国有跨国企业管理体制改革增强国际竞争力。1994年,国有跨国企业改革进入建立现代企业制度阶段,促使其真正成为"产权清晰、权责明确、政企分开、管理科学"的独立的法人实体和竞争主体,从而更好地适应社会主义市场经济体制。混合所有制改革进一步触及到国有企业改革的实质,打破了对公有制的理解,冲破了市场经济姓"公"姓"私"的束缚,提出了公有制多种实现形式的问题。1995年9月,十四届五中全会通过对国有企业改革,提出实行"抓大放小"的改革战略。国有企业整体数量显著下降,而单个企业的生产规模和国有经济综合实力却显著上升,国有企业逐渐集中资源参与国际竞争。据《中国统计年鉴》数据,在"抓大放小"改革之后,全国国有以及国有控股工业企业数从1996年的12.76万家,迅速下降到1998年的6.47万家,之后逐渐下降到2007年2.1万家,而后直到2019年全国国有工业企业稳定在2万家左右;资产规模从1998年的人民币6.47万亿元增长到2019年的46.97万亿元,年均增长率达9.9%。

在这阶段,国有企业率先响应国家号召,结合自身优势进行对外直接投资、跨国并购、对外承包工程和对外劳务合作等多种国际合作形式的"走出去",在参与全球化过程中实现了做大做强做优,并逐步形成了具有一定经济力量的跨国企业。以对外承包工程为例,我国对外承包工程完成营业额在1980—1991年累计为100.69亿美元,到2004年实现量级增长累计完成1 140.56亿美元,到2015年再次实现量级增长累计完成10 865.91亿美元,2016—2020年累计完成8 258.90亿美元。中国国有跨国企业"走出去"主要通过发挥以下战略动作带动了我国经济快速发展:①以对外投资带动国内商品和劳务出口。通过建立海外营销渠道、海外创立自主品牌等投资模式将本国产品销往海外市场,有助于企业了解市场信息,避免受到渠道商的制约,从而有利于企业的国际化经营和长远发展。例如TCL集团和海信集团从代工贴牌生产商向原始设计制造商升级,成功打入欧美发达国家和新兴经济体市场。

②增加国内关键短缺资源供给。国有跨国企业的国际化必然肩负起服务国家战略的职能，通过海外并购能源矿产资源来缓解国内能源供给的严峻形势。例如中国石油以海外并购起到产业链延长并来带动整体跨越式发展，增强了国际石油勘探开采领域的"控制力"。③获取国外先进技术与管理经验。中国高科技企业通过在欧美发达国家建立海外研发中心、海外并购或合资，利用海外优秀的高科技人才和先进的技术创新资源，进行技术和产品的研发工作。例如中国化工整体复制并购安迪苏公司的生产研发经验，接收海外优秀技术和管理人员，在国内建成全球产能最大、国内首套液体氨基酸一体化生产装置并迅速实现盈利。国有企业实力在"走出去"过程中显著增强，诞生了中国石油、中国中车、中国建筑、中国远洋等一大批代表性的中国国有跨国企业，为更大规模、更高质量地"走出去"奠定了基础。

2001年，我国共有11家企业入选《财富》杂志500强。排名最靠前的是国家电力公司（第60名）；其他的分别是：中石油、中石化、中国电信、工商银行、中国银行、中国移动、中国化工进出口总公司、建设银行、中国粮油进出口公司和农业银行。美国公司当年上榜公司数量达到了197家，总收入占所有上榜企业的42%。

2009年，我国上榜企业增加到43家。其中，中石化以全球第9名成为该榜单中排名最靠前的中国企业。但是中石化的销售收入为2 078亿美元，净利润为19亿美元；美国GE的销售收入是1 832亿美元，净利润达174亿美元。GE的盈利能力比中石化强近9倍。

2012年，我国上榜企业增加到79家，首超日本位列世界第二。在数量上仅次于美国的132家。

（二）第二阶段

2013年，习近平总书记提出"一带一路"倡议，为中国开启新一轮全球化指明了方向，成为中国开启全球化发展新时代的关键谋划。中国国有跨国企业尤其是中央企业抓住这次国家重大战略发展机遇，再次发挥示范作用，率先转移对外直接投资重心，注重与"一带一路"沿线发展中国家和不发达国家的发展对接和优势互补。2015年8月，《中共中央、国务院关于深化国有企业改革的指导意见》指出：国有企业未来发展所面临的形势是日益激烈的国际竞争和转型升级的巨大挑战。

一方面，为应对挑战，中国跨国企业的主力部分企业，在战略思想上树立起突出主业、提高国际竞争力的国际化经营战略意识，同时在战术行动中加强境外投资合作，避免恶性竞争。2017年出台的《中央企业境外投资监督管理办法》提出，中央企业境外投资要坚持聚焦主业，注重境内外业务协同，提升创新能力和国际竞争力。在该战略的指导下，中央企业数量从2003年国资委成立之初的196家，经过多轮战略性重组和结构调整，减少到2020年的97家，但进入世界500强的重要企业多达48家，形成了一批具有全球竞争力的世界一流企业。

另一方面，中国跨国企业以国际产能合作带动转型升级。党的十九大报告指出："创新对外投资方式，促进国际产能合作，形成面向全球的贸易、投融资、生产、服务网络，加快培育国际经济合作和竞争新优势。"2013年10月国务院出台指导意见提出，要积极拓展对外发展空间，巩固扩大国际市场、扩大对外投资合作。在全球范围内开展资源和价值链整合，以国际市场化解国有企业过剩产能，加快技术自主创新和国际品牌建设发展，推动新旧动能转换,实现国有企业转型升级。

在 2013—2018 年间,我国与 56 个"一带一路"沿线国家签署了双边投资协定,完成非金融类直接投资约 900 亿美元,在沿线国家完成对外承包工程营业额超过 4 000 亿美元。其中,国有跨国企业承担了"一带一路"沿线国家基础设施建设中约 50% 的合作项目,完成超过 70% 的合同额。纵使在新冠疫情肆虐的 2020 年,我国跨国企业在"一带一路"沿线对 58 个国家仍完成非金融类直接投资 177.9 亿美元,同比增长 18.3%,占同期总额的 16.2%,较上年同期提升 2.6 个百分点。在"一带一路"沿线的 61 个国家完成对外承包工程营业额 911.2 亿美元,占同期总额的 58.4%。以上的各种投资结果与渠道将充分利用国际市场带动国内产业转型升级,在与沿线国家互联互通的同时实现产能转移,推动欧亚大陆一体化和全球基础设施现代化发展。

在"一带一路"倡议实施过程中,国有跨国大型企业在发挥主体作用的同时实现国有资产保值增值,取得显著成效。一方面,跨国大型企业利用国家战略支持和规模优势发挥主体引领作用,成为"走出去"战略毫无疑问的"先行军"和"主力军",逐步带动非国有企业的对外投资。

根据商务部、国家统计局、国家外汇管理局发布的《2020 年中国对外直接投资统计公报》,2020 年末,中国对外直接投资者达到 28 万家,从其在中国市场监督管理部门登记注册情况看,有限责任公司占 34.3%,较上年下降 4.1 个百分点,依然是中国对外投资占比最大、最为活跃的群体;私营企业占 29.9% 位列次席,股份有限公司占 12.8%,外商投资企业占 5.5%,国有企业占 5.3%;港/澳/台商投资企业占 3.9%,个体经营占 2.3%,股份合作企业占 1.2%,集体企业占 0.4%,联营企业占 0.2%,其他占 4.2%,如图 11.1 所示。

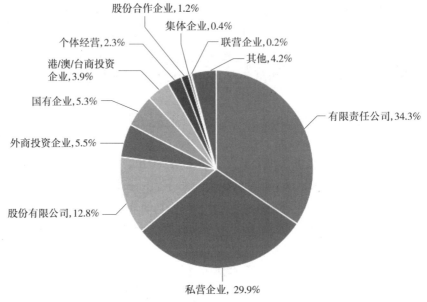

图 11.1　2020 年末境内投资者登记注册类型构成示意图

资料来源:2020 年度中国对外直接投资统计公报

2020 年末,中国境内跨国企业投资者共在全球 189 个国家(地区)设立对外直接投资企业(简称"境外企业")4.5 万家,较上年末增加近 1 000 家,遍布全球超过 80% 的国家(地区),其中,亚洲的境外企业覆盖率为 95.7%,欧洲为 87.8%,非洲为 86.7%,北美洲为 75.0%,拉丁美洲为 65.3%,大洋洲为 58.3%(表 11.1)。

表 11.1 2020 年末中国境外企业洲际分布情况表

洲别	2020 年末国家(地区)总数/家	境外企业覆盖的国家(地区)数量/家	覆盖率/%
亚 洲	48	45	95.7
欧 洲	49	43	87.8
非 洲	60	52	86.7
北美洲	4	3	75.0
拉丁美洲	49	32	65.3
大洋洲	24	14	58.3
合 计	234	189	80.8

注:①覆盖率为中国境外企业覆盖国家数量与国家(地区)总数的比率。
②亚洲国家(地区)数量包括中国,覆盖率计算基数未包括。

资料来源:2020 年度中国对外直接投资统计公报

从境外企业的国家(地区)分布情况看,中国在亚洲设立的境外企业数量超过 2.6 万家,占 58.5%,主要分布在中国香港、新加坡、日本、越南、印度尼西亚、马来西亚、韩国、泰国、柬埔寨、老挝、印度、缅甸、阿拉伯联合酋长国等。在中国香港地区设立的境外企业超 1.4 万家,占中国境外企业总数的三成,是中国设立境外企业数量最多、投资最活跃的地区。

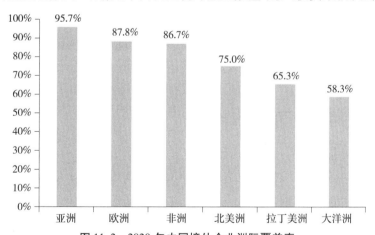

图 11.2 2020 年中国境外企业洲际覆盖率
资料来源:2020 年度中国对外直接投资统计公报

在北美洲设立的境外企业超过 6 000 家,主要分布在美国和加拿大,占 13.5%,中国跨国企业在美国设立的境外企业数量仅次于中国香港。

中国跨国企业在欧洲设立的境外企业超过 4 600 家,总占比 10.4%,主要分布在德国、俄罗斯联邦、英国、荷兰、法国、意大利、西班牙、白俄罗斯等。中国跨国企业在非洲设立的境外企业超过 3 500 家,总占比 7.9%,主要分布在埃塞俄比亚、赞比亚、尼日利亚、肯尼亚、坦桑尼亚、南非、加纳、安哥拉、乌干达等国家。中国跨国企业在拉丁美洲设立的境外企业超 3 000 家,占 6.7%,主要分布在英属维尔京群岛、开曼群岛、巴西、墨西哥、秘鲁、智利、厄瓜多尔、阿根廷、委内瑞拉等。在大洋洲设立的境外跨国企业超 1 300 家,主要分布在澳大利亚、新西兰、巴布亚新几内亚、萨摩亚、斐济等。

根据商务部发布的数据,2013—2019 年,中国与“一带一路”沿线国家货物贸易额超 7.8 万亿美元,占外贸总额比重从 25% 逐年提升至 29.4%。2020 年,我国与“一带一路”沿线国家货物贸易额 1.35 万亿美元,同比增长 0.7%。2018 年,中央企业累计实现营业收入 29.1 万亿元,同比增长 10.1%;实现利润总额 1.7 万亿元,同比增长 16.7%。其中,中央企业境外布局 1.1 万个分支结构,遍布全球 185 个国家和地区,总资产超 7.6 万亿元,全年营业收入 5.4 万亿元,实现利润总额 1 318.9 亿元。国务院国资委研究中心发布的《中央企业高质量发展报告》显示,2019 年中央企业境外投资和国际化经营进一步推进,境外资产总额 8.1 万亿元、所有者权益 2.3 万亿元,在“一带一路”沿线国家和地区设立经营单位 7 180 户。

2018 年,上榜《财富》杂志世界 500 强的我国公司达到了 120 家,已经非常接近美国的 126 家,远超第三位的日本(52 家)。2020 年,中国公司的数量首次超过美国(121 家)达到 124 家,大中华区的公司总数为 133 家。2021 年上榜的中国企业数量达 143 家,较上年增加 10 家,上榜企业数量再次超过美国(122 家),蝉联榜首。近年来,上榜《财富》杂志 500 强榜单的中国企业数量持续增长,先后超越德国、法国、英国和日本,于 2019 年达到 129 家,首次超越美国,并在 2021 年上榜数量再创新高,领先优势进一步扩大。《财富》杂志的分析指出,自 1995 年《财富》杂志世界 500 强排行榜发布 27 年以来,还没有任何一个别的国家或地区的企业数量在排行榜中如此迅速地增加。

从“走出去”战略到“一带一路”倡议,由参与全球化到推动新一轮全球化,体现出中华人民共和国成立 70 余年来经济社会发展的巨大变化。当前中国已稳居世界第二大经济体、中国跨国公司的发展也必将迈上新的征程。

第二节　中国跨国公司现状与特点

一、中国跨国公司现状

(一)中国跨国公司经营的整体现状

根据商务部《2020 年度中国对外直接投资统计公报》,2020 年中国企业对外直接投资净额(以下简称“流量”)为 1 537.1 亿美元,同比增长 12.3%。其中:新增股权投资 630.3 亿美元,占 41%,当期收益再投资 716.4 亿美元,占 46.6%,债务工具投资 190.4 亿美元,占 12.4%。

截至 2020 年底,中国 2.8 万家境内企业投资者到国(境)外共设立对外直接投资企业(以下简称境外企业)4.5 万家,分布在全球 189 个国家(地区),年末境外企业资产总额 7.9 万亿美元。对外直接投资累计净额(以下简称“存量”)2.580 66 万亿美元,其中:股权投资 1. 477 73 万亿美元,占 57. 3%,收益再投资 7 860. 4 亿美元,占 30. 4%,债务工具投资 3 168. 9 亿美元。占 12. 3%。

表 11.2　2020 中国对外直接投资流量、存量分布构成表

分类 \ 指标	流量			存量	
	金额/亿美元	同比/%	比重/%	金额/亿美元	比重/%
合计	1 537.1	12.3	100.0	25 806.6	100.0
金融类	196.6	-1.5	12.8	2 700.6	10.5
非金融类	1 340.5	14.6	87.2	23 106.0	89.5

说明:①金融类指境内投资者直接投向境外金融企业的投资;非金融类指境内投资者直接投向境外非金融企业的投资。

②2020 年非金融流量数据与商务部 2020 年快报数据(1 101.5 亿美元)差异主要为收益再投资部分。

资料来源:2020 年度中国对外直接投资统计公报

可以清楚地看到我国跨国公司的经营变化。其中我国跨国公司投资主体逐渐多元化,多种所有制经济主体积极开展跨国经营,截至 2020 年,国有跨国企业投资流量占比降至四成。但同时投资流量和存量迅速增加,投资流量以 1 078.4 亿美元挤进全球对外投资先进国的行列,投资存量则以 6 604.8 亿美元居世界第 11 位。其中区位分布相对集中在亚洲的同时,积极向其他区域扩展,例如 2020 年对拉丁美洲、大洋洲、非洲的投资分别实现了132.7%、51.6%、33.9% 的较快增长。还有直接对外投资覆盖了国民经济所有行业类别,在跨国经营的各个行业都能发现中国跨国公司资本。此外,中国跨国公司还采取跨国并购等方式,积极参与到跨国经营中,中国的跨国公司已经成为全球跨国经营的重要组成部分。

(二)影响中国跨国公司发展的内部因素

中国的跨国公司在实施跨国经营时受诸多因素的影响。

首先,政治因素。自改革开放以来,为了更快更好地融入国际经济社会,中国政府鼓励经济发展,积极深化国有制企业改革,坚持公司制的大方向,完善现代企业制度,掌握全球经济合作的最新发展形势等;积极加入亚太经合组织,世界贸易组织,大幅提升贸易自由度。随着国际贸易的开展,中国的开放程度在逐步加深,同时,我国对审批权限的下放以及手续的简化,进一步刺激中国的跨国企业利用有利的环境,逐渐在国际市场上占据一席之地。

其次,法律因素。完备的法律保障体系能有效地规范和指导中国企业的海外投资行为,同时,为企业提供法律保障。但目前我国并没有系统的《海外投资法》等相关法律法规,目前的执法依据主要是由 1989 年的《境外贸易、金融、保险企业财务管理暂行办法》、1996 年的《中华人民共和国外汇管理条例》、2014 年的《境外投资管理办法》等一系列行政管理条例组成。在立法层级、立法模式、立法理念、价值取向等方面还存在一定的欠缺。中国对外投资管理仍然是各自为政、多头取值、环节众多、繁复杂乱,一定程度上导致了中国海外投资混乱无序的状态。

最后,技术因素。技术水平的相对落后也是制约中国跨国经营快速崛起的一个重要影

响因素。中国跨国企业在产品出口时,时常因外国市场的技术壁垒、隐形贸易壁垒、绿色壁垒等原因被召回或扣留。国内的中国跨国公司曾经通过对欧洲、美洲等区域市场的产品召回行为,通过对产品质量分析,发现主要问题产品集中在玩具类、家用电器以及厨房设备、服装鞋帽和灯具类等相对低值易耗品,召回原因集中在化学品伤害、窒息、触电、烧伤等危害。产品召回案例损害了我国跨国公司的利益和我国产品的国际形象,所以中国跨国企业需要重视技术研发,达到进口国的标准,减少不必要的损失。

截至 2020 年末,中国国有商业银行共在美国、日本、英国等 51 个国家(地区)开设 105 家分行、62 家附属机构,员工总数达 5.2 万人,其中雇用外方员工 4.9 万人,占 94.2%,2020 年末中国共在境外设立保险机构 18 家。

2020 年,对外非金融类直接投资流量 1 340.5 亿美元,同比增长 14.6%,对外投资带动出口 1 737 亿美元,同比增长 48.8%,占中国货物出口总值的 6.7%,境外企业实现销售收入 2.402 8 万亿美元,同比下降 4.3%。2020 年末,中国对外非金融类直接投资存量 2.310 6 万亿美元,境外企业资产总额 5 万亿美元。

2010 年前后我国跨国企业的对外直接投资年均增长率超过 20%,并在 2011 年达到 600 亿美元,成为亚洲地区最大的对外投资国,此时中国的跨国公司群体已经出现。

表 11.3　2002—2020 年中国《对外直接投资统计》统计表

年份	流量			存量	
	金额/亿美元	全球位次	同比/%	金额/亿美元	全球位次
2002	27.0	26	—	299.0	25
2003	28.5	21	5.6	332.0	25
2004	55.0	20	93.0	448.0	27
2005	122.6	17	122.9	572.0	24
2006	211.6	13	43.8	906.3	23
2007	265.1	17	25.3	1 179.1	22
2008	559.1	12	110.9	1 839.7	18
2009	565.3	5	1.1	2 457.5	16
2010	688.1	5	21.7	3 172.1	17
2011	746.5	6	8.5	4 247.8	13
2012	878.0	3	17.6	5 319.4	13
2013	1 078.4	3	22.8	6 604.8	11
2014	1 231.2	3	14.2	8 826.4	8
2015	1 456.7	2	18.3	10 978.6	8
2016	1 961.5	2	34.7	13 573.9	6
2017	1 582.9	3	−19.3	18 090.4	2
2018	1 430.4	2	−9.6	19 822.7	3

续表

年份	流量			存量	
	金额/亿美元	全球位次	同比/%	金额/亿美元	全球位次
2019	1 369.1	2	-4.3	21 988.8	3
2020	1 537.1	1	12.3	25 806.6	3

注:①2002—2005 年数据为中国对外非金融类直接投资数据,2006—2020 年为全行业对外直接投资
　　数据。
　　②2006 年同比为对外非金融类直接投资比值。

资料来源:2020 年度中国对外直接投资统计公报

　　目前发达资本主义国家的跨国企业在资金、技术运用上积累了多年的经验,具有成熟、规范、科学的管理技术,而我国跨国企业是诞生在计划经济体制下,虽然在海外形成和发展起来,但其经营自主权利会受到母公司的一定的牵制,相对灵活性不足,难以面对不断变化的国际形势并作出实时的判断与决策,在国际市场的激烈竞争中容易丧失先机。而且跨国公司大多是母国公司的附属公司,在单一目标市场各自为战,分散经营,对于组建战略联盟的意识并不到位,管理人员的选派被视为照顾或福利,综合素质差,缺乏企业家才能。因此,我国境外投资企业数量虽然可观,却少有真正意义上的具有影响力的跨国公司。

表 11.4　2021 年《财富》世界 500 强企业名单(前 100 位)

排名	公司名称	营收/亿美元	国家	排名	公司名称	营收/亿美元	国家
1	沃尔玛	5 592	美国	16	中国平安保险	1 915	中国
2	国家电网有限公司	3 866	中国	17	美源伯根公司	1 899	美国
3	亚马逊	3 861	美国	18	英国石油公司	1 835	英国
4	中国石油天然气集团	2 840	中国	19	荷兰皇家壳牌石油公司	1 832	荷兰
5	中国石油化工集团	2 837	中国	20	中国工商银行	1 828	中国
6	苹果公司	2 745	美国	21	Alphabet 公司	1 825	美国
7	CVSHealth 公司	2 687	美国	22	鸿海精密	1 819	中国
8	联合健康集团	2 571	美国	23	埃克森美孚	1 815	美国
9	丰田汽车公司	2 567	日本	24	戴姆勒股份公司	1 758	德国
10	大众公司	2 540	德国	25	中国建设银行	1 720	中国
11	伯克希尔-哈撒韦公司	2 455	美国	26	美国电话电报公司	1 718	美国
12	麦克森公司	2 382	美国	27	开市客	1 668	美国
13	中国建筑集团	2 344	中国	28	信诺	1 604	美国
14	沙特阿美公司	2 298	沙特	29	中国农业银行	1 539	中国
15	三星电子	2 007	韩国	30	嘉德诺	1 529	美国

续表

排名	公司名称	营收/亿美元	国家	排名	公司名称	营收/亿美元	国家
31	托克集团	1 470	新加坡	61	中国交通建设集团	1 069	中国
32	中国人寿保险公司	1 446	中国	62	房利美	1 064	美国
33	微软	1 430	美国	63	阿里巴巴集团	1 059	中国
34	嘉能可	1 423	瑞士	64	美国康卡斯特电信公司	1 036	美国
35	中国铁路工程集团	1 414	中国	65	中国五矿集团	1 020	中国
36	沃博联	1 395	美国	66	中国第一汽车集团	1 011	中国
37	EXOR 集团	1 362	荷兰	67	恒力集团	1 008	中国
38	安联保险集团	1 362	德国	68	正威国际集团	1 003	中国
39	中国银行	1 340	中国	69	中国华润有限公司	994	中国
40	克罗格	1 325	美国	70	山东能源集团	979	中国
41	家得宝	1 321	美国	71	日本伊藤忠商事株式会社	978	日本
42	中国铁道建筑集团	1 320	中国	72	中国宝武钢铁集团	976	中国
43	摩根大通公司	1 295	美国	73	意大利忠利保险公司	971	意大利
44	华为投资控股有限公司	1 292	中国	74	中国邮政集团	963	中国
45	威瑞森电信	1 283	美国	75	雪佛龙	947	美国
46	安盛	1 280	法国	76	戴尔科技公司	942	美国
47	福特汽车公司	1 271	美国	77	美国银行	938	美国
48	本田汽车	1 242	日本	78	塔吉特公司	936	美国
49	通用汽车公司	1 225	美国	79	雀巢公司	899	瑞士
50	Anthem 公司	1 219	美国	80	美国劳氏公司	896	美国
51	三菱商事株式会社	1 215	日本	81	马拉松原油公司	890	美国
52	道达尔能源公司	1 197	法国	82	花旗集团	888	美国
53	德国电信	1 151	德国	83	现代汽车	882	韩国
54	宝马集团	1 128	德国	84	俄罗斯天然气工业股份	879	俄罗斯
55	日本电报电话公司	1 127	日本	85	东风汽车公司集团	869	中国
56	中国移动通信集团	1 118	中国	86	Facebook 公司	860	美国
57	Centene 公司	1 111	美国	87	皇家阿霍德德尔海兹集团	852	荷兰
58	日本邮政控股公司	1 106	日本	88	索尼	849	日本
59	京东集团	1 081	中国	89	联合包裹速递服务公司	846	美国
60	上海汽车集团	1 076	中国	90	中国人民保险集团	843	中国

续表

排名	公司名称	营收/亿美元	国家	排名	公司名称	营收/亿美元	国家
91	中国南方电网	837	中国	96	家乐福	822	法国
92	中国海洋石油集团	833	中国	97	法国巴黎银行	816	法国
93	法国农业信贷银行	830	法国	98	博世集团	815	德国
94	强生	826	美国	99	乐购	812	英国
95	日立	823	日本	100	日本永旺集团	812	日本

资料来源:财富中文网

对于现代跨国企业而言,公司资产总额、销售收入、市场份额、资本市场市值等指标是判断企业是否是世界级企业的显著标志,而母公司成立跨国公司的目的显然也是希望在这些指标的上有所体现。

1995 年 8 月 7 日的《财富》杂志第一次发布同时涵盖工业企业和服务性企业的《财富》世界 500 强排行榜。2021 年是《财富》杂志连续第 27 次发布这份全球大公司排行榜。依据这个榜单的数据,人们可以了解全球最大企业的最新发展趋势。通过纵向不同年份和横向不同行业的比较,人们既可以了解企业的兴衰,也可以了解公司销售收益率、净资产收益率、全员生产效率等经营质量的变化。与此同时,深入国家或地区的研究可以揭示大企业群体分布的变化。

有 18 家中国企业在 2021 年《财富》杂志新上榜和重新上榜,包括中国船舶集团、浙江荣盛控股集团、浙江恒逸集团、融创中国控股有限公司、敬业集团、新希望控股集团、新华人寿保险、潍柴动力、北京建龙重工集团、浙江省交通投资集团、龙湖集团、广州市建筑集团、广州医药集团、华润置地、云南省投资控股集团、万洲国际、紫金矿业集团、中国再保险(集团)股份有限公司。

全球排名跃升的背后,是企业经营的改善。2021 年,中国平安保险(集团)股份有限公司以 1 915 亿美元的营业收入位列全球榜单第 16 位,较 2020 年上升 5 位,全球金融企业排名第 2 位。中国平安相关负责人告诉本报记者,在 2020 年面对新冠疫情带来的艰巨挑战时,中国平安持续深化数字化转型,建立行业领先的线上经营模式,不断迭代创新技术和先进的运营理念,持续提升客户体验,为广大客户提供高品质的金融产品和医疗、科技等生活服务。2020 年,寿险及健康险业务实现营运利润 936.66 亿元,同比增长 5.3%。截至 2020 年 12 月末,公司科技专利申请数累计达 31 412 项,较年初增加 10 029 项;位居金融科技、数字医疗专利申请榜单全球第一位。

企业规模意味着经营实力和市场竞争地位和影响力,若达不到相当的规模,就无从谈及世界级的企业。大是企业参与国际竞争的基础,但大而不强,意味着效率低下,同样缺乏竞争力,做强是发展的关键。做大可以通过政府手段加以解决,做强则需要企业内在的实力。因此,大企业应瞄准世界著名跨国公司找差距,定战略,在企业国际化战略上下功夫,提高竞争实力。我国各级各类跨国企业国际化战略上的成功,说明我国部分企业已经具备了一定的条件,具备冲击世界级企业的潜能。

二、中国跨国公司特点

以华为、大疆、比亚迪等高新技术公司为代表的中国跨国公司的快速崛起,是中国作为新兴大国崛起的重要标志。中华人民共和国成立以来特别是 40 多年来的改革开放为中国跨国公司发展创造了雄厚的经济基础和国内市场竞争条件,促进了跨国公司内部市场竞争力的培育和公司治理机制的构建与完善。全球化程度的不断提高为中国跨国公司进入世界市场、深度融入全球产业链、供应链和价值链创造过程,并积极提供一体化的制度与市场条件。持续、高强度与大规模的研究开发投入和技术创新是以华为公司为代表的中国高技术跨国公司引领全球技术发展与创新的基础前提,也是中国制造业和高新技术发展逐渐走向世界舞台中央的典型标志。

(一)国际化程度稳步提升

1.海外资产方面

2015 年中国跨国公司 100 强共拥有海外资产 5.633 4 万亿元,相比 2014 年中国跨国公司 100 强增长 7.36%,平均海外资产 563 亿元,最大值与最小值相差 9 629 亿元。排名前十的跨国公司海外总资产占 100 大跨国公司海外总资产的 63.8%,且均为中央直属国有企业,其中"三桶油"——中国石油天然气集团公司、中国石油化工集团公司、中国海洋石油总公司,继续蝉联中国 100 大跨国公司前三强。

2.海外收入方面

2015 年中国跨国公司 100 强企业,实现海外收入 5.177 1 万亿元,比 2014 年中国 100 强跨国公司的海外收入增长 3.39%。海外收入平均占比相较 2014 年下降 0.03%,而比 2013 年(22.25%)下降了 1.42 个百分点,侧面反映了中国跨国公司海外投资规模不断上升,但部分企业的海外业务仍处于投入初期阶段,且投资回报率不甚理想。前三名跨国公司的海外收入明显高于其他跨国公司,占 100 强跨国公司海外收入的 48.7%。

3.海外员工方面

2015 年中国跨国公司 100 强海外员工相比 2014 年增长了 4.25%,占公司总员工数量的 5.6%。不同跨国公司海外员工数目差别较大,其中海外员工最多的是中石油,为 1 636 532 人,最少的是中国大连国际经济技术合作集团有限公司,仅 2 198 人。海外员工排名前三的企业是中国石油天然气集团公司、国家电网公司和中国石油化工集团公司。从行业分布来看,主要分布在石油、交通运输、电信等需要大量人力资本的行业。

4.国际化程度方面

2015 中国跨国公司 100 强平均跨国指数为 13.66%,比 2014 年上升 0.06%。排名前三的跨国公司分别是浙江吉利控股集团有限公司、宁波均胜电子股份有限公司和中国中化集团公司,其中浙江吉利控股集团有限公司的跨国指数继续保持首位,达到 68.91%,比上年提高 1.3 个百分点。在跨国指数排名前十的公司中,民营企业占 5 家,其中公司总部位于浙江的占 3 家,体现浙江民营企业较强的对外经营能力。

从整体上看,虽然中国跨国公司国际化程度有所上升,但仍远低于世界 100 大跨国公司的平均水平,且低于发展中国家 100 大跨国公司的平均水平。在 2015 中国 100 大跨国公司中,跨国指数在 30% 以上的仅有 14 家,而跨国指数小于 10% 的多达 46 家,说明现阶段我国大企业的跨国经营水平还很低,处于初级阶段。

(二)国有企业占主导地位

从公司总部所在地看,2015 年中国 100 大跨国公司主要在经济发达地区,其中北京占 43%,上海、广东和山东均占 8%,辽宁、云南占 3%,重庆、江苏、天津、新疆、安徽、陕西各占 2%。从前 100 大跨国公司所在地区分布来看,东部地区占 83%,其中珠三角经济区占 9.6%,长三角经济区占 19.3%,京津冀经济区占 56.6%;此外,中部和西部地区各占 5% 和 12%。

表 11.5　2015 年中国 100 大跨国公司名单

排名	公司名称	海外资产/千元	海外收入/千元	海外员工/人	跨国指数/%
1	中国石油天然气集团公司	90 562 165	272 995 616	1 636 532	27.32
2	中国石油化工集团公司	85 712 364	288 993 429	897 488	25.09
3	中国海洋石油总公司	48 107 196	61 159 992	114 573	35.61
4	中国中信集团有限公司	34 684 147	34 088 735	179 288	18.62
5	中国中化集团公司	25 510 368	49 682 919	55 349	57.03
6	中国远洋运输(集团)总公司	19 654 990	16 933 575	75 675	42.39
7	中国铝业公司	17 922 980	28 000 752	158 096	14.47
8	中国五矿集团公司	15 584 385	32 275 663	110 261	25.03
9	国家电网公司	11 159 936	209 136 337	946 871	1.58
10	中国兵器工业集团公司	10 552 008	40 428 489	250 138	23.62
11	中国交通建设集团有限公司	9 621 532	37 042 234	150 727	12.22
12	中国航空工业集团公司	9 130 734	38 638 266	562 038	8.62
13	浙江吉利控股集团有限公司	8 305 092	15 395 264	42 968	68.91
14	中国海运(集团)总公司	8 288 801	8 306 535	40 598	28.91
15	中国联合网络通信集团有限公司	8 124 580	28 965 300	283 458	4.85
16	海航集团有限公司	7 595 546	15 801 958	113 089	12.98
17	中国电力建设集团有限公司	7 164 325	26 500 259	201 066	29.33
18	中国建筑股份有限公司	7 028 980	80 002 875	247 672	6.58
19	中国化工集团公司	6 665 346	25 763 136	99 247	24.5
20	兖矿集团有限公司	5 502 677	11 239 819	91 060	12.52
21	宝钢集团有限公司	5 413 689	29 774 301	133 069	12.39
22	潍柴控股集团有限公司	5 376 268	12 665 954	77 239	30.74

续表

排名	公司名称	海外资产/千元	海外收入/千元	海外员工/人	跨国指数/%
23	中国华能集团公司	5 189 987	29 206 174	136 349	4.04
24	中国铁道建筑总公司	4 954 574	59 393 519	297 035	4.7
25	北京首都创业集团有限公司	4 812 206	2 378 289	21 071	11.97
26	TCL 集团股份有限公司	4 170 583	10 102 868	73 485	31.25
27	中国铁路工程总公司	4 061 007	61 329 911	297 216	4.18
28	大连万达集团股份有限公司	3 937 988	24 248 000	113 161	11.72
29	中兴通讯股份有限公司	3 727 616	8 147 128	75 609	31.73
30	中国有色矿业集团有限公司	3 691 009	18 765 549	56 691	24.37
31	中国外运长航集团有限公司	3 621 620	9 145 576	62 003	17.59
32	金川集团股份有限公司	3 583 222	20 041 403	32 680	17.81
33	中国电子信息产业集团有限公司	3 576 772	20 385 155	129 330	20.8
34	中国冶金科工集团有限公司	3 532 776	22 062 626	154 032	6.75
35	中国移动通信集团公司	3 332 737	66 253 831	274 347	2.11
36	中国航空集团公司	2 892 209	10 720 489	78 560	15.7
37	光明食品(集团)有限公司	2 764 680	12 092 831	136 405	11.24
38	鞍钢集团公司	2 739 111	16 150 972	218 900	6.99
39	中国通用技术(集团)控股有限责任公司	2 351 646	17 049 315	40 450	8.51
40	中联重科股份有限公司	2 145 247	6 370 001	20 314	9.86
41	绿地控股集团有限公司	2 124 132	26 195 510	9 300	2.41
42	武汉钢铁(集团)公司	2 052 090	14 615 513	94 596	9.85
43	中国电力投资集团公司	2 043 593	18 112 678	127 611	1.19
44	河北钢铁集团有限公司	1 947 293	28 061 555	142 217	6.94
45	中国黄金集团公司	1 812 858	12 133 863	51 196	8.55
46	首钢总公司	1 764 877	18 290 392	139 422	8.01
47	海信集团有限公司	1 707 846	9 804 851	53 930	12.25
48	广东粤海控股集团有限公司	1 580 133	1 444 585	10 659	9.65
49	万向集团公司	1 502 849	12 878 896	26 989	26.72
50	中国能源建设集团有限公司	1 382 171	18 682 856	174 755	7.49
51	中国南车集团公司	1 363 235	12 132 061	112 329	7.1
52	中国机械工业集团有限公司	1 342 944	24 474 888	124 768	12.39

续表

排名	公司名称	海外资产/千元	海外收入/千元	海外员工/人	跨国指数/%
53	广东省广晟资产经营有限公司	1 289 231	4 223 059	38 359	14.84
54	中国大唐集团公司	1 286 610	18 587 307	100 082	1.32
55	北京汽车集团有限公司	1 262 490	31 156 065	112 159	3.42
56	神华集团有限责任公司	1 253 211	32 490 059	259 868	0.91
57	青建集团股份有限公司	1 203 518	4 685 183	12 048	22.61
58	中国电信集团公司	1 193 022	38 291 973	454 292	1.44
59	山东如意科技集团有限公司	1 047 228	4 306 943	24 673	38.45
60	江苏沙钢集团有限公司	1 042 521	24 851 875	40 037	4.11
61	国家开发投资公司	958 471	11 262 010	81 107	7.92
62	美的集团股份有限公司	933 360	14 231 097	108 120	15.85
63	上海汽车集团股份有限公司	849 506	63 000 116	91 155	1.28
64	广东省广新控股集团有限公司	841 251	7 004 680	24 944	18.92
65	广东省航运集团有限公司	757 191	376 332	6 104	56.05
66	渤海钢铁集团有限公司	756 818	23 406 168	67 151	2.76
67	云南建工集团有限公司	714 675	4 206 833	18 407	4.96
68	中国重型汽车集团有限公司	706 021	6 831 274	43 454	6.05
69	四川长虹电子集团有限公司	682 576	9 315 491	71 001	7.25
70	马钢(集团)控股有限公司	667 847	6 915 216	48 452	3.26
71	正泰集团股份有限公司	653 754	3 511 777	26 761	11.94
72	徐州工程机械集团有限公司	651 190	8 081 463	26 293	10.82
73	中国大连国际经济技术合作集团有限公司	623 481	380 135	2 198	50.47
74	白银有色集团股份有限公司	614 071	4 626 898	16 778	12.1
75	北京建工集团有限责任公司	609 436	3 361 206	20 555	9.2
76	卧龙控股集团有限公司	607 313	2 312 521	13 140	35.47
77	铜陵有色金属集团控股有限公司	583 956	13 636 199	28 158	4.97
78	中国恒天集团有限公司	556 009	4 639 003	54 922	13.78
79	陕西煤业化工集团有限责任公司	550 767	17 662 201	130 463	0.8
80	浙江龙盛控股有限公司	485 600	3 016 131	10 261	22.53
81	深圳市中金岭南有色金属股份有限公司	415 279	2 460 871	10 221	24.3
82	山东钢铁集团有限公司	403 600	11 599 587	99 635	1.84

续表

排名	公司名称	海外资产/千元	海外收入/千元	海外员工/人	跨国指数/%
83	雅戈尔集团股份有限公司	395 273	5 897 962	45 852	27.74
84	黑龙江北大荒农垦集团总公司	392 797	13 587 686	544 779	6.67
85	宁波均胜电子股份有限公司	383 540	707 709	6 389	63.43
86	新疆特变电工集团有限公司	381 827	4 453 073	21 400	7.08
87	天津聚龙嘉华投资集团有限公司	378 340	1 743 425	10 748	41.59
88	新疆生产建设兵团建设工程(集团)有限责任公司	332 463	2 627 551	16 288	26.77
89	中国华信能源有限公司	330 482	21 399 476	21 568	12.97
90	上海华谊(集团)公司	325 163	6 392 687	26 325	3.32
91	陕西有色金属控股集团有限责任公司	314 499	10 544 213	45 262	2.08
92	山东高速集团有限公司	307 925	4 350 349	24 863	2.3
93	云天化集团有限责任公司	292 879	7 077 201	32 203	11.13
94	中国建筑材料集团有限公司	279 569	25 042 872	176 854	0.95
95	上海建工集团股份有限公司	279 398	11 366 168	28 789	2.63
96	广西柳工集团有限公司	279 042	1 371 682	18 317	12.95
97	新华联集团有限公司	277 754	5 698 917	43 089	2.95
98	重庆轻纺控股(集团)公司	273 193	2 469 003	27 720	13.76
99	重庆对外经贸(集团)有限公司	270 459	1 624 748	6 421	31.65
100	云南冶金集团股份有限公司	266 704	4 656 058	34 687	1.92 [1]

资料来源:人民网,2015-08-25

从公司所有制性质来看,前100大跨国公司中,国有及国有控股公司占81%,其中中央直属国有企业占53%,表明国有企业仍是中国企业国际化经营的主力。该类企业行业分布广泛,主要集中在能源、采矿、交通运输、电子通信等涉及国家战略安全和国计民生的重要行业,公司总部绝大多数位于北京。中央直属国有企业规模大、资金雄厚、专业水平高、科技实力强,是中国跨国公司进军海外市场的主要力量。相比之下,19家跨国民营企业海外总资产仅3 252.9亿元,主要集中在电器、服饰、房地产等行业,其中公司总部在浙江的有7家,在广东的有3家。

(三)多种经营的发展战略

"一业为主,多种经营"是集团企业在实践中得出的经验,从理论上分析,这是企业善于利用投资组合,避免经营风险和保证经营效益的捷径。突出主业、奠定基础,是企业发展的首要选择。企业名牌产品在国内市场的饱和,既是企业的危机,也是企业向技术、向海外发展的机遇,通过寻求外部需求市场与技术创新,企业可继续国内的品牌效益并投放到国外投资办厂发展壮大,以自身需求为推动力进行对外投资或跨国经营发展。企业的品牌产品、管理服务、技术实力、创新能力都可成为企业在海外市场投资经营的巨大支持。在此基础上发展多种经营,避免风险。企业外部的风险是不以企业的发展意志为转移的。如果企业的发展只注重内部因素,而忽略外部因素的影响,势必会陷入措手不及的境地。为了摆脱这种被动局面,企业的多种经营就成为一种必由之路。这种需要主要体现在当企业的主业遇到外部风险时,其他的多种经营会弥补其主业受挫造成的损失。使企业的总体效益依然能够保证一定水平的收益。

(四)参与中国市场竞争体系

中国已经是世界第二大经济体、第一制造业大国和第一货物贸易大国,为中国跨国公司发展和崛起创造了雄厚的国内经济基础和物质条件。自 2010 年中国超过日本成为世界第二大经济体开始,同年中国超过美国成为全球制造业增加值第一大国,在全球 500 种主要工业产品中中国有 200 多种产品的产量位居世界第一,2013 年开始我国成为世界货物贸易量第一大国。

其中以小米公司为代表的中国跨国公司崛起的一个重要原因在于植根中国大地,通过积极参与国内市场竞争,培育企业的内生综合市场竞争能力,通过市场竞争构建企业发展的内在激励机制和发展动力。小米公司充分利用中国蓬勃发展的通信设备市场、智能手机和移动互联网市场提供的巨大机遇,在国内市场上与国内同行、西方跨国巨头竞争,不断扩大市场占有率,为参与国际市场竞争创造了雄厚的经济基础和市场经验。

(五)融入全球产业链体系

在日益全球化的国际社会中,任何企业都不可能在完全封闭条件下获得持续发展的机会,只有着眼于世界市场,使企业深度融入日益一体化的世界产业链、供应链和价值链体系之中,企业才能够获得全面进入世界市场的机会,也才可能在日益激烈的国际社会竞争中避免被淘汰的命运,同时参与世界范围内的专业化分工与合作,实现跨国公司经营活动中的规模报酬递增效应,也才可能抵御国际市场带来的系统性与非系统性风险的影响和冲击。小米公司之所以能够成为世界 500 强中的中国高科技民营跨国公司的代表之一,一个重要原因在于该公司成功的国际化战略。

(六)持续的研发创新投入

任何跨国公司要进入国际市场并获得具有比较优势的国际市场竞争力,必须保持持续的研发投入和创新动力,否则会在激烈的国际技术市场竞争中被淘汰出局。没有增量知识和技术贡献的跨国企业,不仅不可能成为引领国际社会知识增长与技术进步的推动力量,而且难以承担企业的社会责任。在通信技术研发及通信设备制造领域,比如著名通信产业跨国公司——华为公司通过持续、大规模和高强度的研究开发投入,使得公司从通信技术 4G 时代的并跑者成为 5G 时代的引领者,该公司也是全球 5G 专利技术的最多拥有者,成为全球通信技术研究开发与通信设备的最大制造商及相关知识技术的主要贡献者,同时已经成为全球第四次工业革命和人类技术进步不可或缺的推动力量。

第三节　中国跨国公司崛起的意义

中国始终不渝走和平发展道路,始终不渝奉行互利共赢的开放战略。以国有企业为主体的对外投资模式是我国开放发展战略的重要保障。中国国有企业以生产性投资为主的对外经济活动对全球工业化和资本积累起到明显的推动作用;国有企业着眼于长期发展战略,对抵御逆全球化浪潮发挥着重要作用;中国国有企业的国际化是对全球规模的生产性投资的支持,正在成为世界经济的一股重要力量来对抗新自由主义投机性金融的资本积累;以中国为代表的新兴经济体国有企业的蓬勃发展为其他发展中国家提供了一种新的现代化发展模式。

一、对全球经济发展的宏观意义

中国跨国企业为宏观经济发展和社会主义现代化建设做出重要贡献,并深度融入经济全球化。跨国企业经过多层次发展,资产规模和综合效益都有了显著提高。根据国务院相关综合报告提供的数据可知,2019 年全国非金融国有企业资产总额 233.9 万亿元,国有金融企业资产总额 293.2 万亿元,规模庞大的国有企业在贯彻国家经济发展战略、平抑经济周期的不稳定性、重大技术创新和提高国家核心竞争力等方面发挥着举足轻重的作用。习近平总书记指出:"使国有企业成为党和国家最可信赖的依靠力量,成为坚决贯彻执行党中央决策部署的重要力量,成为贯彻新发展理念、全面深化改革的重要力量,成为实施'走出去'战略、'一带一路'建设等重大战略的重要力量,成为壮大综合国力、促进经济社会发展、保障和改善民生的重要力量,成为我们党赢得具有许多新的历史特点的伟大斗争胜利的重要力量。"中国国有企业以生产性投资为主的对外经济活动对全球工业化和资本积累起到明显的推动作用。

根据统计,2003 年以后,中国技术密集型的机电产品出口占比常年超过 50%,2019 年达到 59.37%;其中高技术产品出口占比从 1995 年的 6.78% 增长到 2019 年的 29.23%,这充分表明我国出口竞争力的主要支撑因素是全要素生产率而非廉价劳动力。事实上,2006 年以来中国对世界经济增长的贡献率连续 14 年全球排名第一,持续稳定成为推动世界经济增长的主要动力源。2000 年、2019 年中国 GDP 分别为 1.21 万亿美元和 14.34 万亿美元,分别占全球比重 3.60% 和 16.34%。据此可以简单估算 2000—2019 年中国对世界经济增长的贡献率将近四分之一。中国对巴西、南非、智利等发展中国家一直保持着逆差状态,这有助于为当地创造就业和诱发工业化投资。中国的出口对其他发展中国家工业化的正面作用值得充分肯定。应该说,中国在 2000 年后开启高速工业化进程结束了 1980—2000 年发展中国家"发展失落"的年代。

2000 年中国进出口贸易总额 4 743.3 亿美元,仅为美国的 23.7%;2012 年中国进出口贸易总额首次超过美国,并连续七年稳居世界第一大贸易国。在"逆全球化"风潮盛行以来,2019 年,中国实现出口总额(2.50 万亿美元)超过美国(1.64 万亿美元)和日本(0.70 万亿美元)的总和,对全球生产活动做出重要贡献。从这些指标来看,世界第二大经济体比第一大和第三大经济体更"开放",成为抵御"全球化"的关键力量。

二、对区域经济发展的微观意义

中国的跨国企业崛起历史轨迹显示,从中国北车和南车接连拿下海外机车订单,到华为率先推出5G发展路线图,从小米在中国甚至印度市场迅速崛起,以往并无个性、甚至是低成本加工业代名词的"中国制造"正变身为个性鲜明的中国品牌。中国企业在全球范围迅速崛起,和西方老牌企业的竞争力差距正在快速缩短。

中国跨国企业凭借自己的发明创造,并建立自己的品牌,中国跨国企业已经逐步培养起自己的品牌并正在成为市场与技术的领先者。如今中国经济进入增速放缓的"新常态"之际,中国跨国企业的国际竞争力却日益提高,已开始在全球价值链快速上攀。随着中国经济的快速发展,中国跨国企业正在积极开拓海外市场,加大研发投入力度,提升与创新技术,增加品牌含金量。在新兴市场,中国企业的市场份额不断扩大,中国的高铁企业就不断在全世界范围内获得各类建设订单,比如2015年从海外高铁的"第一单"——雅万高铁,其是印度尼西亚乃至整个东南亚地区首条设计时速350千米的高速铁路,到现在中国高铁在雅万高铁实现三个首次:首次全系统、全生产链、全要素出口海外,这样全部都按照中国标准执行,这对中国的跨国企业发展来说意义非凡。

习近平总书记指出:"搞保护主义如同把自己关进黑屋子,看似躲过了风吹雨打,但也隔绝了阳光和空气。"为应对发达国家"逆全球化"潮流,中国提出主动开放的"一带一路"倡议,将经济全球化的重心转向南方国家,通过加强南南合作推动全球自由贸易和投资发展。国有企业服务国家开放发展战略需要,增强对"一带一路"沿线发展中国家的投资,在国家力量的担保下进入政治风险较高、自然资源丰富的东道国,激发沿线各国的投资潜力,为全球贸易提供新增长点,抵消"逆全球化"造成的消极影响。

三、对新自由主义经济模式的替代意义

由2007年下半年开始的美国次贷危机引发了全球经济危机,标志着新自由主义经济模式在实践中的彻底破产;而以美国前总统特朗普上台后开启的以"美国优先"为主旨的"逆全球化"则标志着新自由主义模式被彻底抛弃。中国国有跨国企业国际化的资本输出模式聚焦于对全球生产性投资的支持,这有可能成为世界经济的一股新兴力量来对抗新自由主义金融化主导的投机性资本积累,甚至可能形成一种有效替代。

高效的中国跨国企业,超越了对短期效率的追求,从长期上专注于生产性投资,已经成为中国经济发展的驱动力。

比如国有跨国企业的行业布局始终围绕国家安全、重大基础设施和重要矿产资源、公共产品和高科技产业等关乎国计民生的重要行业和关键领域,不仅是我国实体经济最重要的载体,还是我国防止发生系统性金融风险的压舱石。国有跨国企业作为社会生产部门的本质属性是实现社会需要和社会利益,能够发挥公共产品功能从而有效弥补国内市场失灵。

国有跨国企业国际化同样对东道国和世界市场具有类似的作用。国有跨国企业跨国经营依然围绕其优势领域,重点开展对外工程承包和国际产能合作。这在提升中央企业发展

质量和效益的同时,也提升了东道国资本、技术、就业和管理经验、税收、价值链延伸等直接收益,还会促进上下游供应商和分销商的就业、技术溢出、基础设施的便利、吸引外资示范效应等正向溢出的间接收益,充分体现出国有企业国际化的"正外部性"。

20世纪年代末,跨国公司之间以产品为核心实现规模经济、降低产品成本、改进供货质量和提高供货效率。21世纪前二十年,由于出现了技术进步速度加快、产品寿命周期缩短以及许多高科技产业交汇发展的新趋势,即使是世界级寡头垄断企业也难以在所有技术领域的所有环节均占有优势,更难以承担独立技术研发所需要的巨额投资和高风险,因此,中国的跨国公司之间开始逐步开展以 R&D 活动为核心的战略联盟。共同投资、联合开发、共担风险、共享成果成为这种战略联盟的基本原则,从战略上保持技术创新的能力和技术领先的地位是联盟各方所追求的首要目标。

其次,广泛建立海外 R&D 机构。传统跨国公司的以母国为中心设置研发机构的布局,正在随着竞争形势的变化而做相应的调整。这种调整依然遵循着跨国公司一贯坚持的以全球作为活动舞台,优化配置资源、寻求垄断优势、实现利润最大化的原则。中国正在成为世界级大品牌最多的国家①,近几年来,引人注目的是跨国公司大量的研发机构开始向其他国家转移。究其原因,一方面是因为发展中国家存在大量的低成本科技人才,跨国公司利用不同国家的研发成本差异,获得研发规模经济和范围经济效益;另一方面是因为国际市场竞争的加剧,迫使跨国公司既要加快从新产品开发到投向市场的速度,又要使产品适应当地市场的需求。

《2019年中国对外投资统计公报》数据显示,2019年,国有跨国企业主导的中国境内跨国投资者在"一带一路"沿线国家实现直接投资186.9亿美元,其中流向制造业、批发和零售业、建筑业、科学研究和技术服务业、电力生产和供应业等具有生产性投资的实体经济领域占比76.1%,流向金融业仅占比8.5%。按照"一带一路"倡议在基础设施互联互通方面的规划,我国对外承包工程主要涉及交通、水利、电力、能源和通信网络等具有国际公共产品功能的基础设施领域,为东道国持续稳定的经济发展奠定了基础。

四、国际化经验对后发国家的启示

中国国有跨国企业的国际化进程不仅能够带动后发国家的经济发展,还为后发国家提供了学习国有企业运营模式的平台。2016年中国首次成为全球最大绿地投资来源国,80%以上的绿地投资额流向资源丰富的发展中国家,国有跨国企业已成为发展中国家绿地投资的最大投资主体,直接带动东道国生产力和就业水平的提升。2018年中国的跨国企业在"一带一路"沿线国家共雇用当地员工36万余人,在解决当地就业的同时输出了技术和管理经验。其中绝大部分国有跨国企业的海外雇用机构已建立平等的中外雇员雇用、培养晋升、薪酬福利制度,注重约束高管收入并避免收入差距的极端化扩大。中国国有跨国企业对外直接投资、雇用东道国劳动力及溢出效应有效提升了后进国家的经济发展水平,对缩小国际

---

① 截至2022年底,《财富》世界500强企业名单里,中国的企业数量达到145家企业上榜,超越美国的124家企业,成为世界500强企业最多的国家。

贫富差距和促进国际社会的公平正义做出了应有的贡献。以中国为代表的新兴经济体国有企业的蓬勃发展为其他发展中国家提供了一种新的现代化发展模式。

第二次世界大战后，一大批第三世界国家通过民族解放运动挣脱了帝国主义的殖民枷锁，走上了民族独立发展的道路。发展中国家如果完全遵循静态比较优势参与国际分工，只可能凭借劳动力优势或资源优势从事劳动密集型或资源密集型等价值链低端产业，仅凭市场的配置作用不可能自发获得核心技术研发和产业升级等真正代表国家财富生产能力的价值链高端产业。中国保持快速稳定增长得益于国有企业主导的生产模式，生产性投资促进了劳动生产率的提升和推动了工业化进程的加快。因此，发展中国家可以在国家支持下建立一定数量的国有企业，从而在事关国计民生的基础产业、支柱产业、战略产业，通过个别产业在国际市场获得创新租金和垄断收益来实现发展中国国家的经济崛起和赶超。

总之，以中国为代表的新兴经济体的国有跨国企业作为新兴力量推动新一轮全球化，可能成为新自由主义的一种替代方案。以国有跨国企业生产性投资导向为特征的新一轮全球化完全不同于西方国际垄断资本金融投资导向的新自由主义全球化。让世界各国人民共享经济全球化发展成果，这种模式尤其给发展中国家提供经济发展的机会，能够兼顾国家利益和国际社会公平正义，有助于世界经济的稳定发展，最终促进各国共同繁荣和世界经济的高质量发展。

【主要概念】

对外直接投资　　　"走出去"战略　　　"一带一路"倡议　　　国际化程度
机电产品　　　　　国有企业　　　　　民营企业　　　　　　贸工技

【课后复习】

一、选择题

1. 中国跨国公司国际经营的形式是（　　　）。
   A. 产品与服务　　　　　　　　B. 金融投资
   C. 出口与投资　　　　　　　　D. 对外直接投资
2. 中国跨国公司在国际化过程长的经营环节有（　　　）。
   A. 全球市场环境分析　　　　　B. 国家的选择与评估
   C. 跨国公司经营方式选择　　　D. 区域生产和销售体系
3. 中国跨国公司发展的特征是（　　　）。
   A. 跨国公司"国际化"特征　　　B. 对外直接投资存量集中在亚洲
   C. 全球战略和内部一体化　　　D. 技术内部化
4. 中国跨国企业发展存在的问题有（　　　）。
   A. 经营机制不适应国际环境　　B. 缺乏统一的宏观协调管理政策

C. 经营决策缺乏论证　　　　　D. 外派人员素质不高

5. 中国跨国企业发展对策是(　　)。

A. 评估投资环境　　　　　　　B. 分析生产条件

C. 充分考虑市场规模　　　　　D. 评估经济效益

二、思考题

1. 中国跨国公司在崛起过程中遇到的问题有哪些？它们的对策是什么？

2. 中国跨国公司的经营存在问题有哪些？

3. 中国跨国公司在成长过程中有什么优势？

4. 简述中国跨国公司发展的主要问题。

5. 简述发展中国跨国公司的对策与思考。

【案例分析】

小米科技集团成功之路

小米科技全称为北京小米科技有限责任公司,始建于 2010 年 4 月,小米公司正式成立,2018 年 7 月 9 日,正式登陆香港交易所主板。2019 年 7 月小米首次登榜《财富》杂志发布世界 500 强企业名单,排名 468 位,当年成为全球企业"最年轻"的世界 500 强企业;2021 年持续荣登世界 500 强企业之 338 名,当年营业收入 35.6 亿美元,利润 29.6 亿美元;2022 年世界 500 强排名第 266 位,小米科技连续 4 年持续上榜世界 500 强企业名单。

小米科技由雷军为首、员工来自前 Google、微软、金山等公司的顶尖管理和技术人员组建,专注于新一代智能手机软件开发与热点移动互联网业务运营的公司。"为发烧而生"是小米的产品理念,小米公司是智能产品自主研发的移动互联网公司,相信客户就是驱动力,"让每个人都可享受科技的乐趣"是小米公司的愿景。小米公司崇尚创新、快速的互联网文化,公司内部没有森严的等级,每一位员工都是平等的,每一位同事都是自己的伙伴,他们在轻松的伙伴式工作氛围中发挥自己的创意。

小米科技成立之初员工数仅为 170 人,而现已有员工超过 500 人。小米科技公司最初产品系列由三大核心产品为手机应用软件、智能手机系统 MIUI、智能双核手机小米手机构成。小米公司用极客精神做产品首创互联网开发模式开发产品的模式,致力于让全球每个人,都能享用来自中国的优质科技产品。小米是继苹果、三星、华为之后第四家拥有手机芯片自研能力的科技公司。

小米公司股权架构——跨国股东与高管

小米集团 2018 年的招股书披露,小米的前五大股东分别是小米创始人雷军(持股 31.412 4%)、晨兴资本(持股 17.193 1%)、小米联合创始人(洪峰、黎万强、刘德、王川、黄江吉及周广平持有 13.791 7%)、总裁林斌(持股 13.328 6%)、Apoletto Managers Limited(持股 7.013 5%)和 Oiming Venture Partners(持股 3.975 7%)。此外,小米集团采用了同股不同权的股权构架来确保管理层的决策权。公司的股票分为 A 类股票和 B 类股票,A 类股份持有人每股可投 10 票,而 B 类股份持有人则每股可投 1 票。

2019 年年报显示,截至 2019 年 12 月 31 日,雷军持有 4 254 616 928 股 A 类股,约占公司就除保留事项以外事项的股东决议案投票权的 50.08%;林斌持有 2 377 330 466 股 A 类股,约占公司就除保留事项以外事项的股东决议案投票权的 28.4%。雷军和林斌两人拥有 B 类股票分别为 10.91% 和 1.87%。雷军拥有 55.7% 的投票权,为控股股东,可决定公司普通事项,可否决重大事项。林斌拥有 30% 的投票权,两人的投票权合计为 85.7%,可决定关于公司的重大事项。通过双重股权架构,雷军的表决权比例超过 50%,成为小米集团控股股东。两人依旧是公司重要的管理决策人。现任的小米管理层中,有外国人的高管任职。Manu Kumar Jain,41 岁,小米集团副总裁,负责国际市场和公关等国际战略事务。Manu Kumar Jain 于 2014 年加入本集团,加入本集团前,Manu Kumar Jain 曾就职于 McKinsey & Company 五年,后联合创办印度顶尖电商公司 Jabong.com。Manu Kumar Jain 取得印度理工学院机械工程学士学位及印度管理学院工商管理硕士学位。

小米公司产品结构——全球产品理念

小米公司目前在保持原有手机产品优势下,利用公司自身智能科技优势深度进入互联网电视、小米家电、平板及笔记本电脑、小米出行及智能穿戴、智能音箱、小米生态健康和小米智能生态体系产品等领域。小米公司旗下企业已达 22 家,投资全球各类企业近接近 500 家,业务遍及全球 80 多个国家和地区;公司在 2019 年成为全球第四大智能手机制造商(前三位分别为:三星、华为和苹果),在全球 30 余个国家和地区的手机市场销量进入了前五名。其中紫米科技的小米移动电源、华米科技的小米手环、智米科技的小米空气净化器、小米活塞耳机等产品均在短时间内成为影响整个中国消费电器市场的明星产品。

2019 年 7 月 22 日,借助科技力量、借助时代趋势,小米集团用 9 年时间首次冲进世界 500 强,成为当年世界 500 强中最年轻的公司。两日后 7 月 24 日上午,小米在公司内部举办盛大的庆功会,小米电视总经理李肖爽宣布:"2019 上半年,小米电视销量、出货量双双取得中国第一。"用不到 6 年时间在电视行业拿下半年度中国第一,小米再次创造神奇速度。2019 年上半年,小米电视在中国区的出货量和销量均突破 400 万台,这在中国液晶电视史上尚属首次。9 年时间,小米从零到今天的世界强企,曾创造过奇迹,也跌入过低谷,再到如今终于蜕变成一代强企,这是一个值得我们国人骄傲和信任的品牌。

雷军为了追求极致性价比,雷军造出了中国人用得起的智能手机,持续推出比更有价格优势的产品。小米科技认为未来大方向就是必须制造出能够吸引消费者的产品,才能取得更多的市场份额。小米公司的发展完全可以以小米旗舰手机的发布为主线展开。每一次小米手机的发布都是一次重大的里程碑。自 2010 年成立之后,小米公司就致力于智能手机的研发,2011 年小米 1 问世,并且同时发布了 MIUI、米聊等产品。小米 1 代的第一次网络售卖达到了 5 分钟内 30 万台的好成绩。有了小米 1 代的成功经验,小米 2 代更是异常地火爆,25 万台 2 分钟左右全部售罄,这一年小米进行了第一轮的融资,规模为 2.16 亿美元,小米估值达 40 亿美元。

小米公司的全球产品理念成功吸引谷歌公司安卓系统的资深员工,为小米的 MIUI 系统开发起到了基础构建的作用,获得了许多人的一致好评,为小米手机的全球产品之路奠定了基础。2013年是小米业务开花的一年,不仅发布了小米3,还发布了其他消费类电子产品比如小米盒子、活塞耳机等。2013年8月,小米估值100亿美元,这时的小米已超过被收购前的诺基亚。小米手机在不到一年多的时间里销售额已经遥遥领先国内其他手机品牌。这一年也是子品牌有"性价比之王"红米手机诞生的元年。手机性价比结合饥饿营销的方案,让小米3和红米手机出现了供不应求的现象。从销售额上来看,小米手机是我国手机营销上的传奇。从以上小米手机的销售情况来看,可以看出小米手机自首次发售开始,不仅引起了发烧友的高度关注,还引起了业内人士的关注,可见小米手机的营销水平之高。小米已经建成了全球最大消费类IoT物联网平台,连接超过1亿台智能设备,MIUI月活跃用户达到2.42亿。小米系投资的公司接近400家,覆盖智能硬件、生活消费用品、教育、游戏、社交网络、文化娱乐、医疗健康、汽车交通、金融等领域。

2014年是一个不平凡的一年,因为小米开始进军印度市场。这一年小米如期发布了小米4和小米手环。到2015年小米真正地成为一家以智能手机为主的互联网公司。这一年小米手机累计销售达6112万台,登顶中国市场份额第一宝座。2016年是小米进军高端机的元年,因为这一年小米除了发布了小米5S系列之外还发布了概念机MIX系列和高端Note系列。2017年小米6成功发布的时候,小米就开始布局半导体,并且发布了搭载自主研发的手机芯片澎湃S1的小米5c手机。2018年也许这个数字里面含有"8",中国人眼中认为它是一个吉利的数字。也就是这一年小米推出小米8旗舰手机,2019年开始扩大其产业链,不仅成立了红米Redmi品牌,开始入股TCL集团。由于资本积累到了一定程度,小米总部开始由五彩城搬迁到北京海淀区的新总部小米科技园。目前科技园一共8栋楼,34万平方米,造价达52亿元。

小米科技开辟第二市场,开始进入日本市场与印度等周边国家市场。2017年第三季度,小米正式超越三星,成为全球第二大智能手机市场印度最大的智能手机品牌。从那时起,小米的领导力才在该国进一步扩大。自2017年以来,小米一直是印度(世界第二大市场)最大的智能手机公司。2020年第三季度,小米在印度市场的份额为26.1%,而三星为20.4%。全国排名第三的是vivo,为17.6%,这使小米处于非常强劲的位置。小米上市后,小米就成为世界上价值第三高的智能手机品牌。

2018年6月,小米以约500亿美元的估值在香港联合交易所上市。在2021年2月,小米科技公司创下每股35.9港币,总市值超过8000亿港元的最高纪录,这是一个了不起的成就。这使小米正式成为全球第三大价值最高的智能手机制造商,仅次于三星和苹果。在不11年的时间里,小米从无到有,站在了科技界的巨人旁边。

总而言之,小米是一家比较成功的跨国互联网科技公司。未来小米还会接收更多的挑战,但我们相信小米会带给我们更多更好的产品和服务。可以说是中国互联网公司的典范,为我们的科技事业做出了相应的贡献。

(资料来源:小米科技公司官网)

参考文献 REFERENCES

[1] 埃利特·费德门.外国公司在美国并购实务指南[M].北京世泽律师事务所,译.北京：中国财政经济出版社,2011.

[2] 白慧林.控股公司控制权法律问题研究[M].北京：北京大学出版社,2010.

[3] 曹铮,李双涛,孟瑶,等.跨国公司人力资源的跨文化管理[J].管理学家,2020(17)：113-114.

[4] 陈志祥,马士华.供应链中的企业合作关系[J].南开管理评论,2001,4(2)：56-59.

[5] 范秀成.服务质量管理：交互过程与交互质量[J].南开管理评论,1999,2(1)：8-12.

[6] 冯强,蔡春红.STP战略在高职营销专业人才培养定位中的应用[J].现代教育科学(高教研究),2010(2)：34-36.

[7] 韩京宇,徐立臻,董逸生.数据质量研究综述[J].计算机科学,2008,35(2)：1-5.

[8] 何志毅,柯银斌,等.中国企业跨国并购10大案例[M].上海：上海交通大学出版社,2010.

[9] 胡雅琴,何桢.论六西格玛管理的本质属性[J].科学学与科学技术管理,2004,25(10)：137-139.

[10] 江小涓,杜玲.国外跨国投资理论研究的最新进展[J].世界经济,2001,24(6)：71-77.

[11] 江小涓,杨圣明,冯雷.中国对外经贸理论前沿Ⅲ[M].北京：社会科学文献出版社,2003.

[12] 李洪亚.OFDI与中国制造业企业成长[J].经济学报,2019,6(2)：117-216.

[13] 李鸿波.跨国公司外派人力资源管理研究[D].厦门：厦门大学,2004.

[14] 李廉水,刘军,程中华.中国制造业发展研究报告2019：中国制造40年与智能制造[M].北京：科学出版社,2019.

[15] 林崇德.心理学大辞典[M].上海：上海教育出版社,2003.

[16] 林季红.跨国公司经营与管理[M].北京：清华大学出版社,2015.

[17] 刘安.跨国公司跨文化差异的现实表现及负面影响[J].现代财经：天津财经学院学报,2002,22(2)：58-62.

[18] 刘强,丁德宇.智能制造之路：专家智慧 实践路线[M].北京：机械工业出版社,2017.

[19] 鲁桐.发展中国家跨国公司理论及其思考[J].世界经济与政治,1998(1)：23-27.

[20] 麻书城,唐晓青.供应链质量管理特点及策略[J].计算机集成制造系统,2001,7(9)：32-35.

[21] 倪克金,刘修岩.数字化转型与企业成长：理论逻辑与中国实践[J].经济管理,2021,43

(12)：79-97.

[22] 齐二石,程文明.丰田生产方式评价指标体系的建立及其应用研究[J].科学学与科学技术管理,2005,26(4)：141-143.

[23] 齐二石.丰田生产方式及其在中国的应用分析[J].工业工程与管理,1997(4)：37-39.

[24] 乔西·柯斯曼.买断美国:私募股权投资如何引发下一轮大危机[M].王茜,译.北京:机械工业出版社,2010.

[25] 邱羚,秦迎林.国际人力资源管理[M].北京:清华大学出版社,2014.

[26] 宋军.跨国并购与经济发展[M].北京:中国财政经济出版社,2004.

[27] 宋亚非,刘明霞,高静美.跨国公司管理[M].北京:清华大学出版社,2014.

[28] 孙立锋,徐明棋.全球生产网络构建下的中国民营跨国公司成长机制:基于吉利集团的案例分析[J].财会月刊,2018(6)：86-91.

[29] 孙维峰.制造业上市公司国际多元化的经济效应研究[D].杭州:浙江大学,2013.

[30] 孙雯筱.民营旅游企业成长路径研究:以开元旅业集团为例[J].江苏商论,2017(5)：53-55,62.

[31] 谈萧.中国"走出去"发展战略[M].北京:中国社会科学出版社,2003.

[32] 谭力文,吴先明.跨国企业管理[M].4版.武汉:武汉大学出版社,2014.

[33] 王林生,范黎波.跨国经营理论与战略[M].北京:对外经济贸易大学出版社,2003.

[34] 王谦,等.中国企业技术获取型跨国并购研究[M].北京:经济科学出版社,2010.

[35] 王仁荣.跨国公司跨境并购法律问题研究[D].上海:复旦大学,2012.

[36] 王月辉,杜向荣,冯艳.市场营销学[M].北京:北京理工大学出版社,2017.

[37] 王志乐.合规:企业的首要责任[M].北京:中国经济出版社,2010.

[38] 文觥.并分天下:中国并购的游戏[M].北京:科学出版社,2010.

[39] 吴敬琏,俞可平,罗伯特·福格尔,等.中国未来30年[M].北京:中央编译出版社,2011.

[40] 吴文武.跨国公司与经济发展:兼论中国的跨国公司战略[J].经济研究,2003,38(6)：38-44.

[41] 吴先明.跨国公司理论范式之变:从垄断优势到寻求创造性资产[J].世界经济研究,2007(5)：64-68.

[42] 吴先明.现代跨国公司理论的发展趋势[J].经济评论,2000(1)：116-119.

[43] 肖磊,刘玲.国内外质量管理研究现状比较[J].中国管理信息化,2010,13(23)：44-45.

[44] 肖新平,毛树华.灰预测与决策方法[M].北京:科学出版社,2013.

[45] 谢皓.跨国并购与中国企业的战略选择[M].北京:人民出版社,2009.

[46] 熊国祥,曹禺.跨国公司本土化对中国企业的负面影响及其应对[J].商业时代,2011(21)：81-82.

[47] 叶生洪.论目标市场营销战略模型[J].商业时代,2005(15)：48-49.

[48] 叶晓倩.中国跨国公司外派与回任管理的理论及实证研究[M].北京:中国社会科学出

版社,2016.

[49] 俞文钊,严文华.整合同化理论与跨国公司的跨文化管理[J].人类工效学,2000,6
(4):18-23.

[50] 俞毅.跨国公司对外直接投资的区位理论及其在我国的实证[J].国际经济合作,2004
(9):14-17.

[51] 张寒.跨国并购的理论、运作及我国企业的跨国并购问题研究[D].北京:对外经济贸
易大学,2005.

[52] 赵曙明,彼得·J.道林,丹尼斯·E.韦尔奇.跨国公司人力资源管理[M].北京:中国人
民大学出版社,2001.

[53] 赵晓霞.跨国企业人力资源管理[M].北京:社会科学文献出版社,2011.

[54] 张纪康.跨国公司与直接投资[M].上海:复旦大学出版社,2004.

[55] 周延虎,何桢,高雪峰.精益生产与六西格玛管理的对比与整合[J].工业工程,2006,9
(6):1-4.